地平线
策·划·工·作·室
DIPINGXIAN CEHUA GONGZUOSHI

通·识·书·系

RENWEN SHEHUI KEXUE GAILUN

人文社会科学概论

Renwen Shehui Kexue Gailun

（第四版）

彭新武◎主编

陈晓龙 周世兴 刘东建◎副主编

首都经济贸易大学出版社
Capital University of Economics and Business Press
·北京·

图书在版编目(CIP)数据

人文社会科学概论/彭新武主编. —4版. —北京:首都经济贸易大学出版社,2017.5

ISBN 978-7-5638-2639-1

Ⅰ.①人… Ⅱ.①彭 Ⅲ.①人文科学—概论 ②社会科学—概论 Ⅳ.①C

中国版本图书馆CIP数据核字(2017)第082628号

人文社会科学概论(第4版)
彭新武 主编
陈晓龙 周世兴 刘东建 副主编

责任编辑 晓 地
封面设计 砚祥志远·激光照排 TEL: 010-65976003
出版发行 首都经济贸易大学出版社
地　　址 北京市朝阳区红庙(邮编100026)
电　　话 (010)65976483 65065761 65071505(传真)
网　　址 https://sjmcb.cueb.edu.cn
经　　销 全国新华书店
照　　排 北京砚祥志远激光照排技术有限公司
印　　刷 北京市泰锐印刷有限责任公司
成品尺寸 147毫米×210毫米 1/32
字　　数 281千字
印　　张 11.5
版　　次 2006年8月第1版 2009年9月第2版
2013年1月第3版 **2017年5月第4版**
印　　次 2026年1月总第23次印刷
书　　号 ISBN 978-7-5638-2639-1
定　　价 27.00元

前 言

当代中国正在进入全球化的新时代,社会发展的复杂化,高等教育的大众化,学生需求的多样化,对高校提出了新的要求和挑战。如何使大学生在求学期间能够全面和健康地发展自己的政治素质、道德情操、专业素养、人生态度和审美能力;如何为中国特色社会主义培养合格建设者和可靠接班人,成为高等学校亟待解决的一个重要问题。而人文社会科学既是知识体系,又是价值体系,在改革开放和社会主义现代化建设的伟大实践中、在人才培养的过程中发挥着重要作用。

坚持和发展中国特色社会主义,建设面向现代化、面向世界、面向未来,民族的、科学的、大众的社会主义文化,必须大力发展人文社会科学,进而使之更好地发挥认识世界、传承文明、创新理论、咨政育人、服务社会的重要功能。在我国,党和国家领导人历来高度重视人文社会科学的繁荣发展,强调要充分发挥人文社会科学的重要功能,特别是在育人方面的重要作用。因此,高等学校的重要使命之一就在于充分利用学科和人才优势,发挥人文社会科学的育人功能,指导大学生去构建完整丰盈的精神世界,探索浩瀚智慧的知识世界,创造和谐充实的生活世界,从而在复杂变化的现实环境下充满信心地开创富有意义的人生。

与当今学科林立的局面不同,在人类社会的早期,各种知识是融为一体的,人类的知识是一个"有机的统一体"。在中国早期文献中就有这样的记载:"观乎天文,以察时变;观乎人文,以化成天下。"这里的"天文"是指自然秩序;"人文"是指人事条理。观天文,以察时变,说到底是为了使人适应这种变化,以寻找应付对策;观人文,以化成天下,也就是按照人的需要和利益,改变天下事物。这种寻求天与人的统一之道构成了中国古代知识体系的一个显著特点。

同样，在古希腊时代，各种科学也以这种未分化的形态蕴涵在哲学母体之中，哲学更多地被当作“知识的总汇”。只是到了近代社会，随着人们对外部世界的经验、知识的日益丰富、系统，各门具体科学才纷纷从哲学母体中独立出去，各种学科之间的分立才成为一种普遍现象。当今社会普遍存在的一系列名目繁多的自然科学和人文社会科学门类及其相应的专业人士就是这种学科分化、分立的产物。

这种学科分化、分立的状况无疑具有两面性：一方面，这种分立使各门学科之间的交流与沟通显得日益困难，对于知识发展和解决问题也是极为不利的，因为我们当今所面临的问题都是综合性的，需要各种专业人士进行通力合作才能解决；另一方面，这种分立在一定程度上是人类认识发展和社会进步的表征，正是这种学科的分立，使人类各门具体的科学知识日益系统化和专业化。

学科的分类问题在当今是一个众说纷纭的领地。一般而言，我们可以将人类的知识体系分为三个大类：哲学、自然科学和人文社会科学。自然科学是研究自然现象及其本质属性和运动规律的科学；人文社会科学是研究人类社会及人的精神、文化艺术的科学；而与以自然界和人类社会的某一方面为对象的各种自然科学和社会科学不同，哲学研究的是整个世界（包括自然界、人类社会以及人的思维），是一种理论化、系统化的世界观。因此，哲学构成了整个人类知识的基础，它渗透在各种自然科学和人文社会科学之中。爱因斯坦说：“如果把哲学理解为在最普遍和最广泛的形式中对知识的追求，那么，哲学显然就可以被认为是全部科学之母。”

人类文明的进步为人文社会科学的发展提供了前提条件，而人文社会科学的发展又为人类文明的进步提供了思想指导。就人文社会科学而言，它实际上是所有人文科学和社会科学的总称。虽然我们常常将二者做出区分——人文科学旨在涵养人的精神、提高人的素质、保存和弘扬优秀文化传统；而社会科学则重在对社会发展规律的认识、解决社会问题、促进社会发展。但是，在学术研究和科学活动中，二者实际上是无法截然分开的。因为人是社会的人，人类精神文化活动就是在社会场景中展开的，本身就是一种社会现象;同时,社会现象又源于人类精神活动的创造,人文现象与社会现象都是由人、人的活动以及活动的产物构成的。因此,人文科学与社会科学的研究对象是同一个社会生活整体,它们从不同的侧面以不同的方式反映了同一社会生活,二者相互补充、相互渗透和相互影响。正是这种水乳交融的紧密联系,才使人们常常把人文科学与社会科学统称为人文社会科学。

当今世界,科学技术迅猛发展,在给我们带来巨大经济效益的同时,也产生了一系列的问题,如环境污染、温室效应、臭氧层破坏、核威胁、能源危机、克隆人和病毒袭击等。解决这些问题绝不仅仅取决于科技本身,而更多地取决于科技如何与人文相结合,取决于若干学科的科研人员的通力合作,取决于从事科技的人、决策者、相关者的思想。只有综合运用自然科学和人文社会科学的知识以及先进的技术手段,加强对整个人类社会的必要干预和调控,才能找到解决这些重大难题的最佳方案。因此,人文社会科学知识的学习和人文精神的培养,对于学习和从事自然科学、工程技术的人士而言,就显得尤为迫切和重要。

就提高学生的综合素质而言,人文社会科学知识的学习无疑是一条重要的途径。作为社会主义的未来建设者,大学生必须拥有广阔的专业知识背景和深厚的人文社科素养。大量事实表明,人文社科知识越深厚,其融会贯通的能力就越强,就越容易走在科学的前沿。爱因斯坦说得好:物理给了他知识,艺术给了他想象;知识是有限的,文学艺术对启迪思维的作用则是无限的。

更重要的是,理工科大学生学习人文社会科学知识有助于培养他们勇于实践、勇于创新的精神和坚忍不拔的品格。对当代大学生来说,他们面临的是知识与科技不断创新的知识经济时代,而创新精神的培养,需要人文素质教育与科学教育的有机融合。理工科大学生是未来科技工作的生力军,只有使他们在现代化建设中自觉地把从事科技工作同人类的命运、前途、未来和社会经济的发展结合起来,才能使他们认识到科学技术的生命意义和社会价值。

总而言之,人文社会科学是人类认识、改造世界和完善自身的锐利思想武器,是推动历史发展和社会进步的强大精神力量,更是大学生全面发展、健康成长的源头活水。作为一名新时代的大学生,我们不但应该掌握先进的科学技术知识,还应着力提高自身的全面素质,尤其是要加强自身的人文素质,培养杰出的创新精神和高尚的敬业精神。只有这样,才能成为改革开放和社会主义现代化建设急需的有用之才。

在当下,关于人文社会科学的划分,同样是一个充满意见分歧的领地。按照1980年版《美国百科全书》的划分,人文科学包括建筑学、美术、舞蹈、戏剧、历史、语言文学、音乐、哲学和神学等,社会科学包括人类学、经济学、历史学、政治学、心理学、社会学、精神病学、宗教学、精神学、思维学、文字学、语言学、艺术学和管理学等。而联合国教科文组织出版的《社会科学和人文科学研究中的主要趋势》则把语言学、人类学、历史学、艺术及艺术科学、法学和哲学划归为人文科学,而将社会学、政治学、心理学、经济学和人口学划归为社会科学,等等。2012年5月由高等教育出版社出版的教育部马克思主义理论研究和建设工程重点教材《马克思主义与社会科学方法论》一书指出:“当前中国的人文社会科学包含哲学、文学、史学、经济学、法学、管理学、教育学、艺术学等学科门类,涵盖了数十个一级学科和二级学科。它们与工学、理学、医学、农学和军事学等一道构成了当前我国的学科门类体系。”

本书的编写无意于对学科分类的问题做出澄清,只是根据当代大学生的特点,选择了与其密切相关的一些主要学科进行介绍。我们的目的不仅是要人们了解和掌握各门人文社会学科的基本原理和基本知识,而且还要使人们充分了解各分支学科的前沿理论。此外,我们在编写过程中,在保持学科知识的系统性和前沿性的同时,适当增添了各学科的相关“典故”与“趣闻”,以增强趣味性;同时为帮助有兴趣进一步了解本学科内容的读者,我们在每章后面精选了有关的著作。因而,本书不仅可以作为大学生学习人文社会科学知识的通识课教材,也可以作为广大人文社会科学爱好者的普及读本。本书的结构体系和具体写作分工如下:

第一章哲学:智慧的探索(中国人民大学,彭新武)

第二章宗教学:神圣之域的理性探知(西北师范大学,王惠民)

第三章伦理学:求善之学(中国传媒大学,刘东建)

第四章心理学:思想和行为的认识之路(西北师范大学,侯志峰)

第五章文学:灵魂的苦旅(西北师范大学,辛亚民)

第六章美学:生命的诗化阐释(北京第二外国语学院,刘俐莉)

第七章历史学:时空中的生命观照(西北师范大学,李军)

第八章政治学:道恰政治、泽润生民之学(中国传媒大学,刘东建)

第九章经济学:经世济民之学(中国人民大学,张建君)

第十章法学:正义与权利之学(中国政法大学,袁国际)

第十一章社会学:治乱兴衰之学(中国人民大学,奂平清)

第十二章管理学:科学与艺术的统一(中国人民大学,彭新武;西北师范大学,任文启)

第十三章人文社会科学研究方法(河西学院,宁军;华侨大学,周世兴)

第十四章人文社会科学发展趋势(华侨大学,周世兴)

由于人文社会科学内容博大精深,知识包罗万象,加上编者学识有限,见识浅陋,因而缺点、错误在所难免,欢迎广大读者批评指正,以便今后进一步完善。

为方便教学,本书备有课件,有兴趣的教师可登录首都经济贸易大学出版社网站下载。

本书在编写过程中,参考了许多专家、学者的研究成果,在此表示感谢。

目　录

第一章　哲学：智慧的探索

哲学具有一种乐趣，哪怕是形而上学的海市蜃楼也有它引人入胜的魅力，这是每一个学者都领悟到的，虽然物质生活令人不愉快的必需品，会把它从思辨的天堂拉回到经济上利害冲突、患得患失、熙来攘往的生活中来。我们大多数人都知道在“生命之夏”中有某种黄金时代，那时候哲学事实上是被柏拉图称之为的“那种可爱的娱乐”；那时候爱好相当难以捉摸的真理，无可比拟地比肉欲的享受和世俗的追求要光荣。

——威尔·杜兰特

在人类的整个精神文化体系中，哲学是一朵富丽的奇葩。它以其世界观、人生观、价值观和理论思维的特质而成为人类文化的精华和人类文明的“活的灵魂”，并在文化的最高层次上表征着一定的民族精神、民族凝聚力以及该民族在一定历史时期达到的智慧和文明的程度，故而在整个民族文化中占据着核心地位。自哲学诞生以来的两千年里，它始终是给人以启迪、引人思索的思想源泉。那么，究竟什么是哲学？哲学是如何诞生的？它研究什么问题？它有哪些功用？这些问题对于每一个向往步入哲学之门、领略哲学智慧神韵的人而言，都是必然要面对的。

一、哲学的意蕴

什么是哲学？这是一个颇有争议的问题。哲学从其诞生之日起，其发展史就是一部不同的观念、思想和意见堆积的历史，是一部充满诸多问题和困惑的历史。就连哲学概念本身也是如此。有人说，世界上没有两个哲学家会对“什么是哲学”这个问题做出同样的回答。黑格尔因此将哲学史比喻为“厮杀的战场”，他说：“全部哲学史这样就成了一个战场，堆满着死人的骨骼。它是一个死人的王国，这王国不仅充满着肉体死亡了的个人，而且充满着已经推翻了的和精神上死亡了的系统，在这里面，每一个杀死了另一个，并且埋葬了另一个。”显然，要给哲学下一个众所公认的明确定义几乎是不可能的，甚至是不明智的。不过，既然每个研究者、每位哲学家都对“什么是哲学”有不同的理解，从而形成不同的哲学观，那为什么这些派别所研究的东西仍然被称之为“哲学”？其内在的一致性究竟在哪里呢？这恐怕只能从哲学自身的产生和发展及其思维特征中寻求答案了。

（一）哲学的诞生

可以说，只要你保持一颗鲜活敏感的心和强烈的问题意识，那么，这个世界就到处充满着使你感到惊讶莫名的东西。很多人也许都在苹果树下待过，但只有牛顿将它与万有引力定律联系到了一起。而牛顿之所以能够做到这一点，其中的一个基本原因，就是他有一种强烈的问题意识,有一种惊异、好奇、探索、敏感的鲜活心态。古希腊哲学家柏拉图这样说:"惊讶,这尤其是哲学家的一种情绪。除此之外,哲学没有别的开端。"

当然,"惊讶"并不等于哲学,"惊讶"只不过是激发人们去探索自然、社会和人生奥秘的引线和动因,是哲学活动的开端和进一步发展的动力。从历史上看,人类对万物生成和自身来源的认识大概和人类文明的历史一样古老,并且任何一种文化的萌芽似乎都与这一主题有关。面对纷繁多姿的大千世界,原始的先民们惊异于大自然的神奇与绚烂、混沌与和谐,禁不住去臆想和推测造成这一切的原因,从而诞生了人类最早的原始思维意识——人类早期的神话传说和原始宗教。

不过,在这种原始思维中,人类还不能把作为主体的自己与对象世界区别开来。世界各地所有的神话故事几乎都描述了"宇宙洪荒、天地未分、人物未分"这样一幅太古之初的混沌情景。这种原始思维意识还不能算作真正意义上的哲学。从形式上看,哲学诞生的真正标志是哲学概念、范畴的创立和哲学命题的形成。也就是说,只有当人们开始摆脱这种原始幼稚的思维方式,以概念、范畴、命题的形式,而不是以神话的形式来追问和表述自然万物生成的基本原理之时,才意味着真正的哲学形态的诞生。

在西方历史上,最早出现的哲学形态是古希腊的自然哲学。与古代的宗教和神话传说不同,这种自然哲学对世界解释的总体特点是,用自然原因来解释自然现象,而不是委之于灵魂、上帝以及其他的超自然物。当时自然哲学的一个基本问题是,自然界中像生物机体这样复杂的有机秩序是怎样从复杂、无序和混沌的物质状态中产生的?古希腊的自然哲学家们在说明这一问题时往往把自然现象的复杂性按经验还原为"原初"或"原素"。泰勒斯观察到,万物的繁茂和种子的萌芽都与湿有关,而湿物的自然基质是水,于是他主张水或湿是宇宙的第一因,世界万物都起源于水。比如说,地球就是漂浮在水上的圆盘,而天空则是由稀薄的水汽形成的盖子。泰勒斯之后,古希腊的哲人们还先后将气、火、土等当作宇宙起源的原初原素。例如,恩培多克勒认为,生命是在火的影响下从潮湿的泥土中冒出来的;起初形成单个头、眼、肢,然后它们组合成怪物,诸如有许多手的动物、人头的牛、牛头的人身,直到偶然地出现能够生存的不可名状的生物;这些生物便是今天所有植物和动物的祖先。

> "水是万物的始基"这一哲学命题确认了世界的统一性,意味着西方哲学的生命旅程的开始。泰勒斯也因此被称为西方历史上第一位哲学家。据说,泰勒斯在观察天上的星象运动时,由于太过于专注而不小心掉到了井里,为此而遭到一位姑娘的嘲笑:"哲学家只关心天上的事情,而忘了脚下的路。"这则故事经常被人们用来描绘哲学家在日常生活中的某种笨拙情境。不过,从另一种意义上讲,谁要是不敢冒失去脚下土地的风险,不敢渴望到达一个更深、更安全的地方,他也许永远不会知道哲学从一开始究竟意味着什么。

当然,古希腊哲学并不完全局限于自然哲学,它也热衷于从宇宙中寻找人类存在的最高意义。其中最为著名的哲学家当推苏格拉底。苏格拉底认为,第一,自然哲学家们的研究在根本问题上众说纷纭、争执不休,让人无所适从;第二,他们提出的本原不是事物生灭的真正原因,而只是宇宙形成的条件;第三,他们以感觉去把握变动不定的现象,带有极大的猜测性。苏格拉底认识到,只能用理性去把握普遍性,他说:"完全不管人事,而对天上的事情加以猜测","选择这种思考对象的人是愚蠢的。"于是,他把哲学的主要任务视为"照顾自己的心灵""认识你自己",即通过心灵的内在原则去认识外部世界。苏格拉底把哲学从天上召唤下来,使它成为探索生活和道德、善和恶所必需的东西,这标志着人类自我意识的确立。

正是古希腊哲人们对宇宙和人生问题的探讨,构成了西方哲学的最初源头。正如恩格斯指出的,在希腊哲学的多种多样的形式中,差不多可以找到以后各种观点的胚胎、萌芽。哲学问题的探索尽管随着时代的变迁而不断更新,但总是围绕着"宇宙—人生"这个轴心转动的。从古希腊哲学的原子论与理念论,到中世纪哲学的唯名论与唯实论,再到近代哲学的经验论与唯理论,直到现代西方哲学的科学主义思潮和人本主义思潮,实质上都是以不同的方式在不同层次上对人类宇宙意识和自我意识的深化。

中国作为东方文明古国,哲学思想也源远流长。春秋战国时期,中国哲学逐渐形成,产生了诸子百家,这一时期是中国哲学思想的繁荣时期。早在公元前774年,周太史伯就提出“和实生物”这一哲学命题。“和”可以看作对“整体”的理解和概括,“生”则是“和”的必然结果,通过“和”可以产生出比原来内容更丰富、更优良、更富于生命力的为整体所具有的新属性和新功能。对中国哲学和文化影响深远的“道生万物”和“太极演化”理论,便是与“和实生物”的思想相通的。例如,老子的道家传统将宇宙万物的演化历程概括为“道生一,一生二,二生三,三生万物”。按周易,一为太极,二为两仪,三为三爻,演化为八卦象征万物。即以“一”为本,万法归一,以整体为指归,延绵不绝,浑然一体,会通流转,周期循回,由“显”入“潜”,不拘于“有”,返“实”入“虚”,由“无极”而“太极”。《易经》还从复杂的自然现象和社会现象中抽象出“阴”“阳”两个基本范畴,对后世哲学、科学的发展都产生了深远的影响。

中国古代哲学不仅重视对天文的研究,也重视对人文的研究。中国早期文献中就有这样的记载:“观乎天文,以察时变;观乎人文,以化成天下。”(《易·贲·象》)这里的“天文”指自然秩序,“人文”指人事条理,两者是相互联系,不可分割的。观天文,以察时变,说到底是为了使人适应这种变化,以寻找应付对策;观人文,以化成天下,也就是按照人的需要和利益,改变天下事物。这种寻求天与人的统一之道构成了中国古代哲学的一个显著的特点。例如,以老庄为代表的道家对人的终极关怀就具有自然主义色彩。无论是老子“自然无为”的天道观,还是庄子“天地与我并生,而万物与我同一”(《庄子·齐物论》)的对个体精神自由的寻求,都体现出这一特点。而儒家哲学则把人与天地放在同等地位,更重视人的人格力量和道德作用。孔子以“闻道”为人生的一大要事,所谓“朝闻道,夕死可矣”,表现了一种“士志于道”的精神。而这种道就是“仁”,以“仁”为安身立命之道。不过,尽管儒家学说讲人道,但还需要从天道那里求得宇宙论的证明:“不知命,无以为君子也。”(《论语》)

当然，西方文化中也有自然与人类统一的思想，认为万物来自一个统一的源泉。但是，西方统一性的基础在人之外，而中国统一性的基础在人之内。中国古代哲学家认为，自然界和人体有着同一的结构，以五行相互生克作为组织秩序和规律的整体规则。这种思维着重从整体上把握事物，立足于整体与部分间的关系，以整体观去处理宇宙中的一切问题；强调事物的结构和功能，不注重它的实体和元素；倾向于把主体和客体综合在一起，把客观知识与主观行为综合在一起来进行认识和把握。《孟子》说："知其性者则知天"，《中庸》则说得更明白："天命之谓性，率性之谓道。"也就是说，认识天道不需要向外超越，而只要向内深究，从而形成了一种不同于西方"外向超越型"的"内向超越型"哲学形态。

从思维方式上看，西方哲学的主流思潮总体上是分析性的、还原论的，即侧重于分析方法，从物质实体的纵深方向对事物做穷根究底的追寻。在进行概括时，偏重归纳方法，以感性材料为基础，一级一级地做出越来越高的抽象。这种重分析、重逻辑、重理性的思维特质，构成了西方思想的主流。现代西方科学的兴起和发展，一定程度上正是得力于这种精深的分析思维。然而，这种思维方式是把自然现象还原为机械运动，进而分解为基本的零部件来认识其构成和功能，但还原的每一步实际上都是对整体、对过程、对复杂性的一种抽象和切割，都丧失了原有的部分关系和属性。因而这种还原论的思维方式是有缺陷的，它通过设定基元的孤立或独立不变性而忽略了实在的关系特征和整体性。虽然说西方哲学家也研究整体问题，但整体作为一个哲学主题，只是他们整个哲学体系的一个组成部分或环节，而他们对整体问题的解决和对整体观念的诠释，是受其整个哲学思想的导向支配的。只是在量子力学、系统论以及复杂性科学兴起之后，才开始了由分析思维到整体论的转向。

相反，整体论却是中国传统哲学的灵魂，也是中国传统文化的性格表征。中国传统哲学诸流派大都坚持"天人合一"的宇宙整体观，即认为主体和客体是统一的，人是整体宇宙中的一部分，自然与人类有统一性。这种哲学思维着眼于事物的统一性，从整体上进行直观考察，并且常用类推逻辑，侧重于定性分析而缺乏定量分析。

它对宇宙万物的认识是整体的直觉了悟而非具体的、部分的分析。体现在空间上，它没有边际，涵盖了宇宙万象；从时间上，它不是一天一时的点滴认识，而是借助经验，对宇宙万物本质的一种当下领会或体认。这种“尽心”“体道”“由内反观”的思维特点形成了中国人认识世界、社会、人生的思维趋向，它给人以直观想象的满足和逻辑思维的满足，但是严重妨碍了人们向宇宙的纵深方向开拓的认识新路以及从事严格的具有重大意义的实验研究。这就决定了中国少有实证科学知识体系，一切只是为善和圆满的人生。

中国传统的整体思维与西方近代以来占据主导地位的分析思维这二者之间存在巨大的互补性。一般而言，对于人体和人类社会这种极其复杂的有机系统，整体思维较之分析方法具有更加明显的优势，而对于组织程度低的简单事物，在认识的初级阶段，分析方法则更容易见效。这就是为什么在中国古代对复杂系统的认识反而比对简单事物的认识成就更高的重要缘由。正是在这种历史性的转换中，当代西方思想界出现了认同古代中国传统思维方式的某种迹象。例如，耗散结构理论的创始人普里高津指出：“中国思想对于那些想扩大西方科学范围和意义的哲学家和科学家来说，始终是个启迪的源泉。”①协同学的创立者哈肯也说：“强调整体性的中国传统思想具有悠久的历史。确实，当我们确定复杂系统时，这种方法就变得至关重要了。”②

（二）哲学的本质

在古希腊，一般都把哲学叫作 sophia（即智慧）。当时，从事哲学工作的人一般是有智慧的、聪明的、在理解力或某种技能方面出众的人，被称之为“智者”。这无形中在哲学和普通人之间构筑起一道难以跨越的心理屏障，使哲学成为一门玄虚高妙的学问，从而与大众越来越远。其实，哲学并不神秘，也不高深莫测，它就在我们的生活当中，与我们的生活和生命密切相关。早在古希腊时期，哲学家苏格拉底就针对那些自称为智者的人，刻意在 sophia 这个词的前面

① 普里高津、斯唐热：《从混沌到有序》，上海译文出版社，1987 年版，第 1 页。

② 哈肯：《信息与自组织》，四川教育出版社，1988 年版，第 11 页。

加上了一个 philem(爱,追求)。这样,哲学就成了 philosophia(即"爱智慧"),就是说,学哲学就是爱智慧、追求智慧,从而掌握智慧。

哲学离我们并不遥远,日常生活中的问题时时处处都蕴涵着深刻的哲学。所有的人,无论是男人还是女人,只要他(她)对所面对的问题进行深入的思考,那么他(她)都可能成为哲学家。思想是人的本质和存在方式,用哲学家帕斯卡的话说,"人的全部尊严就在于人能够思想"。而思想的一个重要特征就是可以对思想进行思想。这种对思想的反思就是在进行哲学的思考。黑格尔曾经指出:"哲学乃是一种特殊的思维方式。——在这种方式中,思维成为认识,成为把握对象的概念式的认识。"因此,哲学就其本质来说,就是一种反思。用黑格尔的话说:"哲学的认识方式只是一种反思。——意指跟随在事实后面的反复思考。"而要做到真正地反思,就必须有思想的自由。亚里士多德说,哲学是真正的自由的科学,哲学思考是最为自由的学术探讨。这种自由意味着拒绝一切来自哲学之外的考虑,既包括经济的,也包括政治的,以及其他一切世俗意义的,而只有具有"自我"意识的人才能自由地进行哲学思考。也就是说,我是我自己思想的主人,而不是他人思想的奴仆,我有权利来进行自己的思考,自己的选择;他人的思想可以成为我的思考的思想资源,但他人的思想绝不能取代我自己的哲学思考。当然,这种思想的自由、自主是进行哲学思考的重要条件,但不是唯一条件。要使自己真正地进行哲学思考,还必须有追求智慧的热忱和献身真理的勇气。在这一方面,苏格拉底堪称表率。

苏格拉底生活于古希腊中晚期,他惊恐地看到希腊精神深刻危机的到来,他要让人们都意识到这一点。不过,苏格拉底从来不让他的追随者感到可以从他那里得到问题的确凿答案,并能够坦诚地承认自己的无知:"如果我比人们知道得更多一点的话,那就是我知道自己的无知。"然而,其他人会认为这简直就是荒谬无比的:"这个人纠缠不休地揭露我们的无知,难道就是为了最后承认自己也是无知的?"当雅典人以对神大不敬和引诱青年为由把他送上法庭之时,苏格拉底在法庭上辩护道:"神派我来,就是让我不停地唤醒、说服和责备你们每个人。"可以想象,法官对如此的狂妄之举多么愤慨。

结果苏格拉底被判处死刑。朋友们劝他离开雅典,并做好一切准备,但遭到他的拒绝:"一个人一生侍奉国家,遇到一点不愉快的事就违背法律,这是不对的。"他还说:"一个人在面临生与死的危险时有所顾虑,是不对的,他唯一必须考虑的问题是,他的所作所为是否公正,是好还是坏。"虽然苏格拉底无法证明为什么人只应作公正的事,但这种根植于心底的坚不可摧地对正确行为的绝对责任,构成了他一生最大的信条,即使在受到死亡的威胁之时也在所不惜。这就是苏格拉底之所以成为哲学界楷模的原因。他在临刑前的辩护词中写道:"假如我因为怕死或者其他什么原因而离开我的工作岗位,那对我来说是不可想象的。"①

进行哲学思考,一个最为基本的态度就是必须持有一种怀疑和批判的态度,它们构成了哲学思考的两种最为基本的方式。由于人一生下来就处在常识所塑造的成见和偏执中而浑然不觉,这就堵塞和窒息了人们怀疑和反省的通道。哲学高于常识的地方,就在于它从不故步自封,而是用怀疑的利剑刺穿常识所设置的屏障,去寻求万物之因。当然,怀疑一切,绝不是为怀疑而怀疑。怀疑实质上是一种能力,一种彻底的怀疑精神和追问态度。不学会怀疑,我们就会被日常生活中的各种表象和假象所蒙蔽,而看不到整个世界的真实的、本来的面目。

正因为所有哲学都必须从可疑的并且常常是有害的未经批判的常识开始,从这个意义上讲,哲学也就是一种批判的意识。用马克思的话说,就是"在批判旧世界中去发现新的世界"。批判往往被人们认为是否定性的、消极的、破坏性的,这其实是一种误解,因为批判从总体上或者说从最终的目的来说恰恰是发现谬误、找寻真理,因而是肯定的、积极的和建设性的。霍克海默指出:"无论科学概念还是生活方式,无论是流行的思维方式还是流行的原则规范,我们都不应盲目接受,更不能不加批判地仿效。哲学反对盲目地抱守传统和在生存的关键性问题上的退缩。"

---

① 威廉·魏施德:《后楼梯——大哲学家的生活与思考》,华夏出版社,2000 年版,第 22~28 页。

笛卡尔说过，学习的开端就是怀疑一切；要追求真理，就必须在一生中尽可能地把所有事物都来怀疑一次；真理就是一种不断获得的过程。笛卡尔在中学时就表现出强烈的反叛精神，他说："一旦年龄允许，我就把自己从对老师的俯首帖耳中解放出来，我决定不再找寻其他知识。除了那在我心中和在世界这本大书中才能找到的知识。"于是，他将自己的时间用于旅行，与形形色色的各阶层的人进行交往，积累各种各样的经验，以便进行思考。笛卡尔认为，迄今为止所有被认为是确定无疑的真理都需要重新加以审视。他给自己的任务是，"从根本上推翻一切，并在一个全新的基础上重新建立一切"。笛卡尔指出，正是在知识的所有可靠性被破坏的地方，产生了新的确定性。他的"我思，故我在"这一著名的哲学命题所表达的就是这样一种真理：我怀疑，因此我存在；我被欺骗，因此我存在。也就是说，在怀疑的漩涡中始终有一点毫无疑问，即自身存在的事实。与以前的中世纪哲学家从上帝那里寻找根本的确定性不同，笛卡尔从人类自己身上找到确定性。这是自笛卡尔以来最显著的哲学特征，即将哲学建立在主体及其自由的基础之上；而以前的中世纪哲学家关心的只是上帝和神，很少考虑人的处境。这一思想构成了西方思想史上的重要转折点，笛卡尔也因此成为西方近代哲学的奠基人。①

哲学探索是一个漫长而持久的过程，哲学问题始终是与人类相伴随的。一般而言，伴随着一个问题的解决，就会产生出一个或一系列需要解决的新问题。人的本质似乎就在于不断提出问题、思索问题和解决问题，从而使人们对问题的探讨不断走向深入，使以往的一些陈规陋见不断得到纠正和克服。从这种意义上说，任何一种问题在哲学层次上的探讨都不可能得到最终的、真正的解答。我们带着问题来到这个世界，也带着更多的困惑离开这个世界。由此不难理解，为什么在历史上从来没有哪一个哲学问题真正得到了解决。哲学问题的这种不可最终解决的性质告诉我们，不能过于自

① 威廉·魏施德：《后楼梯——大哲学家的生活与思考》，华夏出版社，2000年版，第105~114页。

信,不能流于专断、教条和自以为是。人类意识的进步就在于不断地反思和超越前人的结论。究竟你能够将问题探讨到何种程度或层次,取决于你的认识需要和认识能力或者说思考水平。王安石的《游褒禅山记》告诉我们这样一个道理:秀美绮丽的山川往往在充满险阻、人迹罕至之处,入之愈深,其进遇难,而所见愈奇。

> 在古希腊神话中有这样一个故事。故事的主人公叫西绪弗斯,他被罚在地狱里,用手脚将一块巨大的岩石从平地推到山顶上去。每当他快要把岩石推到山顶的时候,岩石又突然滑落下来。所以,西绪弗斯永远苦恼地弓着腰,汗流浃背地来回滚动着沉重的岩石。哲学家的劳作就像西绪弗斯一样,周而复始,艰辛不辍。人们要想从习以为常的偏见中解放出来,要想实现理论思维的创新,就必须不断地提出问题,向习俗、权威、信仰挑战。一旦思想的力量变成现实的力量,时代必将不可阻挡地迈向前进。然而旧的问题刚刚解决,新的问题马上产生了,如此循环不息。

一般而言,无论自然科学还是社会科学,都是以自然界和人类社会的某一方面为对象的。与此不同,哲学研究的是整个世界(包括自然界、人类社会以及人的思维),是一种理论化、系统化的世界观。所谓世界观,是人们关于整个世界以及人和世界关系的总的、根本的看法。这里,所谓“对世界的总的、根本的看法”就是对整个世界的最具有普遍性的问题做出解答。就像黑格尔所认为的,哲学以思想、普遍者为内容,而内容就是整个存在。任何一门具体科学,甚至全部具体科学的总和,都不能代替哲学。

当然,哲学与诸多具体科学的区别,不仅体现为一种研究对象的普遍性与特殊性的问题,更体现为一种研究层次上的不同。科学满足于说明事物的现状和作用,它只侧重观察事物原来的性质和运动过程,但是哲学却不满足于描述事实,它还想探求其与经验的普遍联系,寻求对各种学科中的作为其研究出发点和基础的、作为其思维前提的一些基本的假说性的解释,去思考那些未曾探索的事物。也正是在这种意义上讲,我们说,"科学赋予我们知识,只有哲学才能赋予我们智慧"。知识与智慧的区别在于:知识是确定的,是有一定具体内容的认识成果;而智慧则是以对各种具体知识进行概括、总结和再思考的方式来把握世界的本质和一般规律而获得的。各种具体科学中的深层理念、原则、信条正是哲学所要研究的对象。如此一来,任何一种具体科学的研究中实际上都存在着哲学问题,由此而形成哲学的各种表现形态,如政治哲学、经济哲学、法哲学、文化哲学和科学哲学等。因此,那种将哲学与其他具体科学相并列的做法是不恰当的。哲学没有任何的单独存在的权利,而是渗透在了一切具体科学之中,相互贯通,从而形成一个相互联系的知识总体。

其实,早在古希腊时代,哲学和其他学科就是融为一体的,哲学更多地被当作"知识的总汇",科学以未分化的形态蕴涵在哲学母体之中,而且大多数学者往往精通各种科学知识,如亚里士多德就是一位"百科全书式的伟大学者"。然而,随着人们对外部世界的经验知识的日益精确化、系统化,各种具体科学纷纷从哲学母体中独立出去,于是在现代社会,各门学科之间的这种分立已成为一种普遍现象,相互之间往往缺乏必要的联系和沟通。当今社会普遍存在的一系列名目繁多的自然科学和人文社会科学及其相应的专业人士,就是这种学科分立的产物。

应当说,这种分立和演变在一定程度上是人类认识发展和社会进步的表现,但是,这种状况对于知识的发展和问题的解决是极为不利的。我们当今所面临的问题往往都是综合性的,需要各种专业人士进行通力合作才能解决。在任何一种问题的解决中,哲学上的问题都是最根本的、不可或缺的。就像劳厄所认为的:"整个科学都必须围绕哲学来活动,把哲学看成是它们共同的中心,把对哲学做出的贡献看成是整个科学的宗旨所在。这样,也唯有这样,面对科学的不断专门化,科学文化的统一性才能保持下去。因为倘若没有这种统一性,整个文化价值就要崩溃。"①

---

① 转引自赵鑫珊:《科学·艺术·哲学断想》,三联书店,1985年版,第83页。

当然，哲学也不是凌驾于一切具体科学之上的"科学之科学"。一方面，哲学总是植根于具体科学的土壤之中，它的发展依赖于具体科学所提供的知识源泉。另一方面，各种具体科学的发展也离不开哲学，哲学给各种具体科学以世界观和方法论的指导。哲学这种特有的功能是任何其他具体科学所不能代替的。爱因斯坦说得好："如果把哲学理解为在最普遍和最广泛的形式中对知识的追求，那么，哲学显然就可以被认为是全部科学之母。可是，科学的各个领域对那些研究哲学的学者们也发生了强烈的影响，此外，还强烈地影响着每一代的哲学思想。"

正因为哲学是对事物的深层理念的思索，因而哲学的结论往往是思辨的、抽象的。一般而言，科学是与实验密切相关并以实验为必要条件的，因而具有确定性和精密性，主要采取数学思维和逻辑思维相结合的方式。而哲学则是一种超经验的思辨活动，具有不确定性和笼统性。在它们同实践经验的关系上，科学比较直接、具体，哲学则比较间接、抽象。不过，我们不能将哲学对现实世界的这种深层追问当作是一味地进行抽象的普遍主义，否则，这种哲学将会越来越偏离它所处的现实生活。因为这种普遍主义的抽象化消除了个别性、地点和时间性。其实，马克思早就洞察了那种一味对事物进行逻辑抽象的虚妄性，排除了用逻辑的剪刀对历史的随意裁剪。他指出："在思辨终止的地方，即在现实生活面前，正是描述人们的实践活动和实际发展过程的真正实证的科学开始的地方。……对现实的描述会使独立的哲学失去生存环境，能够取而代之的充其量不过是从对人类历史发展的观察中抽象出来的最一般的结果的综合。……这些抽象与哲学不同，它们绝不提供可以适用于各个历史时代的药方或公式。"

（三）哲学的民族性与时代性

民族是以共同的地域和血缘关系为基础组成的共同体。不同的民族由于有着各自不同的社会生活环境，从而也就形成各具特色的民族文化。在民族文化的各种构成要素中，哲学以其世界观、人生观、价值观和理论思维的特质而成为民族文化的精华，并在文化的最高层次上表征着一个民族的民族精神、民族凝聚力以及该民族在一定历史时期达到的智慧和文明的程度，从而在整个民族文化中占据着核心地位。哲学依存于一定民族、一定社会的文化，因而具有民族性。比如，中国哲学就不同于西方哲学；即使同是以古希腊、古罗马哲学为源头的西方哲学，欧洲大陆哲学也不同于英美哲学和德国古典哲学，它们在思维方式、范畴运用、价值观念和作品风格等方面都各具特色。当然，哲学的民族性、个性并不排斥不同民族的哲学之间的联系及共性。民族之间的文化交往包含着哲学的交往，并成为哲学发展的动力之一。各个民族的不同的哲学在交往中取长补短、融合共存、彼此促进，从而形成了人类多姿多彩的哲学文化。

同时，哲学还具有时代性。作为人类的一种精神形态，哲学的内容总是由特定的时代赋予的，任何哲学只不过是在思想上反映出来的时代内容。正如马克思所言："每个人都是他那时代的产儿。哲学也是这样，它是被把握在思想中的它的时代"。当然，哲学也是各种各样的，可以是时代精神的精华，也可以是时代精神的糟粕。马克思指出："任何真正的哲学都是自己时代精神的精华。"这里所谓"真正的"哲学并不是指任一具体的哲学，而是指对历史和时代具有积极的意义、为人类精神文明做出过一定贡献的哲学，更是指一定时代最先进的哲学。真正的哲学之所以是时代精神的精华，就在于它符合时代进步的要求，抓住了时代的主题，回答了时代提出的迫切问题，从而引导和塑造出新的时代精神。当然，哲学的这种作用还突出地表现在它对时代的超越上。在卡西尔看来，伟大的思想家"常常不得不以超越和反对他们时代的方式进行思考。没有这种理智上和道德上的勇气，哲学是不可能完成它在人的文化和社会生活中的使命的"。这就是说，哲学要通过对时代精神的反思，进而揭示并批判地审视隐匿在思想中的对时代精神的总体认识，从而实现理论思维方式的变革，塑造出新的时代精神。

此外，在阶级社会中，哲学还具有阶级性。由于哲学家们站在不同的阶级立场上，他们对世界根本问题的看法以及对待事物的态度和价值观念，都明显地打上了阶级的烙印。当然，判断某种哲学体系的阶级属性，不能片面地根据哲学家本人的阶级出身和哲学家们对自己体系的看法,而要看在现实中某种哲学的产生是否具有自己特定的阶级背景,是否或多或少地蕴涵着某种政治理想或政治效应。因而,在哲学史上,尽管不是所有的哲学家都自觉地按照自己阶级的需要来创立自己的哲学体系,不少哲学家往往自认为是超阶级的、非功利主义的,但是这并不影响哲学的阶级性。哲学家是以哲学的方式来为某种阶级利益服务的,他们的阶级立场、政治态度是通过对哲学问题的阐述间接地、曲折地表现出来的。当然,哲学追求的是真理,又是某种信念;既是知识体系,又是意识形态。不少卓越的哲学家既是某个阶级在哲学上的代言人,又是人类文化的积极创造者,这种情况在哲学史上是常见的。

二、哲学的功用

哲学有用吗?在日常生活中,我们经常听到这样的诘问。“哲学无用论”认为,哲学不能直接解决工作、生活和思想中的具体问题,因此不学哲学无所谓,人们照样工作,照样生活。如果用这种直接的功利性来看待哲学的功能,那么,不只哲学,大多数基础性科学都不具有直接的实用性,只不过哲学由于其高度的抽象性、思辨性,使其非直接现实性和非实用功利性的特点更加突出罢了。因此,我们不能以此为由来否认哲学和基础科学的社会价值。

(一)哲学是现实变革的观念基础

哲学的出发点和归宿点都在于改造世界。每个人都把自己的世界观作为一个“蓝图样板”去有意无意地改变周围的世界。哲学作为世界观的理论,作为改造世界的最普遍的方法,构成了人的思想和行为的最主要、最根本的方面。哲学总是透过千变万化的直观现象,抓住最为根本的东西,具有“至大无外”的广袤性和“至深究底”的终极性。哲学虽然不能直接改造世界,但哲学能够改变人,而人又能够改变世界。哲学正是以其独有的批判的风骨和气质,永远充当时代的先知,以其反思的品格和精神,冲决积习和偏见所织成的罗网,提升人们的思想境界,因而这种无用之用乃为大用。哲学根源于对缺失、限制和痛苦的突破,是对力量、热情、价值和意义的追求。它通过不断构筑人类思维的新坐标，开拓世界的新视野，提高人的自觉意识和能动作用，促进人的思想解放，从而推动着社会的发展和时代的进步。

哲学世界观在现实社会的经济、政治活动中的这种推动作用是十分明显的。在西方，古希腊哲学家尤其是在苏格拉底、柏拉图那里，哲学作为思维的理论曾经被当作一种论辩和追求真理的技艺。在欧洲中世纪，哲学被用来论证上帝的全知全能，并以此来说明宗教统治的合理性。中世纪后期和近代前期，哲学在使科学挣脱宗教神学的禁锢中发挥了重要的作用，而在资产阶级反对封建统治的斗争中，哲学革命则充当了政治革命的先导。德国诗人海涅就曾经警告过法国人，不能低估观念的力量，一位教授在书房里孕育出来的哲学观念可能会毁灭一种文明；而卢梭的著作在罗伯斯庇尔手中则变成了血淋淋的武器，摧毁了欧洲的旧体制。拿破仑曾经说过，大炮摧毁了封建制度，墨水正在摧毁现代制度。这里的墨水就是指哲学思想。

在中国，哲学观念往往同王权统治联系在一起，一直在政治统治中发挥着重要作用。在中国传统管理思想中，对人的教化始终被看作是一种非常重要的管理手段。教化的根本点是道德。儒家以道德修养为主并“以德示人”，力求成为被管理者的道德示范，达到“修己”以“安人”的目的，从而起到自觉维护管理系统稳定的作用，表现出对文化伦理的特殊重视。所谓文化伦理，实际上就是人际关系的秩序与协调。按照《礼记·中庸》的记述：“仁者，人也。”这种文化伦理主义作为文化伦理结构的观念形式，具有相当明显的功利倾向和非常直接的管理目的。孟子断言：“未有仁而遗其亲者也，未有义而后其君者也。”（《孟子·梁惠王上》）就是说，有了仁义，就能通过人际关系的确定来稳定整个管理系统的结构。这种人伦关系在西汉时期就形成了“三纲五常”的封建集体化纲常体系，并在中国近两千年中成为实际的人际关系规范，成为封建宗法等级体系的主干，对维护封建社会的稳定起到了极其重要的作用。

（二）哲学是生活的学问

哲学所追求的是最高的人性智慧，是从最深层上寻求人的生命活动的根据和价值。哲学引导人们从世俗的、琐碎的事务中超脱出来,从有限中体悟无限,从渺小中领略伟大,使人站得高些,看得远些,想得开些,去思考关于宇宙人生的大问题、大道理,并作为自己安身立命的原则。只要人类还存在,就不可能没有哲学。因而,对于个人来说,哲学即人生。用黑格尔的话说,"哲学本身正是人的精神的故乡。"没有哲学,人便失去精神的依归,失去灵魂的庇护之所;人的灵魂得不到安顿,就会在喧嚣的俗世中迷失自我。

尽管中、西方哲学的思维方式有其不同之处,但在哲学思考追求的目标上,二者却有许多相通的地方。中国传统哲学的"以道观之"的人生态度就是主张从一种超越的观点关照一切。与此相同,苏格拉底认为,智慧是神的,不是人的,学习哲学就是要学习从智慧的角度关照事物,来指导人生。儒家哲学所谓"内圣外王之道",就是说有精神成就的人应该在现实社会中实现自己的理想。道家哲学虽然就其直接目的来说是追求一种精神的自足,寻求一种超越现实的心灵的"逍遥"和洁身自好,但它仍然参与塑造了中国文化,深刻影响着中国的社会和历史。佛教哲学虽然是为了超脱人生痛苦,寻求对现世的解脱,达到"涅槃",但这归根到底仍然是对现世生活的一种态度和反映。

我们在下面的例子中将会看到,不同的哲学思考决定了不同的人生态度。即使在同样的社会情势面前,也往往会产生截然不同的生活态度。我们每一个人该如何选择,取决于自身的哲学思考,在这一点上,任何人的意志都不能强加给你。也就是说,你究竟是做一个痛苦的哲学家,还是做一只快乐的猪,取决于你自己。

古希腊晚期,雅典城邦制趋于解体。在这种社会大动荡的情况下,对应该如何生活这一问题,出现了两种不同的回答。伊壁鸠鲁认为,避免痛苦和追求愉悦是幸福生活的源泉和目的。这里的愉悦不仅指粗糙的感官乐趣,也是指精神的陶醉,比如谈话,听音乐,观赏艺术品,尤其是研究哲学。对伊壁鸠鲁来说,真正的愉悦和幸福在于心灵的安宁与平衡。要达到这一境界,就必须远离恐惧、好奇和痛苦,使心灵的暴风雨平息。这样,在超越了一切烦扰心灵宁静的东西之后,哲学家伊壁鸠鲁就可以生活在自我满足之中,生活在精神的快乐自由之中。由于人只能在不依赖环境的前提下才能得到自由,所以才有伊壁鸠鲁学派的箴言:"生活在隐秘中吧。"其结果是,哲学家尽量避开社会生活,尤其是政治生活。财富、荣誉与影响力不再能诱惑他,他也不再关心重大世事,并尽量避免社会责任,因为所有这一切只会引起心灵的迷惑。在伊壁鸠鲁看来,如果哲学家的语言不能诊治任何一种心情,不能将激烈的情绪从心灵中驱逐,那它本身就是空洞的。如果是这样,那么哲学对人类就是非常重要的。所以伊壁鸠鲁留给后世这样一句警言:"年轻人应毫不犹豫地进行哲学实践,老年人应当不倦于哲学实践。关心你的灵魂的健康,永远不会太早也不会太迟。"伊壁鸠鲁认为,逃避现实是为了避免它带来干扰。而同一时期以芝诺为代表的斯多葛学派则认为,追求善是为了善本身,而不是为了回报。而要承担义务,就不可能像伊壁鸠鲁学派那样,退回到私人生活里,而必须投入到社会责任中。他们的格言是:"道德完善的人不会生活在荒无人烟的地方,因为他生来就是社会的,就是为了积极的生活。"因此,"自然对人的要求是参加到集体中去,为他的发展尽自己最大的力量。""我们生来就有能力团结、联合和建设国家。"将责任感在社会中发扬光大,是古希腊时代末期严肃而克己的哲学家芝诺及其所代表的斯多葛学派对社会最伟大的功绩之一。①

(三)哲学是思维的艺术

苏格拉底指出,最重要的事情是正确的思考方法。正确思考意味着能够知道自己说什么,能够进行自我辩解。苏格拉底所创造的"精神助产术"就是通过对话和辩论达到真理。据说,苏格拉底在与人谈话的时候,习惯采取问答的方式,双方一问一答,通过诘难,使对方陷入矛盾之中,逼迫其承认无知,然后逐渐地修正其看法,最终达到真理。苏格拉底以丰富的对话艺术使那些自命不凡、自以为是的人明白,他们对自己振振有词的东西实际上知之甚少;他们对自己的了解也微乎其微;有时候,他们对自己所说的实际上也不知道。

① 威廉·魏施德:《后楼梯——大哲学家的生活与思考》,华夏出版社,2000年版,第48~57页。

下面这段对话就是一个类似于苏格拉底的“精神助产术”的论辩的例子:

某日,老师在课堂上想看看一个学生的智商怎么样,就问他:“树上有十只鸟,开枪打死一只,还剩几只?”

学生反问:“是无声手枪吗?”

老师答:“不是。”

学生问:“枪声有多大?”

老师答:“80~100 分贝。”

学生说:“那就是说会震得耳朵疼!”

老师答:“是。”

学生问:“在这个城市里打鸟犯不犯法?”

老师答:“不犯法。”

学生问:“您确定那只鸟真的被打死了?”

“确定。”老师已经不耐烦了,“拜托,你告诉我还剩几只就行了,OK?”

学生问:“OK,树上的鸟里有没有聋子?”

老师答:“没有。”

学生问:“有没有关在笼子里的?”

老师答:“没有。”

学生问:“边上还有没有其他的树,树上还有没有其他的鸟?”

老师答:“没有。”

学生问:“有没有残疾的或饿得飞不动的鸟?”

老师答:“没有。”

学生问:“算不算怀在肚子里的小鸟?”

老师答:“不算。”

学生问:“打鸟人的眼有没有花?保证是十只?”

老师答:“没有花,就十只。”

老师已经满头是汗,且下课铃响了,但学生还在问:“有没有傻到不怕死的?”

老师答:“都怕死。”

学生问："会不会一枪打死两只?"

老师答："不会。"

学生问："所有的鸟都可以自由活动吗?"

老师答："完全可以。"

这时,学生才满怀信心地说："如果您的回答没有骗人,打死的鸟要是在树上没掉下来,那么就剩一只;如果掉下来,就一只不剩。"

老师当即晕倒……

这个辩论依赖的是一种严密的逻辑思维。只有掌握一定的论辩艺术,你才可能揭示出问题的关键所在。而只有进行过一定哲学思维训练的人才能够做到这一点。

哲学作为人类的最高智慧,是人类理论思维能力的表现和产物。纵观整部哲学史,它就像用人类智慧之光汇成的一条光彩夺目的银河,人类的理论思维能力就是在哲学的长河中不断得到发展的。柏拉图的辩证法启迪了海森伯的物理学思想;古印度的辩证法思想对薛定谔在量子力学方面的贡献也有影响;亚里士多德提出的著名的"整体大于它的各部分之和"的原理为贝塔朗菲创立一般系统论提供了思想渊源。许多伟大的思想家和科学理论的创立者的成功都得益于一定的哲学素质,都是以某种哲学的洞察凝聚起各种认识材料,才构成恢宏的思想体系和理论学说的大厦。因此,学习哲学也就成为人们汲取智慧的最佳所在和训练理论思维能力的根本途径。

当然,一种正确的思想观念和思维方式的形成是一个激烈而深刻的思想观念发生变化的过程。只有对历史上各种哲学思想进行深入的比较和鉴别,才能形成真正属于自己的思想观念和思维方式。这就涉及一个学习方法的问题。哲学家叔本华指出,哲学不能被理解为单纯的阅读或被动的读书,而应被理解为经验和思考。因为"别人思想的不断涌进势必会限制和抑制我们自己的思想,最后使我们自己的思考能力陷于瘫痪。大多数学者因用力吸取别人的思想而使自己的思想走向贫乏。因此,我们自己不先去思考某个对象就来阅读有关他的文字,会是危险的。当我们阅读的时候,别人在替我们思考，我们只是在重复别人的心理历程。如果一个人几乎整天都在读书，他就会渐渐丧失思考的能力。”为此，叔本华提出了他的忠告：“生活先于书籍。”同时，叔本华还为我们提出了第二个忠告：“文本先于注解。”就是说，只有通过作者本人及其原著，我们才能得到真正的思想。叔本华告诉我们：“一部天才的著作抵得上一千条注释。”“只有从那些哲学思想的首创人那里，人们才能接受哲学思想。因此，谁要是向往哲学，就得亲自到原著那肃穆的圣地去找永垂不朽的大师。”

三、哲学的基本问题和派别划分

从总体上看，哲学研究人与世界的关系，而人与世界的关系的最本质方面则是思维和存在的关系。因此，思维和存在的关系问题是哲学的基本问题。如何回答这一问题，是解决一切哲学问题的前提和基础，并由此形成了不同的哲学派别与哲学形态。

（一）哲学的基本问题

哲学作为世界观的理论体系，包含了多方面的内容，诸如本体论、认识论、价值论、人生观和方法论等，但其中有一个问题贯穿于各个领域和方面，它决定着整个哲学体系的性质，并对解决各种哲学问题起着支配作用，这就是哲学的基本问题，亦称哲学的根本问题或哲学的最高问题。在哲学史上，鲜明而完整地提出哲学基本问题的是恩格斯。他指出：“全部哲学，特别是近代哲学的重大的基本问题，是思维和存在的关系问题。”哲学的基本问题包含两方面的内容：第一个方面是意识和物质、精神和自然界，究竟何者是第一性、何者是第二性的问题；第二个方面是关于思维能否认识或正确认识存在的问题。

思维和存在的关系问题之所以成为哲学的基本问题，是由以下几个方面的原因决定的：

第一，从哲学的本性看，人与世界的关系不同于动物与世界的关系，它不是一种无主体意识的生命与外界的关系，而是作为有意识有目的活动的主体与对象世界的关系。在人们认识世界和改造世界的活动中,存在和思维的关系是每时每刻不断重复出现的关系,因此在人与世界的关系中,最重要的就是人的思维与存在的关系。当然,思维和存在的关系只是哲学的基本问题,而不是唯一的问题,并且在不同时代、不同民族用以表现哲学基本问题的方式和范畴也不是完全一样的。尽管如此,任何一种哲学问题都会以不同方式直接地或间接地、鲜明地或隐蔽地涉及思维与存在的关系问题。

第二,从历史角度看,思维和存在的关系问题贯穿于哲学发展的全部历史过程。在远古时代,人们就以自己特有的方式提出思维和存在、精神和物质何者是本原的问题。人类进入文明社会后,哲学迈上文明舞台的最初形式——自然哲学,探讨思维和存在、精神和自然界何者为本原的问题,即成为哲学基本问题的第一方面。从近代开始,西方哲学基本问题的研究重点发生了转移,即由哲学基本问题的第一方面转向第二方面。培根、洛克、笛卡尔、斯宾诺莎、莱布尼茨以及德国古典哲学的著名人物康德、黑格尔等,都从各种角度对哲学基本问题第二方面进行了深入研究和阐述。因此,恩格斯关于哲学基本问题及其两个方面的论断,实际上是以浓缩的方式再现了哲学发展的历史。

第三,从现实角度看,思维和存在的关系问题往往是我们解决人类社会生活问题的前提和基础。哲学的基本问题是与人类现实社会生活紧密相关的,它起源于人类社会生活,反过来又成为人们社会生活中思想和行动的出发点。因此,思维与存在的关系问题作为哲学基本问题,实际上是人的实际活动中的基本问题,而且首先是人的实践和认识活动中的基本问题,是对人的实际活动中普遍存在的人与世界关系的本质的哲学提升。

(二)哲学的基本派别

对哲学基本问题第一方面的不同回答,形成了哲学中的两个基本派别:唯物主义与唯心主义。凡断定存在、物质是第一性的,是世界的本原,就属于唯物主义;凡认为思维、精神、意识是第一性的,是世界的本原,就属于唯心主义。

作为哲学的两个基本派别,唯物主义和唯心主义只能在哲学意义上,即在回答思维和存在、精神和物质何者是第一性的意义上使用。除此之外,唯心主义和唯物主义这两个用语没有任何别的意思。说唯物主义是重物轻人的物本主义,是不对的。就人在世界中的地位而言,唯物主义哲学完全可以非常重视人的价值和尊严。在文艺复兴和法国资产阶级革命时期,自然观上的唯物主义者往往又是人道主义者,就是很好的例证。至于把唯物主义理解为只重视物质生活,轻视精神生活,追求一切满足感官需求和个人私利的龌龊行为,也完全是误解和曲解。同样,也不能说唯心主义就是轻物重人、追求社会道德信仰的理想主义。因为是否抱有理想和信仰,同唯物主义与唯心主义的区分绝不相干。就理想和信仰而言,唯心主义者并不一定都是远离尘世的理想主义者,而唯物主义者中也并不缺乏为理想而献身的人。

从哲学史上看,唯物主义和唯心主义在自身的发展中,各自经历了不同的历史形态。

唯物主义的第一种形态是朴素唯物主义,即自发唯物主义。无论是古代中国还是古代希腊都存在过这种唯物主义学说。朴素唯物主义的特点在于,它们肯定世界的物质性,力图从某种具有固定形体的实物中寻找世界的本原;并往往和朴素的辩证法结合在一起,对世界抱有整体观念。唯物主义的第二种形态是机械唯物主义,即形而上学唯物主义。它是适应资本主义发展的需要,伴随着近代自然科学的产生而出现的。从17世纪英国的唯物主义,经过法国的百科全书派,到19世纪上半叶以费尔巴哈为代表的人本唯物主义都属于这一类。这种唯物主义以自然科学为依据,对唯物主义的论证比起朴素唯物主义有许多进步,但又缺乏把世界看成是相互联系的整体观念。机械性、形而上学性以及历史观中的唯心主义是它的主要缺点。唯物主义的第三种形态是马克思、恩格斯所创立的辩证唯物主义和历史唯物主义,或称之为"新唯物主义""现代唯物主义""科学的唯物主义""实践的唯物主义"等。它克服了以往旧唯物主义的机械性、形而上学性以及历史唯心主义的弊病,建立了以科学实践观为基础,包括自然和社会领域在内的彻底的唯物主义形态,是唯物主义发展的最高阶段。

唯心主义可以区分为主观唯心主义和客观唯心主义两种形态。

主观唯心主义的特征是，把人的感觉、观念作为唯一真实的存在和世界的本原，如宋代的陆九渊宣称“宇宙即是吾心，吾心即是宇宙”，明代的王阳明主张“心外无物，心外无事，心外无理”等；在西方，18世纪英国的贝克莱鼓吹物是“观念的集合”“存在就是被感知”等。客观唯心主义的主要特征是，把某种脱离物质、脱离任何个人的精神变为独立自存的客观存在，并把它作为世界本原和万物的创造者，如宋代朱熹鼓吹的“理”、古希腊柏拉图主张的“理念”，以及黑格尔提出的作为全部存在基础的“绝对观念”等，都是客观唯心主义的典型。

唯心主义和唯物主义是两条根本对立的哲学路线。从总体上看，唯心主义路线是错误的，唯物主义路线是正确的，但是，对于唯心主义也不能采取简单否定的态度。唯心主义哲学的产生不仅有其社会阶级的根源，而且也有其深刻的认识论根源。列宁指出：“人的认识不是直线（也就是说，不是沿着直线进行的），而是无限地近似于一串圆圈、近似于螺旋的曲线。这一曲线的任何一个片断、碎片、小段都能被变成（被片面地变成）独立的完整的直线，而这条直线能把人们……引到泥坑里去，引到僧侣主义那里去（在那里统治阶级的阶级利益就会把它巩固起来）。直线性和片面性，死板和僵化，主观主义和主观盲目性就是唯心主义的认识论根源。而僧侣主义（哲学唯心主义）当然有认识论的根源，它不是没有根基的，它无疑的是一朵不结果实的花，然而却是生长在活生生的、结果实的、真实的、强大的、全能的、客观的、绝对的人类认识这棵活生生的树上的一朵不结果实的花。”①唯心主义虽然是把人类认识曲线上的某个片断、碎片、小段片面地夸大了，以致陷入了错误，但它终究是从人类认识之树、从人与世界的现实关系之树上生长出来的，是构成人类认识发展过程的必要环节或阶段，也是以某种方式对自己时代精神的一种把握，在某些方面必然包含着合理因素甚至是非常深刻的思想。因此，对唯心主义必须采取科学的批判分析的态度，对其中的合理因素和积极成果要加以吸收和发挥。同时，以往的

① 列宁：《列宁选集》，第2卷，人民出版社，1975年版，第715页。

朴素的唯物主义和形而上学的唯物主义在回答思维和存在、精神和物质何者是第一性的、何者是第二性的问题时,虽然所持的基本观点是正确的,但由于受着历史条件和科学认识发展水平的限制,又具有直观性和不彻底性,因而对它们也必须作历史的具体的分析。

哲学在回答了世界存在的本质是什么的问题之后,还必须回答世界是怎样存在的问题。由此而形成了辩证法和形而上学两种不同的观点。凡是认为世界上的各种事物和现象是普遍联系的,是运动、变化、发展的,就是辩证法的观点;反之,凡是认为世界上的各种事物和现象是各自孤立的、静止不动的或者只有机械的位置移动、简单的数量增减,就是形而上学的观点。

在哲学史上,辩证法和形而上学既可以分别存在于唯物主义哲学体系中,也可以分别存在于唯心主义哲学体系中。同时,在同一种哲学体系中既可以有辩证法的因素,也可以有形而上学的因素。但不管怎样,辩证法和形而上学总是依附于或包含于唯物主义或唯心主义的体系,而不会有游离于唯物主义或唯心主义体系之外的辩证法和形而上学。这说明,辩证法和形而上学对唯物主义和唯心主义说来,是处于一种从属的地位。当然,确立辩证法的观点对于确立彻底唯物主义的世界观也是非常重要的。只有达到唯物主义和辩证法的内在统一,才能有科学的、彻底的唯物主义和科学的、彻底的辩证法。

本章小结

1. 哲学思考并不是少数“智者”的特权,而是每一个具有正常思维能力的人的权力;哲学与其他诸多具体科学的区别,不仅体现为一种研究对象的普遍性与特殊性的不同,而更体现为一种研究层次上的不同。各种具体科学中的深层理念、原则、信条正是哲学所要进一步研究的对象。因此,哲学就其本质来说,就是一种“反思”性的思维活动,即对思想的思想。

2. 思维和存在的关系问题是全部哲学的基本问题。如何回答这个问题,是解决一切哲学问题的前提和基础,并由此而形成了不同的哲学派别与哲学形态。诸如唯物主义和唯心主义、辩证法和形而上学等。

3. 不能以某种具体的实用性作为评价哲学是否有用的标准。实际上,哲学作为一切知识的基础,它不仅构成了时代精神的精华、现实活动的基础和社会变革的先导,它还是一门关于如何做人的学问,是一种思维的艺术。

思考题

1. 什么是哲学? 哲学有用吗?
2. 为什么说"真正的哲学是时代精神的精华"?
3. 哲学与科学之间是一种什么样的关系?
4. 为什么说思维与存在的关系问题是哲学的基本问题?
5. 如何理解唯物主义和唯心主义的基本区别?

推荐书目

1. 威尔·杜兰特:《哲学的故事》,三联书店,1997 年版。
2. 威廉·魏施德:《后楼梯——大哲学家的生活与思考》,华夏出版社,2000 年版。
3. 李秀林、王于、李淮春主编:《辩证唯物主义和历史唯物主义原理(第五版)》,中国人民大学出版社,2004 年版。

第二章 宗教学:神圣之域的理性探知

现在我们已经认识到,要在今天对我们共同的人性及其问题得到明确的理解,就必须了解宗教,正如了解它的政治和经济事务,了解它的科学与文化成就一样。因为,不论人们对宗教的形而上学方面评价如何,宗教作为一种社会现象的重要意义总是最基本的。

——S.G.F.布兰顿

提及“宗教”这个词,总叫人联想起这样一些方面:香烟缭绕的道观寺庙、庄严雄伟的教堂、神仙的飘逸、上帝的威严、佛陀的无边法力,更有那天堂的美妙、地狱的恐怖……宗教的神秘力量总能震慑人心,让人为之惊叹、拜倒。不过,与其说是这种神秘性和力量为宗教自身所有,倒不如说它由于我们对宗教的冷漠和无知而加剧。可以毫不夸张地说,我们大多数人宗教知识的贫乏比宗教生活的衰落更令人吃惊。对于一个现代人尤其是大学生来说,他可以无宗教信仰,但如果他缺乏对宗教的最起码的了解则绝对是一个缺憾。

一、宗教学界说

“宗教学”这个词是一个舶来品,英文作“the Study of Religion”,德文作“Relig-ionsuissenschaft”。从字面上看,宗教学显然就是一门研究宗教现象的科学或学科。事实上,无论从历史还是现状来看,宗教学作为一门自主学科的地位并不十分确定。

(一)宗教学的历史

人类对于宗教的理性思考最早可以追溯到古希腊时期。远至公元前 8 世纪,赫西俄德将彼此冲突的神话系统化并整理了希腊传说和神谱。中世纪的宗教研究几乎没有取得什么富于建设性的成果,基督教及其神学支配了整个社会和人们的思想与行为,除了从信仰的立场出发对神学观念的思辨和整理之外,很少能见到真正意义上的理性宗教研究。

宗教学诞生的真正基础存在于文艺复兴和启蒙运动以来西方近代工业社会之中。在工业革命中,资产阶级脱颖而出,与作为统治阶层的封建教会和地主阶级发生了激烈的冲突和斗争,这场反封建的斗争首先以反宗教的形式表现出来。同时,自然科学的发展极大地提高了人类认识和改造世界的能力,增强了人类是自然主人的信念。正是这种认识重心上的变化,为宗教学的诞生奠定了思想基础。

19 世纪中叶,在考古学、人类学和神话学等方面的资料收集和比较研究的基础上,现代意义上的宗教学产生的条件逐渐成熟。

1871年，英籍德国学者麦克斯·缪勒第一次提出了“宗教学”这一概念，学术界一般以此作为这门学科诞生的标志。

不过，从一定意义上讲，宗教学主要是“进化论”的产物。正是受到进化论的影响，诞生之初的宗教学把宗教的起源和发展问题作为其研究的基本问题，由此产生了宗教学最初的几个分支学科：

(1)比较宗教和宗教史学。以缪勒为代表的早期宗教学家主要采用比较语言学和比较神话学的方法来探讨宗教起源问题，从而创立了比较宗教学和宗教史学。

(2)宗教人类学。宗教人类学主要通过实地调查、田野考古等人类学的方法研究“原始宗教”或“无文字民族的宗教”。

第一次世界大战以后，学者们逐渐专注于对特定的宗教、具体的宗教问题和宗教现象进行实证性的专门研究，宗教学进入分科化发展阶段，并形成了这样几个分支学科：

(1)宗教史学。它主要研究各个特定宗教的专门史，而不再是熔世界各宗教于一炉的“宗教通史”。

(2)宗教社会学。它主要研究宗教与社会的关系，宗教在社会体系中的地位和作用，以及宗教在社会生活和历史变迁中的功能。

(3)宗教心理学。宗教心理学运用“观察心理学”“实验心理学”的方法和“深层心理学”的理论，研究人们的宗教经验，以及这种经验在人的情感上、心理上的复杂反映。

(4)宗教现象学。宗教现象学认为，各种宗教现象就是宗教本质的直接表现，它不注重对宗教起源和历史的研究，而是把构成各种宗教体系的基本现象类型化、范畴化，对之做出不加任何价值判断的描述。

除了学科分化更加精细以外，宗教哲学和宗教神学也出现复兴的气象，不同学科之间的交叉和融合日益明显，这都是宗教学发展的新趋势。

(二)宗教学的性质和内容构成

宗教学学科性质究竟应该是怎样的呢？它包括哪些具体内容，这些内容之间有什么关系？对这些问题的回答，要求我们必须分清宗教学和其他一些学科尤其是与神学的关系问题。

(1)无论从历史还是现状来看,宗教学都是一个科学范畴而非神学范畴,追求的是理性和知识,而宗教神学则以信仰为根本目标。概而言之,是否接受宗教的价值观造成了宗教学与神学之间基本的分野。

(2)严格科学意义上的宗教学只关注宗教的事实状态,对其进行经验研究,而对于"宗教应该是什么样的"这种宗教观问题还是有所避讳的。但宗教学并不完全排斥宗教哲学,因为人们对于宗教现象的研究都隐含着某种宗教本质观。

(3)对宗教现象的结构研究和历史研究是宗教学研究中两个基本的部分,缺一不可。

通过这三个方面的论述,我们可以对宗教学这门学科的性质有个基本的概括:宗教学是一门以客观存在的宗教现象为对象,分析宗教的要素、结构和社会文化功能,以求最终达到对宗教的本质和发展规律的系统性认识的人文科学。

(三)宗教学的研究方法

在宗教学研究领域中,由于学术立场不同,存在着描述性方法和规范性方法的对立。描述性方法力求对宗教采取价值中立态度,侧重于对宗教的历史性和结构性的描述研究;而规范性方法则不回避对宗教的价值判断,侧重于对宗教的体验、命题和信念等的真实性和可接受性的规范研究,宗教哲学和宗教神学研究主要倾向于此。

纯粹描述性的研究只是给宗教学提供了大量琐碎无序的材料,使得宗教学的理论水平大幅度下降。这说明,宗教学不能忽视理论研究,而理论研究未必就是规范性的。此外,即使是规范性的方法也不一定就是全然不能用的,因为宗教毕竟是人类情感、思想和行动的一个十分重要的领域,而宗教学如果不想放弃对于现实社会的批判、改造功能,它就应该阐明人类宗教合理性之根据。其实,问题并不在于规范性方法是否可用,而在于我们在一种价值立场和客观事实之间如何进行微妙的平衡。

方法是工具,它帮助我们打开认识之门。但方法只是工具,它依赖于具体的研究及其所要达到的目标,并没有什么绝对有效的方法和手段。我们不应该迷信方法，而应该看看具体的现实，然后根据现实的状况以及我们自己所想达到的研究目标选择具体的研究方法。

二、宗教是什么

宗教是什么？这一问题看似简单，但却是所有宗教学者殚精竭虑、孜孜以求的最根本的认识目标，就此而言，它实际上构成了一切宗教研究的命门。综合不同宗教学者思考和研究的结果，我们看到，对这一问题的回答至少要包括宗教的本质、结构和类型等三个方面。

（一）宗教的本质

宗教的本质有些什么因素呢？纵观西方宗教学产生以来的历史，不同的学者和思想家给出了不同的、甚至相互冲突的说法，大体可划分为这样几类：

第一类定义主要是由宗教史学家和宗教人类学家提出的，倾向于以信仰的对象（我们可以用“神”这个说法来指代）为中心来规定宗教的本质。他们根据历史事实和人类学事实，把宗教规定为信仰和崇拜“神”的体系，“神”的存在与形式以及人与神之间的关系构成了宗教的本质结构，对“神”及其性质的认知决定着宗教组织和教徒的宗教行为和宗教情感。

第二类定义主要是由宗教心理学家提出的，倾向于以信仰主体的个人体验作为宗教的基础和本质。他们着重于对宗教信仰者的内心心理过程的考察，教徒的宗教感受和宗教体验被视为对宗教生活之本质性的东西和宗教的真正秘密所在。

第三类定义主要是由宗教社会学家提出的，倾向于以宗教的社会功能来规定宗教的本质。他们所关注的主要是宗教对于社会和人们的生活有什么作用和意义——功能问题。

马克思和恩格斯曾分别在与上述三类定义近似的层面上论述过宗教的本质：

（1）一切宗教都不过是支配着人们日常生活的外部力量在人们

头脑中的幻想的反映，在这种反映中，人间的力量采取了超人间的形式。这个观点显然是围绕宗教信仰的对象来论述宗教的本质的，只是同时还揭示了宗教信仰对象（“神”）的社会根源和认识论根源。

（2）宗教是那些还没有获得自己或是再度失去自己的人的自我意识和自我感觉。这一观点是从宗教信仰的主体层面上说的，只不过将宗教视为人的自我意识和自我感觉的“异化”形式。

（3）宗教是人民的鸦片。这是就宗教的社会功能及其发挥功能的方式来说的，当然批判是最根本的目的，宗教的功能在这里主要是消极的。

对于我们来说，对宗教本质的认识依然是十分重要的，因为它构成了我们确定和研究宗教现象的一个基本前提。要回答“宗教是什么”的问题，首先就要说明对于宗教来说最为重要的决定性要素——本质规定性。就此而言，我们不妨借用中国社会科学院世界宗教研究所助理研究员周国黎先生的观点：人类弱小的现实力量与其强劲的终极需求之间的矛盾。在这一观点中，人—神关系的实质在于人类生存的某种无法通过现实的方式解决或超越的困境，这种困境以异化或者说虚幻的形式表现出来，就形成了人类的宗教生活。由此可见，宗教的本质就是通过人—神关系或宗教信仰者与崇拜对象之间的关系所体现出来的人类生存的基本困境。

（二）宗教的要素和结构

既然关于宗教的本质问题不适宜于做客观研究，那么对宗教的结构进行描述和分析就似乎成了唯一科学的领域。这样，对于“什么是宗教”这个问题的回答就从探讨宗教的决定性因素转移到分析宗教的构成要素和逻辑结构上了。中外许多宗教学者对于宗教结构都有比较细致和深入的探讨，也有很多比较成熟的理论成果。这里我们简要列举几种：

（1）苏联学者约·阿·克雷维列夫认为，宗教“在自身中包摄着以下五个要素”，即教会、仪式、信仰和观念、特殊的情感体验和道德规范。

（2）著名宗教学者罗竹风等把宗教的结构要素分为三类：①宗教的心态要素——核心要素，包括信仰、各种教义和理论、情绪和情感意志、神话传说和宗教文学艺术作品等具体要素；②宗教的行为要素，主要有宗教伦理道德、禁忌、崇拜礼仪和节庆、修炼等；③宗教的社会组织要素，包括各种宗教组织、宗教法规等。

（3）著名宗教学家吕大吉则提出了“宗教四要素说”：①四要素的内容。宗教的四种要素可分为内在要素和外在要素两大类，前一类包括宗教观念（或思想）和宗教体验（或感情），后一类包括宗教行为（或活动）和宗教组织与制度。②宗教四要素的相互关系。宗教观念和宗教体验是统一的宗教意识的互相依存的两个方面。宗教意识的情与识又必然形之于外，体现为宗教信仰和崇拜的行为，这一切又逐渐规范化为宗教组织和制度。③宗教四要素的结构。从逻辑上看，四个要素在宗教体系中有四个层次。第一层次是宗教观念（主要是神道观念），处于基础层或核心层；第二层次是信仰主体的宗教体验，它是在宗教观念的基础上产生的对宗教对象、对神的心理感受或体验；第三层次是宗教行为，包括巫术、禁忌、祭祀和祈祷等，它是宗教观念和宗教体验的外在表现；第四层次是宗教的组织与制度，它是宗教观念信条化、宗教信徒组织化、宗教行为仪式化、宗教生活规范化和制度化的结果，它处于宗教体系的最外层。

我们认为，用“宗教四要素说”来界定宗教是比较恰当的，也符合现代宗教学重视结构研究的一般倾向，但能否将“宗教观念”视为宗教的本质则值得进一步研究。一方面，把“宗教观念”（“神”的观念）看作核心的、起决定作用的要素，宗教就成了“神”的观念的某种逻辑结果，这样做就将宗教从社会文化整体中割裂了出来，同时有对宗教进行某种合法化论证之嫌。另一方面，对超人间、超自然力量的信仰是否就是宗教观念呢？显然这是很难说通的，信仰主要是一个关系概念，它表示的是信仰主体对信仰客体的某种认知和体验关系，而宗教观念和思想则似乎更具实体性，两者并不在一个层面上。

（三）宗教的类型

宗教的类型是指宗教在社会历史时空中的具体表现形式，体现了宗教形态的多样性以及它与社会系统其他部分之间复杂的相互

关系。根据不同的分类标准,可以划分出不同的宗教类型:

(1)根据宗教崇拜的对象,可将宗教分为自然崇拜的宗教和人格神的宗教,或分为有神论的宗教和无神论的宗教,或分为多神教的宗教和一神教的宗教等。

(2)根据宗教的形成方式和社会组织特点,可将宗教分为自发宗教(自然宗教)和人为宗教,或分为种族宗教和世界宗教,或分为政教合一的宗教和政教分离的宗教等。

(3)根据宗教所处的地理区域,可将宗教分为西方宗教(通常专指基督教和犹太教)和东方宗教,或对这二者进行更细致的地域划分。

(4)德国学者杜伦·J.H.瓦德根据麦克斯·缪勒所主张的人种学—语言学的分类原则,将世界上的人种分为五类:①大洋洲人种;②非洲人种;③美洲人种;④蒙古人种;⑤地中海沿岸地区人种,每一类人种皆有其独特的宗教,从而相应地存在着五类不同的宗教体系。

(5)根据进化的原则进行划分,这类划分从文艺复兴到20世纪初之间很长一段历史时期内都屡见不鲜,这里仅举A.泰勒的分类法。泰勒依据其“万物有灵论”,建立了十分完整的有关宗教产生和发展的不同历史形态的理论体系:①灵魂观念的形成;②祖先崇拜;③自然崇拜或拜物教;④种类神崇拜或多神教;⑤一神教。

三、宗教与社会文化

人们会经常产生这样的疑问:为什么在自然科学飞速发展、取得巨大成就的当今时代,人类还不能摆脱甚至在增强着对宗教的依赖呢?我们认为,究其本质,宗教无疑是一种社会文化现象。本部分主要从宗教和道德、政治、科学、艺术四个层面对宗教和社会文化之间的关系进行具体论述。这四个层面实际上也体现出人类社会生活的四个基本向度:宗教与道德主要反映了伦理体系和人生准则的向度;宗教与政治主要表达了社会的权力结构和利益分配的向度;宗教与科学主要着眼于宇宙观和方法论的向度;宗教与艺术主要互动于审美的或超越现实的向度。

（一）宗教与道德

道德和宗教之间究竟是怎样一种关系呢？宗教真能保证道德原则的有效实施吗？让我们通过对一系列问题的考察来分析这个问题。

首先，道德起源于宗教吗？

几乎所有的宗教神学都宣称道德是神启的，神或上帝是道德的源泉。但实际上，道德是从原始人群的社会生产和生活中生长出来的。原始道德处理和调节的是原始社会居民生产和生活中的各种非常现实的关系，这些社会关系基于原始人群和原始社会的各种十分具体的需要。显然，在这里并没有什么“神启”在其中，相反在很多时候，宗教是对某些现实的道德原则和道德规范的神圣化，后者更具本体意义。

其次，宗教能保证道德吗？

宗教神学认为，神或上帝的存在保证了人类道德的正当性，没有宗教信仰作为根基的道德注定是无法长久的。我们该怎样看这种观念呢？

既然神或上帝和宗教只是人与社会发展的产物，那么从根本上讲，就不可能由神或上帝来保证人类的道德规范和道德行为。此外，良好的道德秩序的建立和持久运作主要依赖于一个社会的良性发展和协调运行，依赖于符合社会要求的制度机制的建立、健全而非宗教说教。况且，宗教神学从根本上无法回答这样一个问题：既然神或上帝是无限的、完美的和全善的，那么作为其创造者的人的有限性、缺陷和“恶”是从何而来的？实际上，人们可能会发现，对于这个问题的任何回答都意味着自相矛盾。既然宗教始终无法对自己的基本神学教义做出彻底令人信服的论证，那么它又怎么能对人类的道德规范和道德行为做出担保呢！

最后，对于我们的道德建设，宗教是一个必需的因素吗？

尽管宗教与道德（严格地说应该是世俗道德）之间有着明显的区别，但宗教也讲道德，其所谓“道德”实际上是将对神的崇拜和神学价值观置于其核心，其所针对的对象是宗教徒及其宗教和社会行为。无论就其价值理念和影响力而言，宗教道德都不是道德的基本形式。

同时,对于我们的道德建设来说,宗教道德亦有不少的消极影响,比如,宗教道德对现实所采取的虚无主义态度,不利于社会的进步和发展;宗教将现实的各种丑恶归之于人自身的情欲,强调禁欲绝情,这本质上是非人道的。当然,宗教道德也并非全然有害,如宗教道德一般都提倡不贪财,不淫乱,不诬陷,不说谎,不偷盗,不杀人以及敬老爱幼等,这些都是人类社会建立人与人正常关系的社会公德。由此可见,对于道德建设来说,宗教尽管十分重要,但却并非绝对必需。

(二)宗教与政治

宗教和政治之间的关系是最为复杂和难解的。根据宗教和政治之间的各种互动方式,政教关系也相应有以下几种基本类型:

(1)政教合一。这种政教关系反映的是宗教和政治之间一体化的互动方式,在人类历史相当长的一段时期内居主要地位。其最早出现于原始社会母系氏族制时期,在结构单一、氏族成员的血缘同一、宗教同一、行为模式同一的极稳定的神圣社会中,有最纯粹的表现。

(2)政教分离。一旦宗教和政治不是完全重合的,那么作为一种独立力量的宗教就会和政治之间发生利益和价值观上的对立、竞争、冲突。一般说来,政治力量从宗教的政治态度和是否有利于巩固既有的社会秩序来对待各种宗教,而宗教对于现实政治也总是采取一种若即若离的姿态。到后来,宗教和政治的这种互动关系,随着宗教力量的削弱和社会生活世俗化趋势越来越明显,最终导致政教分离的政教关系模式的出现。由此可见,政教分离是相对于政教合一而言的。

(3)宗教政党。宗教政党是在近现代社会政教分离格局中出现的宗教与政治结合的一种特殊形式,其根本属性还在于政党。与其他政党一样,宗教政党也是代表一个阶级或一个集团并维护其利益的政治组织。但与其他政党有所不同的是,它将宗教信条和教规等纳入自己的纲领,由此有着鲜明的宗教属性。在有些国家(主要在欧洲),宗教政党作为一种平等的社会群体参与国家政治生活,通过自己的力量对社会发展和政策走向施加影响，以此来维护自身的利益；而在有些国家（如很多伊斯兰国家），宗教力量构成整个社会基本的政治单元，宗教政党是宗教斗争政治化和政治斗争宗教化两种趋势相结合的产物。

一般认为，政教分离和宗教自由是近现代以来许多国家在处理宗教问题时的基本的政策原则和立场，代表了历史发展的基本趋势。宗教自由与政教分离之间有着不可分割的内在联系。一方面，对宗教自由的追求是政教分离模式产生和存在的一个基本动力，近代西方社会政教分离的政权形式的建立实际上就是广大群众追求宗教自由、反对宗教迫害的结果。另一方面，只有在政治体制上确立政教分离的原则，才能真正保障公民的宗教自由。我国实行宗教信仰自由和政教分离政策，这体现了党和国家对宗教问题的正确认识，得到了包括广大信教群众在内的各界群众的广泛支持。

（三）宗教与科学

一般认为，宗教和科学是根本对立的，二者是敌对和冲突的关系，无论从本质、思维方式、价值观、活动方式，还是就它们在历史上所发挥的功能来看，宗教和科学都具有差异性的一面。但是，这并不能完全证明宗教和科学就是对立的，它们之间不存在统一的一面。实际上，宗教曾经对科学的产生和发展起到了十分重要的推动作用。不仅如此，宗教还为科学的发展提供了大量的原始材料，培养了大批的人才。

由此可见，宗教与科学之间并不存在绝对的对立关系。那么，人类历史上宗教和科学对立冲突的根源何在呢？

概括而言，宗教和科学之间产生对立乃至冲突的直接原因是一方力图超越自己所在的领域去包含并消解另一方，力图独占对世界、社会、人生的解释权。无论是宗教力量还是科学力量，都是客观存在于社会之中的，而且往往依附于一定的社会阶级和集团，而宗教和科学之间的对立、冲突实际上在一定程度上表现了整个社会阶级斗争的状况。

因此，我们就更需要以一种整体的眼光，从人类的整体生存出发来理解宗教与科学之间的关系。一旦做到这一点，我们就会发现宗教与科学之间更多的是一种互补的关系而非对立的关系。科学主要根据对事物的客观认识，通过将技术设备的转化运用于生产实践中，创造出各种财富以满足人的实际需要，它主要满足社会中人们的各种现实的物质需求。宗教则是在对神的信仰和追求中，使人摆脱各种烦恼、痛苦和恐惧，获得内心的安宁和自由，它提供的是超越功利、超越现实的精神需求和价值需求的满足。宗教与科学都是社会需要的反映，它们不仅不是根本对立的东西，而且是相互补充的东西。当然，前提是宗教和科学之间保持自己合适的界限，不要僭越以图去包含另一方、消解另一方。

（四）宗教与艺术

宗教和艺术从起源上就紧紧连在一起。在原始社会，很多属于艺术活动的东西，如歌舞、绘画、雕塑、建筑等，在当时主要是一种巫术活动或宗教活动，而不是单纯的审美活动。原始人对巫术和宗教的信仰和崇拜，是原始艺术产生和发展的直接动因。正是由于起源上的关联，艺术和宗教之间有很多相似之处，比如，二者都具有本质上的情感性和非理性特征，都借助想象和形象思维把握世界、表现自身，都具有审美上的价值，都力图对人自身进行探索。不过，两者还是有很大的不同。艺术是一种实在的、人文主义的社会情感表达方式，表达了人们对现实生活的再现和创造，并以此实现人们审美和情感表达上的愉悦；而宗教应该说是一种异化的、以神为中心的情感形式，它要表现的是对神的崇拜、敬仰、畏惧和顺从，以此达到对现实苦恼的超越和灵魂的解脱。因此，艺术和宗教就其本质、所指向的对象和功能显然都是有根本区别的。

当然，艺术和宗教之间的差别并不阻碍它们的联姻。实际上，说到艺术，“宗教艺术”是其中不容忽视的一个重要部分。这里所说的宗教艺术，并不简单指艺术家借助艺术的形式对宗教主题的表现，而是指宗教利用艺术巩固和宣传自己的教义教条，扩大自己的影响，由此形成的艺术形态。宗教艺术本质上还是宗教的一个组成部分，是以艺术作品为形式的宗教宣传品，它首先是宗教信仰的媒介，其次才是观赏的对象。宗教艺术是宗教和艺术的结合，更准确地说，是宗教观念和艺术形式的结合，是宗教感情的艺术表达，是赋予艺术美外形的宗教精神。

可以说，宗教艺术在人类艺术发展史中长期作为艺术的主要形式。在西方，基督教艺术在中世纪以及中世纪后很长时间内占统治地位，而东方艺术的历史，也在很长的历史时期内为佛教艺术、伊斯兰教艺术以及其他宗教艺术所充斥。从一定程度而言，宗教艺术在艺术史上是一个必然的阶段，并产生了很多人类艺术宝库中令人惊叹的精品。比如，埃及的金字塔、希腊的帕特农神庙、法国的巴黎圣母院、印度尼西亚的婆罗浮屠、柬埔寨的吴哥窟以及中国的敦煌壁画、麦积山石窟和西藏布达拉宫等，无一不与宗教有关，都是宗教艺术的精品。而在艺术的各个领域中，无论是音乐、绘画、雕塑、建筑、诗歌、小说和戏剧等都有宗教的题材，很多的艺术形式本身就是在宗教活动中形成和成熟起来的。而且，随着宗教之间的接触和交流，不同宗教艺术之间也互相交流和发展。由此，在人类历史上就形成了十分壮观的宗教艺术世界。

尽管宗教艺术本质上是建立在宗教感情基础上的，表现宗教观念，宣扬宗教教理，以宗教崇拜为目的，但由于宗教和艺术诸多的共通性，使得宗教艺术在巩固宗教的阵地和扩大宗教的同时，也对人类艺术的发展起了重要的推动作用。

四、宗教的历史形态

人类宗教的丰富庞杂绝不逊于任何一种社会文化现象，不同的民族、社会、文化、时代、人群皆有其形态各异、表现多样的宗教形态。宗教学不能仅仅局限于对宗教的共同本质、结构和类型的概括总结，而且要从不同的历史时空具体地描述、分析、概括不同宗教的具体形态、特点及其文化内涵。

（一）宗教的起源

宗教是怎么产生的呢？这一问题对于诞生之初的宗教学而言无疑具有头等的重要意义和价值。宗教学者（主要是宗教人类学者和比较宗教学者）根据其所掌握和发现的人类学、民族学、考古学事实和资料探讨宗教及其观念的起源和发展演变过程，产生了多种宗教起源理论，其中比较有影响的有以下几种：

(1)自然神话论。这是近代宗教学中关于宗教起源问题的第一种学说。该学说认为，宗教的来源及其最早的形式为自然神话，尤其是星辰神话。神则是自然力和自然现象(如狂风、暴雨、雷电等)的人格化。此派学说的代表人物主要有麦克斯·缪勒、布雷尔和普洛伊克斯等。

(2)实物崇拜说。这是指崇拜一切实物，这些实物被人格化或神灵化。主要代表人物有孔德、拉布克等。

(3)万物有灵论。由 A. 泰勒于 1872 年提出。他认为，原始人根据睡眠、梦幻、倒影、死亡等生理心理现象产生的灵魂观念是宗教的起源。

(4)祖灵论。1876 年，H. 斯宾塞提出宗教观念起源于祖先的灵魂。

(5)图腾论。图腾(Totem)一词来自美洲印第安人的方言，意为“他的亲族”。图腾论认为，每个民族都起源于某一种动植物或无生物，其中以动物最为普遍。代表人物有安德鲁·朗格、罗伯特逊·史密斯、弗洛伊德等。

(6)前万物有灵论。泰勒的学生马雷特提出在万物有灵论之前还有某种更原始的宗教形式，即玛纳论。“玛纳”指一种神秘的力量，它附着于物体或人身上就产生超自然的力量。

(7)巫术论。英国人类学家弗雷泽提出人类发展历史上巫术要早于宗教。

(8)无限观念。1878 年，麦克斯·缪勒提出宗教观念的初始就是对无限的感知。

不难发现，这些客观层面的研究和宗教起源理论具有很强的反宗教神学的目的和效果。宗教被置于一个过程中来进行考察——比如，弗雷泽在《金枝》(1900 年)中提出的“巫术—宗教—科学”进化模式，就打破了神学关于宗教的神启说和永恒论；而把所谓的“神圣宗教”与各种被认为粗俗谬误的原始图腾崇拜、祖先崇拜、自然崇拜等这些原始宗教形式(请注意“原始”这个概念就意味着某种劣等的、落后的、低下的、需要被克服和超越的状态)，将"上帝"与某种被作为图腾的动物或植物一并考察，将前者视为后者发展的结果——而前者不过是谬误、无知和蒙昧的结果，这样的研究对宗教的神圣性来说无疑是巨大的摧毁。这种做法自然遭到了一些持护教立场的宗教学者的激烈反对。著名的天主教宗教学家和神父威廉·施米特就通过其人类学研究提出了一种护教色彩很浓的观点，认为世界上所有的文化层次最古老、最原始的种族都信仰至上神，一神观念亘古就有，起源于上帝对人类的原始启示，多神教则是原始一神信仰的退化。出人意料的是，这种观点由于获得了部分资料的支持，这就使得宗教起源问题的研究争议更加难以澄清，而这种争论在很大程度上削弱了宗教研究的学术严谨性，最终导致宗教起源研究在西方宗教学领域中逐渐衰落。

马克思主义依据辩证唯物主义和历史唯物主义的观点分析了宗教的历程，指出宗教产生和存在有其认识的、心理的、自然的和社会的根源。

(1)认识根源。宗教是人类在生产劳动的实践中逐步形成的抽象思维能力发展到一定程度的必然结果，人类认识水平的历史局限性和认识上的错误则是宗教产生的认识根源。

(2)心理根源。在人类形成宗教观念的认识过程中所伴随的具体的情绪、情感等方面的心理活动也是宗教产生的原因之一，如对超自然力量的至上感和万能感、承受感和顺从感、虔诚感和神秘感等。

(3)自然根源。原始社会的宗教主要是自然压迫的产物，是把自然力和自然物神化的结果，它反映了原始人在征服自然中的软弱无力和对自然力的无知与依赖。

(4)社会根源。氏族制社会是宗教产生的社会基础，而自然压迫和社会压迫的结合，则构成了在阶级社会条件下宗教产生和存在的最深刻的社会根源，而这也是宗教产生和发展的最主要的根源。

(二)原始宗教

"原始宗教"是指在原始社会中产生、发展并遗存下来(有的甚至延续至今)的各种宗教信仰形态的总称。依据人类学、考古学和民族学等有关资料，我们可以对原始宗教及其特点做如下的总结：

(1)从时间上看，原始宗教起源于旧石器时代中期，最早不超过公元前12万年。

(2)原始宗教的产生，除了认识、心理和自然根源外，主要是适应氏族制的社会需要的结果。共同的血缘关系、共同的生产和生活以及与其他原始人集团之间激烈而频繁的斗争，使得氏族成员必须维护氏族公社内部的团结、保护氏族的古老传统，而原始宗教的本质就在于它把氏族制社会本身以及其行为规范神圣化了。

(3)原始宗教的特点在于它的血缘和地缘小群体性、自发性、集体制度性、现实功利性、突出的巫术控制性、鲜明的时空性，其中血缘和地缘小群体性是它的本质属性。

(4)原始宗教主要包括图腾崇拜、祖先崇拜和自然崇拜等三种基本的宗教形式，它们建立在原始人的“灵魂”观念以及由此而产生的“万物有灵论”之上。

图腾崇拜(Totemism)。图腾崇拜是将某种动物或植物等特定物体视作与本氏族有亲属或其他特殊关系的崇拜行为。图腾崇拜是原始社会中宗教的最初形式之一。图腾为印第安语 totem 的音译，源自北美阿耳贡金人奥季布瓦族方言 ototeman，意为“他的亲族”，即指一个氏族的标记或图徽。处于氏族社会的原始人相信本氏族起源于某一动物、植物或其他特定物类，并认为这种物类是其氏族的象征和保护者，因而对之加以特殊爱护并举行各种崇拜活动。而且，原始人一般对这些物体持禁杀、禁食或禁止触摸等谨慎和敬畏态度。原始氏族社会的这类现象即被称为图腾崇拜。原始人还常用绘画或雕刻等来作为其氏族图腾的形象及标志，这些作为氏族标记和徽章的图腾形象均被认为具有某种灵性或神秘力量，能够保护本氏族的生存延续和发展壮大。

祖先崇拜(Ancestor Worship)。祖先崇拜是以祖先亡灵为崇拜对象的宗教形式。是在母系氏族社会向父系氏族社会的发展过程中，由图腾崇拜过渡而来的。其崇拜行为的特点，首先是将本族的祖先神化并对之祭拜，具有本族认同性和异族排斥性；其次是相信其祖先神灵具有神奇超凡的威力，会庇佑后代族人并与之沟通互感；最后是超越了原始图腾崇拜和生殖崇拜的认识局限，不再用动植物等图腾象征或生殖象征来作为其氏族部落的标志，而以其氏族祖先的名字取代，由此使古代宗教从自然崇拜上升为人文崇拜。祖先崇拜在中国封建社会的宗教传统中尤为突出。

自然崇拜(Nature Worship)。自然崇拜是以人格化的或神圣化的自然物和自然力等为崇拜对象的自然宗教的基本表现形态，其崇拜范围包括天、地、日、月、星、山、石、海、湖、河、水、火、风、雨、雷、雪、云、虹等天体万物及自然变迁现象。原始人认为，这些自然现象表现出生命、意志、情感、灵性和奇特能力，会对人的生存及命运产生各种影响，因此对之敬拜和求告，希望其消灾降福和获其佑护。原始自然崇拜，后因对其崇拜对象的神灵化而发展出更为抽象的自然神崇拜，形成天体之神、万物之神、四季之神、气象之神等千姿百态、各种各样的自然神灵观念和与之相关的众多祭拜活动。这种具有原生型特点的宗教崇拜形式自远古社会延续下来，成为流传至今的宗教信仰之一。

(三)民族宗教

所谓民族宗教，主要指阶级社会产生以后，世界上所出现的几大文明古国如古埃及、巴比伦、中国、印度、波斯和以色列等的宗教形式，因此也可称之为国家—民族宗教。民族宗教最初是从原始氏族—部落宗教发展而来的。看待民族宗教不能不看到其与阶级国家的出现之间的内在联系，民族宗教本质上是作为政治国家的上层建筑出现的，它是原始宗教的国家化。另外，所谓民族宗教，亦与世界上几大民族的出现有关。比如，古埃及多神教的产生和发展过程，其实也是古埃及国家统一和民族融合的过程，而在此过程中，原先作为各地方保护神的各种动物神灵逐渐聚合在一起，并为全体埃及人所崇拜。其他几大民族国家也大体如此。这反映出在人类国家文明起源之初民族融合与宗教融合之间紧密的内在联系。民族的融合促使各小地域宗教相结合并系统化为国家宗教，而国家宗教的产生必然要求全体民众对之加以崇拜，这又强化了各民族的独特品质和身份定位。

现在，我们依然可以将印度教、犹太教、道教、日本的神道教等宗教称为民族宗教,因为它们还具有很显明的"民族性"。一方面,像印度教、犹太教这样的民族宗教,不仅仅是印度和犹太民族的宗教崇拜,更是其民族传统和基本的生活方式,这些宗教在很大程度上标明了这些民族的文化身份,并赋予他们独一无二的特质。另一方面,这些宗教往往只流行于一定的文化背景之中。比如,道教就很少走出过中国文化和道家文化的圈子,这些文化由于缺乏普世性的价值理念,没有产生大地域的文化影响,致使从其土壤中所生长出来的宗教也难以有更大地域和文化的发展和影响。又比如,犹太教和印度教由于过于强调其民族性,因而具有很大的保守性和内敛性,也就无法走出其民族和文化的范围而世界化。

需要注意的是,还有一些宗教比如摩尼教、耆那教、锡克教等宗教是从一些古代民族宗教发展衍化而来的,它们可能并不具有明显的民族特征,但由于其信众和影响相对较小和有限,因此也可以暂时将其归于民族宗教。

(四)世界宗教

世界宗教指的是佛教、基督教和伊斯兰教这三大宗教。原始宗教和民族宗教相比,这三大宗教之所以得以突破种族和地域的限制,成为世界上各民族和人群广泛信奉的宗教形态,是因为具有如下一些特征。

(1)神性和信众的普世性。与原始宗教和民族宗教囿于一定的地域和种族不同,三大世界宗教则从一开始就宣扬自己的人类性和普世性价值。无论佛教的佛和释迦牟尼,基督教的上帝和耶稣,还是伊斯兰教的真主和穆罕默德都不被作为某个种族或国家所专有的崇拜对象,而是被视为对全人类的解脱或拯救所必需的。而对其信众而言,信仰的虔诚而非其种族身份才是最为重要的。也就是说,在这三大宗教中,信仰关系或人—神关系具有唯一性,而原始宗教和民族宗教则强调信仰关系和社会关系的高度结合。

(2)产生的创建性。无论是原始宗教还是民族宗教,就产生来看都是传承和接受的过程,也就是说,对于传统的自然而然的接受是它们一个十分重要的特征。三大世界宗教则从一开始就是反传统信仰的结果,某个或某些创始人由于不满传统宗教信仰,而根据自己的宗教信念和宗教体验创建出新的宗教，其最初的信徒之所以选择这些宗教，基本上也是出于个人的意愿选择。

(3)组织的独立性。原始宗教和民族宗教都没有从社会整体中独立和分化出来，它们与社会系统的其他部分完全融为一体，构成了人类社会生活中无法或缺的一个重要组成部分，而三大世界宗教最初都以创始者为中心形成了组织严密的独立宗教团体。无论是佛教的“僧伽”、早期基督教的教会还是伊斯兰教的穆斯林公社，最初都是以国家政权和传统宗教的对立面出现的，而独立宗教组织的出现增强了宗教信徒之间的团结，加强了宗教领袖对信众的控制力，有利于其在面对宗教竞争和宗教压迫时克服困境，维持生存。在现阶段，三大世界宗教都有自己的国际性宗教组织。

需要注意的是，尽管三大世界宗教组织在创建之初保持着其与原始宗教和民族宗教的三大区别性特征，但随着它们在国家和社会中地位和作用的升迁起伏，这些特征也相应发生着巨大的变化。尤其在与国家政权的关系上，当各个国家的君主和统治阶层皈依以后，三大世界宗教成为许多国家至高无上的“国教”，被赋予很强的政治和权力性质，成为控制和支配民众的重要工具，原先的独立性和反抗性荡然无存。同时，在信仰选择上，强制取代了意愿，民众信奉这种宗教，基本上都出于传统和权力的压力。而在当代，三大世界宗教与其他很多民族宗教之间的区分已经不是非常明显，无论就其历史、教义还是制度礼仪等都逐渐趋同，并且都是世界许多民族和国家的文化传统的一个重要部分，所不同的只是它们的影响力有大小之别。

佛教、基督教和伊斯兰教之所以能够世界化，一方面是它们自身具有超越种族和地域的神性观念和神灵形象。无论是佛、上帝还是真主，皆体现了抽象的“人性”之异化，都被视为具有“唯一性”和“万能性”。这种万能的唯一性是对原先多神世界中诸神灵属性的吸收和聚合，实际上也体现了对人性的更高的抽象。正是由于三大宗教站在全人类共同人性的高度宣扬其信仰的普世性，因而能够超越种族、地域、文化、政治体制、社会地位等的限制而在全世界赢得广泛的信徒。当然，这三大宗教之所以能世界化，也是世界各民族、国家之间不断接触、碰撞、冲突、交流、融合的结果,国家之间的交往(包括战争形式)、世界帝国的形成,为三大宗教走向世界创造了基本的条件。

现在,我们一般也将三大世界宗教和民族宗教合称为传统宗教,因为它们都具有悠久的历史、系统的教义信条、完整的制度礼仪、众多的教派和信徒以及广泛的社会影响力。据统计,目前全世界60多亿人口中宗教信徒就有大约48亿人左右,其中98%是传统宗教的信徒。尤其是三大世界宗教,信徒约34亿人,占全世界总人口的58%。

(五)新兴宗教

新兴宗教,也可称新宗教或新的宗教、新新宗教,一般指19世纪下半叶、第二次世界大战结束后、20世纪70年代前后涌现出来的多种宗教信仰、宗教组织。新兴宗教这个概念是针对传统宗教提出的,在教义、教规和组织形式上与传统宗教都有很大的区别。上海社科院宗教研究所业露华研究员认为:"新兴宗教是一些随着世界现代化进程而出现的、脱离传统宗教的常规,并提出了某些新的教义、仪式或宗教运动的宗教团体。"

新兴宗教的特征在于:①时间较短,依然处于发生期,不像传统宗教有着固定模式。数量众多但极不稳定,往往转瞬即逝。②随着现代化进程而出现的宗教运动,是社会现代化和宗教世俗化对传统宗教冲击和宗教领域应对这种冲击的结果。③往往以传统宗教的对立面而出现,大多对传统宗教持一种批判的态度。④提出了一些新的教义和新的仪式。⑤活动方式多样化。⑥其中的大多数是作为社会的亚文化现象而出现的。信仰或教义五花八门、标新立异,规模很小,组织化程度很低,影响力有限,很难进入主流社会文化之中。

当然,有少数的新兴宗教教派,比如,天理教、摩门教、巴哈伊教和创价学会等通过改变、修改教义,接受主流社会价值,已经被主流社会文化所接纳。同时在传教过程中,其组织化程度也不断加强。经过几十年的发展,这些新兴宗教教派的规模和影响力都有了相当改观,已经逐渐跻身于主流宗教行列。

新兴宗教的类型有以下几种:①从传统宗教中分离出来,成为一种独立的宗教教派。如巴哈伊教是从伊斯兰教中分离的,而创价学会是从佛教中分离出来的,摩门教则是从基督教中分离出来的。②新创立的宗教信仰体系与传统宗教无关。③综合各种教义思想而形成的。④外来宗教和本土宗教相结合而形成的。

新兴宗教是世界各国普遍存在的一种社会现象。根据《国际传教研究公报》统计,至 1997 年,全世界新兴宗教教徒达 1.484 亿人,约占当时世界总人口的 2%,粗略估计,新兴宗教教派组织约有十几万个。美国自 20 世纪 60 年代以来新兴宗教团体在 2 500 个以上,而日本登记在案的宗教团体有 18 万人,多数是新兴宗教。西欧和南欧 18 个国家有 1 300 多个新兴宗教教派,而非洲撒哈拉沙漠以南地区也相继出现 7 000 多个新兴宗教教派,并往往和他们的部落宗教结合在一起。尽管与传统宗教相比在总体规模和影响力上还有很大差别,但其发展速度和势头却不可小视。

最后,看一下“邪教”问题。“邪教”广泛地存在于世界各地,我国也有“法轮功”等邪教组织,其非法活动对于人类社会有很大危害。一般而言,我们不将“邪教”归于宗教。但问题是,“邪教”与新兴宗教产生于同一历史时期,在教义方面,“邪教”与传统宗教和新兴宗教也有很多共同或相似之处,比如,它们在世界观上都属唯心论,教义中都含有灾祸降临和其他事件的预言,宣扬世界末日论,鼓吹有神论和对神的崇拜,对“死后生命”做出神秘解释,等等。这样一来,我们就很难从表面上弄清邪教与宗教,尤其是与新兴宗教的真正区别所在了。那么,究竟该怎样区分呢?中国政法大学何秉松和王桂萍对世界公认的七大邪教(太阳圣殿教、人民圣殿教、上帝的儿女、大卫支派、奥姆真理教、天堂之门、恢复上帝十戒运动)进行了深入的剖析,认为七大邪教有以下共同特点:①不仅宣扬具体的世界末日论,而且大肆进行世界末日即将来临的恐怖宣传,作为驱使人们信教、入教甚至殉教的一种重要手段。②不仅宣扬教主崇拜,而且神化教主,确立教主的绝对权威,要求教徒无条件地绝对服从,一切听命于教主。③其编造的神秘主义和神灵疗法,不仅荒诞不经,而且反人性、反道德、毒害心灵,使人们丧失神智,甘愿为教主牺牲财富、声望、家庭、肉体、心灵直至生命。④无情地剥削教徒,不择手段地聚敛钱财。⑤不仅建立了内部的组织制度和纪律,而且极其严格、严厉、残暴甚至恐怖,实际上成为控制教徒的物质力量。

从以上标准可以看出,"邪教"其实是新兴宗教极端化的结果,因此,有人把它称为极端教派(Extreme Church)。邪教是新兴宗教的蜕化或恶变,两者的区别主要在于前者为了教主的个人目的把特点极端化,并用以毒害群众、摧残生灵、危害社会,从而蜕变为反人性、反社会、反人类的非法组织。这一研究结论也符合我国刑法对邪教组织的认定:冒用宗教、气功或者其他名义建立,神化首要分子,利用制造、散布迷信邪说等手段蛊惑、蒙骗他人,发展、控制成员,危害社会的非法组织。

五、宗教冲突与宗教对话

对于每一个宗教教徒来说,真理只有一种,早已一点不留地被自己所信仰的宗教所拥有。这样一个在宗教徒看来十分确定的"事实",却给我们这个时代的所有宗教出了一个根本性的难题:该怎样处理与异教的关系呢?是把它们看成对魔鬼的信仰还是把它们看作真正的宗教的其他形式?前一种做法只能导致各宗教之间的隔阂、相互否定和攻击——在现代社会中这种情况已经越来越难以博得人们的理解和支持,而后一种做法必然会动摇信仰的纯洁性和坚定性,况且任何一种宗教都不会认为自己只拥有少许的真理或较低的真理。

本质上说来,每一种宗教都具有内在的独断性和排他性,而正是这种独断性和排他性使得宗教在当今世界的各种冲突中扮演着一个相当关键的角色。关于宗教对话的研究正是为应对日益突出的宗教矛盾和宗教冲突而兴起的。

(一)宗教冲突的表现

实际上,宗教冲突并不是当代才有的事情,而且当今世界的宗教冲突也很少表现出纯粹的宗教意义。但是,现代社会的发展趋势却造成了这样一种矛盾的状况:一方面,随着现代民族国家的建立和发展,宗教与社会系统的其他方面日益紧密地结合在一起,任何经济的、政治的利益争夺往往会打着宗教的旗号出现,尤其在那些宗教依然占据很重要地位的民族、国家和社会中就更是如此。而民族主义在全世界的存在更使得宗教(在很多人那里,其实宗教就是文化的代名词)之间的冲突长期得不到解决,甚至还起了推波助澜的负面效应;另一方面,现代社会内在的二元化,使得个体生命和社会系统之间无法达成根本性的和解。社会在不断地强化着对个人的控制,而个人也在相应地做出不同形式的反抗。而某些宗教的教义恰好就加剧了个体的反抗意志,以至于走向一些极端的做法,如恐怖主义。加上一些学者对宗教问题的意识形态化,就使得宗教冲突问题无论就其范围还是深度来说都更加引人注目了。

让我们来具体看一下宗教冲突在现代社会中的一些表现。

表现一:民族冲突和宗教冲突。

1947 年的印巴分治、分治后印巴的三次战争(分别发生于 1947 年、1965 年和 1971 年)、1999 年卡吉尔地区的印巴武装冲突以及两国间无数次的小规模冲突,都与印度教徒和穆斯林的宗教斗争密不可分;持续半个多世纪的以巴战争与犹太复国主义有着很大的关系,而以巴战争的结果又加剧了犹太人和穆斯林之间的敌对心理和冲突。另外,像俄罗斯的车臣战争、巴尔干的科索沃战争等,无不和民族与宗教矛盾有十分重大的关联。

表现二:恐怖主义和宗教原教旨主义。

原教旨主义最早出现在 19 世纪末 20 世纪初的美国,但现在则主要与伊斯兰教联系在一起。实际上,在任何一种宗教中都存在着一些我们可称之为"原教旨主义"的极端的宗教教义和行为方式。原教旨主义并不是宗教,而是一种推行宗教的方式。宗教原教旨主义与恐怖主义之间的联系十分明显,它崇尚暴力,在宗教上持不宽容态度,为达到特定目的而不择手段。9.11 事件和在阿富汗、伊拉克、车臣等地此起彼伏的暗杀、绑架、爆炸无疑是当今世界宗教冲突加剧的具体表现。

表现三:西方文明和伊斯兰文化之间的冲突。

以亨廷顿为代表的西方学者的观点使得这一问题在西方世界的意识形态体系中占据了十分抢眼的位置,这实际上反映出宗教冲突在当今世界中不断深化的趋势。

综上所述,不难看出,宗教之间的矛盾和冲突在很大程度上构成了当今世界很多冲突的一个最深刻的根源。显然,解决的关键也应该在宗教自身,而人类不断发生的各种宗教冲突则启示人们:没有各宗教之间的相互交往、理解、对话和和解,人类的和平就无法得到真正的保障。宗教对话正是在这样一种普遍共识之中,逐渐走到宗教生活和宗教研究的显要位置上的。

(二)宗教对话及其模式转换

宗教对话走到宗教实践和宗教研究前台的背景是“地球村”的形成。美国田普大学宗教对话教授、《普世研究杂志》主编斯威德勒(Leonard Swidler)指出,近150多年以来,诸多因素使整个世界变成了一个小小的“地球村”(the Global Village)了。

这些因素打破了以往不同民族、国家和社会各自孤立的局面,迫使人们进行各个层面的交往、对话与合作。对于宗教对话来说,20世纪下半叶世界范围内的移民潮给不同的地区带去了大量异己的宗教,不同宗教之间距离缩短、教徒相互为邻;一些过去局限于民族范围内的宗教,例如,印度教和藏传佛教之类,迅速传播到了远离本土的世界各地,使得整个世界宗教多元化的景象更加显著。此外,交通、传媒和通信技术的突飞猛进,也使得不同宗教之间的接触机会大大增加。所有这些发展,一方面使宗教对话的需要更为迫切,另一方面也为宗教之间的对话创造了更为便利的条件。

何谓宗教对话?宗教之间的对话要探讨什么问题呢?实际上,宗教对话并不简单地意味着对其他宗教传统或别人的宗教信仰抱什么态度,而是从根本上关系到怎样解释现存的诸多相互冲突或矛盾的宗教真理观。每一个宗教都认为自己掌握了终极的或唯一的真理,这一事实随着比较宗教学的发展而不断被揭示出来,然而,简单地否定其他的宗教所宣扬的宗教真理观,显然已不能轻易说服信仰者了。宗教多元化和宗教之间的相互竞争提醒宗教哲学家和神学家必须严肃思考这样一个根本性的问题：如果不否认各大宗教传统都想揭示终极实在及其意义这一点，那么，怎么解释它们在真理问题上诸多不同的甚至矛盾的说法呢？宗教对话要解决的就是这个问题。

经过几十年的发展，宗教对话已经成为宗教研究的一个前沿领域。现行的宗教对话范围广泛、内容复杂，具有很强的跨宗派、跨信仰、跨文化乃至跨意识形态的特征。其内容主要包含以下几个方面：①各宗教间的对话。②本宗教内的对话。③宗教与意识形态的对话。比如，各大宗教传统与现代世俗思潮或理论体系之间的对话，宗教伦理与政治、经济、生态伦理的对话等。④宗教对话理论研究，研究宗教对话的前提、问题、模式、方法、意义和目的等。

宗教对话有哪些基本的模式？或者说，有哪几种宗教对话观？这些不同的宗教对话模式之间是怎样的关系？一般认为，现存的宗教对话主要有三种：排他论(Exclusivism)、兼容论(Inclusivism)和多元论(Pluralism)。

排他论构成了各大宗教特别是一神论宗教的正统立场。其代表人物K.巴特认为，“上帝在天上，而你在地上”，在神和人之间存在着“无线距离”，只有“上帝才能谈论上帝”，也只有“通过上帝才能认识上帝”。从人到神无路可通，但从神到人却有道路，这就是上帝给人的恩典和启示。信仰的本性就在于恩典和启示，而真正的宗教真理只能被基督教所拥有。排他论者视其他宗教信仰及其真理为谬误或至少是不完善的，从而采取了一种绝对化的立场。

兼并论认为，只有一种宗教信仰是绝对真实的，但其他宗教也不是无意义的，它们也以不同方式，在一定程度上表达了上帝的恩典、启示和拯救。其代表人物是有着“20世纪的托马斯·阿奎那”美誉的K.拉纳，他提出了这样一种宗教对话观：①基督教自我理解为“绝对的宗教”，为天下之公设，其他任何宗教则不具有此权利；②可把其他某种非基督教看作“合法的宗教”，但不否认有错误和堕落的成分；③这种宗教的成员将不再是纯粹的“非基督徒”，而可以从这或那方面将其视为“匿名的基督徒”；④尽管现存的宗教多元化并不会很快消失，但基督徒完全可以作如此理解：非基督宗教属于“匿名的基督宗教”，其信徒尚需明确意识到上帝及其恩典所赐予的那些东西，而以前他们只是接受但从未加以反省。

多元论试图真诚、平等地对待世界上的各大宗教传统，认为它们所体现的是“人类对同一无限、神圣的实在的不同感知和回应”。其代表人物希克是这样解释宗教多元论的：“宗教多元主义认为，世界各大信仰是十分不同的，但就我们所能分辨的而言，它们都是我们称之为上帝的终极是在生活中同等有效的理解、体验和回应的方式。彩虹是由地球大气层折射阳光而形成的壮丽彩带，我们可以把它视为一个隐喻，把人类不同宗教文化解释为对神性之光（Divine Light）的折射。”

实际上，每一种对话模式皆有其自身存在的正当理由，同时也伴随着难以克服的缺陷。排他论虽然傲慢却坚持了一种真正的信仰立场；而兼并论虽然有其开放性的一面，却隐含着这样一个逻辑结论：“匿名的×教徒”，这就给自己出了一个很大的难题；至于多元论虽然在宗教对话上比较成功，却又疏远了现实的宗教信仰。宗教对话至今只有区区数十年历史，其争议和不成熟在所难免，所取得的成就也不大。对于宗教界和学术界的有志之士来说，此路依然漫漫。

本章小结

1. 宗教学是一门有着悠久传统但学科建设相对短暂的人文社会科学。尽管就其历史和现状而言，诸多问题和争议的存在使得宗教学并不很成熟和完善。但一般认为，理性地对待和探讨宗教现象依然构成了这门学科的基本态度和立场。

2. 对宗教的界定须从本质和结构两个方面来进行。前者力图找到对宗教现象具有决定性意义的因素，而后者则揭示了宗教构成的基本要素及各要素间的关系架构。西方宗教学界越来越倾向于用结构分析来取代本质研究，而这两者具有一定的互补性，可以结合起来。

3. 宗教是一种社会文化现象，与社会文化系统的其他方面比如道德、政治、科学、艺术等处于一种若即若离的复杂关系中。宗教既受到社会文化系统的制约,又在很大程度上塑造了一个社会及其文化的面貌。

4. 从宗教史的角度看,人类宗教经历了原始宗教、民族宗教、世界宗教、新兴宗教四种形态(这四种形态之间并不具有严格的时间和逻辑的替进关系),其中民族宗教和世界宗教可合称为传统宗教,它们具有悠久的历史,完整的教义、利益、制度体系,数量庞大的信徒,对现代社会依然产生着巨大的影响。而新兴宗教则是现代化和宗教复兴的产物,它在一定程度上适应了在现代社会文化条件下人们追求新的信仰形式的需要,但也带来了邪教问题。与宗教相比,邪教的本质在于其反社会性和反人类性。

5. 宗教间的冲突构成了现代社会政治、民族、文化冲突的一个日益重要和突出的方面,而宗教冲突的解决在一定意义上依赖于宗教之间的对话。宗教对话有三种基本模式:排他论、兼并论和多元论,在当代,人们越来越认可多元论的对话观。尽管宗教对话的研究和实践已经取得了一点成绩,但要真正实现宗教之间的持久和平,宗教界和宗教学界依然有很长的路要走。

思考题

1. 在宗教研究的历史进程中,哪些因素对于作为一门学科的宗教学的诞生产生了重要影响?

2. 究竟该如何界定宗教?在宗教的本质研究和结构研究之间存在什么样的关系?

3. 为什么说宗教是一种社会文化现象?

4. 邪教是宗教吗?这两者之间有什么本质区别?

5. 宗教冲突的根源是什么?你认为宗教对话将走向何方?

推荐书目

1. 张志刚:《宗教学是什么》,北京大学出版社,2002 年版。

2. 吕大吉:《宗教学通论新编》,中国社会科学出版社,1998

年版。

3. 卓新平:《宗教理解》,社会科学文献出版社,1999 年版。

4. 段德智:《宗教概论》,人民出版社,2005 年版。

5. 王晓朝,李磊:《宗教学导论》,首都经济贸易大学出版社,2011 年版。

第三章 伦理学：求善之学

……头脑并没有丢失，而是在头脑里装着的东西遗失了。

你说的是什么，米卡？

思想，思想，就是说这个！伦理学。

伦理学吗？阿辽沙惊异地说。

是的，那是不是一种科学？

是的，有这样一门科学，……不过……说实话，我没法对你解释清楚那是什么科学。

——陀思妥耶夫斯基

一、什么是伦理学

什么是伦理学？这是一个仁者见仁、智者见智的问题。自古以来，各个时代的伦理学家从自己的阶级利益和时代要求出发，在不同程度上探讨了这些问题，提出了各种各样的伦理学说。古希腊德尔斐的一所古老的神庙前的一块石碑上就刻着“认识你自己”的箴言。什么是人？什么是社会？人和人的关系如何？人和社会的关系又如何？什么是“善”？什么是“恶”？划分善恶的标准是什么？这些问题长时期地吸引着人们，也困惑着人们。显然，伦理学是关于人自身的知识中一个最古老、也最吸引人们去探索的领域之一。

（一）“伦理”的由来

在中国伦理史上，“伦”和“理”开始是作为两个概念使用的。“伦”的本意为辈，后来引申为类、比、序等意思。“伦”字从人从仑，仑字有条理、思虑之意，加人字作偏旁，便有人事之理的意义，也是指人与人之间一代一代相连接，表示人和人之间的道德关系。“理”的本意为治玉，“理”字从玉从里，后来引申为经过治理使社会生活、人与人之间的关系变得有条理、有秩序。

在我国，“伦理”两个字连用最早见于《小戴·礼·乐记》篇：“乐者，通伦理者也。”就是说，音乐的作用，是使社会生活和人伦关系规范化。可见，在中国文字中，伦理的含义是：经过整顿治理，使社会生活和人际关系符合一定的次序和准则。因此，伦理也就是人与人之间的伦理关系，就是人们根据人与他人、个人与社会所处的客观状况，即人与人之间的客观关系，总结制定出一套必须遵守的行为规范。“伦”和“理”也自然地融为一体，成为一门研究人与人之间的行为关系的社会科学。汉语中的“伦理学”一词，是近代日本学者在翻译英文中的 Ethics 时，由于日语中找不到相应的词来表达，借用了汉语中的“伦理”一词，把 Ethics 译为伦理学。清末学者严复在翻译赫胥黎的《进化论与道德哲学》时，借用了日语的译意，译为《进化论与伦理学》。自此之后，在我国，道德哲学或专门研究道德的学问,被通称为伦理学。

而在西方,“伦理学”概念最早源于希腊语。英文的“伦理学”概念是从希腊语中引申而来的,原意是品性与习俗的意思,即“一门关于风俗和道德的科学”。

(二)伦理学的研究对象

伦理学的研究对象是什么呢?在近代伦理思想史上有着各种各样,甚至是千差万别的理解。比如,有人认为,伦理学研究的是人生目的;有人认为,伦理学研究的是“义务”“责任”;有人认为,伦理学研究的是社会风尚习俗;有人认为,伦理学研究的是整个人类同宇宙的相互关系;还有人认为,伦理学研究的是什么是善、什么是德性、什么是幸福;等等。

在欧洲中世纪,神学家们曾把上帝和神学的德性作为伦理学的研究对象。尽管这些看法都没有超出伦理学以道德为研究对象的范围,但总的来说,都不能全面地概括和说明科学的伦理学的研究对象。

我们认为,这些说法各有道理,但又失之偏颇。从伦理思想的发展史就可以看出,对伦理学的理解不宜过于扩大化。伦理学只是一门有关道德的科学,因此,也只能以道德现象作为自己的研究对象。它是研究道德的起源、本质、结构、职能、作用及其发展规律的科学。换言之,伦理学是把道德现象作为客体来研究的一种理论科学。

那么,何谓道德呢?在中国古代,“道”和“德”原是两个词。“道”的原意是道路,例如,《诗·小雅·大东》中说:“周道如砥,其直如矢。”以后它被引申为原则、规范、规律、道德或学说等多方面的含义。例如,孔子在《论语》中说:“志于道,据于德,依于仁,游于艺。”孔子还说过:“朝闻道,夕死可矣。”这里所谓的“道”,讲的是做人治国的根本原则。“德”字原意是正道而行,也有心中所得的意思。许慎更明确地说:“德,外得于人,内得于己也。”这也就是说,“德”就是一个人在处理人和人的关系时,一方面能够“以善念存诸心中,使身心互得其益”,这就是“内得于己”;另一方面又能够“以善德施之他人,使众人各得其益”,这就是“外得于人”。

因此,也有学者指出,在某种意义上,“道德”即“使道(道理、道义、原则之类)得之于己","道德"也就是"得道"。汉代郑玄注释"德"字时说:"人能明其德,所行使有常,则成善人。"南宋的朱熹在注《论语》时,把"德"字注释为:"德者,得也。得其道于心,而不失之谓也。"这就是说,心中得道,行为合乎一定的规矩,便是德。古代所讲的"道""德"同我们现在所使用的"道德"一词的意义近似。它既可以用"德"表示人的品质、作用,也可以用来表示行为、准则、规范及精神境界。

(三)伦理学的本质特征

伦理学是一门关于道德的科学,它以人类社会的道德现象及其发展规律作为自己研究的对象。"道德"与"伦理"两个概念基本意义相似,都是指社会生活和人际关系符合一定的准则和秩序,它们都能使社会变得和谐而有秩序。但是,伦理的含义比道德更深一层,它是道德体系化了的概括,即专门研究道德的理论。道德是伦理学的研究对象,而伦理学则是道德的理论化和系统化。

伦理学是一门哲学理论科学。伦理学以社会道德现象作为自己的研究对象,但它既不是道德规范的简单记录,也不是道德现象的简单描述,而是要深入到道德现象内部去揭示其本质和发展规律。某种程度上可以说,伦理学是对社会道德现象进行的理论研究,它要揭示道德现象的哲学实质,它揭示的不仅是人类道德现象的"实然"与"应然",它更揭示道德现象的"必然",直指人类道德问题的终极价值关怀。

伦理学还是一门价值与实践的科学。伦理学属于实践的科学,它的职能就是展示人生必须以何种方式度过,以实现它的目标或目的。因此,它处在实践科学之首,在某种意义上囊括了它们,因为所有的技艺根本上都服务于一个共同的目的——人生的完善。

有个老木匠准备退休,他告诉老板,说要离开建筑行业,回家与妻子儿女享受天伦之乐。老板舍不得他的好工人走,问他是否能帮忙再建一座房子,老木匠说可以。但是大家后来都看得出来,他的心已不在工作上,他用的是软料,出的是粗活。

房子建好的时候,老板把大门的钥匙递给他。"这是你的房子,"他说,"我送给你的礼物。"他震惊得目瞪口呆,羞愧得无地自容。如果他早知道是在给自己建房子,他怎么会这样呢?现在他得住在一幢粗制滥造的房子里!我们又何尝不是这样。我们漫不经心地"建造"自己的生活,不是积极行动,而是消极应付,凡事不肯精益求精,在关键时刻不能尽最大努力。等我们惊觉自己的处境,早已深困在自己建造的"房子"里了。

把你当成那个木匠吧,想想你的房子,每天你敲进去一颗钉,加上去一块板,或者竖起一面墙,用你的智慧好好建造吧!你的生活是你一生唯一的创造,不能抹平重建,即使只有一天可活,那一天也要活得优美、高贵,墙上的铭牌上写着:"生活是自己创造的。"

二、中西伦理思想的发展

由于各自的地理环境、经济基础、政治制度和文化背景不同,中西伦理思想及其发展历程也存在着明显的差别。因此,了解中外伦理思想的发展历史,有利于我们理解和掌握伦理学的发展规律。

(一)中国伦理思想的发展

中国自古就有"伦理""道德"这些概念,但通观中国古代典籍却没有一本以伦理学命名的书。当然,不仅伦理学是这样,政治学、哲学也是这样。中国自古就不乏伟大的政治学家、哲学家,却没有一本以政治学、哲学命名的书籍。把一门学科称为"学"是西方的舶来品,西方人注重分析,注重条分缕析、条块分割,伦理学也是分析观念的产物,所以早在古希腊时代伦理学就作为一门单独的学问而存在了。

中国则不同,中国古代讲究的是整体观念,是宏观、全体,不重视分门别类的、单方面的研究。因此,在很长一段时期内,中国的学术结构是以经、史、子、集划分的。那么,没有这些分门别类的学科划分是不是说我们古代就没有伦理学呢?显然不是。正如不能因为中国古代没有一本以政治学命名的书籍,就说我们古代没有政治学一样。中国古代虽然没有以伦理学命名的书,但中国古代的书籍某种程度上可以说都是伦理学的书籍。

中国第一部伦理学著作是孔子的言行录——《论语》。把《论语》的基本思想进行系统的整理,形成一个独立的伦理理论体系的是《中庸》。此后从孟子、荀子、董仲舒,直到近代的大多数封建文人、学者,都把自己毕生的精力倾注在社会伦理问题的研究上,以至于使整个一部中国哲学史在很大程度上成为一部伦理思想史。绝大部分哲学家同时也就是伦理学家,使中国成为世界历史上最富于伦理研究传统的国家,一个伦理道德观念最为深厚的国家。

伦理学在中国古代是与哲学等学问研究结合在一起的,而从哲学、政治、礼仪、教育、修身等学问分化出来,成为一门独立的学科是清代末年以后的事。

春秋战国时期是中国历史从奴隶社会向封建社会的转型时期,社会处于大动荡、大变革之中,思想文化领域呈现百家争鸣的局面。中国传统伦理思想即封建伦理思想就是在这个时期发端、成型的。这一时期的伦理思想也是派别林立,它们反映了社会中不同阶层、集团的价值观和道德观。当时伦理思想研究和争论的主要问题有:人性善恶与道德的关系、道德起源和本质、道德作用和教育、义利之辩、道德评价和修养等。主要派别有儒家、道家、法家和墨家等,其中儒家伦理思想历经后世演变,发展成为封建时代占统治地位的正统思想。

儒家伦理思想以孔子为代表,且以“仁爱”为核心,它也是最高的道德准则和道德境界,既是现实的要求,又是理想的追求。

孔子的仁爱有二重意义:一是爱人;二是忠恕。爱人,这个“人”泛指统治者和被统治者,泛指穷人和富人、贱者和贵者。就是既要爱本阶级成员,又要对被统治阶级施加恩惠。孔子的弟子子夏具体化为“四海之内皆兄弟也”(《论语·颜渊》)。唐代的儒者韩愈发挥说:“博爱之谓仁。”(《原道》)他把爱人扩大到中华之外的夷族。北宋的张载把爱人扩大到爱物,说:“民吾同胞,物吾与也。”(《西铭》)成为泛爱主义。

“仁爱”的第二个内容是“忠恕”，它是使爱人得以实行的具体途径和做法。忠恕有两个意思：一个是从处理人际关系限制性方面讲，做到“己所不欲，勿施于人”（《论语·颜渊》）；另一个是从积极方面讲，要做到“己欲立而立人，己欲达而达人”（《论语·雍也》）。这些伦理思想至今仍有积极意义，对于当前我们处理人际关系具有可供借鉴之处。

（二）西方伦理思想的发展

在西方，伦理学也是一门古老的学问。早在荷马时代，人们已开始了对道德进行理论思考。伦理学的内容在古代希腊罗马哲人的著作中占有重要的地位。苏格拉底可以说是西方伦理学学科的鼻祖，在其之前，西方哲学家更多的是关心自然界，是世间万物。然而到了苏格拉底时期，国势衰落，战争纷起（比较著名的有伯罗奔尼撒战争），哲学的研究也由于时代的转换由天上落入人间，转而关注人的价值、人的目的性，以及人应该过什么样的生活。

苏格拉底提出了直至今天也让我们受益的警言：“知识是德性，”“未经反省的人生不值得活。”难能可贵的是，他不但倡导过一种德性的人生，不管自己面临什么样的压力，总是坚持自己的理念，表现出一种很高的道德坚定性和纯洁性，而且自己也身体力行。他的死就是最好的例证，不放弃自己的追求，不在法庭上妥协，不在法律有利于自己的时候就遵守法律，而在法律不利于自己的时候就规避法律。苏格拉底主张，凡是被自己的理智宣判为错误的东西，就不应该去想，也不应该去做，哪怕受到当权者或任何法庭的强迫，也不惜任何代价予以抵制。其学生柏拉图深化和拓展了他的学说。柏拉图的著作大多是以对话的形式完成的，对话的主角是苏格拉底，对话不仅体现了其师的伦理思考，而且还深化了柏拉图自己对人生、世界的认识。

柏拉图的代表作是《理想国》。在这本书中，他提出了一个人的一生应当怎样度过，一个正义的人是否也能是一个幸福的人，并且探讨了一个理想的社会应当是怎样的，它需要什么样的制度安排等。而从学于柏拉图的古希腊哲学家亚里士多德则是伦理学的集大成者，他在前人探索的基础上，使伦理学成为一门定型的社会科学。大约在公元前3世纪，亚里士多德就把他关于人的道德品性的学问，正式称为“伦理学”。他给我们留下了三本以伦理学命名的著作，分别是《尼各马克伦理学》（据说，亚里士多德的儿子尼各马克把其父在雅典学园对这门学问的讲述记录整理成书，这就是西方最早的伦理学专著《尼各马克伦理学》）、《优代莫伦理学》和《大伦理学》。这些书对西方伦理学的发展产生了深远的影响。亚里士多德系统地研究了目的论、完善论和德性论。他认为，人类所有的活动都抱有某种目的，他们把这些目的视为善的东西，这些目的的实现就是幸福的实现，善和幸福就是德性的胜利，是合于德性的现实活动。

亚里士多德以后，伦理学便作为一门独立的科学，在西欧各国日益发展起来。由于欧洲历史经历了三种社会形态，即奴隶社会、封建社会和资本主义社会，这三种社会形态具有本质的差异，所以伦理思想也有很大的不同，体现出鲜明的阶级性和自身特色。

由此可见，虽然中西伦理思想由于自身的发展历史各异，存在很大的差别，但从另一个角度来说，作为一种价值形态和人类社会意识形态，两者同为人们对自身生活状态的一种伦理观照，还是有很多共同之处的。由于西方工业社会对传统道德文化的分解，西方社会日益认识到伦理道德在重建社会中的作用，因此，现代西方伦理学也获得了充分的发展。

（三）马克思主义伦理学的发展

马克思主义伦理学是运用马克思主义世界观和方法论，从总体上和联系上考察社会道德现象，揭示道德的本质和各方面规律的理论科学。马克思主义伦理学产生于19世纪40年代，它是在新的历史条件下适应无产阶级的斗争需要而产生的。因此，马克思主义伦理学从它产生的那一天起就与无产阶级的运动分不开。由于无产阶级不同于历史上任何一个阶级，它摆脱了对财产的私人占有，摆脱了小生产的狭隘性、自私性，养成了团结性、组织性、纪律性，而传统的道德观念已经不再适合这种新型的社会关系，这就使马克思主义伦理学的产生成为客观必然。马克思主义伦理学的产生是伦理学史上的一次革命性的变革。

马克思主义伦理学认为，道德是调整人和人之间关系的一种特殊的行为规范的总和。在人类社会中，为了调整人和人之间的关系，有多种不同的行为规范，如法律规范、政治规范以及其他对人的行为发生约束和导向作用的各种规范。

道德规范的特殊性就在于，它不是由政治的、行政的机构所制定，也不靠强力的、威胁的手段去维护，而是由人们约定俗成。一般说来，人类社会的道德现象，总是人们之间的某种道德关系的表现。人们在社会生活中，必然要形成各种复杂的社会关系。在所有这些社会关系中，最基本的就是与物质生产活动直接相联系的生产关系或经济关系，即不通过人们意识而形成的“物质的社会关系”。与此相适应，人们之间还形成一定的政治关系、道德关系，以及一定范围和一定时期的宗教关系等。这些关系，则是通过人们的意识而形成的“思想的社会关系”，亦即被经济关系所决定，并且表现为一定的意识形态和上层建筑的各种关系。所谓道德关系，就是这种“思想的社会关系”的一个组成部分。它是由经济关系所决定，并且按照一定的道德观念、道德原则和规范所形成的一种特殊的社会关系。

马克思主义伦理学还认为，人类历史上空前艰难的事业，必须经过长期的、艰苦的、曲折的斗争，才能战胜最强大的敌人，战胜一切剥削阶级；在取得胜利以后，还要长期、耐心地进行社会经济的改造和思想文化的改造，消除剥削阶级对人们的一切影响和传统习惯等，并且建立新的社会经济制度、新的文化和社会道德。

三、伦理学的基本内容及其与相关学科的关系

伦理学既要研究整个社会的道德关系，又要研究社会成员个人的道德品质和道德行为；同时，伦理与道德、法律、政治和经济也有非常密切的联系。

（一）伦理学的基本内容

伦理学的内容体系，大致包括四个基本方面：①伦理学的基本

知识、基本原理；②社会道德问题；③个体道德问题；④道德规范和道德建设问题。

第一个方面，伦理学的基本知识、基本原理部分，主要包括中西伦理思想的产生、演变、发展以及彼此之间的异同。

第二个方面，社会道德。伦理学是以道德现象为研究对象的，那么作为理论研究，伦理学就必须以揭示道德的本质和发展的一般规律为自己的逻辑起点。道德是一种社会现象，是在一定的社会物质生活条件下，某种社会群体的利益和意志的体现。因为社会的运行与发展需要以一定的秩序和规范来保证，只有在一定的社会规范内，社会才能良性运行，而这种规范就是社会道德胚胎。考古学家和古生物学家的大量资料证明，人类是自然长期进化的结果。人们为了自身生存和发展的需要，必须进行劳动生产，必须改造自然，以此获得必需的生活资料。而在这个过程中，人和人之间形成了生产关系。这些生产关系最初表现为一些原始社会的禁忌、风俗和习惯，随着社会的发展和生产的进步，人类步入文明社会，这些禁忌、风俗和习惯就进化为政治、法律、道德等社会意识，并深深地打上了社会阶级的烙印。因此，道德的产生和发展与人类社会的产生和发展是同步的。只有立足于具体的社会存在，从社会道德入手，才能揭示道德的一般本质，认清道德产生和发展的一般规律。

社会道德的研究，还包括对道德的起源、特征和结构的研究。道德是一种社会现象，那么它起源于什么，是在什么样的社会状态下产生的，伦理学界有很大的争论。有人认为，道德是“上帝的意志”，是上帝在创世纪时向人间颁布的戒律；也有人认为，道德是某种神秘的理念，是“绝对观念”的产物；此外还有“天赋道德论”“自然起源论”以及“神启论”，可以说是五花八门，纷争不断。但我们仔细研究就会发现，所有这些认识有一个共同的特征，那就是离开人类社会，离开社会的发展历史来考察道德现象是行不通的。当然，这也加深了我们对马克思主义有关道德论述的认识，即只有把道德同人本身联系起来，同人的实践活动联系起来，才能真正认清道德的起源问题。社会道德的研究范围还包括道德的特征、道德的结构和道德的功能等。

第三个方面是个体道德。个体道德是相对于社会道德来说的，主要指一定社会关系中的人，在适应社会一定利益关系的客观要求中，为自我实现、自我完善而具备的指导自身行为选择和内心道德准则的总和。它通常是通过个体的道德认识、道德情感、道德意志和道德行为表现出来，是个人在社会生活中体现出来的具有个性化的个体道德。当然，个体道德不是游离于社会道德之外的东西。人是社会的产物，我们不能离开社会去谈论人，同样，我们也不能离开社会道德去谈论个体道德。

我们把道德大致分为个体道德和群体道德，只不过是为了研究的方便。其实在说个体道德的时候，我们只不过是暂时撇开个人赖以生存的社会群体，而主要关注对构成这个群体的千千万万的个体进行考察。因此可以说，个体道德和社会道德是整体与部分的关系，也是一般和个别的关系，社会道德是构成个体的本质内容，而个体道德则是社会道德在个体身上的个性化体现。个体道德的研究内容主要包括个体道德发展过程、社会道德的调控对个体道德的影响以及个体道德的活动。个体道德体现为个体的最基本的道德观方面。

第四个方面的内容为道德规范和道德建设。在阶级社会中，任何道德都是阶级性的体现。中国封建社会曾经形成了以“三纲五常”为道德规范体系的一整套封建伦理道德，其核心在于维护封建社会中的等级秩序，进而维护封建统治的长久性、稳固性。资产阶级革命后，建立的资本主义社会提出了以人的价值、人的尊严、人的自由为原则的道德规范。与封建社会道德体系对个体道德泯灭相比，资本主义道德无疑是进步的，但是，它是以“个人主义”为核心价值的，资本主义道德最后落脚于个人的价值、个人的尊严和个人的自由。

社会主义道德体系不同于资本主义道德体系，社会主义道德以马克思主义为道德建设的理论基础；把先进性和广泛性结合、提高全民族道德素质、建立良好的社会风气作为道德建设的原则要求和目的；确立了以为人民服务为核心、集体主义为原则、“五爱”为基本要求的道德建设的主要内容；以教育与法制相结合为道德建设的基本途径;等等。这几个方面相互渗透、相互影响,构成了道德建设的体系。

社会主义道德体系以为人民服务为核心的价值体系,在道德体系建设的基本原则上坚持集体主义原则,这是对资本主义"个人主义"道德的一种超越。社会主义道德规范和道德建设还体现在三个主要的社会生活领域,即社会公共生活、职业生活和家庭生活,要全面加强社会主义道德建设,就是要使社会公德、职业道德、家庭道德都有很大的提高。

(二)与伦理学相关的几个主要学科

(1)伦理与政治。中国在历史上是政治和伦理合一的社会,在2000余年的封建社会中,伦理被政治化,也可以说是政治被伦理化,这当然是由于封建宗法制度使然。中国是宗法制度和封建专制制度合一的社会,维护宗法制度的道德规范,维护家长制的道德规范,也就是维护专制制度的政治手段,而维护专制制度的政纲也是强化宗法制度的道德措施。政治伦理化使得封建统治者能够把对被统治者的外在强制性变为内在自觉遵守的规范,并使封建统治披上仁慈的外衣。可以说,是中国古代的政治体制决定了伦理和政治一体化。

相对而言,西方社会伦理与政治较早地就实现了分化,他们认为,"伦理学的目的是求得个人的完善,政治学的目的是求得群体的完善"。虽然在西方伦理思想中也强调道德和政治之间的联系,但很少把二者一体化,二者各自发展,并最终以人、以人的幸福为目的。而中国古代的伦理思想则强调天,强调天人合一,天在尘世中则体现为封建君主。

马克思主义伦理学在革命战争年代强调伦理学必须为无产阶级夺取政权的革命斗争服务;在现时代则强调伦理学必须为社会主义建设服务,为社会主义精神文明建设服务,为培养社会主义一代新人,为将来向共产主义社会过渡提供道德支持。

(2)伦理与道德。在古代典籍中,"道德"有两层意思:"道"指的是规律,用于伦理学,指天经地义的关系;而"德"指遵循规律而有所得,用于伦理学,是指最符合人伦关系的行为方式,即道德规范。

因此，我们可以把道德哲学（即伦理学）看作是研究人与人之间的本质关系，以及由此而产生出来的行为原则和行为规范的科学。从这个意义上看，道德与伦理是一回事，这是指道德与伦理之间的相同之点，及它们之间的联系。伦理学与道德又有一定的区别：即伦理学是指一门专门研究道德问题的科学；而道德仅仅是伦理学这门学科的研究对象。就现代汉语语义学而言，道德只是指具体的人们行为规范的综合，它是不能被视为一门学科而等同于伦理学的，但是伦理学（或叫道德哲学）却是一门研究道德问题的、独立的科学理论体系。

所以"道德"与"伦理"两个概念的基本意义相似，都是指社会生活和人际关系符合一定的准则和秩序，从而使社会变得和谐而有秩序。但是，伦理的含义比道德深一层，它是道德关系的概括，即研究道德的理论。道德是伦理学的研究对象，而伦理学则是道德的理论化和系统化。

可以说，伦理学的性质是道德哲学，是对历史的、具体的、全部道德现象的哲学思考。虽然伦理学与心理学、美学、社会学、教育学的关系甚为密切，这些学科也在一定程度上研究道德，但它们不是研究道德的全部，而是道德的一部分或某个方面。伦理学则不同：首先，伦理学是把道德现象作为一个整体，并且是作为唯一的研究客体来对待的；其次，伦理学不光是简单地描述道德现象，而是站在一定的哲学世界观的高度，阐明道德现象的本质和发展规律。

通过以上历史的考察可以看出，伦理学和道德思想的关系是既相区别又相联系的：一方面，道德思想的形成先于伦理学的创立；另一方面，伦理学又是道德思想的理论化和体系化。从思想发展史看，早在原始社会，道德思想就已经形成，但尚未成为独立的意识形态。随着生产力的发展，社会分工和阶级的出现，统一的道德分裂为对立阶级的道德，人们对道德关系认识的提高，道德思想才从一般意识中分化出来，逐渐成为独立的意识形态。统治阶级的思想家，为了维持社会秩序，调整人们之间的相互关系，适应统治阶级的经济利益和政治利益，才创立了伦理学，将道德思想理论化和体系化。

(3)伦理与法律。道德现象是伦理学研究的基本对象。道德是通过道德主体的内心感悟而自觉地实行的行为规范及其善恶价值取向。这个道德定义指出道德与法律、规章制度等其他行为规范的区别,它是“通过主体的内心感情而自觉地实行的行为规范”,即道德具有自律性。而法制、规章制度以及政治等其他行为规范,则带有强制性,而不是靠主体的自觉实行的。道德不仅是他律的,它更重要的是自律的,这种自律不是非理性,而是具有理性特征的自律。任何一个社会,要维持它的正常运转,保持社会生活的动态平衡,需要有道德的约束来规范人们的行为(包括法律的约束)。

道德与法律也是相辅相成的,不管人们是否愿意,他们在社会生活中都要服从既成的道德法规。尽管伦理学家们对诸种道德法规的诞生有不同的解释,如“上帝立法”“君主立法”“圣人立法”等,但都是一种外在于人的社会的“他律”。

此外,道德与经济的关系也非常密切,马克思、恩格斯指出,道德是经济基础的反映。一切社会生活,尤其是社会的经济状况是道德的来源。道德作为一种社会意识形态,作为人类精神生活的一种方式,归根结底取决于社会物质的生产方式。当然,伦理作为一种社会意识形态,一旦形成,又会反作用于社会的经济基础。

四、伦理学的新发展

随着社会实践的不断丰富和发展,近些年应用伦理学也获得了充分的发展,出现了性伦理学、经济伦理学、生态伦理学、网络伦理学和生命伦理学等新兴学科。

(一)性伦理学

性伦理学是一门研究性道德的科学。近年来,随着人们生活水平的提高,一方面,人们对性给予了更多的关注;另一方面,一些不良的性观念、性心理还在影响着人们。如何处理涉及性的社会关系,包括夫妻之间、恋人之间和不同性别之间以及个人与社会之间的涉及性的一些社会关系,进而抛弃那些压制人的自由,违背人的本性的封建道德,又克服那些对性抱有不严肃态度的性自由、性开放思想，成为性伦理学产生的历史必然。因此，性伦理学的使命也就是以科学的形态再现人类的性道德，以理论思维的形式概括性道德现象的各个方面，并对这些现象进行规律性的研究，进而引导人类的性意识、性规范和性活动健康地向前发展。

性在社会中扮演着非常重要的角色，饮食男女是人的本性，人皆有之，中国古人云："食、色、性也。"鲁迅先生在解释这个道理时说：生物，第一要紧的自然是生命，生物为保存生命，具有种种本能，首先是食欲，食欲是为了保存生命；第二是性欲，性欲是为了继续生命。如此自然与普遍的事情，长期却在遭禁锢，讳莫如深，从而也导致了性歧视、性压抑、性犯罪和性愚昧等社会问题。而性一旦被"去魅化"，又出现了性放纵、性自由、性泛滥，诸如婚外恋、婚外性行为、一夜情、婚前性行为和嫖娼卖淫等现象。而近年来网络的兴起，使性活动更为多样化、复杂化。那么，如何树立正确的性道德、性观念就成为我们亟待解决的问题。

综合近年来性伦理学的研究成果，对性行为的道德要求，大家基本上达成了一致的看法：

第一，一切性行为都必须有利于行为所涉及的人的身心健康和人的自由、全面的发展。这是对所有性行为的普遍要求，是其他具体性行为要求的基础。

第二，作用于他人身体的性行为必须建立在爱情的基础上。这是对作用于性伴侣身体的性行为的道德要求，而与作用于自己身体的性行为无关，因为爱情是男女两性之间的事。

第三，作用于他人身体的性行为必须建立在双方自愿的基础上。由于每个人对自己的身体都具有自主权，两性之间的性行为显然应该以双方自愿为基础。不仅婚外的性行为如此，婚内的性行为也应该如此。

第四，性交只能在合法夫妻之间进行。由于性交这种性行为方式有可能导致女方怀孕、传染性病等，使得它的合理性只存在于合法夫妻之间，婚前性交和婚外性交都是不道德的。

第五，已婚人士的性伴侣必须是自己的配偶。对已婚人士来说，不仅性交伴侣必须是自己的配偶，而且其他性生活方式的伴侣也应该是自己的配偶。

第六,性伴侣关系应该具有一定的稳定性和专偶性。这是由性伴侣关系应该建立在爱情的基础上这一点决定的。

当前性伦理学的研究主要关注于社会主义性道德的整合与重建,以及一些社会不良性活动的研究,如对早恋、婚前性行为、婚外恋和婚外性行为、嫖娼卖淫和色情文化活动等的研究。

(二)经济伦理学

我国当代经济伦理学的产生源于建设中国特色社会主义的实践。改革开放以来,党的工作重心转移到以经济建设为中心的轨道上来,一方面,我们在经济建设上取得了瞩目的成就,另一方面,也出现了人们片面关注和热衷于对物质财富的占有和消费的偏向,以至于形成对文化和伦理道德的忽略甚至蔑视。正是这种经济发展与伦理道德之间各种复杂的、普遍的矛盾和冲突,构成了当前我国经济伦理学的基本问题。我国近年来也掀起了经济伦理的研究热潮,并且从企业伦理、商业伦理、管理伦理等多方面展开。

针对当前我国经济伦理学研究的现状,以下几方面的问题是需要予以特别重视并加以深入研究的。

首先,市场经济的伦理问题。从经济伦理学学科发展的角度看,如果不研究市场经济伦理问题,经济伦理学也就没有了存在的必要。

其次,利益关系的伦理问题。经济伦理学能够成立的一个根本基础是存在于不同经济活动主体之间的利益关系,研究利益关系中体现和反映出的伦理关系,探讨处理和规范这些伦理关系的行为准则,是建立经济伦理学理论体系的关键。

再次,经济伦理与公共生活伦理的关系。经济伦理学是一个开放的系统,对它的研究不能仅仅局限于经济生活领域,而要从经济生活与社会发展相联系的角度,拓展经济伦理研究的视野,即将经济伦理与公共生活伦理的发展结合起来考察。

最后,经济全球化中的伦理问题。经济全球化带来了一系列伦理问题,例如,经济全球化在增进全球经济指标不断上升的同时,是否能够推进人类社会伦理目标的实现;生活在经济全球化中的人们是否都能获得公平的对待，并过上有尊严、有价值的生活；等等。

经济伦理学学科体系的构建有赖于对具体经济伦理问题的研究进展。同时，这也是经济伦理学作为一门应用性学科的性质所决定的，这是因为经济伦理学本身就承担着研究问题、解决问题的学科使命。

（三）网络伦理学

网络产生于20世纪70年代，真正地兴起是在20世纪90年代。网络化进程在世界范围内方兴未艾，其发展的时间虽然不长，但势头迅猛，并给人类社会带来了巨大的震荡。随着国际互联网的发展，人们开始体会到这种信息的震荡。网络一方面促进了人类文化的发展，导引了人类的价值观念、思维方式、主体意识和伦理文化；另一方面网络本身也蕴含着丰富的伦理内涵。

网络无处不在，无论是学习生活还是工作交易，人们都可能通过网络来加以实现，但长时间沉浸于网络空间的必然结果就是人与人之间面对面的交往次数和时间的逐渐减少。应用网络是社会发展的必经之路，但不能以人际关系的受损为代价。此外，网络黑客、网络犯罪也一次次冲击着现实生活中的伦理关系。

当前，社会存在着虚拟伦理与现实伦理的交锋。因为网络行为具有匿名性，个体角色的“不在场”，使道德规范对人们行为的规约作用减弱。但从另一个角度来讲，网络主体角色的“不在场”不应是网络道德作用弱化的理由，反而应是网络道德大有用武之地的机会。因为“匿名”和“不在场”使得很多社会调控手段难以发挥应有的作用，道德的作用就在于它是靠自律机制运行的。衡量一个人的道德水平高低，恰恰需要看他在独处时的行为表现如何，这也就是我们传统伦理思想中所讲的“慎独”。正如埃瑟·戴森所言：“网络给我们提供了一个掌握自身命运、在地方社区和全球化社会中重新定义公民身份的机会。他也把自我治理、自主思考、教育后代、诚实经商以及同其他公民一起设计我们生活中所应遵循的规则的责任交给了我们，”“它在赋予个人强大的权利的同时，也要求个人为他们自己的行为以及他们所创造的世界担负起更大的责任。”

其实，网上的虚拟社会与现实社会一样，有一个社会公共秩序与安全的问题。每一个人要想在网络上受益,就应该遵守网络规则,维护网络秩序,这是每一个网民的职责和义务。当前我国在强调计算机技能教育的同时,也应该将网络道德教育作为计算机教育的重要内容。

(四)生态伦理学

生态伦理学是关于人与自然关系的伦理学,在西方也称为环境伦理学。在传统的伦理学中,只涉及人与人、人与社会之间的伦理关系,讲权利和义务也限于人和人、人和社会之间,而不可能将它们赋予非人类物种、自然存在物以及作为整体的生态系统。生态伦理学的产生是伦理学说史上的一次革命性突破,它不是传统伦理学的扩展,而是一种崭新的伦理学。它主张用道德来约束人对自然存在物的行为,把权利主体和道德共同体的范围从人类扩展到动物、再从动物扩展到植物和所有生命共同体,进而扩展至大地、岩石、河流乃至整个生态系统。

从人与自然的关系的历史演化来看,人类社会的发展迄今经历了三个阶段,即农业社会阶段、工业社会阶段和生态化社会阶段。当今,人与自然的关系极度恶化,迫切需要建构生态伦理学。因此,生态伦理学的出现不是偶然的,它是随着社会的发展和时代的要求应运而生的。

工业革命以来,社会步入工业化之后,人类认识和改造自然的能力空前提高,迅速发展的科学技术已成为人类利用资源的主要手段和武器。随着人对自然的不断征服,人统治自然,把自然界当作掠夺和宰割的对象,而自然界也只有被改造的份,完全失去了它昔日在人们心目中的地位和尊严。人类以对自然的过度开发与利用获得了暂时的成功,但是,我们以不同寻常的方式控制自然力量,同时也完全改变了个人、社会和国家的生存关系,随之而来的不良后果——诸如物种灭绝、资源枯竭、土地沙化、粮食短缺、臭氧层破坏、温室效应、水源污染和人口膨胀等——促使人类开始重新思考人与自然的关系、生命和自然界的关系。

因此,时代呼唤生态伦理学,生态伦理学及其实践应用是人类道德的一次重大进步和完善。"悲剧是人类最好的学校",新的生态伦理学标志着人类道德进一步走向成熟，它是人类重新思考，定位人与人、人与自然的关系的产物，它要求人们全面地、科学地认识和处理人与自然的关系，自觉地处理好人与自然的关系，树立一种人与自然和谐发展的新型价值观——生态伦理观。

伦理学根源于人与人、人与社会之间的利益关系，在传统伦理学中，人是唯一受道德关心的对象，只有人具有道德权利。生态伦理学扩大了道德共同体的边界，把利益平等的原则从人和社会扩大到生命和自然界，提出尊重生物生存权利的原则，这是人类道德的进步。罗尔斯顿指出："旧伦理学仅强调一个物种（人）的福利；新的伦理学除了人的福利还必须关心构成地球上进化着的生命的几百万物种的福利。"

总而言之，生态伦理学是一种新的伦理学，它的理论要求是确立自然界的价值和自然界权利；它的实践要求是保护地球上的生命和自然界。因此可以说，生态伦理学的基本问题是关于自然界的价值、关于自然界的基本权利。在此基础上，生态伦理学研究着环境生态伦理、资源生态伦理、人口生态伦理、土地生态伦理以及政治生态伦理。2012 年 11 月，党的十八大报告又把生态文明建设摆在中国特色社会主义事业总体布局的高度加以阐述，这不仅对中国的发展有着深远影响，而且对人类文明发展将产生重大影响。

本章小结

1. 伦理学是一门古老的科学。它是关于人自身的知识，是随着人类在改造世界、进而不断地认识世界、也不断地认识和改造自身的过程中产生的一门学说。马克思主义伦理学是运用马克思主义世界观和方法论，从总体上和联系上考察社会道德现象，揭示道德的本质和各方面规律的理论科学。

2. 中西伦理思想由于自身的发展历史各异，存在很大的差别。但从另一个角度来说，作为一种价值形态和人类社会意识形态，两者同为人们对自身生活状态的一种伦理观照，具有许多共同之处。

3. 伦理学的内容体系大致包括四个基本方面：①伦理学的基本知识，基本原理；②社会道德问题；③个体道德问题；④道德规范和道德建设问题。

4. 伦理学的研究涉及诸多学科，伦理与政治、道德、法律和经济等都有很密切的关系。

5. 近年来，社会科学的研究出现各学科交叉的趋势，伦理学学科出现了新的分支交叉学科，如性伦理学、经济伦理学、网络伦理学和生态伦理学等。

思考题

1. 什么是伦理？什么是伦理学？
2. 伦理学的基本问题是什么？
3. 伦理学的基本内容体系是什么？
4. 试比较中西伦理思想发展的异同。
5. 新时期伦理学有什么新发展？

推荐书目

1. 王海明：《新伦理学》，商务印书馆，2001 年版。
2. 李春秋主编：《新编伦理学教程》，高等教育出版社，2006 年版。
3. 魏英敏主编：《新伦理学教程》第二版，北京大学出版社，2003 年版。
4. 麦金太尔：《伦理学简史》，商务印书馆，2010 年版。

第四章　心理学：思想和行为的认识之路

心理学的研究对象是人和人的思想，那些思想千变万化。在这个信息时代里，凡没有学习过心理学的人都不能算是受过完好教育的人，因为在报纸、广播、杂志、电视和互联网上到处都是与心理有关的信息，可以说，大凡我们日常生活中的大小行为经验都是心理学家关心的对象，心理学在日常生活、教育、生产、商业等领域中有着广泛的应用，因而不懂心理学的人无法理解和把握这些信息。

苏格拉底说：“认识你自己。”学习心理学的意义之一就是为了认识我们自身。

——丹尼斯·库恩

心理学,其英文为"psychology",是由两个希腊文字"psyche"和"logos"组成的。前者的含义是"心灵""灵魂";后者的含义是"讲述"或"解说"。两者合起来就是"对心灵或灵魂的解说"。这可以说是心理学的最早定义,但历史上心理学长期隶属于哲学,该定义只具有哲学意义,并不具备科学内涵。心理学成为一门独立学科后,其发展经历了一百多年,其界定随着发展的各个时期而有所变化。直到20世纪80年代,人们对心理学的界定演变成这样一个共识:"心理学是研究人的行为与心理活动规律的科学"。作为一门独立的学科,心理学在短短的一百多年时间里,可谓精彩纷呈、大家迭出,获得了巨大的发展,对人类历史发展产生了深刻的影响。那么究竟什么是心理学?心理学是如何产生的?它的基本问题是什么?它有哪些研究方法?有哪些流派?这正是本章试图呈现给读者的具体内容。

一、心理学的渊源和产生

心理学源于西方哲学,西方哲学源于两千多年前的古希腊。苏格拉底、柏拉图以及亚里士多德等伟大的哲学家都将心理现象的思考视为哲学的重要问题。19世纪末,科学的发展,尤其是受生物科学发展的影响,心理学开始脱离哲学而成为一门独立的学科。

(一)心理学的渊源

公元前6世纪,古希腊哲学的产生使心理学真正开始了具有活力的起源时期。早期古希腊自然哲学家在关注宇宙本原的同时也进行着心理学的思考,后来的智者学派则将关注的中心从物理世界转向人自身,他们的思考由此带有某种人本主义心理学的特征。苏格拉底、柏拉图和亚里士多德这些伟大的哲学家都有过很多的心理学思想,如亚里士多德就探讨过人类的心理现象,他的《论灵魂》可以说是西方心理学史上第一部关于心理学的专门著作,对后来心理学的发展产生了深远影响。

心理学一方面起源于哲学,另一方面又起源于科学。特别是到了19世纪,各门学科的某些专门发展为心理科学的独立创造了条件。19 世纪中叶，生理学已经成为一门独立的实验科学，在神经系统生理学和感官生理学的研究上，有了新发现。例如，1811 年，英国人柏尔和法国人马戎第首先发现了脊髓运动神经和感觉神经的差别；1840 年，德国人雷蒙德发现了神经冲动的电现象；1869 年，英国神经学家杰克逊提出了大脑皮层的基本机能界限，等等。与此同时，生理学所采用的许多科学方法也相继被运用到对个体行为的研究中。例如，德国学者赫姆霍兹用青蛙的运动神经测量了神经传导速度；德国学者费希纳通过不断的实验研究，建立了心物之间计量的关系以及心理物理方法；德国学者韦伯通过有系统地变化刺激的强度来观察个体的反应，在感觉阈限的测量等方面为心理物理学的建立和发展做出了特殊贡献。这些研究工作和实验手段，对心理学摆脱哲学的附庸地位，最终成为一门独立的学科产生了深远的影响。除此之外，天文学、物理学等学科的发展也对科学心理学的产生起到了重要的作用。

（二）心理学的产生及其研究对象

1879 年，德国心理学家冯特（Wilhelm Wundt，1832 ~ 1920）在德国莱比锡大学建立了世界上第一个心理学实验室，开始对心理现象进行系统的实验研究，宣告了科学心理学的诞生。冯特因其重要贡献被誉为心理学之父，他的著作《生理心理学原理》被推崇为不朽之作。受当时以实验为基础的化学和物理学影响，冯特及其弟子主张研究意识的结构，并由此诞生了科学心理学产生后的第一个流派——构造主义（structuralism）。构造主义提出后，在当时受到了心理学界的普遍反对，其结果使得构造主义衰落了，但同时因为反对者的主张各有不同，演变成了百家争鸣、学派林立的局面，如机能主义、格式塔心理学、行为主义、精神分析学派和认知心理学等。

心理学的研究对象是心理现象，它揭示心理现象及其变化发展的规律，并对它们进行科学的解释。心理学主要研究人的心理现象，也研究动物的心理现象；既研究个体的心理现象，也研究群体的社会心理现象。此外，虽然心理现象具有非形体性的特点，无法进行直接观察，但通过对行为的观察和分析，却可以客观地研究人的心理。因此，心理学还研究行为及行为与心理的关系。

从心理的动态性维度上划分，心理现象可分为心理过程和个性心理。

心理过程是指个体心理现象的动态过程，包括认识过程、情感过程和意志过程，反映正常个体心理现象的共同性一面。认识过程又称为认知过程，是个体在实践活动中对认知信息的接受、编码、储存、提取和使用的心理过程，主要包括感知觉、思维和记忆等过程。情感过程是个体在实践活动中对事物的态度的体验。意志过程是个体自觉地确定目的，并根据目的调节支配自身的行动，实现预定目标的心理过程。认识过程、情感过程和意志过程并不是彼此孤立的，而是相互联系、相互作用，构成有机统一的个体心理过程的三个不同方面。情感的发生与深化、意志行为的确定与执行都是以认识为基础的，而情感、意志又会反过来影响认识活动的进行和发展。同样，情感也会对意志行为产生动力作用，而意志行为又会有利于丰富和升华情感。因此，个体的认知过程、情感过程和意志过程相互联系、相互影响，构成了个体的整个心理过程。

个性心理是个体在心理过程的发展与进程中经常表现出来的比较稳定的心理活动倾向与心理过程特点。由个性倾向、个性特征和个性调控等方面组成。个性倾向是推动个体进行活动的动力系统，是个性心理中最活跃的因素，可以反映出人对周围世界的趋向和追求。个性特征是个体经常表现出来的、本质的、稳定的心理特征，是个体心理活动独特性的集中体现。个性调控以自我意识为核心，个体发展到一定阶段后出现自我意识，个体借此对自己的心理和行为（包括个性倾向和个性特征）进行认识、评价、控制和调节，从而形成一个统一的个性心理结构系统。

心理现象虽分为心理过程和个性心理两大类，但它们却又是紧密地联系在一起的。一方面，个性心理是在心理过程的基础上形成和发展的，并总是在各种心理过程中表现出来。如果没有对客观现实的认识，没有经历各种情感体验，没有实践过程中的意志行为，人的性格、能力、信念和世界观是不可能形成的。另一方面，已经形成的个性心理又影响着心理过程，使人的各种心理过程总是带有个性色彩。心理过程与个性心理的这种相互关系从整体上反映了人的活动的共同规律和差异规律的辩证统一。例如，性格不同的人，其情感和意志的表现也不一样：性格坚毅者，善于克制自己的情感，表现出坚强的意志力；性格软弱者，则常被自己的消极情感左右，缺乏坚忍不拔的意志力，等等。

从心理的意识性维度上划分，可以把心理现象分为意识和无意识。

意识（consciousness）是人类所独有的一种高级水平的心理活动，指现时正被个体觉知到的心理现象。事实上，当我们清醒时，绝大多数心理活动是发生在自己能够觉知到的情况下的，因而绝大多数心理现象属于意识范畴。从意识对象上看，还可进而把意识分为客体意识和自我意识两种：客体意识是指个体对于周围世界的意识，而自我意识是指个体对自己以及自己和周围关系的意识。无意识（unconsciousness）是指人在正常情况下觉察不到，也不能自我调节和控制的现象。这虽在整个心理现象中占的比例很小，但它们能在日常生活中为我们所接触到。例如，睡眠中做梦是无意识现象，虽其内容可能被我们觉知，但梦的产生和进程是我们觉知不到的，人不能预先计划梦的内容，也无法支配梦境的进程，更不能进行自觉调控。在多数情况下，人难以准确回忆梦境的内容。在日常生活实践中，意识和无意识也是紧密联系着的，彼此有时还会发生转化。

二、心理学的基本问题

人们往往对心理学家的研究表现出不屑一顾的态度，认为他们花费大量精力和时间而得出的研究成果不过是一些尽人皆知的常识。事实上，心理学的研究范围很广，远非一般的常识所能回答。概括而言，心理学研究的基本问题包括知（感觉、知觉）、情（情绪、情感）、意（意志、需要、动机）三大领域。下面，我们就心理学的基本问题作一简要介绍。

(一)需要与动机

需要(need)是有机体感到某种缺乏而力求获得满足的心理倾向,它是有机体自身和外部生活条件的要求在头脑中的反映。人的需要是多种多样的,根据不同的标准可以进行不同的划分。不过,不管怎样划分,都必须注意到不同的需要之间其实是相互联系的。根据需要的起源,可以把需要分为生物需要和社会需要两类。生物需要是指保存和维持有机体生命和延续种族的一些需要,例如,对饮食、运动、睡眠、排泄和性的需要等。生物需要又称为生理性需要、原发性需要,这种需要是人和动物所共有的,但人的生物性需要和动物的不同,因为人具有社会性。社会性需要是指与人的社会生活相联系的一些需要,例如,劳动、求知、交往和成就等。社会需要本身来自社会要求,因而也要受到社会生活条件制约,具有社会历史性。

马斯洛(Abraham H. Maslow,1908~1970)是美国著名心理学家,人本主义心理学的创始人之一。他的需要层次理论是最富影响力的需要理论。马斯洛认为,人类的需要是分层次的,由低到高分别是:①生理需要(physiological need):对食物、水、空气和住房等的需求。这类需要的级别最低,但在所有需要中占绝对优势,人们在转向较高层次的需要之前,总是尽力满足这类需要。这是所有需要中最基本、最原始、也是最强有力的需要,是其他一切需要产生的基础。②安全需要(safety need):是指希求受保护与免遭威胁,从而获得安全感的需要,如对工作安全、秩序、生活稳定等的需求。生理需要得到相对的满足之后,就会产生安全需要。③归属和爱的需要(belongingness and love need):也叫社交的需要,是指个人渴望得到家庭、团体、朋友、同事的关怀、爱护和理解,是对友情、信任、温暖和爱情的需要。如果生理需要和安全需要都很好地得到了满足,则会产生这种需要。④尊重的需要(esteem need):是对成就、名望和地位等的需要。尊重的需要也可以划分为渴望实力、成就、适应性和面向世界的自信心;要求独立与自由以及渴望名誉与声望两类。这些需要不满足,受挫人就会产生自卑感、无能感。⑤求知的需要(need to know):是指个人对自身和周围世界的探索、理解及解决疑难问题的需要。例如,如何找到食物、如何摆脱危险、怎样得到别人的好感等,都离不开认知。⑥审美的需要(aesthetic need):是指对对称、秩序、完整结构,以及对行为完美的需要。审美需要与其他需要是相互关联不可截然分开的。⑦自我实现的需要(self - actualization need):是最高等级的需要,是指个人渴望自己的潜能能够得到充分的发挥,希望自己越来越成为所希望的人物,完成与自己能力相称的一切活动。满足自我实现需要所采取的途径是因人而异的。

马斯洛的需要层次理论把人的需要看作是一个组织的、先后排列的系统,并探讨了需要的性质和结构等,对后人的研究产生了积极的作用。但是,其理论也存在着诸如把人的生物性需要和社会性需要混同、没有认识到高级需要对低级需要的调节控制作用等问题,因而受到了学者的诸多批评。

需要和动机是紧密联系着的。动机(motivation)是激发和维持个体进行活动,并导致该活动朝向某一目标的心理倾向和动力,由需要而产生。需要的水平不同,动机的水平也不同。动机具有激发、指向、维持和调节等功能,不同的活动可能由不同的动机支配。因而,在考察人的行为活动时,就必须要揭示其动机,进而对其行为做出正确判断。

动机由内驱力和诱因两个基本因素构成。内驱力指驱使有机体产生行为的内部动力。人的内驱力分为原发性内驱力和继发性内驱力两大类:前者又称为基本的内驱力,是指由生理需要而驱使机体产生一定行为的内部力量;后者又称为社会性内驱力,指由责任感等后天形成的社会性需要产生的内驱力。一般而言,社会性内驱力对原发性内驱力起调节作用。诱因是指激起动机的外部因素,包括能满足一个人内在需要的客体、情境和事件。按照其性质,诱因可以分为正诱因和负诱因两类。有机体因趋向或获得它而得到满足时,这种诱因称为正诱因;有机体因逃避或回避它而获得满足时,这种诱因则称为负诱因。

人的动机是多种多样的,可以按照不同的方式进行分类。如按照动机内容的性质,可以分为高尚的动机和卑劣的动机;而按照动机的起源,又可以分为生物性动机和社会性动机,它们分别与人的生理性需要和社会性需要相联系;当然,还可以根据引起动机的原因,分为外在动机和内在动机两类。

现代心理学关于动机问题的讨论,形成了各种各样不同的理论,在众多的动机理论中,影响最大的还是强化动机理论、成就动机理论、归因理论和自我效能感理论。

(二)情绪与情感

情绪(emotion)和情感(feeling)是个体由于客观事物符合或不符合自己的需要、愿望与观点而产生的对所反映的客观事物的态度体验和相应的行为反应,如有些事物使人快乐、有些事物使人悲伤等。

情绪与情感是有区别的,情绪为人和动物所共有,而情感只有人类才有。情绪是外现的、暂时的、随情境变化的;而情感是内隐的、持久的和稳定的。情绪有很多种,如快乐、愤怒、恐惧和悲哀等;情感也有很多种,如道德感、理智感和美感等。

情绪和情感是大脑皮层和皮层下中枢协同活动的结果,有着各种各样的外部表现形式,如面部表情(面部肌肉、眼睛等的表情动作)、言语表情(通过言语的速度、结构等表达情绪和情感)、身段表情(通过身体不同部分的动作,传递和表达一定的情绪、情感)等。与此相关,情绪、情感具有非常重要的功能,不仅具有人际交往中的信号功能,而且具有对认识和行为的动力功能。

情调、激情、心境、应激和情操是情绪的基本种类。情调是一种伴随着感觉而产生的情感;激情则是一种持续时间短,表现剧烈、失去自我控制力的情绪,有消极和积极之分;心境是一种比较微弱、持久、具有渲染性的情绪,也有积极和消极之分;应激是出乎意料的紧急情况所引起的急速而高度紧张的情绪状态;情操是感情和思想综合起来的,不轻易改变的心理状态。

在心理学上,情绪和情感问题一直为各学派所重视。美国心理学家詹姆士(James,1884)和丹麦生理学家兰格(Lange,1885)认为,情绪就是对机体变化的知觉,对此,詹姆士有句名言:“因为我们哭,所以愁;因为动手打,所以生气;因为发抖,所以害怕;并不是愁了才哭;生气了才打;怕了才发抖。”他们的情绪理论引发了一系列的研究,产生了很大的影响。坎农(Cannon,1927)和巴德(Bard,1927)在对他们的理论进行批评的基础上,提出了自己的丘脑情绪理论,认为情绪的产生是大脑皮层解除丘脑抑制的功能,即继发情绪的刺激由丘脑进行加工,同时把信息输送到大脑及机体的其他部分。沙赫特(Schachter,1971)对以上两种观点进行折中,提出了激活归因情绪理论,认为情绪既来自生理反应的反馈,也来自导致这些反应情境的认知评价。阿诺德(Arnold,1950)和拉扎鲁斯(Lazarus,1968)则主张认知评价情绪理论。阿诺德强调认知评价在情绪中的作用,认为我们总是直接地、自动地并且几乎是不由自主地评价着遇到的任何事物,情绪就是一种朝向评价为好的东西或离开评价为坏的东西的感受倾向。拉扎鲁斯进一步把阿诺德的评价扩展为评价和再评价过程,包括信息的筛选、评价、应付冲动交替活动、身体反应的反馈以及对活动后果的知觉等成分。

(三)意志

意志是人自觉地确定目的并支配其行动以实现预定目的的心理过程。能够自觉地确立目的,是人的行为的特征。意志行动是人的行动中最重要的一部分,具有积极的作用,如良好的意志品质是一个人取得成功的重要保证。但是,意志的能动作用一直是一个争议性很大的问题。究竟有没有意志自由?西方行为主义心理学完全否认意志的存在,其代表人物华生认为,人的行动完全是由外界刺激决定的。宿命论者也否认存在意志自由,认为人的行为等都是由某种神秘力量所安排和决定的。与此相反,唯心论者片面夸大意志的作用,把意志看成是独立于客观现实的纯粹的“精神力量”,它超越一切物质之上并不受客观规律制约。其实,辩证地看,人的意志既有自由的一面,也有不自由的一面。在相对的、有条件的意义上,意志是自由的;在绝对的意义上,意志又是不自由的。

意志和认识、情感有着十分密切的关系。意志的产生是以认识过程为前提的，而情感既可以成为意志行动的动力，也可以成为意志行动的阻力。总之，意志过程包含着认识和情感的成分，反之亦然。

意志品质是一个人在实践过程中所形成的比较明确的、稳定的意志特点，是人的性格的重要组成部分。评价意志品质的好坏，根本的一条是要看意志活动的社会价值；判断一个人的意志力强弱，则要看意志表现程度。坚强的意志品质是克服困难，完成各种实践活动的重要条件。在人的意志行动过程中，主要的意志品质包括自觉性、果断性、坚韧性和自制力四个方面。自觉性首先体现在一个人在行动中具有明确的目的性，充分认识行动的社会意义，并以此来调节、支配自己的行动，去实现目的。这种品质来自人的正确的观点、信仰和世界观。与自觉性相反的是盲从和独断。果断性是指一个人善于迅速地明辨是非，合理地做出决定，并执行所做决定的品质。与果断性相反的是轻率和优柔寡断。坚韧性是指在执行决定时能坚持到底，在行动中能长期保持坚忍的毅力，克服达到目的途中的困难的品质，和坚韧性相反的品质是顽固、执拗。自制力是指能够完全自觉、灵活地控制自己的情绪，约束自己的动作和言语方面的品质。与自制力相反的是任性和怯懦。

（四）气质与性格

气质是一个古老的概念。早在公元前5世纪，古希腊医生希波克拉特根据日常观察和人体内四种体液（血、黏液、黄胆汁和黑胆汁）各人多寡不同的假设，把人的气质分为动作迅猛的胆汁质；性情活跃、动作灵敏的多血质；性情沉静、动作迟缓的黏液质；性情脆弱、动作迟缓的抑郁质。我国古代也有人从类似气质的角度把人作过分类。孔子就把人分为“中行”“狂”“狷”三类，并认为“狂者进取，狷者有所不为。”

气质是人生来就具有的典型的、稳定的心理活动的动力特征。俄国生理学家巴甫洛夫认为，人的气质是由人的高级神经系统类型决定的。他认为，高级神经活动有两个基本过程：兴奋过程和抑制过程。这两个神经过程有三个基本特性：神经过程的强度、神经过程的平衡性和神经过程的灵活性。神经过程的这三个基本特性的独特组合就形成了高级神经活动类型。主要有四种类型:强而不平衡的类型(兴奋型)、强而平衡、灵活的类型(活泼型)、强而平衡、不灵活的类型(安静型)、弱型(抑制型)。

神经过程的基本特性与高级神经活动类型的关系见表3－1。

表3－1　神经过程的基本特性与高级神经活动类型

神经过程的基本特性			高级神经活动类型
强　度	平衡性	灵活性	
强	不平衡		兴奋型
强	平衡	灵活	活泼型
强	平衡	不灵活	安静型
弱			抑制型

巴甫洛夫认为,兴奋型相当于胆汁质,活泼型相当于多血质,安静型相当于黏液质,抑郁型相当于抑郁质。高级神经活动类型、气质类型及其行为特征见表3－2。

表3－2　高级神经活动类型、气质类型及其行为特征

高级神经活动类型	气质类型	行为特征
兴奋型	胆汁质	急躁、直率、热情、情绪兴奋性高、容易冲动、心境变化剧烈、具有外向性
活泼型	多血质	活泼、好动、反应迅速、喜欢与人交往;注意力容易转移、兴趣容易变换、具有外向性
安静型	黏液质	稳重、安静、反应缓慢、沉默寡言、情绪不外露;注意力稳定但不易转移、善于忍耐、具有内向性
抑郁型	抑郁质	行动迟缓而不强烈、孤僻、情绪体验深刻、感受性很高、善于察觉别人不易察觉的细节、具有内向性

人的气质能使一个人的个性带上一定的色彩,但它不能决定个性的内容。决定个性内容的则是性格特征。气质和性格的关系比较复杂,有些性格特征在各种气质的人身上都可能形成,另一些性格特征可以影响气质形成、发展的速度,还有些性格特征则具有较

多的动力性质,鲜明地表现着气质的特点。性格是个体在对现实的态度及其相应的行为方式中表现出来的稳定而有核心意义的心理特征。形成性格的因素很多,包括家庭环境(父母养育方法、家庭成员的品行、父母关系)、学校环境(品德教育、教育原则、学校和家庭社会教育结合)以及社会实践和自我教育等。

(五)感觉与知觉

感觉是日常生活中常见的心理现象。认知心理学认为,感觉是个体对直接作用于感官的刺激的个别属性的反应。感觉是认知活动的起点,通过感觉,个体可以获得客观事物具体的、特殊的信息。感受性、感受阈限是与感觉相关的两个概念。个体对刺激物的感觉能力又称感受性;感觉阈限则是指引起某种感觉的一定限度的刺激量。感觉能力与感觉阈限成反比关系。

感觉可以分为外部感觉和内部感觉两大类。外部感觉是个体对外部刺激的觉察,主要包括视觉、听觉、嗅觉、味觉和触觉,其中视觉和听觉是最重要的感觉。内部感觉是个体对内部刺激的觉察,主要包括肌体觉、平衡觉和运动觉。

下面介绍几种感觉现象:

(1)感觉后像。当刺激对感官的作用停止以后,我们对刺激的感觉并没有立即停止,而是继续维持一段很短时间,这种现象称为感觉后像。电影正是运用了感觉后像的心理学原理。

(2)感觉适应。当刺激持续地作用于人的感官时,人对刺激的感觉能力会发生变化,这种现象叫感觉适应。感觉适应在视觉和嗅觉中最为明显。例如,当人从明亮的地方走到暗处,或从暗处走到明亮的地方,刚开始时什么都看不见,过一会儿便能看见了。

(3)感觉对比。当同一感官受到不同刺激的作用时,其感觉会发生变化,这种现象称为感觉对比。例如,喝过苦的东西后,喝白开水都觉得甜。

(4)联觉。它是指一种感觉引起另一种感觉的心理现象。如:红、橙、黄等颜色,引起人温暖的感觉。

(5)空白。它是指维持一定时间的封闭的白光刺激,会导致丧失视觉的心理现象。

知觉是个体将感觉信息组织成有意义的整体的过程。知觉是在感觉的基础上形成的,但知觉不是感觉信息的简单结合。感觉信息是简单而具体的,它主要受刺激物的物理特性所决定。知觉则较为复杂,它要利用已有的经验,对所获得的感觉信息进行组织,同时解释这些信息,使之成为有意义的整体。

知觉有很多种。通常,按照知觉所反映的事物的特性不同,可以将知觉分为空间知觉、时间知觉、运动知觉;按照知觉所凭借的感觉信息的来源不同,可以将知觉分为视知觉、听知觉、嗅知觉、味知觉和触知觉。另外,我们把知觉印象与客观事物不相符合的情况称作错觉。

知觉有以下基本特征:人在知觉过程中,总是力图赋予知觉对象一定的意义,这就是知觉的意义性(又称理解性);人在知觉过程中,总是倾向于把零散的对象知觉为一个整体,这就是知觉的整体性;当我们面对众多的客体时,常常优先知觉部分客体,这就是知觉的选择性;当知觉的条件在一定范围内发生变化时,知觉的印象仍然保持相对不变,这就是知觉的恒常性。

(六)记忆

记忆是人脑对过去经验的保持和再现(回忆和再认),是一个复杂的心理过程,从信息加工观点来看,记忆就是对输入信息的编码、储存和提取的过程,包括识记、保持和再认(回忆)三个基本环节。

根据记忆活动的特点,可以将记忆分为三个储存系统,每个系统又是对信息进行加工的一个阶段:①感觉记忆:又叫瞬时记忆,在感觉记忆中材料保持的时间很短,约为1秒钟左右,不长于4秒钟;②短时记忆:是指记忆信息保持的时间在一分钟以内的记忆;③长时记忆:是指记忆信息的保持从一分钟以上直到许多年甚至保持终身的记忆。长时记忆是一个真正的信息库,记忆容量极大,保持的时间长。

谈到记忆,总要提到德国心理学家艾滨浩斯(H. Ebbinghaus)。他在1885年发表了他的实验报告后,记忆研究就成了心理学中被研究最多的领域之一,而艾滨浩斯正是发现记忆遗忘规律的第一人。记忆曲线就是他的伟大发现。这条曲线告诉人们在学习中的遗忘是有规律的,遗忘的进程不是均衡的,不是固定的一天丢掉几个,转天又丢几个,而是在记忆的最初阶段遗忘的速度很快,后来就逐渐减慢了,到了相当长的时间后,几乎就不再遗忘了,这就是遗忘的发展规律,即"先快后慢"的原则。观察这条遗忘曲线,你会发现,学得的知识在一天后,如不抓紧复习,就只剩下原来的25%。随着时间的推移,遗忘的速度减慢,遗忘的数量减少。

(七)思维

思维是人的心理过程中最复杂的心理现象之一,是人脑对客观现实的间接的和概括的反应。它是借助言语实现的、能揭示事物本质特征及内部规律的理性认识过程。间接性和概括性是人的思维过程的重要特征。

思维之所以能够反映事物的本质和规律,进而解决实践中的各种问题,在于它能够对进入大脑的各种信息进行深入的加工。我们将这种加工称为心智操作,它主要有分析、综合、比较、分类、抽象、概括和具体化等。分析就是将事物的各个部分、各种属性、各种情况进行分解,分别加以考虑的心智操作。综合则恰恰相反,它将事物的各个部分、各种属性、各种情况联结在一起进行思考。分析和综合是辩证统一的,有着相互依存、相互转化的关系。比较是确定事物之间相同点和不同点的心智操作。分类则是在思想上根据事物的共同点和不同点,把它们区分为不同种类的心智操作。一般而言,比较是分类的基础,分类也必须要有一定的标准,只有按事物的本质特征和内在联系进行分类,才具有科学性。抽象是舍弃事物的非本质属性,提取其本质属性的心智操作。概括指把同一类事物的共同的本质属性联结起来的思维活动。抽象和概括是密切联系的,抽象是根据概括的需要而进行的抽象,概括是在抽象基础上的概括。同抽象相反的心智操作就是具体化,它是把抽象出来的一般认识应用到具体对象上的心智操作。

概念、推理等是几种常见的思维形式。概念是人脑借助语词反映事物本质的一种思维形式,是思维的最基本的单位。概念有助于我们对事物的认知和预测。推理,又称逻辑推理,是从已知条件推导出未知结论的过程,常常被区分为归纳和演绎两种。前者简单地讲就是从特殊到一般的推理,也就是从众多特例中总结出一般性的普遍规律。演绎则相反,是从一般到特殊的推理过程。

思维能力是智慧的主要标志,所以也有人把思维的品质称为智慧的品质。鉴定思维能力的尺度是思维的品质,它包含以下几个方面:思维的广阔性、深刻性、独立性、批判性、逻辑性和灵活性。

三、心理学的研究方法

任何科学的发展和推动都离不开科学方法的推动,作为一门实验科学的心理学更是如此。可以说,科学心理学自诞生以来,其一百多年的发展历程就是其研究方法的发展史。心理学的研究方法很多,以下介绍四种基本的研究方法。

(一)实验法

实验法(experimental method)是心理学研究的主要方法之一,指从某种理论或假设出发,在控制的情境下实验者系统地操纵某种变量的变化,来研究此种变量的变化对其他变量所产生的影响。通常,由实验者操纵变化的变量称为自变量或实验变量,由实验变量而引起的某种特定反应称为因变量。

用实验法研究心理学问题必须设立实验组和对照组,特别需要注意的是要使这两个组在机体变量方面大致相同,控制实验条件大致相同。然后对实验组施加实验因子的影响,对照组则不施加影响,这样就可以突出实验因子的作用,从而确定实验因子的效应。

实验法要在对实验条件严格控制的条件下进行,其目的主要是为了排除实验因子以外的、可能对实验结果产生影响的无关变量对实验组和控制组的影响。因此,"实验法不但能揭明问题的'是什么',而且能进一步探求问题的根源'为什么'"①。

实验法有两种形式:实验室实验法和自然实验法。实验室实验法是指借助专门的实验仪器,在对实验条件严格控制的情况下,引起和记录被试心理活动而进行研究的方法。自然实验法是指在自

① 黄希庭:《心理学导论》,人民教育出版社1995年版,第27页。

然情景下,由研究者创设或改变一些条件,以引起被试某些心理活动,对其进行研究的方法。可见,除了常见的实验室实验外,还可以将实验延伸到具体的生活情境中。

实验法是心理学研究的主要方法之一。它的最大优点是在实验的过程中,对无关变量进行非常严格的控制,从而可以对因变量和自变量进行精确测定。当然,实验法也有其缺点,比如,研究情境的人为性以及由于对相关变量和条件的严格控制,从而使得实验结论难免与现实生活有一定的差距等。

人类历史上第一个有记载的心理学实验是在公元前 7 世纪做的。古埃及有一个名叫 Psamtik 一世的国王,他为了证明埃及人是世界上最古老的民族,将两个出生不久的婴儿带到一个遥远的地方隔离起来,每天由人供他们食物和水,却不许人与他们讲话。国王设想,这两个与世隔绝的孩子发出的第一个音节,一定是人类祖先的语言了。他希望这个音节是埃及语中的一个词。待孩子两岁时,他们终于发出了第一个音节 becoso。可惜,埃及语中没有这个发音。于是,这位国王伤心地认为,埃及人不是人类最古老的民族。国王把小孩子的偶然发音当作人类最古老的语言,这不但使他大失所望,也使心理学的第一个实验“出师不利”。

(二)观察法

观察法(observation method)是一种非常古老的研究方法,也是当前心理学研究中普遍采用的一种方法,它是指在自然情景中或预先设置的情境中,研究者有目的地观察、记录个人或团体的行为表现,从而了解其心理变化和发展,进而分析判断两个或多个变量之间关系的方法。通常,观察法是因研究者无法对观察者进行控制或者由于各种原因不适合在实验室实验而采用的一种研究方法。

从观察者和被观察者间的关系来看,观察法可分为参与观察和非参与观察两类。前者是指观察者参与被观察者的活动,并随时记录下有关信息和数据,而其双重身份一般不为其他参与者知晓;后者是以旁观者的身份进行观察,不参与被观察者的活动。不管是哪一种形式,观察法的宗旨在于客观地记录具体事实,并解释这些事实及其产生的条件和原因。因此,如何避免观察的主观性和片面性,使观察过程能够得到正确的资料,是值得注意的。观察法必须依赖科学原则进行,明确研究目的,制订详细计划,在系统观察的基础上,如实记录被观察者在自然状态下的行为表现。与实验法不同,"观察法积累的资料只能说明'是什么',而不能解释'为什么'"①。观察法的优点是保持了被观察对象的心理活动的自然流露和客观性,获得的资料比较真实。它的不足之处是观察者处在被动的地位,只能消极的等待被观察者的某些行为表现,因此可能是一种较缓慢的进程。

(三)测验法

测验法(measurement method)就是用标准化的量表来确定被试者某些心理成分(如智力、性格、态度和兴趣等)及其存在水平的方法。在心理学研究中使用较多的心理测验有智力测验、成就测验和人格测验等。与实验法在严格的条件控制下进行研究不同,测验法常常用来研究那些难以确定自变量和因变量的复杂的心理、社会方面的研究。

针对所要研究的问题,测试者首先需要制订一个供测量使用的量表(问卷),要求被测试者按照量表(问卷)所规定的项目或问题做出回答,从而获得研究所需要的资料、数据。量表(问卷)的制订是整个测试过程中非常关键的一个方面,因为量表(问卷)本身的科学性和可行性在很大程度上影响着其后整个测试过程和研究结论的合理性、科学性,所以,用标准化的量表(问卷)进行测验时,应该特别注意选用的测量工具是否能够适合于研究的需要。此外,测验工作人员的态度一定要严谨,要严格按照实施程序进行测验,防止产生不利影响。

测试法一般用于智力、特殊能力和人格测验等,这是从测验的目的来说的。此外,按照测验人数,还可以把测验分为个别测验和团体测验。前者一次只测一人,后者则同时测多人。

(四)调查法

调查法(survey method)是以所要研究的问题为范围,预先拟订

① 黄希庭:《心理学导论》,人民教育出版社1995年版,第24页。

问题,让受调查者自由表达其态度或意见的一种研究方法。调查法可以用来调查被调查者的机体变量(如性别、年龄、受教育程度、职业和经济状况等)、反应变量(即他对问题的理解、态度、期望、信念和行为等)以及它们之间的相互关系。

调查法可分为书面调查和口头调查两种,前者又称为问卷法,后者也称为访谈法。问卷法是研究者根据研究课题的要求,设计出问题表格让被调查者自行填写,从而搜集资料的一种方法。这种方法可以向许多人同时搜集同类型资料,所以比较省时省力。但在采用问卷调查时需要注意以下两个方面的问题:一是问卷回收率可能会影响结果的准确性;二是被调查者有时可能不认真合作而使问卷的真实性受到影响。访谈法是研究者根据预先拟好的问题向被调查者提出,以问答的方式进行调查。谈话法一般不需要特殊的条件和设备,比较容易掌握和施行。但是由于访谈对象有限,加上被试可能受主观和客观因素的影响,有可能会影响到资料的真实性。

问卷的设计是调查法中一个非常重要的问题。问卷一般由两部分组成:一部分是被调查者的姓名、性别、年龄、教育程度、职业和宗教信仰等;另一部分是要求回答的问题。问卷要针对调查的目的制订,也要考虑到问卷是否适合被调查者的实际情况。抽样是调查法中另一个非常重要的问题,其主要的要求是所选用的样本一定要具有代表性,否则,其结论必然难以令人信服。抽样有不同的方法,比如,随机抽样、分层抽样等。

心理学的研究方法还有很多,比如,文献法、个案研究法等。近年来,随着计算机技术的飞速发展,模拟法作为一种新的研究方法,也正在被越来越多的研究者采用。

四、心理学的历史和发展

从人类诞生的那一刻起,心理现象就伴随人类产生了。从古至今,人们一直都在关注心理问题,在我国和西方众多思想家的著作中也多有论述。这一节将主要介绍中国和西方古代心理学思想、现代心理学的流派划分等。

（一）古代心理学思想

我国是世界文明古国之一，有着悠久的文化。“中国古代学者在探讨心理现象时，首先涉及的就是人性问题，人性问题是中国古代心理学思想论述的中心问题，其他问题诸如形神、情欲、知行、性习都是对人性问题的具体展开”①。以人性论为主线，中国古代心理学思想的发展主要经过了先秦、汉唐、宋元明清几个阶段。

春秋战国时期，是我国古代社会由奴隶制转变为封建制的大变革时代。与这一历史变革的进程相对应，在思想领域进入了儒、墨、道、法诸子思想的“百家争鸣”时期。

儒家的心理学思想极其丰富，对后来心理学思想的发展产生了极大影响。先秦儒家心理学思想主要体现在孔子、孟子、荀子以及《学记》和《乐记》之中。孔子是我国古代最早的思想家和教育家。他在长期的教育实践中，逐渐形成了自己的心理学思想。孔子提出“性相近，习相远”的命题，认为人性是在先天“相近”的自然本性的基础上，由于后天习染而发展起来的不同的社会本性；此外，他还主张人非生而知之，而是学而知之的。孔子的最大贡献是在教育心理学思想方面。他较全面地考察了学与闻见、学与思、学与习、学与行的关系，提出了“多见”“多闻”“多问”“多识”“学而时习”“温故知新”“举一反三”“学而不思则罔，思而不学则殆”“知之为知之，不知为不知”“知之者不如好之者，好之者不如乐之者”等一系列重要见解。

人性论是先秦时期诸子心理学思想的重要内容和基本的理论基础。从人性论来看，孟子主张性善论，认为人生来就具有恻隐、善恶、辞让、是非四个“善端”，只要把它们“扩而充之”，就可以发展为仁、义、礼、智四种道德品质；荀子则主张性恶论，认为人性本恶，必须化性起伪，把人的恶性改变为善性。

《学记》是我国古代教育史上比较有价值的教育论著，蕴藏着丰富的教育心理学的思想。它提出要根据学生的不同年龄和心理发展水平安排不同的学习内容，要求教师针对学生的个性差异进行因

① 杨鑫辉主编：《新编心理学史》，暨南大学出版社 2003 年版，第 17 页。

材施教,强调学习要循序渐进,要善于“比物丑类”和重视劳逸结合等观点。

与儒家相比,先秦时期的墨、道、法三家更多包含较为丰富的社会心理学的思想。墨家在知虑心理方面,提出了知材、知接、虑求、恕明等四个观点,可以说是认识过程的四个阶段。此外,墨家关于感知、思维和言语的论述,也颇具新意。在情意心理方面,墨家关于情感的观点可归纳为:动力说、损益说、利害说和誉诽说等。道家是一个相当庞杂的学派,老子的“营魄抱一”的命题,把形神看作两个各自独立的实体,具有二元论的性质。他们认为,过分地追求外物以满足自己的情欲是有害的,因而主张寡情去欲。法家主张以法治国,加强君主的集权统治。他们的心理学思想集中表现为把人心、人情、人性等心理学问题,看成是“正法之本”,即实行法治的依据,其主要代表作和代表人物是管子和韩非。

汉唐时期是我国历史上第一次中外文化大融合时期,随着外来的佛教思想与本土文化相结合,促使人们对心理问题有更深一层的关注,并且因之带有交融汇合的特色。按照学术界通行的观点,这一时期中国的心理学思想,主要由三部分构成:①人性及身心关系的基本理论,包括人性论、佛性论和形神论等;②普通心理学思想,涉及知虑、情欲、智才心理等多个方面;③应用心理学思想,涵盖社会、教育、文艺、医学、运动、军事、政治与管理等多个心理学分支领域[①]。

宋元明清时期科学技术的成就,尤其是医学著作中生理学方面的成就,对心理学思想的发展产生了相当大的影响。清初回族学者刘智融会程朱理学、中医经络学说、阿拉伯医学的解剖知识以及西方的自然科学,写出了一部哲学和心理学著作《天方性理》,提出了大脑总觉作用和大脑功能定位的思想。清代名医王清任在进行尸体解剖的基础上,正式提出“脑髓说”,认为“灵机、记性,不在心在大脑”,被后世学者称为“中国医界之极大胆的革命论”。两者均为中

① 杨鑫辉主编:《新编心理学史》,暨南大学出版社 2003 年版,第 49 页。

国古代和近代唯物主义心理学思想提供了自然科学基础①。

西方心理学思想源远流长，可以上溯至古希腊时代，德谟克利特、柏拉图和亚里士多德的心理学思想最具代表性。早期的古希腊哲学家特别关注对宇宙本原的思考，创立了很多重要的科学观念，他们因此也被称作是自然哲学家。自然哲学家在探讨宇宙本原问题的同时，也关注着心理学的论题。泰勒斯（约公元前624～公元前547）被认为是西方哲学史上第一个哲学家和物活论者，他提出磁石有灵魂的观点。毕达哥拉斯（约公元前580～公元前500）提出灵魂不死和轮回说，并且将人的灵魂分为理性、智慧和情欲三部分，其思想对后来的哲学家尤其是柏拉图产生了重要的影响。

苏格拉底（公元前469～公元前399）可以说是西方哲学史上划时代的人物。他用德尔斐神庙的"认识你自己"这句名言改变了希腊哲学的研究方向。"认识你自己"就是要通过心灵的内在原则去认识外部世界。他认为，知识是人的理性中固有的，教育只是设法把人所固有的知识引出来，因此苏格拉底整天游走在雅典街头，和任何人进行辩论，最终动摇对方成见并促使他们进一步接近真理，我们也称这种方法为"精神助产术"或者"精神接生术"，之所以使用这个名字是因为据说苏格拉底的母亲是一位接生婆。苏格拉底认为，人的本质就是人的灵魂机制。人的灵魂机制拥有生命的、理性的两种机制。前者为所有生物共有，因而不具特殊性，只有后者才体现出人的固有性。因而，苏格拉底特别强调要"对灵魂操心"。

柏拉图（公元前427～公元前347）是苏格拉底的学生，他的《对话集》记载了苏格拉底的言行，成为研究苏格拉底思想的主要文本。一般认为，早期的《对话集》向我们展示了较为真实的苏格拉底，如《克力同篇》《美诺篇》《裴多篇》等，而后期的《对话集》，柏拉图开始借苏格拉底之口表达自己的理性主义观点。苏格拉底提倡的"对灵魂操心"的观点在柏拉图这里发展成为比较明确的"灵魂论"。他把人的灵魂分为理性、意气和欲望三个部分，理性位于头部，意气位于胸部，欲望位于腹部横膜与脐之间。这是西方心理学史上最早的

① 高觉敷：《中国心理学史》，人民教育出版社1995年版，第211页。

知、情、意的心理现象三分法。柏拉图以灵魂先于肉体存在的认识为基础提出了著名的“回忆说”,这一学说成为后来欧洲心理学关于天赋观念和内省法的最初表达形式。

亚里士多德(公元前384~公元前322)是柏拉图的学生,被马克思称为“古代最伟大的思想家”,是真正意义上的百科全书式的思想家。他是欧洲历史上第一个对心理现象进行系统、全面描述的思想家。他的《论灵魂》是西方心理学史上第一部关于心理学的专门著作。此外,他的《论感觉》《论记忆》《论梦》等都直接与心理学有关。在总结前人心理学思想的基础上,他提出了自己的心理学观点:①灵魂的主动性、整体性的观点。亚里士多德认为,人的灵魂是单一的,不可再分的,它是以整体发挥作用的。所以,在论述感觉等心理现象时他非常注重它们之间的联系和制约关系。他还认为,灵魂具有主动性,是生活的动力,能对活动起调节作用。②灵魂的分类。亚里士多德认为,生物界有三种不同的灵魂:植物的灵魂、动物的灵魂和人的灵魂。不同的灵魂具有不同的功能(营养与感觉等)。人的灵魂除了具有营养和感觉运动等功能外,还具有理性的功能。在对灵魂的分类中,他强调了人的“灵魂”的特异性,首次提出人是生物进化高级阶段的产物的思想;③联想律。亚里士多德在探讨回忆的条件时曾指出:相似的、接近的和相反的事物有助于回忆。这是近代联想规律中相似律、接近律和对比律的雏形。

从公元5世纪末叶开始到公元14、15世纪,是欧洲黑暗的中世纪时期。经院哲学成为当时占据统治地位的思想,提倡对宗教的盲目信仰,因而对与灵魂与身体关系问题的讨论基本上是禁止的。从15世纪开始,欧洲进入文艺复兴时期。所谓文艺复兴,指的是古希腊文化的再生。在这个时期内,对神的信仰被根本动摇,而对人的信仰占了上风。先进的思想家要求将人的个性从宗教和封建的专制压迫中解放出来,这个思潮被称为人文主义。在与心理学有关的思想家中,意大利的达·芬奇认为,外部世界是感觉和印象的源泉,相信自然界的一切都服从客观的规律;认识起源于感觉,感觉对认识也具有重要的作用。特勒肖主张着重研究物质灵魂,促使后来的心理学摆脱了神学的羁绊。西班牙的裴微斯注意观察心理现象,对病理心理学的发展做出了贡献。可以说,这个时期的成就为17、18世纪的心理学研究准备了条件。

(二)近代西方哲学心理学思想

17世纪40年代爆发的英国资产阶级革命,标志着欧洲从古代社会进入近代社会,从封建制度进入资本主义制度。相应地,对认识论问题的讨论成为近代西方哲学心理学思想的核心。这一时期,对后来科学心理学的诞生产生重要影响的两位近代哲学家是英国的培根(1910~1992)和法国的笛卡尔(1596~1650)。

培根是英国哲学家和科学家,被马克思誉为"英国唯物主义和整个现代实验科学的真正始祖"。他是唯物主义经验论者,认为人的心灵犹如一块白板,一切知识和观念起源于感性世界,感觉经验是一切知识的根源。他把观念分为由感觉得来的观念和反省得来的观念两种,并认为两者都是简单观念,经由心灵的结合而成为复杂观念,对此他提出了联想的概念,为联想心理学的产生奠定了基础。他还提出了经验归纳法,主张以实验和观察材料为基础,经过分析、比较、选择、排斥,最后得出正确的结论。

笛卡尔是法国杰出的思想家和卓越的数学家与自然科学家。笛卡尔的认知论是唯理论,他认为,主观上明白的观念并非来源于人的实践经验,而是人的理性中所固有的,是人的"固有观念",也称天赋观念。他看重追求知识的方法,不重视实验方法,而偏重数学的演绎推理。他认为,只有像数学那样由明白无误的公理推导出来的知识才是可靠的,一切直接或间接由感觉经验获得的知识都是不可靠的,只有主观上的明白清晰才是真理的标准。笛卡尔的真理标准使他得出灵魂存在的结论,运用他的唯理论,笛卡尔进一步获得了心物二元论的结论。

最先产生于法国的理性主义心理学,后来在荷兰和德国大为流行。斯宾诺莎是近代荷兰伟大的唯物主义唯理论者和无神论者,他对心理现象有不少的观察和思考。近代德国哲学的始祖、数学家和自然科学家威廉·莱布尼茨以及后来的沃尔夫、提斯顿、康德、赫尔巴特、陆宰等进一步丰富、发展了理性主义心理学思想。

(三)现代心理学流派

由于心理现象本身的复杂性,心理学在独立后的一百多年中,出现了各种心理学流派。以下简单介绍构造主义、机能主义等西方现代心理学流派。

(1)构造主义(Structuralism)。构造主义的奠基人为冯特,著名的代表人物为冯特的学生铁钦纳(Edward Bradford Titchener,1867～1927)。构造主义以经验主义为基础,认为心理学的研究对象是意识经验,主张采用实验内省法。所谓实验内省法就是让被试报告自己在变化的实验条件下的心理活动,然后由心理学家考察被试经验中所引起的变化的一种方法。冯特把对直接经验的研究规定为心理学的任务,他重视意识元素的分析,所以他的心理学又被称为"内容心理学"。冯特的学生铁钦纳将冯特的心理学带到美国,并将它定名为"构造主义"。构造主义在方法论上最早重视全面系统的实验研究,使心理学摆脱了思辨的羁绊而走上了实验研究的道路。构造主义的缺陷在于极端限制了心理学研究的范围,而且没有任何应用。随着机能主义心理学、行为主义心理学和格式塔心理学等学派的兴起,构造主义学派不复存在。

(2)机能主义(Functionalism)。机能主义是由美国著名心理学家詹姆斯(William James,1842～1910)在20世纪初创立的。机能主义是与构造主义直接对立的学派,主张心理学的研究对象是心理过程或心理机能,是具有适应性的心理活动,而不是像构造主义那样去研究意识的内容或元素;此外,不同于构造主义所声称的心理机能不属于内省分析,只有心理内容或元素才可以分析,机能主义认为,只要方法恰当,心理机能是可以研究的。由于机能主义心理学对心理的研究已从单纯主观方面扩大到心理的客观方面。因此,这个学派为行为主义心理学开拓了道路。机能主义的局限性在于它的模糊性和折中性。

(3)行为主义(behaviorism)。行为主义是现代心理学中影响很大的一个派别,又称为行为论和行为学派,由美国心理学家华生(John Broadus Watson,1878～1958)于1913年创立。行为主义不但反对结构主义的心理结构与意识元素观念,也不同意结构主义与功能主义将意识当作心理学研究之主题。华生在《行为主义者所见的心理学》中提出,心理学是一门行为的科学,而不是意识的科学。他坚决反对构造主义心理学的内省和意识这两个基本概念,认为内省不是客观的方法。行为主义的主张,最重要的有以下几点:强调科学心理学所研究的只是能够由别人客观观察和测量的外显行为;构成行为基础的是个体的反应,集多个反应即可知行为的整体;个体行为不是与生俱来的,不是由遗传决定的,而是受环境因素的影响被动学习的;经由对动物或儿童实验研究所得到的行为的原理、原则,即可推论解释一般人的同类行为。

(4)格式塔心理学(Gestalt Psychology)。"格式塔"是德文 Gestalt 的音译,意为"完形""样式""结构""组织",因而也称为完形心理学。该学派主张,心理学研究现象的经验,也就是非心非物的中立经验,而在观察现象的经验时要保持现象的本来面目,不能将它分析为感觉元素,并认为现象的经验是整体的或完形的(格式塔),所以称格式塔心理学。

格式塔学派是由韦特海默(Max Wertheimer,1880 ~ 1943)、考夫卡(Kurt Koffka,1886 ~ 1941)和苛勒(Wolfgang Kohler,1887 ~ 1967)三位德国心理学家联袂创立的。他们自 1910 年起合作,于 1912 年在法兰克福大学的实验室最终建成其基本理论,创立了格式塔学派,并于 1921 年创办了《心理学研究》杂志。作为现代西方心理学的主要流派之一,格式塔心理学以反对冯特的元素主义和铁钦纳的构造主义起家,后又反对桑代克的联结主义和行为主义的刺激—反应公式。格式塔心理学强调经验和行为的整体性,主张以整体的动力结构观来研究心理现象。概言之,格式塔心理学是一种反对元素分析而注重整体组织的心理学理论体系。

(5)精神分析学派。精神分析学说(psychoanalysis)是由奥地利精神病医生弗洛伊德(Sigmund Freud,1856 ~ 1939)于 19 世纪末、20 世纪初创立的。精神分析学派是弗洛伊德以毕生的精神医疗实践,对人的病态心理经过无数次的总结、多年的累积而逐渐形成的。精神分析学派对传统的心理学课题,如意识、感知觉、注意等不感兴趣,而是着重于精神分析和治疗,并由此提出了人的心理和人格的新的独特的解释。该学派认为,人内心的生物方面的冲动、情欲等原始本能的东西,是人的个体复杂生存活动和传宗接代的种族生存的主导驱动力。

弗洛伊德精神分析学说的最大特点,就是强调人的本能的、情欲的、自然性的一面,它首次阐述了无意识的作用,肯定了非理性因素在行为中的作用,开辟了潜意识研究的新领域;它重视人格的研究、重视心理应用;在精神病治疗方面,不仅提供了一整套治疗的理论和方法,而且当为现代医学心理学之先声;另外,精神分析理论还在艺术创造、教育及其他人文科学方面得到了广泛的应用。弗洛伊德学说的消极方面主要表现在它过分夸大了人的自然性而贬低了人的社会性;他的泛性论基本上是非科学的,而他的精神分析学说因把精神提高到了物质之上,故基本上是唯心主义的。后来,由弗洛伊德的一些学生又发展形成了新弗洛伊德主义,表现为不再那么强调人的本能作用,而开始重视人和人之间关系的社会因素。

(6)认知心理学。认知心理学(cognitive psychology)与其他学派不同,不是由某个心理学家提出来的一套理论体系,而是在很多学者研究的基础上产生的。1967 年,美国心理学家奈瑟(U. Neisser)将当时的各种研究成果加以总结,写出了《认知心理学》一书,使得认知心理学明确成为一种学说。广义的认知心理学包括格式塔学派、拓扑心理学、皮亚杰学派以及信息加工认知心理学。此处指狭义的认知心理学,即 20 世纪 50 年代中期在美国和西方兴起的一种心理学思潮。它研究人的高级心理过程,主要是认识过程,如注意、知觉、表象、记忆、思维和语言等。

认知心理学把人的认知和计算机进行功能模拟,用信息加工的观点看待人的认知过程,认为认知就是信息加工,它包括感觉输入的变换、简约、加工、存储和使用的全过程。信息加工认知心理学的兴起被看作是心理学的一场认知革命。认知心理学家往往把信息加工过程分解为一些阶段,这就使他们注意到信息在人体内流动有个过程。他们常用计时研究法,首先测量出一个过程所需要的时间,并以此来确定这个过程的性质。

认知心理学是心理学发展的结果,与西方传统哲学也有一定联系。其主要特点是强调知识的作用,认为知识是决定人类行为的主要因素。这个思想至少可以追溯到英国的经验主义哲学家如培根、洛克等人。

(7)人本主义心理学。人本主义心理学(humanistic psychology)是由美国心理学家马斯洛(Abraham H. Maslow,1908～1970)和罗杰斯(Carl Rogers,1902～1987)在20世纪50年代创立的,被称为现代心理学上的第三势力。人本主义心理学的创立是西方心理学史上一次重大的变革。马斯洛提出的需要层次理论是对人类动机心理学的一大贡献,他首次指出需要是调动个体积极性的内在动力,突出了满足需要在人的发展方面的重要性;同时,他看到了人与动物在需要问题上的区别,即低层次需要是人和动物所共有的,高层次需要则为人所特有;此外,他还把人的需要看成一个多层次、多水平的系统,探讨了人的需要的性质、结构、种类、发生和发展的规律,分析了人的各层次需要及其相互关系,强调了高层次需要的实现以低层次需要的基本满足为条件,但只有高层次需要的追求和满足才使人更充实、更幸福。

人本主义心理疗法是当代西方心理治疗的三大流派之一,也是人本主义心理学理论的实践基础。人本主义心理治疗的主要着眼点不是病态或问题,而是人的成长和自我实现,坚持人具有内在的建设性倾向和自我指导能力,重视人的整体性和人际关系,强调通过辅导者对受辅者设身处地的理解、积极的关怀和耐心的引导使其障碍消除而恢复健康,促进人性的丰满和人格的完善,心理治疗的实践也充分证明了该理论的客观真理性。

(8)皮亚杰学派。皮亚杰学派主要研究儿童的认知活动、探索智慧的结构和机能及其形成发展的规律。他们认为,人类智慧的本质就是适应,而适应主要是因为有机体内的同化和异化两种机能的协调,从而才使得有机体与环境取得了平衡的结果。皮亚杰心理学理论的核心是“发生认识论”,这一理论主要就是从纵向来研究人的各种认知的起源以及不同层次的发展形式的规律。皮亚杰学派以前的各个学派,都停留在成人正常的意识或病态的意识以及行为的横断面的研究上,而从未由儿童到老年纵向地全面考察和研究人类智慧的发生、发展规律。因此，皮亚杰学说对心理的研究，不能不说是心理学史上的一个空前创举，它丰富和发展了科学的认识论，拓展了心理学研究的领域，促进了儿童心理学和认知心理学的发展。同时，它对其他一些学科如认识论、逻辑学、语言学和教育学等的发展也产生了很大的影响。它的不足主要表现在对人的社会性和实践性活动重视不够，对环境特别是对教育的作用估计偏低，对人类智慧的结构化有些牵强武断。

现代心理学的各个流派，大都是直接或间接地在前一学派理论的基础上，经过批判、继承、发展而逐渐形成的。从这个意义上看，它们有着一脉相承的内在联系。正是这些在心理学史中曾发挥较大影响的几大心理学派，上下关联，前后衔接，绵延百年，才构成了一部现代心理学的完整的百年史。

本章小结

1. 心理学是一门既年轻又古老的学科，它最早脱胎于哲学。冯特于1879年在德国莱比锡大学建立第一个心理实验室，标志着科学心理学的诞生。心理学有两大基础：一是哲学；二是科学。

2. 心理学是研究心理现象一般规律的科学，它研究心理现象的基本理论，阐述正常成人心理的一般规律。心理学研究的基本问题是知(感觉、知觉)、情(情绪、情感)、意(意志、需要、动机)三大领域。

3. 要科学地研究人的心理现象，揭示心理的本性、规律、机制和事实，就必须采用合适的研究方法，按照一定的研究程序进行研究。心理学的研究方法很多，本章介绍了四种基本的研究方法：实验法、观察法、测验法和调查法。

4. 在科学心理学的发展过程中，出现过许多流派。从冯特建立的心理学第一个思想学派——构造主义开始，经历了行为主义、格式塔心理学、精神分析学派，一直到当代的认知心理学、人本主义心理学。不同学派各有千秋，在相互争鸣的过程中，心理学不断向前发展。

思考题

1. 心理学一词是怎么来的?

2. 心理学的研究对象是什么?人的心理现象包括哪些方面?在学习本章内容之前,你是怎样认识心理学的?

3. 简单说明心理学的哲学和科学渊源。

4. 心理学的基本问题有哪些?

5. 心理学的主要研究方法有哪些?

6. 近代心理学的主要流派有哪些?它们各有什么样的主张?

推荐书目

1. 理查德·格里格、菲利普·津巴多:《心理学与生活》,人民邮电出版社,2003 年版。

2. B. R. 赫根汉:《心理学史导论》(第四版),华东师范大学出版社,2004 年版。

3. 阿德勒:《自卑与超越》,作家出版社,1986 年版。

4. 全国十二所重点师范大学联合编写:《心理学基础》,教育科学出版社,2002 年版。

5. 勒庞:《心理学统治世界》,金城出版社,2011 年版。

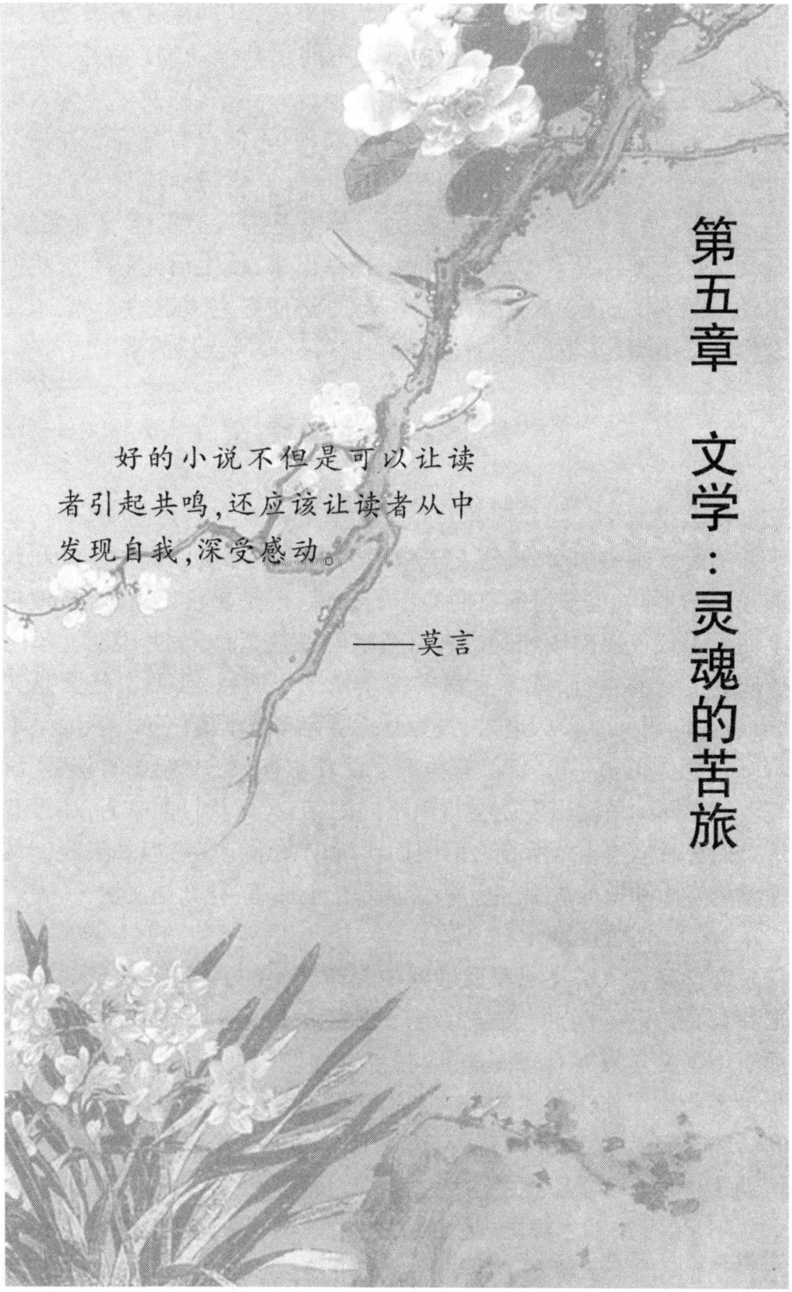

第五章　文学：灵魂的苦旅

好的小说不但是可以让读者引起共鸣，还应该让读者从中发现自我，深受感动。

——莫言

文学作为人类一种重要的精神活动方式,其功能在于满足人类的精神需要。从本质上说,人之所以不同于其他动物,就在于人类把物质的需要和精神的需要最大限度地统一起来,并使之成为人类内在的和本质的需要。人类不能没有精神,不能没有灵魂。在这个世界上,文学和艺术使人的精神发达、升华,文学进而成为人类生存的一部分,甚至在某种意义上成为一种根基。人类不能没有文学,是文学把人类从日常的琐碎生活中超越出来,使生活充满了鲜活而生动的色彩。因此,从什么是文学开始,进而深究文学的起源、本质及作品的类型、文学创作与接受等问题就是理所当然的事了。

一、文学的本质

什么是文学?当我们面对一个文本要辨别它是否为文学时,似乎并不是太困难的事,稍有文学常识的人一般都可以说出小说和新闻报道的不同,也知道顺口溜绝不等于诗;但是要说出道理,从理论上而不是仅仅靠阅读经验或者习惯来解释什么是文学,说明文学之所以为文学的根据,就不是简单的事情了。所以,要回答什么是文学,就如同要回答什么是人、人为什么要活着等问题一样,答案是丰富多彩的。正如那句名言"有一千个读者就有一千个哈姆雷特"。研究者从不同的角度出发就会得出不同的结论,而从目前来看,还没有一个研究者能给出令所有人信服而明确的文学定义。但如果我们从文学的特质和特征入手,也许就能从理论上回答"什么是文学"了。

(一)文学的起源

文学是在人类文明发展过程中逐渐产生的,各民族最早的文学形式都是诗歌。因此,文学起源问题实际上就是诗歌的起源问题。而对中国文学发展有着深远影响的"感物说",便是用生生不息的大千世界激发了作为主体的人的人生感受来解释文学的发生。

《毛诗·大序》说:"诗者,志之所之也。在心为志,发言为诗。情动于中而形于言,言之不足故嗟叹之;嗟叹之不足,故永歌之;永歌之不足,不知手之舞之,足之蹈之也。"这段话不但阐明了什么是"诗",而且进一步解释了诗与歌、与舞的关系。所谓"情动于中而形于言”就是说，你的情意在你心中活动，这种活动如果通过语言表达出来，那就形成了诗。但人的情意又是怎样活动起来，是什么东西使它活动起来的？《礼记》中说：“人心之动，物使之然也。”也就是说，外物使人内心的情意活动起来。那么，“物”指的是什么，它又为什么能使人的情意活动起来？钟嵘在《诗品·序》中说：“气之动物，物之感人，故摇荡性情，形诸舞咏。”他认为是“气”使外物活动起来，从而引起人内心的感动；是宇宙间“阴阳二气”的运行才产生了天地万物和四时晨昏。由于四季冷暖不同，所以大自然中的各种景象和草木鸟兽的形态也各不相同，而人的内心也就随着外物的变化而受到感动。

一般来说，外物可以分为自然界的“物象”和人事世界的“物象”。我们先来讨论自然界的“物象”。晋代诗人陆机在他的《文赋》中说：“遵四时以叹逝，瞻五物而思纷；悲落叶与劲秋，喜柔条于芳春。”这几句的意思是说，顺着四季的推移，感叹时间的消逝，观察变化的五物，引起纷繁的思绪；因秋天枝叶凋零而悲伤，为春天草木萌发而欢喜。当目睹自然界的“物象”变化时，人们内心被感动得无法平静，自然要表达出来，这就是“摇荡性情”了。

自然界的“物象”在引发主体感受时的作用和社会生活毕竟还不属于同一层次，那么，能让作家有“感”而发的“物”，更重要的还是人事世界的“物象”，即现实生活中的各种人生境况与社会矛盾。

人在现实社会中自身的悲欢离合和古人的悲欢离合，都能使人的内心世界受到极大的感动，这种感动远非自然界的各种景象和草木鸟兽形态的变化而引起的感动可比。

“感物说”之外，中国古代还有“诗言志”和“诗缘情”的说法。“诗言志”出于《尚书·尧典》，被视为中国诗论的“开山纲领”；“缘情”则出自陆机的《文赋》。从文学的起源上说，“言志”和“缘情”似乎是强调了思想感情在文学发生中的作用，但实际上并不与“感物说”矛盾，因为任何思想感情的发生都是源于社会生活，都是主体感受人生的产物。

在西方，则有“模仿说”。它的代表人物是古希腊的德谟克利特和亚里士多德。他们认为，模仿是人的本能，艺术起源于对自然和社会的模仿。亚里士多德在《诗学》中说:“诗的起源仿佛有两种原因,都是出于人的天性。人从孩提的时候起就有模仿的本能,人对模仿的作品总是感到快感。”“游戏说”是由康德最早提出,席勒和斯宾塞系统阐述的。他们认为,艺术活动就是一种无功利无目的的自由的游戏活动,是与生俱来的本能,艺术就起源于人的这种游戏的本能或冲动。此外,还有“歪术说”和“表现说”等,这些学说都具有一定的合理性。但中国古代的“感物说”主要着眼于思想感情的发生;西方的理论则强调社会生活为创作提供了取之不尽的素材。前者阐明了生活基础对文学活动主体的制约,后者阐明了社会生活作为文学对象的重要性,二者都是文学存在和发展必不可少的前提条件。对于文学的起源,可以从这两个方面来认识。

(二)文学是一种审美的意识形态

文学是社会历史的产物,是社会生活在人的头脑中能动反映的结果,因此也必然是一种意识,属于意识形态的范畴。但意识形态性只是文学的“初级本质”,它将文学与政治法律制度、社会心理等区分开来,却无法将文学与同属意识形态的政治法律思想、宗教、道德、哲学区别开来。因此,文学更是一种审美的意识形态。

那么,文学的审美性具体表现在哪些方面呢?

第一,形象性。文学与生活的关系是建立在人与现实的审美关系之上的,这种关系就决定了文学不像其他意识形态那样以抽象的、理性的形式来把握世界,而是以诗意的、感性的形式来把握世界,这种诗意的、感性的把握世界的形式,也就是艺术形象。

在现实社会中,一切本来就具有具体形象的事物,当然可以转化为艺术形象,那些不具有具体形象的思想感情、想象、幻想、潜意识等,也可披上形象的外衣,被赋予感性的艺术形象。

举例来说,人们常说“诗中有画”,这就自然地使人想到王维的诗句“大漠孤烟直,长河落日圆”,“渡头余落日,墟里上青烟”。这些诗句以鲜明的意象传达出诗人眼中所见和心中所想,达到了“状难摹之景如在目前”的境界。但有些作品并没有描写客观事物的感性形态,却描写了主观情感的感性形式,如陈子昂的《登幽州台歌》:“前不见古人,后不见来者。念天地之悠悠,独怆然而涕下。”诗人从

"天地之悠悠"中感悟到什么？"怆然"什么？为何"涕下"？也许他知道，也许他不知道，只是一种无可名状的感觉。这种感觉是诉诸内在心理感受而不是诉诸视觉，它仍然是一种形象性的东西，仍然可以唤起读者生动形象的记忆和感受。

第二，情感性。如果说形象性是文学的外在标志，那么情感性就是文学的内在标志，正是二者的结合，才使文学区别于科学等认识活动。就前面论及的"诗言志"的命题而言，当时的"志"虽然主要指思想、抱负，但也包含情感。在西方，作家们也非常重视情感的因素。例如，英国浪漫主义诗人华兹华斯说："诗是强烈情感的自然流露。它起源于平静中回忆起来的情感。"列夫·托尔斯泰也认为："艺术是这样一项人类活动，一个人用某种外在的标志有意识地把自己体验过的感情传达给别人，而别人为这些感情所感染，也体验到这些感情。"

情感性之所以重要是因为情感是创作活动的内在动力，在整个艺术创作过程中都伴随着艺术家的情感活动。巴金曾经这样描写他在 20 世纪 30 年代写作时的情景："每天每夜热情在我的身体内燃烧起来，好像一根鞭子在抽我的心，眼前是无数惨痛的图画，大多数人的受苦和我自己的受苦，它们使我的手颤动。我的手不能制止地迅速地在纸上移动，似乎许多许多人都借我的笔来倾诉他们的痛苦。"正是这种不可抑制的激情，迫使作家把自己的心、眼、手乃至整个身体全部投入到创作活动中去。

另外，文学所产生的效果是通过情感的感染作用来实现的。梁启超曾经指出："读《红楼》竟者，必有余恋有余悲，读《水浒》竟者，必有余快有余怒。"文学的感染力就在于这种以情动人、以情化人的情感感染，使欣赏者的思想感情在真挚高尚的审美情感中得到陶冶。

第三，虚拟性。文学总是离不开想象和虚构。事实上，除少数纪实性的作品之外，文学处理的基本上是一个想象与虚构的世界。现实生活虽然丰富多彩，但由于种种原因，总是很难原封不动地进入文学作品。作家总是要对它进行加工、改造、升华，甚至构想出现实生活中没有的东西，这样才能满足文学创作的需要。因此，文学作品总是虚构的,虚拟性是文学基本的审美特性之一。没有虚拟,文学也就无法产生和存在。

文学的虚拟性在浪漫型和象征性作品中特别明显。它们或者把现实的意象与幻想的非现实的意象融会成一个荒诞的情境世界,或者完全抛开现实的意象而以虚构的意象世界取而代之。前者如《西游记》中的唐僧(现实意象)与孙悟空、猪八戒以及神仙、妖魔(非现实意象的组合),卡夫卡的中篇小说《变形记》中主人公格里高里变为甲虫(非现实意象)与周围其他人(现实意象)的结合;后者如寓言、童话中的拟人化的动植物世界,神话、传说中的神仙、鬼怪世界,等等。

当然,肯定文学的虚拟性并不意味着否定文学的真实性,只是这种真实是艺术的真实,它并不要求与现实生活完全相符,或者能在现实生活中找到文学所描写的人或事。二者并不处在同一层次,所以能在文学中并行不悖,使人们能够在强调文学的虚拟性的同时,又要求它具有真实性。

(三)文学是语言的艺术

文学是以语言为载体的,人们在欣赏文学作品的时候,首先直接与人们的感官发生联系的就是文学作品的语言,这是一个最基本的事实。对于欣赏者来说,如果不能理解文学作品的语言,欣赏文学作品就成了空谈;对于理论研究来说,文学语言是文学研究的第一入口。

每种艺术都有自己的物质媒介,离开物质媒介,对于艺术家来说只能是无米之炊。文学最根本的物质媒介是语言,文学之所以是文学,就是因为文学是用语言写成的,没有语言就无法进行文学创作。语言的丰富词汇及其所带有的明晰的含义以及严密的语法,都使文学比其他艺术易于细致入微地描写和表现广阔的社会现实生活和丰富的内心世界。当然,其他艺术也同样可以表现广阔的社会生活和丰富的内心世界,文学的优越在于使用语言媒介,使得这种表现变得更容易。比如,要表现《三国演义》《水浒传》里的重大场面,如果用电视,就会涉及资金、技术、时间和空间等各种问题,但对文学,只需要用语言来描写就行了。

在文学作品中，语言既可以描摹外部世界，又可以描摹人们的内心世界，这就是所谓的心理描写，甚至有时可以直接使用心理道白，这对于细致地描写人的内心世界是极为方便的。

中国古典思想家们在语言问题上是相当矛盾的，一方面他们认识到，对自然、对人生、对社会的深刻感受，必须借助于生动的、富有文采的语言形式，从而获得传之久远的生命力。《左传·襄公二十五年》里记载孔子的话："言以足志，文以足言。不言，谁知其志？言之无文，行而不远。"这里强调的是要表达深刻的生命之"志"，必须运用生动的语言形式。但是，另一方面，古代先哲又充分认识到语言的局限性，所谓"道可道，非常道。名可名，非常名"。语言的表现能力又是极其有限的，最深刻的生命体验又是无法用语言表达的。这一点不仅道家如此表述，即使是对语言持特殊认识的儒家也常常看到语言表述的苍白无力，孔子仰望苍穹发出这样的感叹："天何言哉，四时行焉，百物生焉，天何言哉！"创造了一切的造物与自然，是无声的，而只有人类还在喋喋不休。这就引起了另一个问题：文学具有超语言性。

文学是用语言写成的，没有语言就没有文学创作，语言是文学的载体。可另一方面，语言本身并不是文学，而且在伟大的文学作品中，人们不再觉察到有语言材料的存在，而是"绝对自由的幻觉"。所以，在文学与语言的总体关系中，还应该包括文学对语言的超越。

文学的物质媒介完全消失，创作出绝对自由的艺术的幻象世界，这是伟大艺术的标准。正如宋朝严羽在《沧浪诗话》中所说："所谓不涉理路，不落言筌者，上也。"但这并不是一件容易的事情，首先遇到的是语言媒介与作家无限可能的表达之间的矛盾，这种矛盾就是常说的"言不尽意"。陆机也曾感慨："恒患意不称物，文不逮意。"

那么，如何才能解决这一矛盾呢？《易传》曾提出一种解决方案："子曰：书不尽言，言不尽意，然则圣人之意，其不可见乎？子曰：圣人立象以尽意。"这就是说，用形象的语言和象征的方式可以解决文学创作中表达上的困惑，形象的语言、象征的方式是传达作家审美经验的不二途径。

当然，文学语言的形象化、象征方式的运用并不是最终的目的，而只是通往目的的途径。最终,形象化的语言和象征的方式也要被消解,展示给读者的是作家审美经验编织的世界。

二、文学的社会功能

在中国文学批评史上,强调文学社会功能的"教化说"一直是儒家文论的重心。孔子就强调文学对自我人格修养的重要影响,提出了"兴于诗,立于礼,成于乐"——诗能够引起情感的共鸣,启迪心智;礼是人们行为的规范;乐则能"治性""成性",对人的个性心理的形成产生深远影响。孔子还总结了诗歌具有的多方面社会功能,"诗可以兴,可以观,可以群,可以怨,迩之事父,远之事君,多识于鸟兽草木之名。"他既谈到了文学的实用功能,更重视文学"事父""事君"的政治功能,奠定了儒家功利主义文艺观的基础。那么,在现今中国特定历史条件下,文学的社会功能又体现在哪里呢?

(一)文学的审美愉悦功能

文学的审美愉悦功能是文学社会功能的核心,是它最重要最独特的价值。人们喜爱文艺作品的直接原因,是为了获得快感,为了娱乐,而不可能是为了听取训诫。恩格斯说:"人们只是在午间休息的时候才拿一本诗来读,而诗写得美也许会驱走睡意。"文学作品以其独特的形象性、情感性和想象力,以"赏心乐事"的描写和可惊、可愕、可悲、可感的情感,让人"读之而生出无量噩梦,抹出无量眼泪",使人在得到休息的同时,得到精神的慰藉和情感的宣泄。

文学艺术的审美愉悦功能,来自它所创造的艺术美。文学作品的艺术美是自然美和社会美的集中与升华,并把美的理想通过作品的艺术描写具体生动地展现出来,让人们可以触摸与回味。

例如,李商隐的《夜雨寄北》,就是一首极具审美趣味的小诗:

君问归期未有期,巴山夜雨涨秋池。
何当共剪西窗烛,却话巴山夜雨时。

首句"君问归期未有期",一问一答,其羁旅之苦和不得归之感跃然纸上。接下来写眼前之景"巴山夜雨涨秋池",夜雨满秋池的眼前景象与羁旅之苦相思之情相纠结,弥漫于巴山的夜空。第三句

“何当共剪西窗烛”，另辟新境，憧憬重聚时“共剪西窗烛”的温暖和快意。最后一句“却话巴山夜雨时”，遥想他日重聚时秉烛夜谈的话题：追诉今夜秋雨涨池的情与景。诗人在这里没有渲染其心境的郁闷与孤苦，而是着力表现未来团聚的欢乐，最后两句把人生离别的苦与乐，把距离与美写得那样具体，那样生动，那样感人，那样别出心裁！追求团圆是人类的天性，但这种合理的人性在现实生活中又屡屡难以实现，于是，那离别后的羁旅之愁与相思之苦，那重聚时的天伦之乐，无不引发出人们种种难以名状的复杂感慨。人生的苦与乐、聚与散，由这苦乐聚散产生的美感，在这首小诗中得到审美化的艺术表现。读这样深婉隽永的诗歌，不是一次愉快的审美体验吗？

文学作品在具体、鲜明、生动的艺术形象中，孕育着高尚的人文精神和博大的真挚情感，文学给人带来的审美快感，不是一般的感官快适。欣赏文学不仅能够获得快感，长期的文学欣赏活动还有助于提高人的审美趣味，塑造审美人格。梁启超曾经希望儿子梁思成“趁毕业后一两年，分出点光阴多学些常识，尤其是文学”，并告诫说：“我怕你因所学太专门之故，把生活也弄成近于单调，太单调的生活容易厌倦，厌倦即为苦恼，乃至堕落之根源。”由此可见，文学作品能够培养健全的人格，促进人的全面发展。

当前，随着经济的快速发展，文化产业也随之而蓬勃兴起，文学艺术的审美娱乐功能越来越被人们所重视。

（二）文学的认识功能

文学除了具有审美娱乐功能之外，还具有认识功能。所谓文学的认识功能是指文学作品能扩大人的认知领域。它具体包括对自然界、人类社会以及人自身的认识。

文学是一面真实、生动、形象地反映社会生活的镜子，是一定时代和社会的人类生活的艺术折射。一个国家、一个民族的历史和现状、命运和前途，人民群众奋斗的艰辛和血汗、精神的欢畅和灵魂的颤抖、对现实的抗争和对未来的向往，都会在文学作品中留下或清晰或隐晦的痕迹。从优秀的文学作品中，我们既能够真切地了解历史和现实生活的复杂性、丰富性，又能够了解无限多样的人性内涵和人的心理内涵。

中国古代文论对文学作品认识功能的强调，主要看重于对民情民俗的考察。相传周代有“采诗”和“献诗”的制度，建立这种制度是为了观诗以考察时政。《左传·襄公二十九年》记载了季札观察各地的民歌，概括了各地诗乐的风格特征，并由此探讨了导致这种风格形成的各地的民情风俗以及各诸侯国的政治状况和发展前途。从艺术的风格上去考察其中所体现的社会心理，借以了解政治的清浊、风俗的好坏，这在先秦是一种普遍的认识。

小说、戏剧兴起以后，读者对社会生活的了解逐渐加深，文学作品社会作用的层次也逐渐丰富。尤其是长篇小说，它是一个时代的百科全书，对人的认知层面的启示与丰富也必然是丰富多彩的。例如在《红楼梦》中，社会学家和历史学家可以通过贾雨村这个人物形象，认识专制社会吏治的腐败：一是地方官不可得罪“有权势极富贵”的豪门望族，这可以从门子所抄的护官符和他讲给贾雨村的一番话中见到；二是豪门望族必须仰仗官府才能为所欲为，最典型的例子是王熙凤用了三千两银子买通长安节度使，致使一对痴情男女双双自杀；三是封建官吏的翻云覆雨，贾府当道时贾雨村趋炎附势，贾府破败后“他倒狠狠地踢了一脚”。

文学的认识功能还体现在能帮助读者对人自身的认识。俄国思想家赫尔岑曾高度评价莎士比亚对人的内心世界的描绘：“对莎士比亚来说，人的内心世界就是宇宙，他用天才而有力的画笔描绘出了这个宇宙。”富有人性深度的文学作品，能够诱导和引发读者对特定社会生活中的人性问题的思考，这是一种更深层次的认识功能。

在现实生活中，人们受社会风俗、伦理观、政治观和宗教观等的制约，往往不愿或不敢去面对和反思自己心灵深处的东西，而一切文学大师除了有把握现实形势的能力外，更是有“熟悉人的内心生活，各种心理状况中的情欲，以及人心中的各种意图”的本领。1921年，郁达夫发表的小说《沉沦》，坦荡无遗地表现了一个留日学生沦落异乡、不甘受辱和无力反抗的脆弱，以及自卑加上青年期性心理躁动和苦闷的复杂心理。小说问世后，立即产生了反响。“他那大胆的自我暴露，对于深藏在千万年的背甲里面的士大夫的虚伪，完全是一种暴风雨式的闪击，把一些假道学、假才子们震惊得至于狂想了”。小说家倾注了自己留学日本时的真切感受，特别是其中对性心理、性变态的自我审视和艺术表现，使那些虚伪的卫道士从中照见了自己的卑下、猥琐，而众多青年知识分子则从主人公悲愤潦倒的心境中看到了自身所受的社会重压以及无力抗争的弱点。

文学作品的认识功能在当代社会越来越受到人们的重视。随着社会的发展，人们的生存观念、价值取向和生活模式已随之发生重大变化，那些关注现实人生问题的文学作品已引起人们的普遍兴趣，这也体现了当代人提高自己生存适应性的务实态度。

（三）文学的思想启迪功能

优秀的文学作品可以提升人的精神境界，净化人的灵魂，这就是文学的思想启迪功能。文学作为一种社会意识形态，它所选择的社会生活题材，它所描绘的人物、情节和环境等，本身蕴含着一定的意义和价值；同时，作家在对生活的选择、理解和创造中总会融进自己的情感体验，倾注自己的价值观。读者在接受文学作品的时候，就可能会随之受到这些因素的影响。

文学贵在对人生和社会有所发现。所谓发现，是指该作品表现了谁也没有领会的事实和思想。文学作品的这种“诗意的判断”，往往与某种强有力的生活方式、生存态度相伴随，与读者特别是青年读者密切关注的人应该如何生活的问题息息相关。这种发现容易使因人生问题而困惑的读者产生情感共鸣，从而在思想上受到作品的积极影响。

历来的艺术家、思想家都非常重视文学作品对人的思想启迪和情感熏陶的作用。孔子强调诗歌对青少年人格培养的作用，提出“兴于诗，立于礼，成于乐”，亚里士多德把教育视为文艺的三大功能之一。20 世纪初，梁启超曾经指出，小说这种文学类型由于能“导人游于他境界”，能对人不能自宣之状进行摹写与发露，满足人的好奇心与求知欲，所以小说对人的吸引力和艺术感染力更大。梁启超用一个“熏”字来形容小说对人的个性心理的形成和影响。所谓“熏”，是说作品的形象及其蕴含的思想感情必然在读者的心中印下痕迹。随着这种印痕的不断强化，小说不仅影响此一读者的言语和行为，而且还可以通过他进而影响别人。

例如,当我们抱着严肃认真的态度去读鲁迅的名篇《阿Q正传》时,透过阿Q那种种受屈辱受打击时所说的看似荒唐可笑的话,挨了打还说就当是儿子打老子,从他的言行中所体现的“精神胜利法”,才会发现中国国民身上所具有的劣根性,才会真切地感到鲁迅先生对阿Q“哀其不幸,怒其不争”的良苦用心。试问,读这样的小说,我们的灵魂深处能不受到强烈的震撼吗?

又如,《红楼梦》中所体现的家族悲剧和爱情悲剧,都能超越当时的社会和时代,体现了对整个人生的一种哲理性的感悟和感叹。林黛玉的《葬花吟》:“侬今葬花人笑痴,他年葬侬知是谁?”“一朝春尽红颜老,花落人亡两不知!”这些追问都超越了个体有限生命,超越了具体时空,是对生命终极意义的追问,体现了一种“念天地之悠悠,独怆然而涕下”的人类情怀。读书至此,能无叹乎?

文学的社会功能不应该是固定不变的常数,它应该随历史的演进而变化、发展。例如,在血与火的战争年代,人们阅读作品,往往希望得到鼓舞,从中吸取精神的力量,选择的是文学的战斗性。祥和稳定的经济建设时期,人们接受文学主要是为了休闲娱乐,调整生活节奏,这时文学的审美愉悦功能便被提到了首位。所以,我们考察文学的社会功能应以其作品、作家所处的时代以及读者自身所处的时代、环境为主,不能以偏概全。

三、文学作品的类型

文学兴起之初,是不存在种类和体裁的分类研究的;当文学发展到一定阶段并趋于成熟之后,人们为了更好地认识和驾驭文学,便试图概括出某一类文学作品的种属、类属,便于更好地研究,同时将某一具体作品划归到相应的种属或类属中去,以便更好地把握和剖析作品。

在文学史上,各个时代的文艺理论家依据不同的方法对文学作品进行划分。例如,有二分法(文学作品分为韵文和散文)、三分法(文学作品分为叙事类、抒情类和戏剧类)。限于篇幅,我们将按四分法将文学作品划分为诗歌、散文、小说和戏剧文学，以进行研究探讨。

(一)诗歌

诗歌是最古老的一种文学样式，各民族文学发展的历史几乎都是从诗歌开始的。最早的诗歌，可追溯到原始人为协调劳动、交流感情而发出的劳动呼声。《淮南子·道应训》中说："今夫举大木者，前呼'邪许'，后亦应之，此举重劝力之歌也。"严格地说，这种呼声不能算作诗，但已包含了诗的本质特点，即抒情性和韵律性。随着社会的进步，人类思维能力的提高和语言的产生，才逐渐产生了原始歌谣。这些歌谣是与音乐、舞蹈合为一体的。从前引"诗言志"句可以看出，志与诗同出一源。闻一多指出，志有三个意义：一记忆，二记录，三怀抱，这三个意义正代表诗的发展途径上三个主要阶段。

我国古代的诗，虽有不合乐的"徒歌"，但大都是合乐的，如《诗经》中的风、雅、颂，都是就乐曲而言，所以合称诗歌。"诗"的范围有时定得窄，仅指古体诗、近体诗等；有时定得较宽，把楚辞、词、散曲都包括在内。它们的共同特点是具有抒情性和一定的韵律。到现代，随着文学的发展，除格律诗外，还有自由诗、散文诗等。

文学具有反思人生、观照人性、体认生命、满足审美需要的功能，它可以映照自身真实不虚的天性，净化人们的精神生活。人生感受和体验的言不可尽，只有用诗歌才可以得到更集中、概括、精练的表征，只有用诗歌才可以得到代替的、象征的、隐喻的表达。

诗歌具有如下的审美特征：

第一，诗歌具有强烈的情感和浓郁的想象。陆机说："诗缘情而绮靡。"白居易说："诗者：根情，苗言，华声，实义。"闻一多说："诗是被热烈的情感蒸发了的水汽之凝结。"别林斯基说："感情是诗情天性的最主要的动力之一，没有感情，就没有诗人，也就没有诗歌。"诗歌对于情感的表现或慷慨悲歌，或辗转反侧，或大喜欲狂，或大悲欲绝，或悱恻不已，都显得强烈而浓郁，缠绵而悠长。即使是叙事诗，也是诗人满怀激情地歌唱一个故事。

和强烈的情感相一致的是诗歌具有丰富的想象。在诗歌创作中，诗人的情感汹涌澎湃，欲罢不能，审美感受和审美体验会突破客观事实的拘泥，赋予那些没有生命、没有情感的物体以生命和情感。在这种情况下，诗人想象的翅膀自由翱翔，于是日月星辰、风雨雷电任诗人驾驭；江河湖海、崇山峻岭可以飞腾起舞；草木花卉、虫兽禽鱼能言情达意。

第二，诗歌的语言特别凝练，具有节奏和韵律，富于音乐性。诗歌语言凝练，以尽可能节省的诗句表达尽可能丰富的内容和密度尽可能大的情思，甚至要求每个词都有极强的表现力，做到一言穷理，两字穷形，以少总多，使情貌无遗。我们大家都熟知的王安石反复推敲"春风又绿江南岸"诗句的例子便是很好的例证。

诗歌的语言具有节奏、韵律，富于音乐性。诗歌的节奏是为诗的内容决定的，按照生活的脉搏、情感的波动和自然的节奏，恰当地安排发音不同的字词，使其高低、轻重、快慢与诗的内在情绪相适应，就自然形成节奏。韵律是指诗歌的字词格式和押韵规则，主要体现为在诗句的末尾用韵母相同的字。节奏、韵律等不仅能够造成诗歌语言的音乐性，使诗歌本身具有一种情感性，还能产生一种弦外之音，韵外之意。

第三，诗歌有特殊的诗法。诗法是诗歌特有的表现方法和技巧，如起兴、隐喻、象征和意象等，这里只介绍起兴和意象。

起兴，就是托物起兴，触景生情，含蓄地把情思化为感受对象的一种表现方法。起兴可以加强诗歌的气氛、情绪，增强感染力。例如，《孔雀东南飞》开头两句："孔雀东南飞，五里一徘徊"。这两句诗造成了哀怨缠绵的气氛，烘托了离别时顾恋的情调。

在中国古代诗歌理论中，意象指在创作过程中，诗人通过审美思维所创造的融会了创作主体的情感，由感而生的现象。20 世纪初，美国诗人庞德在吸收中国古典诗歌技法的基础上，创立了西方意象派，他指出："一个意象是在瞬间呈现出的一个理性和感情的复合体。"

（二）小说

小说源出古代神话传说，渊源很早，然而作为一种文学样式，成熟却较晚。鲁迅曾说："在文艺作品发生的次序中，恐怕是诗歌在先，小说在后的。"

在我国，“小说”一词最早见于《庄子·外物篇》：“饰小说以干县令，其于大达亦远矣。”庄子讲的“小说”，指的是那些意义不大的琐屑的言谈和话语。汉代史学家班固在《汉书·艺文志》中介绍评述异彩纷呈的文化学术流派时，也开列出“小说家”。他说：“小说家者流，盖出于‘稗官’，街谈巷议，道听途说者之所造也。”他把六经以外无法归类的杂碎艺文，统归之于“小说”。在我国，真正现代意义上的“小说”概念直到晚清才得以确立。

我国远古时代的神话、传说和先秦两汉的寓言故事以及史传文学，可视为我国古代小说的源头和萌芽。魏晋六朝出现了“以序鬼物、奇怪之事”的“志怪小说”和记录轶闻琐事的“志人小说”，这是我国古代小说的雏形。到唐代产生了许多情节曲折、人物生动的文言短篇小说（习惯称传奇），小说创作日趋成熟，宋元话本则被鲁迅称作“小说史上的大变迁”。所谓话本，即当时说书人讲故事的底本，话本的出现，标志着我国小说由文言小说向白话小说的过渡。元明之后，我国古典小说进入发展的巅峰期，出现了“四大名著”这样的鸿篇巨制。

在欧洲，小说被视为“是史诗和戏剧这两种伟大文学形成的共同后裔”。文艺复兴时期，薄伽丘的《十日谈》开创了近代小说的先河。继它之后，西班牙的流浪汉小说和塞万提斯的《堂吉诃德》，对欧洲小说产生了重大影响。19世纪是欧洲小说发展的高峰，出现了以巴尔扎克、狄更斯、托尔斯泰为代表的一大批小说家。

从小说的构成来看，人物、情节和环境是它必不可少的三个要素，下面从这三个方面来概述小说的基本特征。

第一，多方面地、细致地刻画人物。人物是小说的基本要素，也是它的灵魂。鲜明独特的人物性格，曲折动人的人物命运，特定状态下的人物心理，错综复杂的人物关系，始终是小说创作者注意的中心。人物形象的塑造，往往从多方面决定了小说的思想深度、美学价值、艺术灵魂乃至语言结构。古今中外那些不朽的名著，都以其典型而独具魅力的人物形象吸引和感动着世世代代的读者。

第二，自由灵活地展开情节。小说既然以刻画人物为中心，就不能不写“人物生活的事件和他们在时间和空间里进行的活动”。

小说最原始的形式就是“一个叙述者对一群听众叙述某种发生的事件”。现当代小说艺术虽然较多地摒弃了由叙述人完整讲述故事的单一方法,往往打破故事情节的顺序,但作品依然保持了情节的完整性。即使是表现“意识流”为主的小说,表面上时空颠倒,过去、现在交织无序,时代氛围、人物、场所、具体环境穿插叠映,但依据人物意识的流向,情节在变幻中依然完整可辨。

第三,具体、真切地描写环境。小说不仅要有鲜明的人物形象,生动的故事情节,而且要揭示人物性格和情节发展的具体环境。环境描写在小说体裁中至关重要,没有真切具体的描写,人物的真实性、典型性和情节的可能性、合理性难以确定。小说的环境描写可以非常细致逼真,使人“如临其境”。

(三)散文

散文有广义和狭义之分。广义的散文是指诗歌以外的一切文体,包括文学作品和科学论文、应用文等。狭义的散文指纯粹文学意义上的散文,是与诗歌、小说、戏剧文学等并列的文学体裁。散文以记写作者的经历、见闻、感受、体验和联想为主,或记人叙事,或状物摹景,或抒情述怀。它是一种富于感发性,题材广泛,内容精粹,语言清新自然,表现手法灵活,文情并茂的文学体裁。

散文具有如下的审美特征:

第一,取材广泛,尤其以写细小、片段、零散的事物见长。散文题材广泛而不拘一格。小说、诗歌、戏剧可写的题材,散文能写,诗歌、小说、戏剧不好写的题材,它也能写。散文的题材广泛到无处不有、无时不在。生活中的一段经历,一丝感触,一次奇遇,一次邂逅,一点纠葛,一场梦幻;自然界的一丛草木,一块山石,一株鲜花,一片雪花,一场风暴,一只飞鸟,一颗流星……无一不是散文写作的材料。散文之所以在诗歌、小说、戏剧之外有着不可取代的作用,就在于它能摭拾生活中零星小事、松散片段,于细微之处见精神,给人以美的享受和智慧的启迪。

第二,多写真人真事,真景真物。散文之所以与诗歌、小说、戏剧有共存的价值,就在于它能提供其他文学样式所不可代替的真实生活层面,给人启迪与滋养。它记人记事,大多真有其人其事;它记游写景状物，必须切时切境不能作假。这种“写实性”，使它充盈着一种真实的感染力。否则，就会失去它应有的魅力。例如，朱自清先生的《背影》，就因为朱先生用朴素平实的语言描述了“父亲”对“我”那种“大爱无言”的深情而打动了千千万万的读者。如果作者写作时过于夸大虚构，这篇作品的感染力也就失之大半了。

第三，执笔行文，浸透着作者个性与情感。我国现代作家梁遇春在《小品文选・序》中指出：“小品文的妙处也全在于我们能够从一个具有美好的性格的作者眼睛里去看一看人生。”散文是一种重在抒发作者自己所见所闻所感的文体，作者从生活中摭拾种种的人生片段、零星的小节报告给读者，同时也将自己的真情真性熔铸其中。读鲁迅的散文，我们至今能感触到一颗坚韧战斗、痛苦求索、忧愤深广的心；读徐志摩的散文，作者那天真坦率的个性宛如就在目前；读朱自清的散文，我们能随时感受作者的善良、纯正、沉思和忧患。

第四，写法自由，不拘一格。散文不像小说创作必须有中心人物，情节结构，也不像诗歌创作那样要求高度的精练含蓄，以及明快和谐的节奏韵律。它的写法相当自由，可以有具体描写，也可以有抽象议论，可以直抒胸臆，也可以借景抒情，托物言志。它的题材无所不包，只要有所见有所感，都可以借方寸之感思，抒一时之情性，其形式的采用完全是由文而定、因人而异，有着充分的自由。

第五，别具韵味的语言。散文的笔调与语言既是散文重要的文体标志，也是构成散文特殊魅力的一个重要因素。散文具有娓娓而诉的谈话风格，它是作者与读者一种推心置腹的交谈，是作者发自内心的一种极平易极自然的倾诉。散文的语言，不像小说那样受制于笔下的人物，也不像诗歌那样受制于节奏、韵律，它很自由，作者可以率性而为、自由地表达。

（四）戏剧文学

在希腊文中，“戏剧”（Drama）一词源自 dran，是“动作”的意思，与此相关的含有 to acd 之意，即演出、表演。劇，从刀豦声，“刀”表示戏剧中的打斗，戲中的戈也是同样的作用。由此可见，中国古代对戏的看法与西方不谋而合。

戏剧文学的特点主要是由戏剧演出的特点和要求产生的。戏剧的演出,受时间、空间和其他条件以及观众等多重限制,作为戏剧艺术基础的剧本,必须考虑到这些限制以及演出所要求产生的特定效果。戏剧文学具有鲜明的审美特征。

第一,用人物语言展示剧情、塑造形象。戏剧文学的语言有其特殊性,其塑造人物、展示剧情的基本手法,必须是人物的语言——台词。美国剧作家雷·史罗塞斯说:“台词,亦即戏剧对白,是一种具有魔力的东西,通过剧中各种要素才能充分展开。台词必须是新鲜而必然地出自剧中人物之口,因为他们实在无法忍住不说出来,而所说的事情则必须只有他们才会说,而且只能以他们说的那种方式说出来。”戏剧文学的语言要考虑到演出的效果,人物的台词一般不宜写得过长;剧本的台词必须具有动作性。别林斯基指出:“戏剧性不在于对话,而在于对话者彼此的生动的动作”,戏剧的“主要要点就是避免冗长的对话,使每句话都从动作中表现出来”。

第二,具有尖锐集中的戏剧冲突。“没有冲突就没有戏剧”,这是人尽皆知的原则。老舍指出:“写戏须先找矛盾与冲突,矛盾越尖锐,才越会有戏。戏剧不是平板地叙述,而是随时发生矛盾,碰出火花来,令人动心,在最后解决了矛盾。”戏剧文学一般不允许从容地、缓慢地展开情节,也不允许详尽地铺陈,仔细地交代,只有通过激烈、尖锐的内心活动,戏剧情节才能迅速展开,人物性格才能鲜明地刻画出来,主题才能在有限的时空里尽可能充分地展开。也只有通过激烈尖锐的戏剧冲突,才能造成悬念,产生强烈的效果,吸引观众的注意力。作家构思戏剧情节时,就必须加以提炼、集中、典型化,使矛盾冲突更为尖锐,更为连贯,更为典型,并把它与人物的命运有机地结合起来,一步步地把它推向高潮。

第三,适应舞台时空的戏剧结构。戏剧只能在有限的时间(最多三个小时)和有限的空间(舞台)内面对观众。怎样在有限的时空内表现丰富的生活内容,并让观众的审美注意保持始终,也就成了剧本写作中必须要考虑的一个问题。西方古典主义戏剧提出“三一律”,即“时间、地点、动作的一律”。事件只能发生在 24 小时之内,事件必须发生在同一地点,动作必须是围绕同一主题。但这种规定无法解决戏剧写作中的实际问题，于是，剧作家便采取分场、分幕、分景的写法，将剧情发展最富有戏剧性的那些部分、最能显示人物性格和剧作主题的部分处理在台前，而把那些戏剧性不强、不适宜在舞台表演的部分处理到幕后，只通过台词加以介绍，从而使剧情更为集中，更具有戏剧性，更吸引观众。

四、文学的创作与接受

文学作品是作家创作出来的，没有作家创造性的劳动，也就不可能有文学作品的存在。文学创作是作家进行的一项非常特殊的创造性的精神生产活动，是构成整个文学活动过程的一个重要环节。但在这里，我们只能简单地向大家介绍文学创作中一个极其有趣也极为引人关注的因素——灵感。

（一）文学的创作与灵感

在文学的艺术构思和形象思维中，灵感思维是最令作家惊喜、激动和向往的。所谓灵感，是指艺术构思和形象思维过程中由于思想高度集中、情绪特别高涨而导致感悟和认识发生飞跃升华的心理现象，其表现形态是对某一对象或某一问题的突如其来的顿悟。例如，马卡连科用13年的工夫，搜集了大量的材料却难以下笔。高尔基来他家里做客时的一席话，使之茅塞顿开，马上开始写作《教育诗》。郭沫若写《地球，我的母亲》是灵感袭来的典型例子。他说："《地球，我的母亲》是民八学校刚好放了年假的时候作的，那天上半天跑到福冈图书馆去看书，突然受到了诗兴的袭击，便出馆，在馆后僻静的石子路上，把'下驮'（日本的木屐）脱了，赤着脚踱来踱去，时而索性倒在路上睡着，想真切和'地球母亲'亲昵，去感触她的皮肤，受她的拥护……在那样的状态中受着诗的推荡，鼓舞，终于见到了她的完成，便连忙跑回寓所来写在纸上，自己觉得就好像真是新生了的一样。"

文学创作中的灵感思维有着突出的特点：

第一，偶发性。陆机在《文赋》中说："若夫应感之会，通塞之纪，来不可遏，去不可止。藏若景灭，行犹响起。"即是说灵感产生带有很大的偶然性和突发性。雪莱曾描述灵感的特点:“诗灵之来,仿佛是一种更神圣的本质渗彻于我们自己的本质中,但它的步伐却像拂过海面的微风,风平浪静了,它便无影无踪,只留下一些痕迹在它经过的满是皱纹的沙滩上。”灵感的产生,还常常是短暂和易逝的,所以它对艺术家来说格外宝贵。凡是高明的艺术家都善于捕捉灵感。金圣叹在评《西厢记》时说:“文章最妙是此一刻被灵眼觑见,便于此一刻放灵手捉住”;苏轼则把捕捉灵感比作追索逃犯:“作诗火急追亡逋,清景一失后难摹。”

第二,创造性。灵感爆发是最理想的创作状态,也是最具创造性的心理状态。灵感思维袭来,作家的各处心理能力调动起来,各种记忆力、想象力、感受力、表现力都被激发出来,在灵感状态下所完成的艺术作品,不但为读者所惊叹,就是作家自己也常常为之兴奋和吃惊。《新唐书》说,草圣张旭“每大醉,呼叫狂走,乃下笔,或以头濡墨而书,既醒自视,以为神,不可复得也”。酒促使张旭产生灵感,在灵感状态下产生的作品连他自己都以为神助,认为不可复得。果戈理曾说:“我感觉到,我脑子里的思想像一窝受惊的蜜蜂似的蠕动起来,我的想象力越来越敏锐。噢,这是多么快乐呀!我懒洋洋地保存在脑子里的材料,忽然如此雄伟地展现在我的眼前,使我全身都感到一种甜蜜的战栗,于是我忘掉一切,突然进入我久违的那个世界。”

第三,亢奋和忘我性。在灵感的状态下,作家常常沉浸在创造之中痴迷而忘乎所以。例如,郭沫若在写作长诗《凤凰涅槃》时,也是诗意袭来,他“便在抄本上东鳞西爪地写出那诗的前半,在晚上行将就寝的时候,诗的后半的意趣又袭来了,伏在枕上用着铅笔只是火速地写,全身都有点作寒作冷,连牙关都在打战”。当然,这种亢奋和迷狂,并不意味着作者失去理智,它只是作家精神专注地致力于艺术创作中的一种高度兴奋状态,从根本上还是受作家创作目的和意图制约的。

灵感的产生,最根本还在于作家丰富的生活积累和敏锐的心灵,同时也离不开作家的勤奋思考。唐代著名诗论家皎然说:“有时意静神王,佳句纵横,若不可遏,宛如神助。不然,盖由先积精思,因神王而得乎。”丰富的生活积累和艺术积累，敏感的心灵，孜孜不倦的勤奋思考，就会使创作迸发火花和光芒，就会使创作的主客体达到深刻的契合，灵感也就产生于这一过程中。

（二）文学鉴赏

文学鉴赏就是读者为了满足自己的审美需要，对文学作品所进行的带有创造性的感知、想象、体验、理解和评价活动，它能使人获得特殊的精神享受。人们之所以心甘情愿地花钱购买文学书刊，兴致盎然地读了一本又一本，有时甚至废寝忘食，爱不释手，根本原因就在于文学作品能满足人的审美需要，能给人带来心旷神怡的审美享受。

作为一个过程，文学鉴赏虽然复杂，但总的趋势还是清楚的，即从感知作品的外在形式开始，逐步过渡到对作品内涵的把握。所以，我们可以把文学鉴赏的过程分为三个阶段。

第一，感知阶段。文学鉴赏必须由鉴赏主体通过自己的感官去感受鉴赏客观的形象。但由于文学形象的非直观性，文学鉴赏主体首先接触的不是生动具体的文学形象，而是抽象的语言符号。读者一面阅读作品，一面要结合自己的生活体验，运用想象、联想等把内在于语言符号中的文学形象如人物、情节、场景再现出来。如温庭筠的《菩萨蛮》：

小山重叠金明灭，鬓云欲度香腮雪。懒起画蛾眉，弄妆梳洗迟。照花前后镜，花面相交映。新帖绣罗襦，双双金鹧鸪。

全词虽然用华丽的辞藻为我们刻画了一位贵夫人起床后精心打扮、穿着雍容的形象，衬托出她内心的孤独与寂寞，但这形象没有直接映入读者的眼帘，诉诸读者的大脑，需要读者心灵的转换。

第二，体味阶段。感知形象还只是文学鉴赏的第一步，如果只停留在这一阶段，那还不是文学鉴赏。读者还必须走进文学作品，去体验形象所包孕的思想感情和所体现的社会生活。

包含在文学形象中的思想感情有两个方面。一是体现在文学作品中的作者的思想感情。如杜甫的七律《登高》：“风急天高猿啸哀，渚清沙白鸟飞回。无边落木萧萧下，不尽长江滚滚来。万里悲秋常作客，百年多病独登台。艰难苦恨繁霜鬓，潦倒新停浊酒杯。”作者写作此诗时流寓夔州，年事已高，壮志未酬，贫困潦倒，身又多病，面对无边的萧瑟秋风，心中可谓是万般思绪，无限感伤。但作者并没有将这些思绪感伤直接地说出来，而是通过万里悲秋图、百年多病身两个主要形象间接地暗示出来。另一方面，文学形象所包孕的思想感情还体现在文学作品中的人物和与人物有关的环境、场面之中。文学作品中的人物不是作者单一的传声筒，他是一个独立的主体，有着自己的独立意志和思想感情。普希金在谈到他笔下的人物达吉雅娜时说，他自己也没料到，她后来竟然结了婚；托尔斯泰在谈到安娜时也曾说过，安娜的自杀是他开始没有预料到的。

所有这些，都是鉴赏者在体味阶段要细细揣摩、仔细品味的。要进入文学鉴赏的最高境界，还有必要进入第三阶段。

第三，领悟阶段。要达到对文学形象的完整把握，进入一个更高的审美境界，鉴赏者还有必要跳出形象本身的范围，从一个更宽的视野、更高的层面，对形象的内蕴和它所体现的社会生活的本质、规律做更深入的理性的把握和领悟。如读鲁迅的《祝福》，我们先是被祥林嫂悲惨的一生所吸引、打动。我们在感情上同情她，对导致她悲惨命运的社会感到愤怒，但仅仅这样还不够，我们还必须进一步认真地思考，对这一形象作更深入的把握。经过反复的思索，我们认识到，这一形象实质上是半殖民地半封建的中国社会中受到政权、族权、夫权、神权压迫的下层劳动妇女的代表。这样，我们的鉴赏便上升到一个新的层次。

（三）文学批评

文学批评是以文学鉴赏为基础，以一定的文学理论和相关的人文科学理论为指导，对各种文学现象和文学作品进行分析、研究和评价的科学认识活动。文学批评是以文学鉴赏为基础，但它研究的对象远比文学鉴赏广泛，除文学作品外，文学思潮、文学流派、文学发展等文学现象都可以作为文学批评所关注和研讨的对象。

凡进行文学批评，必然需要一定的标准，不存在无标准的批评。诚如鲁迅所说：“我们曾经在文艺批评史上见过没有一定圈子的批评家吗?都有的,或者是美的圈,或者是真实的圈,或者是前进的圈。没有一定的圈子的批评家,那才是怪汉子呢。"他所说的圈子也就是标准。要进行文学批评,就必须对作品的各个方面进行具体的衡量,为此就需要将文学批评的标准具体化。

第一,语言的表现力。看一部作品在语言的运用上是否有较高的水平,关键看其语言是否具有较强的表现力。所谓富有表现力的语言,就是能够描绘出生动鲜明的艺术形象的语言,能够传达出复杂微妙的思想情感的语言。

第二,形象的生动性。作家应该把以人为中心的社会生活描绘得尽可能的具体、生动,能够激起读者相应的感性经验,给人以历历在目、栩栩如生、呼之欲出的印象和感受。同时,要想使艺术形象生动、具体,仅仅满足于外部形貌的描绘远远不够,还应该深入地表现对象内部的生机与活力、精神与灵魂,用心灵给艺术形象灌注生气。

第三,构思的新颖性。文学作品的产生离不开作家创造性的构思,只有经过精心的构思,才能把文学作品所需要的各种要素编织成一个相辅相成、有机统一的整体,如此方能赋予文学作品以生命的活力。艺术构思贵在新颖、独创,没有创新就不可能有优秀的作品。每一部独创性的作品,都是作家以新的眼光,从新的角度,用新的方式,对人的生存状态和生活理想所作出的一种新的解释。

第四,情感的真挚性。文学是以情感人的,作家塑造艺术形象的一个重要目的就是要向读者传达自己对人生的情感体验,以便更多的人了解这些情感并受到强烈的感染。只有情真意切,作品才会动人心弦,感人至深,才会有长久的魅力;若是虚情假意,无病呻吟,矫揉造作,只会令人反感。要想传达出真挚的情感,作家除了要对人和社会有真切的体验之外,还要对艺术、对读者抱真诚的态度,必须以诚待人,不作假、不矫饰。

本章小结

1. 文学的起源就是诗的起源,中国有"感物说",西方有"模仿说"等。文学本质上是一种审美的意识形态,表现为文学的形象性、情感性和虚拟性上。文学是一门语言艺术,但又超越了语言。

2. 文学的社会功能主要有:审美愉悦功能、认识功能和思想启迪功能。

3. 诗歌、小说、散文和戏剧文学是最重要的文学作品类型。

4. 文学创作是作家创造性的劳动,其中灵感思维起着至关重要的作用。文学鉴赏是读者为了满足自己的审美需要,对文学作品所进行的带有创造性的感知、想象、体验、理解和评价活动。

思考题

1. 你对于文学的本质如何理解?

2. 举例说明文学有哪些社会功能。

3. 文学作品有哪些类型? 它们各自有什么特点?

4. 你如何理解“灵感”? 请谈一谈它在文学创作中的作用。

5. 以你熟悉的一部作品为例,谈谈文学鉴赏的几个阶段及各阶段的特点。

推荐书目

1. 季羡林:《东方文学史》(上、下),吉林教育出版社,1995年版。

2. 王向远:《东方文学史通论》,上海文艺出版社,1997年版。

3. 埃利亚:《文明的进程:文明的社会起源和心理起源的研究》,三联出版社,1998年版。

4. 菲德勒:《文学是什么?》,译林出版社,2011年版。

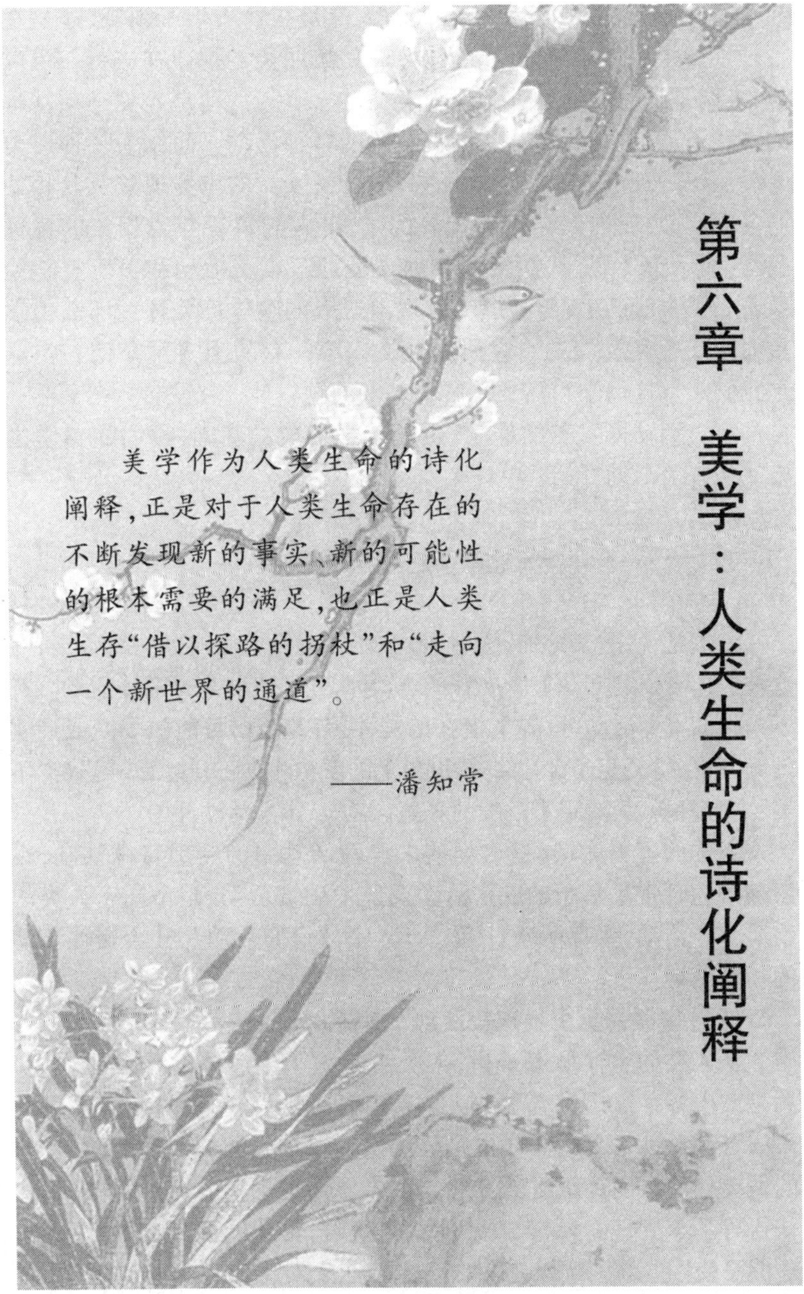

第六章　美学：人类生命的诗化阐释

美学作为人类生命的诗化阐释，正是对于人类生命存在的不断发现新的事实、新的可能性的根本需要的满足，也正是人类生存“借以探路的拐杖”和“走向一个新世界的通道”。

——潘知常

在人类世界中，美无处不在。无论是在物质生产领域，还是在精神生产领域，人类对世界的改造总是按照美的规律在进行。可以说，人们是在时时处处进行着审美活动。审美活动是人类一项基本的实践活动，也是人类一项极其重要的精神活动。而作为一种以美为关注点的理论，美学从哲学的高度分析人类的审美现象及其相关的各个方面，展现人类审美世界的丰富内涵，解答与美相关的各种问题，揭示审美规律，探索和帮助人类理解审美活动和美。美学关系着人类自身的生存与发展，体现出对人的整体性关怀。那么美学是如何产生和发展的？它研究什么内容？它的现实意义何在？这是我们掌握这门学科需要了解的基本问题。

审美活动促发美的产生，也是美学形成的基础，我们的美学之旅就从审美活动开始。

一、审美活动与美

人们常说“爱美之心，人皆有之”。爱美是人特有的一种需要，在这种人类需要的推动下所展开的人类活动即是人类的审美活动。有了人类的审美活动，世界上潜在的美才得以显现，可能的美变成现实的美，自在的美变成自觉的美，世界上的事物才真正开始有“美”与“不美”之分。所以，要想了解美的底蕴，必须从审美活动开始。

人类的审美活动，是人类的多样性活动中的一项特殊活动，一般理解为日常生活中的欣赏活动及艺术欣赏活动，是不同于人类的物质生产活动、生存活动、认识活动、宗教信仰活动及社会交往活动的一种精神享受活动。

(一)审美需要引发审美活动

从人类的生存形态来讲，人类总是处于生命体的矛盾运动中，总是产生各种欲望和需要，很少能够满足现状，这些内在需要引发人的各种活动。人的需要也是分层次的。在人类的实践活动中，人的需要从低级向高级不断发展。首先要满足生存的需要，解决衣食住行等基本生理需要，人类才能获得闲暇，也才能拥有自由的心情，才能享受“色、形、声所造成的美感”，产生对生命自由感的追求，对快乐的追求，即产生审美需要。所以可以说，审美需要是与人的生存需要相应的层次，是从人的生存需要中发展出来的。生存需要的满足会给人带来生理的快感，而审美需要使人获得生命的自由感或快感。人类追求生命自由感的审美需要促发人类审美活动的产生。

从美学史上看，因为审美活动中有着对对象的认识或反映，所以长久以来被认为是一种认识活动，但审美活动并不等同于认识活动。认识活动是一种艰苦的工作，一种理性的、逻辑的活动，而审美活动是一种关乎感性、情感的轻松享受。从本质上看，审美活动出自人的内在需要，与欲望、兴趣等感性生命的要求相联系，是为达到自己需要的满足而进行的活动。审美活动不像认识活动那样要去认识客观世界、客观真理，要以概念的形式去定义对象，而是对对象价值的寻求，对自身需要的满足的追求。在审美活动中，主体与客体之间的关系是一种价值关系——所谓价值关系，就是人们与满足自己需要的外界事物的关系。审美活动更应该是一种价值活动。

审美需要和人的生存状态息息相关，审美活动对人类生存具有重要意义。

从消极方面讲，人在通向自由王国的征途中，快乐与痛苦像一对孪生姐妹如影随形永远伴随着我们。主体的人的本能虽是及时行乐、随心所欲，可是在社会群体中，却不得不有着许许多多的规范和约束。道德的自律和法纪的他律，使人们在前行时诚惶诚恐，身心俱累。人生便常常陷入不能承受之重的麻木之中，抑或处于不能承受之轻的无聊状态。快乐常常是转瞬即逝，痛苦却呈苦海无边之势，有道是“福无双至，祸不单行”。这样，人就势必需要宣泄和转移，寻求心灵的调节和平衡。而指向心灵的和精神的审美活动，就是一种最为合适、最为高尚的补偿手段，人可以在恰当的审美活动中，有效地走出情绪的低谷，净化和提升自己的灵魂。

从人生的积极追求方面来说，人是需要求真的，也就是说要认识主、客观这两个世界，从感知感性图景到掌握本质规律，这也是人类生存的需要之一。同样，人也是需要修善的，要不断地战胜自己，走向自我，获得人性的健全与完善；而且还要不断地改良社会，使生命和情感显现出壮丽和崇高，这也是人类生存的需要。但以上认知的目的性和教化的功利性,必须在艺术形象的审美过程中实践和完成。真与善,是美的基础;美,必须以真和善为前提。人类审美活动是一种现象的直观,是从审美对象的感性特征中,借助形象,观照人的创造、智能和本质力量。真善融化于美的形象,离开了审美活动,求真和求知就很难进行。某种事物,只有首先悦耳悦目,才能悦心悦神;身心愉悦了,调动起内能,才能获得求真修善的最高效率。我们说"学之者不如好之者,好之者不如乐之者",兴趣是最好的老师,它使我们有一个最佳的状态去学习。

(二)审美活动是审美主体和审美客体的统一

审美活动的形成是双向的,以音乐为例。既要有音乐这个潜在的审美客体,也要有富于音乐感的耳朵这个潜在的审美主体。只有两者相互关联时,审美客体对于现实的审美主体来说才是美的。审美活动促使审美客体的形成,并为美创造审美主体。审美活动是在主客体关系中反映现实世界的意识活动,是审美主体和审美客体的统一。那么什么是审美客体?什么是审美主体呢?它们各自有什么特征呢?

审美客体和审美主体的概念产生于它们的关系之中,在审美活动中它们构成对象性关系。人类的审美活动过程包括了客体和主体两方面,美首先来源于作为客体的自然界或事物,但它又与主体(人)的审美需要、审美心境相联系,是两者统一的产物,是客体的属性与主体的审美需求和审美心境之间的一种关系。

审美客体是审美活动中人所面对的客观对象。客体是体现着主体本质力量对象化的为我之物,它与主体构成审美活动的两极。客体仅仅是美产生的根据,而不是审美活动反映的对象;美作为审美活动的成果,不是简单地反映客体的结果,而是反映着与客体形象相联系的主体本质力量对象化与主体本质力量之间的关系。在审美活动中,客体形象是主体本质力量对象化的承担者。

审美客体具有两个基本特征:

第一是形象性。审美客体必须是直观的、具体的和能为人的感官直接感知的感性存在,它可以是自然事物——树木花草、高山流水;可以是艺术作品——绘画雕像、文学作品;可以是人的具体社会生活——具体的人、发生的事;等等。抽象的思想、概念,甚至客观真理都脱离了事物的感性形式,不能被感官直接感知,所以不能成为审美客体。

第二是感染性。审美客体还要具有情感感染力,能够牢牢地吸引住人们的眼睛,引发他们审美注意的发生,引发人们心灵、情感的愉快,使审美主体无可避免地被对象的美抓住。外在于主体的客体总是时时存在,但并不是所有的客体都能够成为审美客体,只有当它能够触及、感染到审美主体的心灵时,审美主体才能产生愉快、激动等情感,才能形成审美活动。比如,美的风景使人心旷神怡、美的诗篇感人至深、一个故事催人泪下、一种场景令人震惊等,这些都说明美具有"感染性"。

审美主体是处于审美活动中的面对审美客体的人,是审美活动的发动者和承担者。审美主体有两层含义:一是作为群体的审美主体,即在历史发展过程中逐渐积淀的具有共同文化、心理的"类";另一层是在具体审美活动中的具有不同经验的个体。审美反映的是主体与客体形象相联系的主体本质力量,从而在直观自身的本质力量中感受着主客体之间的和谐所激起的愉悦。主体的注意力一旦离开客体形象,就不能揭示主体本质力量的对象化,也就不能感受主客体之间和谐所激发出来的愉悦,美也就不存在了。

审美主体具有以下特征:

第一,审美主体是感性观照的主体。审美主体面对的是具体、生动的形象,接触对象的首先是身体的感官——耳朵、眼睛,感知的是对象的感性特征,使用的是人的感性能力,而非抽象的概括和思考能力。

第二,审美主体是情感活动的主体。审美活动和主观的快感密切相关,判断某一对象的美,完全要借助想象力做出情感上的判断,而非客观的逻辑判断,美的感觉甚至不能说出任何理由,仅仅是情感在某一瞬间的感动。

第三,审美主体是自由的主体。"在权力的力量的国度里,人和人以力相遇,他的活动受到限制;在安于职守的伦理的国度中,人和人以法律的威严相对峙,他的意志受到束缚;在有文化教养的圈子里，在审美的国度中，人就只需以形象显现给别人，只作为自由游戏的对象而与人相处。通过自由去给予自由，这就是审美王国的基本法律"[①]。人在审美活动中，和审美对象融合一起，并可以凭借想象力自由驰骋，充分体验超越物质之外的心灵自由。

在抽象层面上，审美主体和审美客体之间相互作用、流动就能构成审美活动。而对于具体的审美主体来说，进行具体的审美活动时要依据一定的审美标准，审美标准是审美主体进行审美活动时的内在尺度。审美标准是一个历史产物，具有共同积淀的相同性，但也因为时代、地域、阶层、个人等原因形成一定的差异性。所以，它具有时效性。如我国唐代以胖为美，丰腴的杨玉环成为女人美的标准。而春秋时代楚王好细腰，女人又纷纷饿肚子减肥。其次，它具有地域性。比如，欧美女人以丰满的体态、健康的身体为美，而封建时代的中国女人把自然的脚缠成三寸金莲，以一种柔弱的病态为美。然而，随着当今世界全球化进程的加快，世界各国因地域差异而产生的不同审美标准在趋同化，比如，既求高瘦又能丰满逐渐成为女性美的共同标准，各地的女性都在努力减肥和试图丰胸。此外，它还具有阶层性，不同的生活环境和生活状态，审美活动的发生会不同。受过艺术熏陶的人和从未受过艺术熏陶的人面对现代艺术时，可能前者认其为美，后者却毫无感觉；更有因受个体先天生理因素、生活环境、社会实践、文化教育，甚至一时的心情和情绪等影响，审美主体所形成的个性差异。

(三)审美活动是一种超功利的感性活动

审美活动作为人类的一种特殊精神活动，有其不同于其他人类活动的特征，总体来说，审美活动是人类一种超功利的感性活动。

审美活动的特征具体呈现为以下四点。

第一，审美活动是一种超功利性的人类活动。审美活动的超功利性表现在对外在于对象的实用性、道德伦理、利害关系等的超越上。面对一件美的事物，人们不会想要占有它，不会计算它的价值，不会计较它对自己的现实意义，而纯粹抱着一种欣赏的态度看待

---

① 席勒:《美育书简》，中国文联出版公司，1984年版，第145页。

它。审美活动的超功利性，使它与一切有着直接或间接功利目的的活动相区别。那些功利性的活动包括生物本能活动、物质实践活动以及某些精神活动与社会活动。我们可以说"美是事物的最有价值的一面，美感的经验是人生中最有价值的一面"，因为"在实用的和科学的世界中，事物都借着和其他事物发生关系而得到意义，到了孤立绝缘时就都没有意义；但是在美感世界中它却能孤立绝缘，却能在本身显现出价值"①。

第二，审美活动是一种最具主体性、个人性的活动。所谓主体性，指的是人所具有的自主、主动、能动、自由、有目的的活动的特征。个人性则是指因为审美主体的不同而导致的审美接受的差异性、多样性和不确定性。在审美活动中，主体性特征比其在其他人类活动中表现得更加强烈。人类的各种其他实践活动都要受限于各种物质发展条件、社会发展状况等外在条件，人的主体性的发挥也相应受限。而人类的审美活动是一种超越物质性的精神活动，审美活动离不开想象。审美活动中的想象就是接受者根据审美对象提供的意象的暗示，调动自己所经验的意象素材进行补充、丰富和组合，从而达到审美完成的心理活动。这种完全凭借审美主体的个体经验的想象活动，由于每一主体的审美态度、动机、趣味、阅历和心理等的不同而表现出很大的主体自由度。

第三，审美活动还是一种具有感性特征的人类活动。这里的感性，是指一种与人的感性生命——生理欲求、情感和个性等人性的自然状态、人性的根基相联系的状态。审美活动往往体现着、又满足着感性生命的要求。从学科产生之初，美学就被定义为"Aesthetic"，即"感性认识的科学"。审美活动的出发点是一种与感性生命相关联的生命的需要，是心灵的自由活动；审美活动的对象有生动的感性形式，是具体的存在；审美过程中总是伴随着情感，没有接受者在审美过程中的情感存在，就没有对象的感染力的存在，也就产生不了审美活动。

① 朱光潜：《我们对于一棵古松的三种态度》，选自《谈美》，广西师范大学出版社2004年版，第5页。

达·芬奇永恒的艺术杰作《蒙娜丽莎》,几百年来不知迷倒了多少崇拜者。很多人都想破解这幅画的美之谜。曾经有十种最荒诞的解释:

牙的说法:美国马里兰州的约瑟夫·鲍考夫斯基博士认为:“蒙娜丽莎压根儿就没微笑,她的面部表情很典型地说明她想掩饰自己没长门牙。”

胆固醇的说法:一位日本心脏病专家说他发现蒙娜丽莎的左眼上有一块黄斑,这是胆固醇含量过高的征兆,这个日本人差点儿说她得了心肌梗死。

中风的说法:法国里昂的脑外科专家让·雅克·孔代特博士认为,蒙娜丽莎刚得过一场中风。请看:她半个脸的肌肉是松弛的,脸歪着所以才显得好像在微笑。

巧克力的说法:营养学家推测,她的表情就像吃了苯胺基亚胺似的,显得很陶醉。这是吃完巧克力后人体内产生的一种欢愉激素。这种说法根本站不住脚,因为当时还没有巧克力。

少年的说法:35 岁的加拿大艺术家苏珊娜·吉璐将蒙娜丽莎的嘴部放大并将其旋转 90 度,结果出现了一个少年的脊背,结论:达·芬奇是同性恋。

怀孕的说法:英国医生肯尼思·基友博士相信蒙娜丽莎怀孕了。他的根据是,她的脸上流露出满意的表情,皮肤鲜嫩,双手交叉放在腹部。

妓女的说法:那不勒斯的卡罗·维斯教授认为,画中的女人不是良家女子,而是那不勒斯的一名高级妓女。达·芬奇捕捉到了一种职业诱惑的微笑。

性高潮的说法:性学专家推测,蒙娜丽莎刚刚经历了性高潮,所以才表现出令世人倾倒的微笑。

自画像的说法:达·芬奇身着女装为自己画像,经过透视发现,如果将达·芬奇的胡子放到蒙娜丽莎的脸上,就是达·芬奇本人的画像。

而荷兰阿姆斯特丹大学的科学家用托马斯·黄教授开发的计算机情绪识别软件,解读出蒙娜丽莎的表情其实包含着快乐、厌恶、恐惧和愤怒四种情绪,但主要情绪是快乐。

这些解释无疑都有些可笑。其实,美并非靠科学分析就能够得出结论,而只能在你欣赏的过程中,通过你和画面的情感交流才能切身感受。对于一件艺术品,我们要从欣赏美的角度,用心地去维护艺术的传承。

二、美学的建立

美学是一门既古老又年轻的科学。说它古老,是因为人类的审美活动与审美意识产生已久;说它年轻,是因为作为学科,它只是近代的产物。作为感性学,美学是由德国近代哲学家鲍姆嘉通创立的,之后康德等许多哲学家都对美进行了深入和系统的研究。

那么究竟什么是美学呢?美学的基本内涵是什么?迄今为止,无数的哲学家或者美学家都曾经试图揭示给世人,但众说纷呈,并未形成一个绝对而统一的界定。毫无疑问,美应该是有其规律的,只是很难把握。在对审美活动初步了解的基础上,本节我们试图从美学思想的产生与发展及不同人对美学的理解中一窥美学的面目,初步获得对美学自身的规定与把握。

(一)美学思想的萌芽

人类对美的探讨源远流长。在人类通过劳动摆脱了动物的状态,开始有意识地进行原始审美活动的时候,审美观念和最初的美学思想也就随之产生了。因此,它几乎与人类的起源一样古老。

公元前5世纪的古希腊,是西方美学思想的发源地。人们开始了对美与艺术活动有关现象的探讨。毕达哥拉斯学派最早谈到美的问题,他们在数的和谐中寻找美,提出“美是和谐与比例”;苏格拉底则把美和效用联系起来,提出有用的东西才是美的;柏拉图严格区分出“什么是美”和“什么东西是美的”的不同之处,认为“美的事物时而生,时而灭”,但美是理式,“这种美是永恒的,无始无终,不生不灭，不增不减的”①。他创作了西方第一篇系统地讨论美的著作——《大希庇阿斯篇》；柏拉图的弟子亚里士多德否定了理式的孤立存在，转而在事物本身中寻找美的根源，提出“美产生于大小和秩序”，所以“一个非常小的活东西不能美，因为我们的观察处于不可感知的时间内，以致模糊不清；一个非常大的活东西，例如一个万里长的东西，也不能美，因为不能一览而尽，看不到它的整一性”②。

为了理解柏拉图的理式，我们引述冯友兰先生《三松堂自序》中的两则笑话：有一次柏拉图派人到街上买面包，那个人空手回来，说没有“面包”，只有方面包、圆面包、长面包，没有光是“面包”的面包。柏拉图说，你就买一个长面包吧。那个人还是空手回来了，说没有“长面包”，只有黄的长面包、白的长面包，没有光是“长面包”的长面包。柏拉图说，你就买一个白的长面包吧。那个人还是空着手回来了，说没有“白的长面包”，只有冷的长白面包、热的长白面包，没有光是“白的长面包”的白的长面包。这样，这个人跑来跑去，总是买不来面包，于是柏拉图就饿死了。另一则说，先生给学生讲《论语》，讲到“吾日三省吾身”，先生说“吾就是我”。学生放学回家，父亲问他“吾”是什么意思？学生说“吾”是先生。父亲大怒，说“吾”就是我。第二天上学，先生又提问学生：“吾”是什么意思？学生回答“吾”就是我父亲。买面包的人和学生正好相反，一个太执着于抽象概念，找不到具体事物；一个又只关注具体事物，理解不了抽象概念，所以只能成为笑话。

古罗马的美学思想是对古希腊美学思想的延续，但也有创新和发展，如西赛罗把美细分为两种不同风格：优美和威严；朗吉努斯把崇高作为独立的美学范畴提出；普洛丁对美的等级进行了划分，提出理智美是最高的美，自然的理智美、人的灵魂美及德行、学术、艺术的美是第二等级，而感性知觉（包括物质世界的现实美和具体的艺术作品的美）是最低级的美；等等，都丰富了美学的研究内容。那时的美学思想大多混杂在哲学、宗教、伦理等观念之中，主要体现在

① 柏拉图：《文艺对话录》，人民文学出版社，1980 年版，第 272～273 页。

② 亚里士多德：《诗学》，罗念生译，人民文学出版社，1982 年版，第 26 页。

修辞学、诗学、建筑学、音乐和绘画等理论中。而在漫长的中世纪,美学思想彻底沦为了宗教神学的附庸,上帝被视为唯一的、真正的和绝对的美,是"完美之美",是其他美产生的"至美"。奥古斯丁便是其中的代表。文艺复兴时期的研究对象不再是神,它肯定现实世界的美,把感性美提到首位,认为美存在于自然和人体中,但美学思想附庸在艺术理论中,仍没能形成理论体系。直到18世纪,美学才摆脱了附庸地位,成为一门独立的学科。

在古代中国,"美"这一文字早已有之,美学思想也源远流长。先秦时期,诸子百家的论述及史书中已经有了关于美的谈论,如孔子"尽善尽美"的审美标准、孟子"充实谓之美"的论断,以及老庄对美丑之间的辩证关系和审美态度的辨析等,都具有独特的价值。魏晋南北朝时期,大量的诗论、画论等艺术理论中都蕴涵着丰富的美学思想。在这个时期,人们对自身景物的美的欣赏,对人的风采、气韵、才情、性貌和品格的赞赏,都具有独特的审美意义。但长期以来美学思想在中国没有体系化,美学没有在中国形成独立规范的学科。直到19世纪晚期,美学才从西方输入中国,从此中国才真正展开美学的学术化研究。

(二)美学学科的建立和发展

作为一门独立的学科,美学是在近代形成的。从其作为一门人文学科的角度来看,美学是关于人类审美建设的学科,它运用形象、具体和体验的方式,通过具体审美活动研究人的感性的、活生生的整体形象,研究美、美感和艺术。但美学的内涵、对象和研究方法都在不断地生成和发展之中。

1735年,德国哲学家鲍姆嘉通首次提出需要建立一门学科来研究感性认识,给其命名为"Aesthetic",该词源于希腊文,词根含义为"感觉""感兴趣""感性的",可以称为"感性学"。1750年,他以此概念为名的专著《美学》出版。这本书认为,人类的心理活动有知、情、意三个部分。"知"对应逻辑学,"意"对应伦理学,而"情"即感性认识应该由美学来研究,"Aesthetic"由此被界定为"感性认识的科学"。这一初步界定,把美学视为与逻辑学、伦理学平行的学科,标志着美学作为一门独立的学科从此确立。鲍姆嘉通被公认为"美学之父”。

鲍姆嘉通所倡导的美学，经由德国哲学家康德、席勒、谢林和黑格尔等人的发展深化，具有独立、完整的体系，真正成为哲学中与逻辑学、伦理学相并列的科学。尤其是康德和黑格尔的理论，使其获得长足发展，形成了美学史上的第一座高峰。康德用系统的哲学观点，按照知、情、意的三分法，把美学对应于人的审美判断力，将它视为沟通知性、现象与本体的桥梁，并深入研究了审美活动中个体心理的“心意能力”。认为“在一切我们称某一种事物为美的判断里，我们不允许任何人有异议，而我们并非把我们的判断放在概念之上，而重视根据情感：我们根据这种情感不是把它作为私人的情感，而是作为一种共同的情感”①。他把美归入情感领域，把审美判断的重点坚决地转移到主体和审美评价的主观条件上来，对西方美学的发展具有里程碑的意义。黑格尔是德国美学的集大成者，他总结和概括了从亚里士多德到康德、席勒的西方美学的传统，详尽地研究了各种艺术样式的特征、发展过程、应用范围和感性形式的物质材料的性质，其三卷本巨著《美学》建立了一个完整的美学体系，其美学中心思想是“美是理念的感性显现”。此外法国以笛卡尔、布瓦洛为代表的理性主义美学，英国以培根、休谟、柏克为代表的经验主义美学也是近代西方美学的重要组成部分。

康德居住在德国东北边境一个古老城市哥尼斯堡一条僻静的小巷里，过着一种机械般有秩序的、几乎抽象的独身生活。每天起床、喝咖啡、写作、讲学、吃饭、散步，一切都有规定的时间。一年四季每天下午三点，康德穿着灰色外衣，拿着藤手杖，从家门口出来，在菩提树小林荫道上漫步往返八次。因此人们现在还把这条路叫作哲学家路。就是这样一个生活刻板的人却拥有丰富的内心世界，他的《判断力批判》上卷“审美判断力批判”中涉及的是美学问题，但他的美学研究不是出自对艺术的兴趣。

① 康德：《判断力批判》上卷，商务印书馆，1985年版，第78页。

他终生居住的哥尼斯堡艺术氛围薄弱，城市里没有博物馆，没有著名的建筑、雕塑和绘画；他不懂造型艺术，文学知识也很有限，甚至认为音乐是“不甚礼貌”的艺术，音乐的喧嚣妨碍了严肃的理性思考；虽然他对于美学著作非常熟悉，但也不是对于美学理论本身的兴趣，而仅仅是出于构筑他哲学体系的需要。于是，康德成为哲学美学的代表人物。

黑格尔之后海德格尔之前，理性不再是艺术与美的根本规定，存在问题成为艺术和美的根本问题，由此产生了西方现代美学。与近代美学相比，西方现代美学不再局限于经验主义、理性主义，呈现出流派繁多、新说纷争的局面。马克思主义美学中的存在是社会存在，人被规定为劳动的动物，“劳动创造了美”，人按照美的规律来创造他的生活；尼采美学中的存在是人的生命及其冲动，他把美、美感和艺术的本性理解为陶醉，即生命力的丰盈和剩余；现象学美学从审美对象和审美经验自身出发，认为美是存在自身的显现；解释学美学把美学视为哲学解释学的重要组成部分，关注审美体验的研究，认为艺术是生命的体验与表达；接受美学则强调读者的理解对艺术意义生成的作用，主张在动态过程中考察生产的、接受的与交流的审美经验；在实用主义美学看来，审美的经验源于人的日常经验，人关于周围世界的经验具有强大的生命力，从而成为审美与艺术的萌芽；精神分析美学和人本主义心理学美学从心理维度揭示艺术创作和审美活动；形式主义美学和符号论美学则将艺术和美的本质归结到单纯的形式及其组合关系，或符号化的人类情感形式上，等等。

尼采生于1844年，除在1869~1879年间曾任瑞士巴塞尔大学教授外，他一生离乡背井，到处流浪，从来没有现实生计，没有职业，没有生活圈子，没有结婚，也没有招门徒弟子。他的父亲是牧师，他也曾经学习神学，但他并没有因此得到精神的救赎，1880年他患了精神分裂症，1889年彻底疯了，一直到死都没有恢复理智。但他的美学研究在西方和东方都产生了广泛的影响，他“敏锐地感受到现代西方社会的精神危机”，反对理性和科学对生命冲动的压抑，成为西方非理性主义美学的鼻祖。

后现代美学与现代美学没有时间上的继承关系，但有思想上的分界，其根本问题是语言问题。语言分析美学、结构主义美学、解构主义美学等后现代美学流派认为，一个没有被语言敞开的存在是黑暗的，也是不可思议和不可言说的，提出文学艺术的美学价值体现在语言自身，或者语言结构及其意义中。后现代美学抛弃了近代的理性、现代的存在，只关切于语言。在后现代那里，哲学与文学、美学与反美学、艺术与非艺术等的区分，已不再有意义。

与“Aesthetic”相对应的中文概念是“美学”。据说，1878 年，德国传教士在中国第一个使用“美学”一词。但学界多认为作为一门学科，“美学”是从日本引入中国，慢慢在中国的学术领域确立并传播开来的。蔡元培、朱光潜致力于介绍西方的美学思想和理论，蔡仪、李泽厚、朱光潜等形成了马克思主义美学理论，走的都是外来美学的中国化道路；而王国维把“意境”等作为中国美学的核心问题，宗白华从中国人的审美、信仰、宇宙观、伦理和风俗等广阔领域对美的内在感悟，从而形成的“从艺术到哲学、从思想到作品、从文化到生活的理论整体”[①]，是颇具中国特色的美学理论。

（三）美学研究的对象

不论美学研究确立的对象如何，美的现象确实处处存在，审美实践时时发生，作为人类的一种基本活动的审美活动也一直要进行下去。但能否有明确的研究对象，是美学作为一门学科能够成立的重要标志。确定美学的审美对象确实有一定难度，虽然审美现象无处不在，但审美判断却各不相同，不同美学因为其对美学认知的不同，其研究的美学对象的偏重点也有所不同。

纵观美学学科确立后的中外美学史，美学对象的研究重心大致

① 章启群：《百年中国美学史略·序》，北京大学出版社，2005 年版，第 9 页。

有三个。

第一个重心是对美本身或美感的探讨。这派美学家大多从哲学的高度来研究一切事物、各种形态的美的规律以及审美主体面对事物时产生的美感的规律。柏拉图是从哲学角度探讨“美本身”的始祖。“美学之父”鲍姆嘉通把人们的感性认识当作美学的对象，“美学的目的是感性认识本身的完善。这种完善就是美”①。康德的《判断力批判》研究的对象是美感的客观规律。

> 在西方文化史和思想史上，柏拉图的地位都是毋庸置疑的。所以，有人说：“人们可以说西方的思想或者是柏拉图的，或者是反柏拉图的，可是任何时候都不是非柏拉图的。”柏拉图首先是一位哲学家，他的美学不过是他哲学的有机组成部分，是本体论的美学。柏拉图提出了“什么是美”的问题，他对美的回答是哲学式的。他试图寻找一种普遍的先在的美——是它把各种美的现象变成美的，是一切美的事物的根源，把美归结为是一种理式，它是永恒性的、先验性的、最完美的、绝对的存在，存在于彼岸天国或者天国之中。

第二个重心是把美学当作艺术来研究。持这种观点的美学家认为，艺术美是美的集中体现和高级形态，甚至把美学简单等同于艺术理论。黑格尔在《美学》开篇就说：“美学的对象是广大的美的领域，说得更精确一点，它的范围就是艺术，或者毋宁说，就是美的艺术。”而车尔尼雪夫斯基认为：“美学到底是什么呢？可不就是一般艺术，特别是诗的原则的体系吗？”我国的美学大家朱光潜也认为，美的本质集中反映在艺术中，美学就是艺术哲学，是研究一般艺术规律的科学。不过，古典美学是对艺术现象本身的关注，而现代美学则是从审美经验、审美心理与艺术之间的关联来研究艺术现象，总结艺术美。

朱光潜先生说过：从美学观点来说，“自然美”是一个自相矛

① 马奇主编：《西方美学史资料选编》上卷，上海人民出版社，1987 年版，第 693 页。

盾的名词，这里的“美”和“艺术美”中的“美”意义不同。通常所谓“自然美”是指事物的常态，所谓“自然丑”就是指事物的变态。艺术美中的“美”只有一个意义，就是事物现形相于直觉的一个特点。事物如果要能现形相于直觉，它的外形和实质必须融化成一气，它的姿态必可以和人的情趣交感共鸣。在美学意义上，自然美其实就是“艺术美”，从而提出了“艺术化”的概念，他认为：“如果你觉得自然美，自然就已经艺术化，成为你的作品，不复是生糙的自然了。”他觉得美的欣赏极似“柏拉图式的恋爱”，恋人之间是“情人眼里出西施”：“你在初尝恋爱的滋味时，本来也是寻常血肉做的女子却变成你的仙子，你所理想的女子的美点她都应有尽有。在这个时候，你眼中的她也不复是她自己原身而是经你理想化过的变形。你在理想中先酝酿一个尽善尽美的女子，然后把她外射到你的爱人身上，所以你的爱人其实不过是寄托精灵的躯骸。”“一言以蔽之，恋爱中的对象是已经艺术化的自然”。美的欣赏也是如此。所以，实际上，朱光潜先生只承认艺术美之美，不承认自然美的自在性。①

第三个重心是对审美心理或审美经验的研究。英国经验派美学强调审美活动和其他活动的差别在于它的独特的心理及生理过程。20世纪初，德国哲学家费希纳提出要以审美经验的研究取代传统的纯哲学思辨的美学研究，引发了美学研究的革命。此后的“移情说”“内模仿说”“心理距离说”等美学学说都是注重审美心理的研究。而格式塔心理美学学派、精神分析心理美学学派以及人本主义心理学美学学派等，都直接是相应的心理学派的衍生物，运用心理学理论来解释审美现象，揭示美。

“移情说”是由费肖尔父子提出而由里普斯创立的一个美学心理学流派，是西方现代美学中影响最大的流派之一，也是心理学美学流派中最有代表性的一种理论。这一学说认为，人在审美过程中，把物化成人，以人度物，置身于物的地位，把原来没有生命的东

---

① 参见朱光潜：《“依样画葫芦”——写实主义和理想主义的错误》，选自《谈美》，广西师范大学出版社，2004年版，第41页。

西看成有生命的东西,仿佛它也有了感觉、思想、意志,从而使人与物发生同情与共鸣,达到物我交融、物我同一的境地,而产生美感。简单地说,物本无美丑可言,人之所以对其有了美丑之感,是因为人把自己的情感移注于物上,在物上倾注了人的情感。这种观点有一定的合理性,强调了审美欣赏中主体的主动性,但这一观点的致命弱点是不能解释形式美。

显然,以上三种研究都有其片面之处,但它们互相补充,丰富了对美学的认识。20 世纪 80 年代以来,我国学者对美学的研究开始采取一种综合的态度,试图综合这三个方面来进行美学研究,全面研究美的本质、美感、美的形态、审美经验、艺术和审美教育等,既注重哲学形态的探讨,也不忽视具体理论的研究以及如何面对纷繁的审美现象。

三、美学研究的基本问题

(一)美学的基础理论

如今,美学研究已经形成了丰富的内容,既重哲学探讨,分析和论述美的根源、本质及特征,美与真善、美与丑的关系,美的形式、形态和范畴等问题;重心理学的探讨,揭示和描述美感的形成、本质、特征及其表现形态,美感与快感的区别,美感的心理结构和排列组合方式,以及审美观念、审美理想、审美情趣、审美标准等问题;又重社会学的考察,探讨和阐述美的欣赏的主客观条件、对不同美的形态欣赏的内容和方法,不同形态美的创造的一般规律;也不忽视审美教育,揭示审美教育的实质以及审美教育的一般规律,培养审美主体具有一定的审美能力和审美理想。美、美感、审美教育及美的欣赏和创造构成了一个有机的整体。

美的本质、美感、美的形态是美学理论的基础理论和骨干。

美是什么即美的本质问题,是传统美学中最基本的理论问题,它涵盖了自然、生活和艺术中的美、丑、崇高等美的特征的共同点,是事物之所以成为美的依据。在美学探索的路上,对这一问题的探讨大致有以下几个角度:

(1)美是与人无关的自然属性。毕达哥拉斯、达·芬奇等人纯粹从客观属性上规定美的本质,他们甚至从数学方面计算出美的比例和尺度,推出一些形式的规律,认为美是客观呈现的。而心理学派的美学从“人的自然生理—心理基础”上总结美的规律,用生硬的生理特征和心理学实验建立美学理论,如精神分析美学的“性欲升华”说。

(2)美是现象背后的更高本质。柏拉图、普洛丁等远离社会生活、人类的具体实践,而从理式、彼岸寻找美的根源,得出了美是理式、美是上帝的结论,把美当作一种先验的、早于人类实践活动的存在。康德的物自体和人类集体理性、黑格尔的绝对精神、叔本华和尼采的唯意志论、博格森的生命哲学等都是这种观念的延伸。

(3)美是主客体之间的关系。狄德罗的“美在关系说”注重对审美主体和审美客体之间的联系的研究,而马克思主义美学从人类的劳动实践中得出美的本质,认为人类的历史性劳动实践既创造了美的事物,又创造了能够欣赏美的人,使两者最终形成审美关系,为美的发生提供了主体和客体两方面的条件。

到底什么是美呢?柏拉图感叹:美是难的,这个古老的问题至今还未有圆满答案。虽然美学研究始终不能完全回避与放弃这个问题,但也有人提出“对于我们来说,真正的问题不在于指出美自身之后的某种本质,而是显示出美作为美自身是如何生成出来的”。①

我们既承认美的客观存在性,又要认识到如果没有审美主体,这种美并不能自动呈现,它必须反映在你的心中,是你的情感被触动后而产生了美感,从而觉得事物是美的。

美的本质问题提出至今已有两千多年,经历了曲折的发展历程。传统美学主要回答“美是什么”。从柏拉图的“美在理式”到黑格尔的“美是理念的感性显现”;从托马斯·阿奎那“凡一眼见到就使人愉快的东西才叫作美的”到康德的“审美乃超脱了任何(包括道德的或生物的)利害关系,对对象无所欲求的‘自由的’快感”;从狄德罗的“美在关系”到车尔尼雪夫斯基的“美是生活”。但不论是唯

① 彭富春:《哲学美学导论》,人民出版社,2005年版,第50页。

心主义美学还是唯物主义美学都没能从根本上解决美本质的问题。马克思主义美学提出“美是人本质力量的对象化”这一美的本质命题，对传统美学进行了总结。这一定义把审美活动看成是社会现象，把美与人的本质力量结合起来，并且从实践中寻找美的根源。它既继承并发展了传统美学的研究成果，又克服了前马克思主义美学美本质研究的错误倾向，从而更有利于人们全面深刻认识和理解美及美本质，具有重大的理论意义。但是，“美是人的本质力量对象化”并没有最终回答“美是什么”的问题，这一命题方式本身的缺陷使传统美学面临危机。于是当代分析美学应运而生，它对传统美学进行消解，彻底否定了美本质。分析美学一方面解决了传统美学的危机，另一方面又否定了美学，使美学有走向灭亡的危险。

美感探讨人类美感的形成、美感的心理基础和心理要素以及美感的内在结构，具体包括审美能力、审美需要、审美趣味、审美理想、审美态度和审美感受等。对象如果不经过主体美感结构的观照和发现，就不可能成为审美对象。从美的规定中可知，美与美感是同一的，表现为外在于主体的客观现象界为“美”，表现为内在于主体的主观现象界为“美感”，不存在超美感的美。把美与美感相分离，不能说明美的本体论和认识论相统一的本质。

美感的形成过程是一个令人困惑的问题，对美感的探讨也有三种不同途径：

(1)从人的主观意识方面考察美感。因为人的感觉的神秘性，很多美学家认为，它是先验的。柏拉图曾经认为，有少数人能被“神灵附体”，从而“回忆起上界里真正的美”。英国的新柏拉图主义者认为，人天生有分辨美丑的能力，人具有“内在感官”来判断美。而心理学发展起来后，这种学说更是风行一时。“移情说”“直觉说”“内模仿说”等都仅仅从人的主观意识方面来考察美感的形成。

(2)从现实生活中考察美感的生成，承认意识对客观存在的依赖。亚里士多德的“模仿说”是源头；英国经验派美学认为，美感是“社会生活的情欲”(指性爱和社交)和“自我安全”的需要；费尔巴哈认为，美感来源于人在对象中直觉到了人的本质；达尔文主张，生物进化的过程中产生了美感；而人类学家弗雷泽认为，审美活动来源于人的原始宗教、图腾崇拜和巫术活动，美感是这些活动积累的结果。

(3)从人类的实践活动考察美感的形成，认为美感是人类劳动实践的产物，并随着人类的发展而不断丰富。马克思主义美学认为，美感产生于人类的社会实践过程中。在人类生产力低下的历史时期，实用的、功利的意识还居主导地位。随着人类实践活动的发展，人类逐渐从自然的压力和束缚中解放出来，有了闲暇，能够自由地把人的生命创造力量展现在客观物体上，能够在物体的实用之外装饰和点缀物件，并能在征服自然和劳动的时候体验到满足感和愉快感，获得自由的体验，美感于是就产生了，并随着人类实践活动的扩大、历史的发展而不断地丰富。

美的本质存在于美的对象中，美感必须由具体的审美对象激发而产生。美表现在不同的审美客体上，表现为各种存在形态，即自然美、社会美和艺术美等；而根据审美客体给审美主体带来的美感，美又有其情感表现形态，即优美与壮美，悲剧和喜剧等。美的形态是美的载体。

(1)美的存在形态

第一，自然美。自然美是以物的自然形态存在的审美客体。它们虽然同样是审美主体的对象，但它是天生的、自在的、客观的存在，“花自飘零水自流”，人类活动对它们没有进行改变或者创造。自然美包括自然景象、人的自然体貌和各种形式的美。

自然美是如何产生的？对此有不同说法，有人认为，自然美存在于自然事物本身，在于它的比例、节奏、线条和声音等，如符合一定数字比例的人体就是美的；也有人认为，自然美不仅在于自然事物本身，更关键的是其所表现出来的社会生活形态，孕育的生活内容，如茂盛的树木之所以美是因为它显示了蓬勃的生命；还有人认为，自然美是人的意识、想象或概念作用于自然的结果，即心灵的美的反映。

第二，社会美。社会美是人在改造世界的过程中，特别是物质生产领域中创造的对象的美，包括人类的各类物质产品、被人改造过的自然界和人自身，以及人所创造的工艺品。社会美完全是人类有意识改造社会的产物,社会美的中心是人,它直接地、现实地表现了人的本质力量,能够鲜明表现出人的生命、本质、个性和情感等特点。

第三,艺术美。艺术美是人类美感物态化的集中表现,是人类精神生产领域创造的对象的美。第一类是造型艺术美,即雕塑、建筑、绘画和书法等艺术门类的美;第二类是视听艺术美,即音乐、舞蹈、戏剧、杂技、电影、电视和摄影等艺术门类的美;第三类是语言艺术美,包括诗歌、散文和小说等艺术门类的美。它们确证着人类心灵的复杂性和丰富性,是最典型的美的存在形态。

也有人提出有科学美、技术美,比如,科学研究对于许多科学家来说是一种特殊的审美过程,所以被认为具有美学价值。

(2)美的表现形态

第一,优美和壮美是美的两个基本表现形态,也是两个相对的美学范畴。

从形式上看,优美表现为小巧、柔和、安静和秀雅,壮美则是巨大、刚强、奔放和硬朗;在美感上,优美表现为愉快、轻松和舒畅的感受,而壮美则带来刺激、压抑和激荡的心情,但最终因为审美无利害的征服感,转化为人的豪情、精神上的畅快。它们都体现了人的本质力量和积极情感的生动形象,客观上肯定了人类的实践活动,在本质上是相同的。

第二,崇高和滑稽是西方美学中两个非常重要的范畴。崇高是数量或力量巨大的对象使人感受到恐惧和体验到痛感,但主体的精神对恐怖对象的征服使痛感转化为快感,使精神力量得以确证和提升,使主体直接确定自己的本质力量。滑稽的对象是个人行为的不协调,引起一种没有伤害的可笑感,从而使主体感到精神的优越,在否定对象的笑意中间接确定自己的本质力量。

第三,悲剧和喜剧是以艺术为载体的两大美学表现形态。现实中的悲剧和喜剧在客观上具备审美性质,但往往只能激起人类同情或滑稽的情感并马上会诉求于一种严肃的伦理态度和实际行动,而不能作为直接的审美对象来欣赏。

悲剧产生于社会的矛盾和冲突中,通过呈现人类生活中各种冲突来激起悲情,从而使人认识生命的意义和价值,进而战胜或化解现实的苦难。悲剧通过人类英勇无畏的抗争精神，体现出人类的价值和尊严，唤起人的崇高感。喜剧所表现的那种荒谬卑鄙的人物及其行动，使人们认清他们的行动是无根据的，通过笑直接否定他们的合理性，是悲剧的对应概念。它反映本质与外在现象、内容与形式的自相矛盾的生活。这些丑陋的生活假象最终被揭露，间接肯定了人的力量和尊严，使人在胜利的笑声中获得精神的愉悦。

(二)审美教育是美学研究的目的

对美和美感的认识，对于美的形态的探讨，审美活动的认知，最终都要落实到实践层面，就是对人的审美教育，这是美学研究的价值之所在。美学和美育有着深厚的渊源。美育首先是一种教育活动，它的直接理论来源是美学，美学理论只有通过美育的实践，才能实现其理论的价值。美育是一种具体的审美实践，它是一种运用审美形象的感染作用塑造人的知、情、意等符号实践能力的教育形式，其目的在于实现人的全面发展。

关于审美教育(简称美育)有许多不同的看法，很难有定论。但一般来说，美育离不开美和美感，因为必须通过对自然界的，或社会生活中的，或艺术作品中的美的事物或现象的感动来进行教育，它必须有具体可感的形象性、个人亲历的体验性，也要有诉诸人类情感，给人带来的愉悦性。它既不同于一般的政治思想和道德品质的教育，也不同于专门传授文化知识和技术技能的教育，更不同于崇奉虚幻的神灵的宗教信仰。它是培养人们感受美、认识美、鉴赏美和创造美的能力的教育。美育离不开教育，它不是自发地、自然地、自流地产生和形成的。虽然人们常说，“爱美是人的天性”，或是“爱美之心，人皆有之”。但事实表明，有“爱美”之心，并不等于就有了美学修养，更不意味着真正了解美。因为懂得美、认识美要有相应的文化知识水平和美学理论基础才行，而这无法自然而然地产生。所以，美育也是按一定的目的要求，对受教育者施以积极影响的一种有计划的美感教育活动，它要通过对人们的不断启发和长期的训练、熏陶的教育过程使之逐渐获得美感能力。这也就确定了美育是带有认识性质的一种教育活动，但它的认识性质又具有独自的特点，它在人们对于美的感受中获得。

美育在现代中国扮演着个体人格的启蒙和解放的角色，承担着塑造符合新文化标准的“新人”的使命，从而成为与德育、智育、体育并行的教育形式。审美教育有区别于德育、智育、体育的独特性。德育培养人的道德观念，规范人的行为意志；智育重视与开发人的理性能力；体育提高人的体能；而美育则对人的感性、情感领域发生作用，最终要通过对人的审美情感的激发和培养，建立起一种全面和谐发展的健康人格，帮助人们树立正确的审美观、提高审美能力、丰富人的本质与完善人格，最终实现人的全面、和谐和自由的发展。

本章小结

1. 美学关心的是人的生活、人在日常生活中如何寻求人生的意义。每个人都在以自己的实际生活行动去探索和思考美学问题，它并不神秘。不过，美学当然也需要知识的积累和一定的思辨技能训练。通过系统学习，我们关于美的日常生活追求和体验可以提升为理性的沉思和概念的推导。

2. 如今，美学研究已经形成了丰富的内容，既重哲学、心理学的探讨，又重社会学的考察及进行美学实践，美、美感、美的欣赏和创造、审美教育，它们构成了一个有机的完整的整体。

3. 对美和美感的认识，对于美的形态的探讨、审美活动的认知最终都要落实到实践层面，就是对人的审美教育，这是美学研究的价值之所在。美育是一种具体的审美实践，它运用审美形象的感染作用塑造人的知、情、意等符号实践能力，其目的在于实现人的全面发展。

思考题

1. 什么是审美活动？它具有什么不同于其他人类活动的特征？
2. 什么是美学？美学的基本问题是什么？
3. 美的存在形态有哪几种？
4. 美的基本表现形态是什么？各具什么特征？

5. 美学和美育之间有什么关系?

6. 试对目前中小学教育中有关美育的情况做出简要评述。

推荐书目

1. 朱光潜:《朱光潜谈美》,华东师范大学出版社,2012 年版。
2. 宗白华:《美学散步》,安徽教育出版社,2005 年版。
3. 张法:《中西美学与文化精神》,北京大学出版社,1994 年版。
4. 李泽厚:《美的历程》,广西师范大学出版社,2000 年版。

第七章 历史学：时空中的生命观照

人类史同自然史的区别在于，人类史是我们自己创造的，而自然史不是我们自己创造的。历史不过是追求着自己目的的人的活动而已。

——马克思

常言道:过去的事实都是历史,但并不是每个人过去发生的事都将进入历史学研究的视域,通常所说的"历史"(History)实际上有三层含义。一是指人类过去的经历;二是指人们对过去事实的有意识、有选择的记录,即所谓的历史书;三是指把人类过去经历作为研究对象的历史学,它是专门研究历史的科学,它不仅包括历史本身,还包括在历史事实的基础上研究和总结历史发展的规律,以及总结研究历史的方法和理论。

一、历史学的意蕴

人类所生活的外部世界是历史的存在,人类的存在更是历史的存在,人类为了生存,为了发展,必须认识自身,认识周围的世界,这就必须努力认识历史。于是,历史记忆,历史诠释,历史反思,对于历史资源自觉与不自觉地利用由此诞生,历史学亦由此源起。

(一)历史、历史学与历史科学

顾名思义,历史学就是研究历史的一门科学。那么,什么是历史呢? 马克思、恩格斯曾说过,我们仅仅知道一门唯一的科学,即历史科学。历史可以从两方面来考察,可以把它划分为自然史和人类史。但这两方面是不可分割的;只要有人存在,自然史和人类史就彼此相互制约。根据这个定义,后人又把历史分为"广义"和"狭义"的两种。广义的历史,是指客观世界运动发展的过程,它可以划分为自然史和人类社会史两个方面。狭义的历史,就是通常所讲的人类社会发生、发展的过程,即人类社会史。

历史既然有广义和狭义之分,历史学也就可以做广义和狭义的理解。广义地说,世界上的一切科学都可以称它为历史学。因为每一门科学都不能不研究它这一特定对象的运动发展过程。我们一般所说的历史学,是从狭义的角度讲的,即把它看作是研究人类社会以往运动发展过程的学问。

"历史科学"的概念最早是由马克思主义经典作家提出来的。马克思主义创始人运用唯物史观,使得人类历史的研究成为科学。

历史科学的思想内涵和理论体系给历史学研究带来翻天覆地的变化,从此,历史学的研究在科学的轨道上不断进步。即便是马克思主义的最大论敌,也承认马克思对社会科学与历史科学有着不可磨灭的贡献,特别是强调经济条件对社会生活的影响,的确是眼光独到,可以说完全扭转了先前历史学家的观念。

唯物史观将历史看作人类的发展过程,而它的任务就在于发现这个过程的运动规律。马克思认为,历史进程是受内在的一般规律支配的,他所发现的伟大的历史运动规律是,一切历史上的斗争,无论是在政治、宗教、哲学的领域中进行的,还是在任何其他意识形态领域中进行的,实际上只是各社会阶级的斗争或多或少的表现,而这些阶级的存在以及它们之间的冲突,又为它们的经济状况的发展程度、生产的性质和方式以及由生产所决定的交换的性质和方式所制约。马克思主义的社会历史观的确立为历史学的产生奠定了坚实的基础,从而使历史学作为一门真正的科学成为可能。

(二)历史学不仅仅是一门科学

历史学作为一门科学,应该解释现象、揭示本质、探索规律,需要通过多种途径达到目的,然而,历史学仅仅是一门科学吗?历史学就科学的严格性而言存在不足之处,严格的科学得出来的结论和发现的规律都是可以重演的,历史学无法用实践来检验它是否是科学。

人的活动离不开人的主观感情,而这是自然科学无法真正把握的东西。金斯伯格曾经一针见血地指出:伽利略以来的自然科学的发展使人文科学处于两难的窘境中:“要么为创造出重要的成果去采纳科学性很弱的标准;要么采用科学性很强的标准却只能创造出意义不甚重大的成果。”因此,历史学不可能仅仅是一门科学,历史学如果只是科学,那就扼杀了历史学自身。科学的殿堂绝不比艺术的殿堂更神圣和伟大,艺术对丰富人类生活也同样不可缺少。历史学既是科学,又是艺术。主张历史是艺术不仅考虑历史的上述教育功能,而且关注其认识功能,这一点也为很多人所强调。历史最重要的认识功能在于它能帮助人类认识自我,这是与艺术相同的。当代分析学家卡西尔提出:“艺术和历史学是我们探索人类本性的最有力的工具。”

如果我们将历史学既看成是一门科学,又看成是一种艺术,在历史研究中就既能遵循实事求是的科学原则,又能有艺术的思维和创造精神。理想的历史学,应该既有科学性,又有文学性;应该既作结构的分析,又作事件的叙述;应该既是总体的宏观研究,又是个体的微观研究,总之,应是以上两个方面的完美结合。历史学以独特的方式集合了艺术和科学的某些特征,它在知识的分支中具有独立的地位。历史学在发展过程中,应该根据其他学科的发展对自身进行相应的改造,又不能丢弃自身的优良传统,而在此基础上开辟新的道路。

二、历史学的研究对象、基本问题和研究方法

我们要想深入地了解历史学的意蕴,首先就要弄清楚它的研究对象是什么?在所有要关注的问题之中,哪个问题是最关键的、最基本的?要想科学地开展研究需要哪些研究方法?

(一)历史学的研究对象

历史学的研究对象到底是什么?这始终是当代历史学领域争论不休而又莫衷一是的问题。在东西方史学的讨论中,出现过许多五花八门的观点,概括起来大体上不外乎两种:一种是强调历史学的研究对象是过去了的历史事件,即不依人的主观意志为转移的客观过程;另一种是强调历史学的研究对象是人的思想即主观观念。两种观点,相互诘难,各是其所是,而非其所非。

我们过去强调历史研究要“如实地反映历史发展的自然过程”,强调考察历史客体,强调历史过程的客观性质,这无疑是应该的,必要的。但是,在强调历史客体的时候,有时忽视了历史主体,淡化了对于“人”本身以及人在历史中的地位的考察,从而导致了历史研究的片面性和对历史解释的机械性。

马克思主义的历史理论认为,历史是由人的实践活动创造的,历史又是由人(历史学家)撰写的。所以,只有人才是历史活动的中

心。马克思的“历史”概念十分强调人的主观积极能动作用，强调人的主体性因素。历史不仅仅是个别偶然事件的堆积，更是人的有目的的活动，是以人的社会实践活动为基础的生产方式的运动，是生产力与生产关系、经济基础与上层建筑的运动。马克思在充分估计了“历史”概念的现实性和主体与客体的统一性之后认为，历史不外乎是各个世代的依次交替。每一代都利用以前各代遗留下来的材料、资金和生产力。由于这个缘故，每一代一方面在完全改变了的条件下继续从事先辈的活动；另一方面又通过完全改变了的活动来改变旧的条件。其实，以往历史的“使命”“目的”“萌芽”“观念”等词所表明的东西，无非是从后来历史中得出的抽象，无非是从先前历史对后来历史发生的积极影响中得出的抽象。马克思在这里不像那些把“历史”概念化、公式化的人的生硬做法，而是把历史还原为人类的现实生产与生活，认为历史是主体对客体的抽象，是包括人的历史认识在内的社会活动。

总之，历史研究的对象，是由人的社会实践活动所构成，并且是经过历史学家所重构的客观历史过程及其规律性。历史学的某些分支学科，直接把历史的主体作为客观存在的对象加以考察和探讨。所以，历史研究的对象不仅包括历史客体，同时也应该包括历史主体。

（二）历史学的基本问题

历史观是人们对历史的根本看法或指人们对历史总体运动及其一般规律的理论概括。在马克思主义唯物史观产生之前，不论是唯物主义者还是唯心主义者，在社会历史观上，都是“从观念出发来解释实践”。可以说，历史学为英雄史观、神学史观、循环史观和进化史观等统治着。例如，德国古典哲学的杰出代表、唯心主义大师黑格尔，把社会历史的发展看成是他的“绝对精神”的生产史。黑格尔认为，“绝对精神”的逐渐实现，形成了历史事件的内容及联系，人类历史发展经历了从幼年到老年时代这一由低级到高级的发展过程。

马克思主义唯物史观的创立，宣告了在人类社会历史领域占统治地位的唯心史观的彻底结束。唯物史观是科学的历史观，深刻地揭示出社会发展的客观规律。在社会生活中,无论任何事件的发生,都不能不与人的思想意图、目的以及人的活动有关。各种唯心的、宿命的、形而上学的历史观,把社会历史的发展看作是一幅完全由偶然事件堆砌起来的杂乱无章的图画,根本没有什么客观性可言。

唯物史观还正确说明了社会历史发展的终极原因的伟大动力取决于社会的经济发展、生产方式和交换方式的改变。也就是说,人类物质资料和生产资料的生产交换活动是社会存在和发展的物质基础。在马克思主义诞生以前,不少人曾在不同程度上探讨过社会发展的终极原因。如孟德斯鸠认为,一个国家的气候、土壤等地理条件,对这个国家的法律性质、道德风俗等方面都有决定性的影响。人们的目的、愿望、性格和习俗等取决于地理环境。但唯物史观则与以往的思想家的认识不同,它通过对社会历史的分析和研究,看到了纷繁复杂的社会关系,并从一切社会中划分出生产关系,把它当作决定其余一切关系的原始关系,而且把它归结于生产力的高度,用生产力与生产关系的矛盾运动来考察整个社会历史的发展。因此,唯物史观不但看到了人们历史活动的思想动机,而且找到了这些动机的物质原因。社会存在——“社会物质生活条件”是由各种因素构成的。但起决定作用的,乃是物质生活资料生产的一定社会形态更替过程。这样,唯物史观就为观察人类社会历史阶段提供了一个客观的科学标准,即按生产关系划分为社会结构,把各国制度概括为一个基本概念——社会形态。

综上可见,唯物主义的历史观为我们认识社会的发展规律提供了科学的指导。

(三)研究方法

历史学研究方法是历史认识过程中主客体经由中介到同一的具体手段、工具、规则和程序,是历史研究所面对的材料通向所要达到的目标的整个操作系统,它的科学化是整个历史研究科学化的可靠保证。下面简单介绍历史学研究常用到的方法。

(1)阶级分析法。阶级分析法就是运用马克思主义关于阶级和阶级斗争的理论来分析阶级社会历史的方法。它是历史研究的基本方法之一。人们在研究阶级社会的历史时,必须运用阶级分析法。恩格斯说:“以往的全部历史,除原始状态外,都是阶级斗争的历史。”但是,在阶级社会里,众多的历史现象,纷繁的历史事件,无数的历史人物,错综复杂地交织在一起,使整个社会的历史呈现出一种纷纭复杂、扑朔迷离的状态。人们怎样才能从这种表面上看来迷离混沌的状态中发现历史的本质,揭示历史发展的规律?马克思主义给我们指出了一条指导性的线索,使我们能在这种看来迷离混沌的状态中发现规律性。这条线索就是阶级斗争的理论。

在历史研究中,要想正确运用阶级分析法,必须坚持马克思主义的唯物史观和历史辩证法。恩格斯曾经指出,这些互相斗争的社会阶级在任何时候都是生产关系和交换关系的产物,一句话,都是自己时代的经济关系的产物。这就是说,阶级和阶级斗争的根源是经济关系,因此,人们在运用阶级分析法时,必须重视经济关系的研究。由此可见,在运用阶级分析法时,必须首先从经济分析入手,认真考察阶级和阶级斗争赖以存在的经济关系,然后设法从这些条件中找出相应的政治、司法、美学、哲学和宗教等的观点。只有这样,才不至于陷入历史唯心主义的泥坑。列宁指出,在分析任何一个社会问题时,马克思主义理论的绝对要求,就是要把问题提到一定的历史范围之内,运用阶级分析法时必须坚持这一原则,做到具体问题具体分析,反对形而上学。只有这样,才能对阶级社会里各个阶级的历史作用和历史人物的功过是非做出正确的评价。

运用阶级分析方法,对阶级社会里各个阶级进行具体分析时,承认被剥削阶级的历史作用,并给予正确的评价,一般情况下人们不难做到。比较难以处理的是如何正确地分析和恰当评价剥削阶级的历史作用。稍不注意,就会武断地对剥削阶级给予全盘否定。要想对历史上的剥削阶级做出正确的评价,必须把它放在一定的历史范围之内进行考察,看它对当时的生产力的发展是否有帮助及其帮助之大小,看它是束缚生产力的,还是解放生产力的。历史事实表明,新兴的剥削阶级在一定历史时期内是维护新的生产关系的,对生产力的发展是起过促进作用的。因此,对于新兴剥削阶级在历史上的进步性,应该给予充分的肯定。

(2)比较研究法。比较研究法就是通过对历史研究对象的比较对照,分析其异同,认识其本质,从而揭示共同规律和特殊规律的一种方法。近几十年来,历史比较研究法越来越受到各国史学家的青睐,在西欧、北美、东欧、日本等国家都得到了迅速发展。各种论述比较研究法的理论专著不断问世,运用该方法而取得巨大成功的事例大量涌现。在我国史学界,比较研究法也引起史学家们的浓厚兴趣。比较研究法作为一种重要的历史研究方法,正在日益受到人们的广泛重视。

事实上,历史比较研究法,早已被古今中外的史学家们广泛运用。在中国,从司马迁的《史记》到刘知几的《史通》,从章学诚的《文史通义》到梁启超的《论中国与欧洲国体异同》,都自发地运用了历史比较法。在国外,从希罗多德的《历史》到马基雅维里的《佛罗伦萨史》,从孔德的《实证哲学》到汤因比的《历史研究》,也都使用了历史比较法。特别值得一提的是,被誉为"比较史学之父"的法国历史学家马克·布洛赫在1928年发表的《论欧洲社会的历史比较》一文,对比较研究法进行了理论上的探讨,提出了较为系统、完整的比较史学理论。

历史比较研究法的具体方式是多种多样的,既有宏观的历史比较,又有微观的历史比较;既有纵向的历史比较,又有横向的历史比较。马克思主义经典作家在运用比较方法进行社会历史研究实践时,就有社会形态的比较、国家的比较、阶级的比较、历史事件的比较、历史人物的比较等各种不同类型。总而言之,人们可以根据不同的研究课题和目的,从不同的角度,选择不同的方式来进行历史比较研究。无论哪种比较方式,只要有助于实现自己的研究目的,都是可以采用的。关键的问题是,在运用历史比较法时,必须遵循历史的可比性原则,即首先弄清被比较的历史对象是否可以加以比较,绝不允许把没有任何联系的历史对象硬拉在一起去做庸俗的比较。

历史比较研究的具体程序,目前还没有一个固定的模式。大致说来,可以分为四个步骤:第一步,确定比较研究的主题。任何比较研究都是有目的的,都是为了解决一定的问题。只有目的明确,才能抓住主线,选择必要的材料,进行正确的比较。第二步,对比较对象进行深入细致的研究。进行历史比较，必须尽量确切地把两种事实研究清楚，把一系列状态，它们的连贯性以及各个发展阶段间的联系研究清楚。第三步，找出比较对象的异同。通过比较研究，从彼此相似的比较对象之中找出不同点，从彼此相异的比较对象中找出共同点。第四步，分析原因，探求历史的本质和规律。单纯地罗列一些比较对象之间的异同现象，并不是历史比较研究的最终目的。科学的历史比较研究，要求人们必须对比较对象中的异同现象进行认真分析，要透过现象，看到本质，从共同性中指示历史发展的普遍规律，从差异性中阐明历史发展的特殊规律。

(3)系统研究法。系统研究法就是把研究对象当作一个系统而进行综合研究的方法。系统研究法作为一种方法论产生于20世纪40年代。它首先在自然科学领域得到了广泛的应用，并取得了巨大的成就。从60年代起，国外社会科学的许多领域陆续引入系统研究的方法。特别是在苏联和欧洲学术界，还掀起了一股研究系统方法的热潮。70年代，系统思想和方法开始传入我国。

顾名思义，系统是系统研究法的基本范畴。那么，什么是系统呢？按照"一般系统论"创始人美籍奥地利生物学家冯·贝塔朗非的说法，所谓系统，就是"处于一定相互联系中的与环境发生关系的各组成部分的总体"。这就是说，系统是由相互作用的若干部分，按一定方式组成，并与环境发生关系的整体。构成这一整体的各部分是系统的要素；把各要素结合起来形成整体的一定方式是系统的结构。要素和结构是组成系统或整体存在的物质基础。系统方法，就是运用上述系统概念及其一般原则，从整体与要素、整体与结构、整体与层次、整体与环境的关系中，分析和认识客观事物的研究方法。

人们把系统理论的基本观点运用到史学研究领域，便形成了历史系统研究法。关于历史系统研究法的基本内容，大致可以归纳为以下几点：

第一，整体分析。系统论要求人们必须把研究对象当作一个整体来看待。因为人类历史是一个复杂的运动发展着的系统整体。因此，只有从整体角度出发，才能深刻理解社会历史的整体与局部、局部与局部之间的内在联系。

第二,结构分析。系统论认为,任何系统都有一定的结构;特定的结构决定着系统的特定性质;结构的变化引起系统的变化。因此,一定历史时期的社会结构,决定了该社会系统的基本特征。只要社会结构不变,社会性质就不会变化。所以,当人们运用系统方法研究历史过程时,首先应弄清楚它的社会结构的内容和成分,然后通过对这些内容、成分相互关系的分析探寻出它们在社会系统中的地位和作用。

第三,层次分析。系统论认为,任何事物都是由各要素按等级秩序组成的有机整体。等级秩序原理是系统论的基本原理之一。因此,当运用系统方法研究历史过程时,就应按历史过程划分为若干不同层次,对各个层次逐一进行探讨,以求对历史的多重性、多面性、多向性、多维性做出科学的解释,并通过分析不同层次的特点以及各层次之间的联系和关系,揭示出历史运动的整体过程,达到认识历史本质和规律的目的。

第四,中介分析。所谓中介,就是在社会系统中,整体与要素、整体与结构、整体与层次、整体与环境以及各要素、结构、层次之间纵横交叉的连接点。在人类社会发展的历史过程中,存在着各种各样的中介环节。因此,在运用系统方法研究历史时,抓住这些中介环节进行分析,可以使人们避免简单化的直线思维,能准确、具体地认识历史,完整地再现历史发展的全貌。

第五,动态分析。人类社会历史是一个运动、发展着的过程,任何社会系统本身都处在不断的发展变化之中。从时间的角度上看,社会系统有它形成、发展和更替的过程,也就是说,社会系统是一个建立在时间轴上的动态系统。因此,人们只有用动态的观点来考察历史,才能反映历史发展的真实过程;只有从动态的分析中,才能把握历史发展的总趋向和规律性。

第六,环境分析。系统论认为,任何系统都与环境发生着关系,社会系统更是如此。因为人类社会每时每刻都在与自然环境发生着各种形式的相互作用。人类不断地向自然环境索取它赖以生存的物质和能量,同时,又无时不受着自然环境的制约和影响。因此,只有通过环境分析,才能真正理解历史发展的曲折性、丰富性。

从上述内容可以看出,历史系统研究法的基本原则,如强调社会历史的整体性、系统性,重视对社会系统内部外部联系的分析,反对孤立的、机械式的思维模式等,都是符合历史唯物主义和辩证法的。然而,历史系统研究方法毕竟不同于历史唯物主义,它有着自身不可克服的局限性。例如,它强调系统之间、系统内部各要素之间的平衡关系,抹杀了它们之间的主次之分;它不可能认识社会经济对于历史的决定作用,更不可能认识人的社会关系的本质;它只是一种具体的方法,具体的分析工具,只能适用于比较有限的社会历史研究领域。因此,系统方法只有在历史唯物主义的指导下,才能发挥它应有的作用。

总之,系统方法作为一种具体的历史研究方法,充实、丰富了历史唯物主义的方法论,但它必须接受唯物史观的指导,才能成为一种科学的研究方法。

(4)计量研究法。计量研究法是运用数学方法,通过数量关系来认识事物本质和规律的一种研究方法。在历史研究中,有目的地运用计量方法分析历史问题,用电子计算机技术处理历史资料而形成的历史计量研究法,其实质就是通过对历史资料的定量分析来认识历史现象,进而揭示历史的本质和发展规律。

历史计量研究法虽然在司马迁的《史记》和希罗多德的《历史》等古代史学著作中都可找到某些初步运用的表现,但那只不过是一些简单的数字罗列,充其量也只能称作初级算术统计。今天人们所说的历史计量研究法,是将电子计算机技术运用于史学研究领域的现代计量研究法,它产生于20世纪60年代,最先出现在美国,然后迅速传播到法国、英国等欧洲国家和苏联、日本等国,80年代传入我国。在过去的几十年里,计量研究法在西方各国的社会科学、历史学领域中已被广泛采用,在经济史、政治史、社会史和人口史等历史分支学科中已成为基本的研究方法之一,并取得了可喜的成就。

历史计量研究法的大体程序,概括起来有如下几个步骤:

第一,确定研究课题。在运用计量方法研究历史时,首先应确定研究课题,明确研究目的,这是正确运用计量研究法的必要前提。只有研究课题确定了,然后才能依据题目,明确取得统计数据的资料对象,确定统计数据的具体项目。

第二,确定数据资料的代表性。在研究课题确定后,就要去研究那些用来解决这一课题的史料内容,确定这些数据资料的置信度和准确度,以及这些数据资料对于解决所确定的课题有多大的代表性,即它们能在多大程度上正确地揭示研究对象的实质。

第三,利用电子计算机系统地整理、储存史料。这是在历史研究中使用计量研究法的必要条件,也是进一步采用数学分析和数学模型方法的前提。

第四,对数据资料进行计量分析。这是历史研究中运用计量研究法的一个关键性步骤。人们通常根据所使用的统计方法的不同,又把计量分析划分为描述性统计和分析性统计两种。描述性统计不需要高深的统计学知识,便于掌握,并且应用这种方法所得出的结论容易理解,因而为大多数计量史学家所采用。

目前,在历史研究中,运用计量研究法时所采用的数学模型,基本上分为两大类:第一类是反映计量模型。它是通过模型模拟来揭示真正有过的历史发展过程的特点和规律。这是历史模拟研究中的一种重要方法,因为历史科学所要解决的根本问题就是揭示历史发展实际过程的本质和规律性。第二类是仿造模型,又称伪造模型。它是从事历史研究的史学家出于某种目的,仿造反实际的即在实际中不存在的局面,建立它的模型,并将所取得的结构和历史实际进行比较,得出历史发展"是这样"或者"不是这样"的结论。仿造模型是西方计量史学家在历史研究中经常使用的一种方法。不过,运用这种方法应当十分小心。因为对历史现象和过程反实际的仿造模拟,在科学认识论方面只有当这种模拟具有可选择性时,才是合理的。如果它所描述的不是可选择的,而是研究者脱离实际而任意设计的,那这种模拟不仅没有认识的价值,而且会歪曲历史发展的实际进程。

计量研究法在现代史学研究中占有重要地位。这种方法利用电子计算机作为处理史料的手段,改变了传统史学手工操作的落后局面,使过去无法处理的大量史料得到合理利用。同时,这种方法还通过精确的定量分析,使原来不够确定的历史问题,得到了可靠数据的证明,从而使研究成果更具有科学性和准确性。但是,计量研究法也存在一定的缺陷。首先,计量研究法只能适用于有限的范围,只有用在可适用的研究对象上,它才能发挥应有的效能。其次,计量研究法依赖于电子计算机对史料的机械处理,很容易把有血有肉的活生生的历史变成枯燥乏味的数据图表和数学公式,使历史丧失其特有的丰富性和生动性;同时,由于这种方法缺乏理论和逻辑分析,很容易引出某些歪曲历史的无稽之谈。再次,计量研究的结果正确与否,取决于所选择的数据资料是否正确,因为对于电子计算机来说,输入的是垃圾,输出的仍是垃圾,如果选择的数据资料本身就不正确,那么计量结果必然是错误的。最后,即使计量结果是正确的,也会由于研究者的历史观和方法论的不同,而对这一结果做出不同的解释,从而得出不同的结论。

总之,计量研究法能否取得成功,依赖于历史学家是否具有科学的立场和观点。因此,人们在历史研究中运用计量研究法时,必须坚持马克思主义唯物史观的指导,必须与传统史学研究方法相结合,必须在定性分析的基础上进行定量分析。只有这样,才能充分发挥计量研究法的应有作用,保证历史研究沿着科学化的道路前进。

三、历史学的功用

2000 年,德国哲学家尼采的《历史的用途与滥用》的中译本出版面世 ,这部写于一百多年前的著作,原是为批判 19 世纪 70 年代德意志的文化现状而写的,但其中涉及的问题却带有普遍性。尼采确有哲学家所特有的先见之明,他知道他的这些思考难以引起同时代学者们的注意,故把它称之为不合时宜的问题 。这个不合时宜的问题就是“历史学有什么用”。

大概还没有哪一门学科会像历史学那样,有关它的功用问题会引来如此众多的疑问、关注和讨论。

当我们看到历史学的功用需要它的研究者做长篇大论的辩白论证时,我们可以推测,历史学的“用”一定出了点问题。而且,这种疑问不是出于对历史学一无所知的门外汉,而是那些终身以史学研究为职业的历史学家。每一位对历史学有过一番真切了解和深刻反思的学者,都会有一种深深的疑虑和无法排遣的困惑。在这方面,最具代表性的恐怕莫过于美国历史学家卡尔·贝克尔了。身为当年全美历史学会主席的贝克尔曾说过一句足以使每一个历史学者为之气短的话:“科学研究对于改变现代生活具有深远的影响,而历史研究充其量也不过是无足轻重的影响。”历史研究是否真的无足轻重?贝克尔的话或许并不是他的真实想法。有学者说:“历史学家的主要职责是求真。他首先应当问真不真,至于有无学术之外的用处倒是次要的。”“历史学家主观上不必注重致用,并不意味着他们的研究成果客观上真的无用。只是说,历史学家自己只管写出信史,求出真相,至于用不用,如何用,何时用,那应该是整个社会的事,决策者的事,历史学家根本无法自己决定,而且这也远远超出了他的能力范围 。”也就是说,史学研究只问其真,不问其用;求“真”是历史学分内的事;怎么“用”是分外的事。历史学家只要管住他分内的事,而不必去管分外的事。不过,当历史学家老是听到他人说“历史无用”,尤其是当他们看到历史学的“真”学问经常被滥用、误用的时候,他们能否老是“听之任之”“袖手旁观”呢?他们是不是也该偶尔关心一下这些分外的事呢?看来答案是肯定的。

另一位美国历史学家康尼尔·李德,在《历史学家的社会责任》一文中有一段说得幽默、但又发人深省的话,他说:“从长远来看,历史教学必须以社会方式,也就是说,以对于一般公民显然有意义的方式来进行,才有存在的理由。因为各级教育越来越由公众负担经费,所以这一点也越来越真实。供养诸位的纳税人是讲求实际的。他说不定会提出这样一个老问题:‘历史到底有什么用呢?’这是一个我们为本行利益着想不敢回避的现实问题。如果我们的答复导致纳税人得出历史并不能当涂面包的黄油的结论,他也许就会决定:既然这样,让历史也不要供给历史学家以黄油和面包吧 。”有没有不给历史学家黄油面包的事呢?或许曾程度不同地存在过,但至少还不至于普遍地发生。不过,一门学科如果不能向社会和世人显示它的价值和意义,难免使它的研究者有此懊丧,甚至为之担心——会不给历史学家黄油和面包。如此说来,处于历史学分外的事,却对它关系重大——它关系到历史学的学科地位、声誉和历史研究者生计的大事情。如果世人都认为历史学存在的理由不充分,纳税人(或其他更重要的什么人)又决定不给历史学者以面包和黄油,那么,失去学籍的历史学和历史学家真是"无立锥之地"了。

因此,为历史学的地位、声誉计,也为历史学者的生计考虑,我们不得不来关心和讨论一下这个历史的功用之一、历史学的"分外"的问题。

(一)人类需要历史学

任何一门学科,都必须有益于社会,有益于人生,才会存在和发展,否则就没有生命力。历史学是一门很古老的学科,它的萌芽可以追溯到人类的原始时代,原始人的"结绳记事""刻木记事"都是历史记载的一种方式。即使从孔子作《春秋》、希罗多德写《历史》算起,它在东方和西方都已有两千多年的历史了,可谓源远流长。两千多年来,历史学一直受到人们的高度重视。在我国,历代王朝均专设有史官记载军国大事,史学著述与儒家经典几乎处于同等地位,并称"经史"。从皇帝到一般读书人,诵经与读史可以说是两门必修的课程。这种情况在一些文学作品中也有所反映,《水浒》里宋江在浔阳楼题"反诗",开头两句就是"自幼曾攻经史,长成亦有权谋"。有人甚至主张"六经皆史"。古代西方特别是古希腊和古罗马,对历史学也是很重视的,虽然官方一般不设专门的修史机构,但不少大政治家同时也是大史学家,例如,儒力斯·恺撒不但是古罗马政治舞台上的风云人物,而且也是一位才华横溢的历史学家,他的《高卢战记》就是一部史学名著。只是到了中世纪,由于神学居于绝对统治地位,历史学沦为神学的婢女,没有多少建树。但自 14 世纪"文艺复兴"以后,历史学又受到人们的普遍重视,成为一门历久不衰的基础学科,几百年中,名家辈出,派别林立。当前世界各国,历史是中、小学生的必修课程,许多大学里设有历史系,综合性的科学研究机构大都设有历史研究部门。这些事实表明,历史学对于社会和人生是很有用处的,有很强的生命力。

历史是人创造的,有了人才有人类的历史。但不要忘记人也是历史的产物，如果古往今来人们都不学历史，不懂历史，人也就不成其为人，而同动物没有什么区别了。

历史是人类的记忆，是人类生产和生活的记录，通过学习历史，人们了解和吸取先辈的经验和智慧，在此基础上进行新的实践，然后再把自己的经验和智慧留给后人。如此世代相传，人们的知识越来越丰富，认识成果、改造世界的能力越来越强，人类社会也就不断向前发展了。当然，历史有时也可能成为人们的重负，像马克思所说的，一切已死的先辈们的传统，像梦魇一样纠缠着活人的头脑，延缓他们前进的步伐。但这往往是由于人们错误地理解历史所造成的，正好说明人们需要科学地理解历史，正确地对待历史。如果人们由于担心历史传统的消极影响，拒不学习历史，抛弃前人遗留下来的经验、智慧及其全部成果，一切都从头开始，那么几百万年的历史就算是白过了，人类至今还只能在原始森林里游荡、徘徊。古罗马政治家西塞罗说："一个不懂得自己出生前历史的人，永远是个孩子。"但这样的人是根本不存在的，除非他生来就是个白痴。事实上，每个人都同历史知识结有不解之缘，他既是历史知识的继承者，又是历史知识的创造者，也是历史知识的传播者，只是有人承认这一点，有人未意识到罢了。我国古代的著名哲学家老子、庄子似乎可以算是历史无用论者的祖师爷，他们主张"绝圣弃智"，要求"返璞归真"，把历史给彻底否定了，从而把人类也彻底否定了。但他们却又向前人学了许多"圣"和"智"，并且认真地著书立说，为后人留下了那么多具有高度历史价值的智慧和知识。由此可见，历史学是人类社会发展的必要条件之一，有巨大的社会功能。可以说，没有历史学，就没有人类社会的发展，就没有人类的今天。以上所说是就其总体而言的，下面我们分别从两个方面来具体讨论历史学的社会功能问题。

（二）历史学的认识功能

历史学的认识功能是指历史知识在人们认识、改造客观世界过程中所起的作用，这里包含有非常广泛的内容。

历史认识是人们认识现在和预见未来的必备条件。在现实生活中，我们对周围事物的认识总是从它的现状入手，例如，世界的现状,中国的现状,一个地区乃至一个单位的现状,等等。但是,要真正认识一个事物仅仅知道它的现状是远远不够的,知道现状,顶多只能说出它现在是这样,而不能回答它为什么是这样。这是由于,自然界和人类社会的发展都是一个有规律的客观过程,任何现实事物都是历史发展的产物,都有它的渊源和成因,只有了解它的历史,才能知道它为什么会成为现在这个样子,才能把握它的内在本质和发展规律。

古人早就懂得这个道理,有一个说法,叫作"入其园,先观其史"。秦朝末年,刘邦率军攻破咸阳,将士们忙于抢夺珍宝财货,萧何却不凑这个热闹,而是带领手下人去寻找皇宫和各个衙门里的"图籍"。这"图籍"就是秦朝的历史档案和各类公文,是了解历史和现状的依据。萧何后来当了丞相,帮助刘邦制定了一系列切合实际的政策,并非偶然。还有一个说法叫作"入乡问俗",这个"俗"就是历史。南宋著名学者朱熹于淳熙六年(1179年)出任南康知军,上任后的第一件事就是询问当地的方志,了解历史沿革与风俗民情。按照今天的说法就是做调查研究的工作,在熟悉情况的基础上确定施政方针。在日常生活中,这类事例是很多的。

认识事物的现状需要历史知识,预测它的未来也同样需要历史知识。人类社会的发展虽然是一个不断创新的过程,但这种创新永远离不开特定的历史前提。历史犹如长河,过去、现在和未来是不可分割的,事物的过去不仅影响到它的现状,也在很大程度上影响到它的未来。中国向何处去,这是人们普遍关心的大问题,但是未来不是从天上掉下来的,而是历史发展的未来,若没有历史知识,不能把握历史发展的轨迹和趋向,怎么能够确定走向未来的航程呢?客观世界的发展是一个历史过程,要知道它的现在和预测它的未来,必须知道它的历史。

历史学不仅可以为各类学科提供丰富的历史资料,而且可以为许多学科特别是社会科学的各个学科提供历史背景。一个研究中国社会经济的学者,不仅必须熟悉中国的经济学说史,而且应该对整个中国历史有一个大致的了解,否则是很难有所建树的。研究法律的,研究文学艺术的,也是如此。在这里,历史知识是一个素养问题，历史知识的多寡，在很大程度上关系着一个学者的学术水平。

历史知识是人们认识世界和改造世界的所有实践活动的必备条件，以上所述不过是略择大端而已。但是社会有分工，系统地学习和研究历史的只能是少数人，这就是历史学家。以往的历史学家，一般只能根据现实生活的需要，向人们提供一些历史知识，马克思主义的历史学家不仅要提供一般的历史知识，而且要通过具体而又生动的史实阐明历史发展的一般规律与具体规律，帮助人们更好地辨明前进的航向，这是光荣而又艰巨的任务。

（三）历史学的借鉴功能

历史学另一个重要的社会功能就是为人们的实践活动提供历史经验。人们在认识和改造客观世界的过程中，有的获得成功，有的遭到失败，有的成败参半，无论成功与失败，都积累了一定的经验教训。这些经验教训对于后来者都是宝贵的财富，他们可以根据自己的需要，从中取得借鉴，作为行动的参考。善于吸取前人的成功经验和失败教训，是今人之所以胜过古人的一个重要原因。

我国古代一些比较高明的统治者，像西周初年的周公旦，西汉开国皇帝刘邦和唐初的李世民，都很善于总结历史经验。夏、商两朝，统治者笃信“天命”，认为自己的统治地位是天赋予的，与人事无关，因而不大注意总结历史的经验教训，但随着夏、商两朝的相继灭亡，“天命”思想开始动摇，西周的统治者周公旦等人开始注意这个问题。他们认为，夏桀、商纣之所以败亡，是由于他们的生活太腐化、统治太暴虐。因此，他们告诫周人“我不可不监于有夏，亦不可不监于有殷”。西周初年的统治者基于这样的认识制定了一系列缓和阶级矛盾和民族矛盾的政策，这就是所谓的“殷鉴”。刘邦当了皇帝后，惩亡秦之弊，曾叫陆贾专题论证“秦之所以失天下，吾所以得之者”的原因和古今成败之由。据说陆贾一共写了 12 篇，“每奏一篇，高帝未尝不称善，左右呼万岁”。唐太宗李世民不仅从隋炀帝覆灭的教训中看到了百姓的力量，肯定了“水能载舟，亦能覆舟”这一朴素的历史箴言，而且提出了著名的“三镜”说，其中之一便是“以古为镜，可以知兴替”，自觉地把历史当成一面镜子，随时对照自己的言行。

要借鉴历史经验首先必须具备一定的历史知识,否则所谓借鉴就无从谈起。而历史知识除了自己亲身经历的之外,大部分是通过史学家的记载保存下来的,如果说周公旦、刘邦和李世民这些开国君主主要是根据自己的亲身经历来总结历史经验的话,那么他们的后代要总结王朝兴衰的经验教训就不得不求助于史官们了。因此,史鉴就成为我国传统史学的一个重要课题。孔子的《春秋》大概由于重在“寓褒贬,别善恶”,还不大注意总结历史上的成败经验,但左丘明的《左传》已经注意到这个问题,记载了许多具有很高借鉴价值的史实。我们所熟悉的古代著名战例有不少就出自《左传》。司马迁著《史记》的目的之一,就是要“稽其成败兴衰之理”,并明确指出“前事不忘,后事之师也”。因此,《史记》里总结历史经验的地方很多,特别是在《本纪》和《列传》部分,几乎俯拾皆是。唐初魏征等人奉敕修梁、陈、北齐、周、隋王朝史,尤重史鉴,如在《陈书》里分析陈亡的原因在于后主陈叔宝“生于深富之中,长于妇人之手”“不知嫁穑艰难”。传统史学讲究史鉴的代表作是司马光的《资治通鉴》。司马光原是当朝首辅,因反对王安石变法而被迫下野,他不甘心失败,决心通过撰写历史来抒发自己的政治主张。按他自己的说法,就是要“鉴前世之兴衰,考当今之得失”,“穷探治乱之迹,上助圣明之鉴”。由于这部书是总结统治经验的专著,内容丰富、资料翔实,因而受到历代统治者的高度重视,成为借鉴史学的样板。

近代以来,资产阶级史学特别是马克思主义史学都已突破了借鉴史学的框框,人们注意的重点是历史的因果关系或历史发展的内在规律,而不是单纯的“资治”。但历史借鉴即总结历史的经验教训仍然是当前史学的一个重要内容,因为人们研究历史上的人和事,往往都要涉及它的成败得失。例如,秦王朝为什么会很快灭亡?汉武帝为什么要罢轮台之诏?太平天国为什么会发生“天京事变”?日本的明治维新为什么成功?中国的戊戌变法为什么失败?这些问题实际上都是在总结历史的经验教训,对决策者具有参考价值。

历史学的借鉴功能历久不衰,反映了社会生活的需要,而它也在一定程度上满足了人们的需要。孙中山先生在革命斗争中很重视总结历史经验。他总结辛亥革命失败以及国民党腐败无能的经验教训,决心改组国民党,并提出了革命的三大政策,重新解释三民主义;他还总结历次武装斗争失败的经验教训,认为军阀靠不住,于是决定创办黄埔军校,建立自己的军队。孙先生总结历史经验虽然也有失误之处,"二次革命"后愤而组织"中华革命党"使自己陷于孤立就是一例,但总的来说还是很有成效的。

在当前我们的社会主义现代化建设事业中,历史学的借鉴功能也大有用武之地。例如,我们的改革究竟怎样才能进行得更顺利,是人人关心的大事。在这种情况下,系统地研究历史上的变化和改革,包括中国的商鞅变法、王安石变法、张居正改革、戊戌变法乃至俄国的农奴制改革、日本的明治维新等,都是很有必要的。历史上的改革不论是中国的还是外国的,与我们今天的改革当然有本质的不同,它们各自的情况也有很大的差异,但从它们的成功与失败中仍然可以总结出许多经验教训,得出一些规律性的认识。

历史借鉴的领域虽然无限广阔,但要真正发挥历史学的借鉴功能,却不是一件容易的事情。历史借鉴必须建立在对历史和现实的科学认识的基础上,把握它们之间的联系和区别,根据不同的历史条件,有所取舍,不能生搬硬套。民主革命时期,党内"左"倾机会主义路线的代表人物,脱离中国实际,照搬俄国十月革命的历史经验,寄希望于中心城市的武装起义,使革命走了弯路,党和人民都吃了大亏,这本身就是惨痛的历史教训;新中国成立以后,我们在社会主义革命和建设中,在一些方面照搬苏联的经验,也付出了沉重的代价。

历史借鉴的深度取决于历史认识的深度,在很大程度上也取决于人们的现实利益。由于历史认识和阶级利益的局限性,传统史学虽然重视历史借鉴,把它作为自己的主要任务之一,但它实际上只能从历史上借鉴一些表面的、不危及封建统治阶级根本利益的成败经验。马克思主义历史科学作为无产阶级认识和改造世界的工具之一,由于它在历史认识上达到了空前的深度,力求把握历史过程的内在本质和规律,这就决定了马克思主义史学所能发挥的借鉴功能无论在深度和广度上都非传统史学所能比拟。但必须指出,马克思主义历史科学的根本任务是尽可能如实地再现历史过程及其发展规律而不是借鉴,如果把寻求历史借鉴作为马克思主义历史科学的根本任务之一,甚至把探求历史规律也纳入历史借鉴的范畴,那就把马克思主义历史科学降低到传统史学的水平了。

本章小结

1. 人类的存在便是历史的存在。历史不仅是指过去的事实本身,更是指人们对过去事实的有意识、有选择的记录。而对于历史的专门性研究,就是历史学,它不仅包括历史本身,还包括在历史事实的基础上研究和总结历史发展的规律,以及总结、研究历史的方法和理论。

2. 历史观是人们对历史的根本看法或指人们对历史总体运动及其一般规律的理论概括。它是史学的灵魂,也是史学理论的基本内核。直到马克思主义产生以前,人们对人类社会历史的认识,始终未能摆脱唯心史观的思想体系。

3. 历史学的功用是一个复杂的问题。人类需要历史学,具体而言,它具有认识和借鉴两大功能。

思考题

1. 历史、历史学与历史科学是什么关系?为什么说马克思主义的建立使历史学成为科学?

2. 为什么说历史学不仅仅是一门科学?

3. 历史学的基本问题是什么?

4. 历史学的研究方法有哪些?

5. 请结合自己的体会谈谈历史学的功用。

6. 历史学有什么社会价值?

推荐书目

1. 葛剑雄:《历史学是什么》,北京大学出版社,2002 年版。

2. 翦伯赞:《中国史纲要》(上、下册),北京大学出版社,2006 年版。

3. 拉尔夫:《世界文明史》,商务印书馆,1998 年版。

4. 庞卓恒:《唯物史观与历史科学》,高等教育出版社,2004 年版。

5. 罗素:《论历史》,广西师范大学出版社,2001 年版。

6. 梁启超:《中国历史研究法》,中国人民大学出版社,2012 年版。

第八章 政治学：道恰政治，泽润生民之学

无论一个人是否喜欢，实际上都不能完全置身于某种政治体系之外。一位公民，在一个国家、市镇、学校、教会、商行、工会、俱乐部、政党、公民社团以及许多其他组织的治理部门中，处处都会碰到政治。

——罗伯特·达尔

政治虽然是一个古老的话题，但作为一门学科来讲，在我国还属于较为新兴的科学。顾名思义，政治学是研究政治这种特殊社会现象的科学，也是治国平天下的科学，它研究的对象是社会上层建筑中的政治领域——国家以及以国家为中心的各种社会政治现象和政治关系。政治的本质是什么？政治的魅力何在？政治体系又是如何构成和运作的？这些问题困扰着人们，也吸引着人们进行深入的研究。

一、什么是政治学

政治是人类社会生活的一个基本领域，从某种程度上说，政治学是研究人类政治生活领域一些基本问题的科学。然而，对于什么是政治、它的本质与边界何在等问题，人们并没有完全一致的看法。因此，为了准确地理解政治学的基本含义，必须从什么是政治入手。

（一）什么是政治

“政治”一词是一个有着广泛含义的古老词汇，几千年来，人们对它曾经做过各种各样的解释。在我国古代，“政”有多种含义。《尚书》有“道恰政治，泽润生民”的论述，还提出食、货、祀、司空、司徒、司寇、宾和师等为“农用八政”，认为维护统治权应办好这八件事。这说明“政”被看作治国理事的意思。孔子说：“政者，正也。子帅以正，孰敢不正？”（《论语·颜渊》）他把“政”解释为正，即正道，符合礼义的道德。在西方，“政治”一词源出于希腊文“Polis”，意为古希腊的独立“城邦”，以后演变为政治学（Politics）。

历代思想家、政治家都从不同的立场和角度，对“政治”的含义做出了不同的解释。具有代表性的有以下几种观点：

一是“道德论”。这种观点认为，政治是一种社会价值追求，是一种规范性的道德。在中国，儒家学说往往把政治与仁义礼智信的道德追求相联系。如孔子所说的“政者，正也。子帅以正，孰敢不正”。在西方，古希腊的柏拉图和亚里士多德也把政治与某种伦理价值联系在一起。柏拉图认为，政治的本质在于“公正”，为此，理想国应该具有智慧、勇敢、节制和正义等四种美德。

二是“神权论”。这种观点认为，政治是一种超自然、超社会力量的体现或外化，即是一种神的力量古代的体现。这是一种在封建社会占统治地位的神权政治观。在中国的殷周时期，就产生了“君权神授”的思想。在西方的中世纪，神权政治观的典型代表托马斯·阿奎那认为，尘世的一切都是神安排的，而“国王是上帝的一个仆人”，“没有权柄不是出于神的”。

三是“权力论”。这种观点认为，政治是对权力的追求和运用。在中国历史上，法家主张政治之道的主要内容是法、术、势的结合，即政治权力的获取、保持和运用，如其代表人物韩非认为，政治是集势以胜众，任法以齐民，因术以御群的事务，就是用权，“先王所期者利也，所用者力也”。在西方，文艺复兴时期意大利著名思想家马基雅维利认为，政治是夺取权力、掌握权力的必要方法的总和。

四是“管理论”。这种观点认为，政治是一种管理活动。正如我国民主革命的先行者孙中山先生论述的，政治两字的意思，浅而言之，政就是众人的事，治就是管理，管理众人的事，便是政治。英国政治学家麦肯齐指出：“目前在英国最通用的定义是欧克肖特的定义，即政治是‘参加一个社会的全面管理’的进程。”

上述各种理解，虽然在不同角度和不同程度上涉及了政治的一些内涵和基本特征，如政治与权力、管理和政策有关等观点，但由于受历史和阶级的局限性，它们并没有全面而深刻地揭示政治的含义。

（二）马克思主义视阈中的政治

马克思主义认为，政治以经济为基础，是经济的集中表现。说政治是经济的集中表现，表明了政治的本质。政治是人类社会生活中的一种复杂现象，历代学者只从一些现象去描绘政治，结果往往被现象所迷惑，把现象当成了本质。无产阶级革命导师运用唯物史观研究客观世界，把政治和经济紧紧联系起来，从而科学地揭示了政治的本质。

马克思主义认为，人们为了维持生存，必然要进行物质资料的生产。在生产中，人们结成了与生产中的一定发展阶段相适应的生产关系，这些关系是不以人们的意志为转移的。政治根源于生产关系。物质生活的生产方式制约着整个社会生活、政治生活和精神生活过程。政治这个上层建筑的变革受经济基础的制约。列宁认为，各阶级的根本经济利益必然集中地表现为政治要求，各阶级的斗争必然发展为政治斗争。

马克思主义还认为，政治是一种与阶级联系在一起的特定的社会关系，是一种阶级关系。马克思曾经指出："人们的政治关系同人们在其中相处的一切关系一样自然也是社会的、公共的关系。"但这种社会关系又不是一般的社会关系，而是在阶级社会产生后与阶级联系在一起的特殊社会关系，是一种阶级之间的社会关系。列宁明确指出："政治就是各阶级之间的斗争，政治就是无产阶级为争取解放而与资产阶级进行斗争的关系。"

因此，从政治的科学含义中已经清楚地表明，国家问题"是关系全部政治的主要的和根本的问题"。政治中最本质的东西就是国家政权。国家政权是阶级社会上层建筑的核心部分，是政治上层建筑的主体。因此，政治学应该抓住政治中最本质、最主要、最根本的问题即国家政权问题作为主要的研究对象。政治学就是研究以国家为主体的各种政治关系、政治制度、政治思想及其发展规律的科学。

二、中西政治思想的发展

中西政治思想史的内容可谓博大精深，它既包括历史上关于处理各种政治关系的思想，又包括历史上治理国家的基本方略和理论主张。本部分拟就中西政治思想发展的大致脉络做简要阐述。

（一）我国古代、近代政治思想的发展

我国古代历来十分注重政治研究，只是没有形成像西方那样完整的政治学学科。早在春秋时代，思想家们就开始研讨政治问题。当时的所谓百家争鸣，实际上就是政治思想上的学派斗争。在诸子百家中，对我国政治生活影响最为深远的是以孔孟为代表的儒家政治思想，以老庄为代表的道家政治思想和以韩非为代表的法家政治思想。

由孔丘所创立、孟珂进一步发展完善的儒家学派，是我国历史上影响最大的学派，在政治思想领域长期占据着统治地位。其主要典籍是《论语》和《孟子》两书。儒家的政治学说主要集中在“礼”与“仁政”两个方面。孔子把礼说成是治国的根本，认为“安上治民，莫善于礼”。礼治的目的就是以礼来调整人与人之间的相互关系，重整“礼崩乐坏”的社会现实，人们的视、听、言、行都要受“礼”的约束。其次，儒家学派提出“为政以德”的治国之道。经过孟子的发展，归结为用“以德行仁”的“王道”。汉代董仲舒把封建的社会政治秩序纳入“天”的控制之中，以“君权神授”“三纲五常”来论证封建社会政治秩序的合理性。到了宋代，朱熹把董仲舒的“天”变换为“理”，认为一切封建的政治秩序都是天理的体现，儒学发展为“理学”。

法家是与儒家相对立的主要流派。韩非是先秦法家思想的集大成者，著有《韩非子》一书。他反对“王道”，主张以“霸道”治国。他建立了“以法为本”，法、势、术三者统一的完整法治思想体系，形成了法家的治国理论。

老子和庄子的政治思想与儒家和法家所主张的以积极有为诸手段来治理国家相反，主张采用消极无为的手段治理国家。所谓“无为”，就是要求国家尽可能不去干扰人们的正常生活，但并非意味着放弃国家治理。老子说过，“为无力，则无不治矣”。其目标还是达到“治”，具体说来，就是达到其“小国寡民”的理想社会。老子“无为而治”的治国思想被历代统治者作为补充手段，用来缓和矛盾、维持统治，在现实政治生活中曾起到重要作用。它不仅影响着中国的政治生活，而且引起了当代一些外国学者的浓厚兴趣。

我国历史上的文化遗产非常丰富，在政治理论与实践方面尤其如此。它不仅积累了人类历史上时间最长、人口最多的泱泱大国的管理经验，而且有古代政治学中极其丰富的理论典籍。古代的“大同”思想，主张“老有所终，壮有所用，幼有所长，鳏寡孤独废疾者皆有所养”，货力无私、天下为公，这是世界上最早的乌托邦共产主义思想，比英国托马斯·莫尔《乌托邦》一书要早将近2000年。

在近代资产阶级民主革命时期，我国由于长期的闭关自守和清廷的腐朽愚昧，在经济、军事、政治和文化等方面都落后了一大步，因而对政治的研究也远远落后于西方。鸦片战争的枪炮火力惊醒了我们这个古老民族，才逐渐引进了西方资产阶级民主革命的政治学说。

孙中山领导的资产阶级民主革命，推翻了延续2000多年的封建帝制，把中国历史推向了一个崭新的阶段。他的三民主义是自成体系的资产阶级民主革命的政治理论和纲领，是一个伟大的创造。1905年，孙中山在《民报》发刊词中正式提出了三民主义，即"民族、民权、民生"主义。

（二）西方政治思想的发展

西方政治思想的发展亦有悠久的历史。古希腊学者亚里士多德是西方政治思想的先驱，他所著的《政治学》是第一部系统论述政治现象的著作。亚里士多德的政治思想及所设计的政治学体系持久地影响了西方政治学的发展。从亚里士多德的《政治学》算起，西方政治思想的发展大致经历了三个阶段。

第一阶段，从古代希腊到文艺复兴运动前。

在这个阶段中，政治学还没有形成现代政治学的理论前提和基本结构。古代希腊的思想家苏格拉底、柏拉图和亚里士多德都十分注重分析和研讨政治问题。在柏拉图那里，政治和伦理还没有分开，政治问题往往被当成伦理问题，国家的目的被描述为实现善、实现正义。但是亚里士多德的《政治学》已经详细研究了有关城市国家的一系列问题。亚里士多德的研究，奠定了以后西方对政治学的基本认识，确定了西方政治学的研究对象。

西方早期的政治思想肇始于被称为"七贤"的一些思想家。按照柏拉图《普罗塔哥拉》篇中所列的名字，七贤应为泰勒斯、毕大格拉斯、皮亚士、梭伦、克娄布鲁、奇仑和弥孙。黑格尔在《哲学讲演录》中对"七贤"有很高的评价，认为他们是一些"伟大人物"、"有天才的人"、"事业家"和"时代的政治家"。他们中的一些人还曾做过执政官。主张中产阶级的统治，反对贫富的过度悬殊，这种政治上的"中庸"主张，为"七贤"所认可，他们都反对"极端"，对"适度"表示称赞，他们都试图调和城邦公民各阶层之间的矛盾，保持城邦的稳定与和谐。

古代罗马继承和发展了古代希腊的文化，注意力主要在法学理论和法典编纂方面。古代希腊和古代罗马研究政治和法律的方法并没有一贯地传下来。在整个中世纪，宣扬上帝创世的经院哲学一直占据着统治地位，一切其他学科都成了神学的奴婢，政治学也不例外。托马斯·阿奎那主张，政治社会起源于自然需要及理性动作，但最后权利来自上帝，“上帝以外无权利”。他们实际上是用上帝的存在来规定政治的方向，用政治来说明上帝的存在。

阿奎那接受了亚里士多德的观点，认为人是理性的动物。他拿人与动物比较，指出动物虽有利齿、皮毛、脚爪，但却没有理性，只有人才有推理能力，才能创造各种工具。他说，羊能根据本能感到狼是自己的冤家，但它不能发展自己的知识，人的理性可以通过推理获得并发展必需的知识，教育和传授知识是只有人才具有的能力，这种能力使一个人得以把自己的全部思想告诉另一个人。阿奎那还是一位神学家，他在谈到人事的时候，始终没有忘记上帝。他说，当人没有希望靠人力来反对暴政时，必须求助于万王之王的上帝，因为只有上帝才有力量使一个暴君的铁石心肠变得柔和。同时，上帝派恶人来进行统治，也是对世人罪孽的惩罚。

第二阶段，从文艺复兴运动到19世纪末。

在这个阶段，西方政治学的基本理论前提和结构逐渐形成。最早的代表人物是意大利的马基雅弗利，其代表作是《君主论》。他在书中表述的政治观点带有明显的资产阶级倾向。他使政治摆脱了宗教道德，宣扬政治是用力量统治人，用权势欺骗人。政治的目的就在于保持和增加国家的权力，为了达到这个目的，什么手段都可以使用，而不要考虑是否残酷、背信弃义和不合法。17～18世纪是资本主义发展时期，政治学也随之进一步发展。这个时期，资产阶级为了争夺政治统治权，冲破了神学束缚，提出了新的政治观点。当时起主导作用的观点是自然法、国家契约论、天赋人权论、自由、平等和博爱等。

自然法思想和社会契约论方面的集大成者是别涅狄克特·斯宾诺莎(1632～1677)，他是荷兰杰出的唯物主义哲学家和激进的政治思想家。斯宾诺莎著述甚丰，著有《知性改进论》《伦理学》《神学政治论》等。英国著名哲学家罗素称赞他说:"斯宾诺莎是为大哲学家当中人格最高尚,性情最温厚可亲的。按才智讲,有些人超越了他,但是在道德方面,他是至高无上的。因此,在他生前和死后的一个世纪以内,被看成是坏的可怕的人,这是当然的后果。……他的物质欲望简单而不多,一生当中对金钱表现出一种稀有的淡漠。少数认得他的人,纵或不赞成他的信念,也都爱戴他。"

另外,从资本主义发展的早期阶段起,就另有一些颇具远见的学者敏锐地感觉到社会上的贫富不均和劳动群众的苦难日益深重,认为资本主义制度极不合理,幻想另行建立崭新的社会,这便是由16世纪初英国托马斯·莫尔的《乌托邦》一书开始的空想社会主义。空想社会主义者们一面无情地揭露和批判资本主义制度的种种社会矛盾和弊端,一面对未来的理想社会提出多种设想与方案,其中包括许多社会主义的天才预见。

第三阶段,从19世纪末至今。

在这个阶段,资产阶级政治学研究广泛开展起来,具有多流派、多层次和实用化的倾向。1890年,美国的布格斯在哥伦比亚学院建立了政治科学学院。从此,政治学进入了高等学府。从20世纪初起,政治学开始成为独立的社会科学,各国相继设置有关专业或研究机构。1903年,美国成立了政治科学协会。

三、政治学的主要内容与基本问题

政治学是一门新兴的学科,它的成熟程度和科学化水平还有待进一步的提高。各国关于政治学体系的建构并无统一的认识,即使在国内,政治学教科书的编写也是体系各异,因此,加强政治学体系和基本问题的研究对发展、完善政治学科的建设意义重大。

(一)政治学的内容体系

政治学的体系一般分为五类内容:政治学的基本理论、政治制度、政治思想、行政管理和国际政治。当然,对此也有不同的意见,比如,现在美国一些大学政治系的课程就一般分为四大类:政治学的历史、理论和方法;美国政治制度;各国政治制度;国际关系等。

政治学的基本理论包括指导政治活动、建立政治制度的根本性原理，主要包括政治学原理、马克思主义经典著作研究、政治学研究方法、政治心理学、政治社会学和比较政治学。

政治制度主要包括中外政治制度史、当代中国政治制度、资本主义国家政治制度、中国政府与政治、中国地方政府。此外各国要研究各国自己的政治制度，即研究自己国家的机构、国家机构的组成、职权范围、各部门之间的关系、政府活动的原则、政党等。

政治思想是人类对政治问题的理性思考，是人们认识现实并同现实密切联系的手段，它客观反映着政治现实，同时，政治思想也是政治文化的一部分。总之，政治思想是一种观念体系，它包括一系列的政治认识、政治判断和政治推理。一种较为完整的政治思想包括对政治生活中各种政治现象“是什么”、“为什么”和“应该怎样”等三个层次的思考。

行政管理又称为政治管理，它是一个历史概念，是伴随着国家政权的产生而出现的一种政治行为，其发展必然要遵循国家历史类型演变的一般规律。不过，政治管理作为一种管理行为，其发展又有自己的特殊规律。从历史发展的一般规律和政治管理发展的特殊规律相结合的角度来看，政治管理的基本类型大体上可以分为两种，即与传统农业社会相适应的传统政治管理和与现代工业社会相适应的现代政治管理，后者主要包括行政管理学原理、组织理论、公共政策分析、市政学、比较行政学、组织行为学和秘书学等。

国际政治主要包括国际政治理论、国际组织、国际法、国际战略研究、外交学、区域政治和各国政治研究、国际关系史、中华人民共和国对外政策、现代世界政治的基本格局以及当前的国际形势和社会主义国家的对外政策等。

有七个人曾经住在一起，每天分一大桶粥。要命的是，粥每天都是不够的。

一开始，他们抓阄决定谁来分粥，每天轮一个。于是乎每周下来，他们只有一天是饱的，就是自己分粥的那一天。

后来他们开始推选出一个道德高尚的人出来分粥。强权就会产生腐败,大家开始挖空心思去讨好他,贿赂他,搞得整个小团体乌烟瘴气。

然后大家开始组成三人分粥委员会及四人评选委员会,互相攻击扯皮下来,粥吃到嘴里全是凉的。

最后想出来一个方法:轮流分粥,但分粥的人要等其他人都挑完后拿剩下的最后一碗。为了不让自己吃到最少的,每人都尽量分得平均,就算不平均,也只能认了。大家快快乐乐,和和气气,日子越过越好。

同样是七个人,不同的分配制度,就会有不同的风气。所以,一个单位如果有不好的工作习气,一定是机制问题,一定是没有完全公平、公正、公开,没有严格地奖勤罚懒。如何制定这样一个制度,是每个领导者需要考虑的问题。

(二)政治学的基本问题

政治学是由一系列基本概念、基本原理、基本问题构成的严密而完整的科学理论体系。政治学的基本问题包括国家、政府、政党、阶级和阶层等。政治学之所以有强大的生命力,就在于它既坚持了基本问题的研究,又能随着时代、实践和科学的发展而不断发展,进而拓展了政治学的研究范围。

(1)国家。国家问题是政治学最重要、最核心的部分。列宁指出,国家是“关系全部政治的主要的和根本的问题”。古今中外的思想家关于政治学理论的研究,也都是围绕着这个中心展开的。在中国古代,各政治思想家、各大派别都是围绕“治国之道”“治国平天下”而提出自己的政治思想和政治主张;在西方,柏拉图的政治思想主要体现在他对“理想国”的研究中,亚里士多德的“政治学”也大都是对国家制度的比较研究,阿奎那的神权政治理论着重地论述了上帝创造并支配世俗国家的绝对性,马基雅维里的“新政治学”第一次真实地向人们展示了一幅国家统治机制的蓝图。到了近现代,许多著名的政治学家仍然以“国家研究”来定义政治学。

作为政治学研究的一项重要内容,国家部分所要研究的内容包括国家的起源和本质、国家的职能、国家政权的组织形式、国家机构、剥削阶级类型的国家(奴隶制国家、封建制国家和资本主义国家)和社会主义国家。其中,社会主义国家部分的内容主要包括:无产阶级阶级专政、无产阶级的历史任务、国家的消亡等。

在我国古代,天子统治的疆域叫作“天下”,诸侯统治的疆域称“国”或“邦”,其范围是“大国地方百里,次国地方七十里,小国地方五十里”(孟子),而卿大夫食邑的疆域称“家”。孟子说:“人有恒言,皆曰天下国家。天下之本在国,国之本在家。”后来用“国家”作为国的通称。《左传》上说:“国家之败,由官邪也”;荀子说:“国家无礼则不宁”;《中庸》也说:“国家将兴,必有祯祥;国家将亡,必有妖孽”。

在古希腊,“国家”一词是指城邦的意思,City State 即城市国家。在古罗马,国家是对一个城市的全体公民而言的。16 世纪,在意大利,“国家”则是泛指一般的政治团体而言的。到了现代,人们常在三种意义上使用“国家”这个词:一种是政治意义上的国家(State),指社会上一个阶级对另一个阶级进行政治统治的工具,这是国家的政治概念;一种是指政治地理意义上的“国家”(Country),这是国家的地理概念,如中国、美国、俄罗斯和日本等;还有一种是民族意义上的“国家”(Nation)。

恩格斯在总结国家产生的条件时指出:“氏族制度已经过时了。它被分工及其后果即社会之分裂为阶级所炸毁。它被国家所代替了。”列宁指出:“国家是阶级矛盾不可调和的产物和表现。在阶级矛盾客观上达到不能调和的地方、时候和程度,便产生国家。反过来说,国家的存在表明阶级矛盾的不可调和。”

马克思主义经典作家对国家所下的定义表明了两层意思:首先,国家是统治阶级用来进行阶级统治的组织。阶级统治就是阶级专政,也包括对社会的领导。其次,国家是个机器(工具、暴力、手段),它是以公共权力为核心组成的一个机关体系。这就告诉我们:①国家是机器虽是一种形象化的比喻,但又是一种十分贴切的比喻。它有各种部件,各种部件构成一个整体机器,它要经常运转,而且要有秩序地进行运转。②国家这种机器是阶级社会的阶级矛盾不可调和的产物。③国家这种机器的主体是一定社会的统治阶级。

④随着各种不同的统治阶级和被统治阶级的换代更新,国家也会更新。⑤随着阶级的消亡,国家这个机器也将随之消亡。

作为政治学研究的一个重要组成部分,国家还包括国体和政体问题。国体是指各阶级在国家中的地位,政体指的是国家政权的组织形式。我国《宪法》规定:“中华人民共和国是工人阶级领导的,以工农联盟为基础的人民民主专政的社会主义国家。”这就是我国的国体。我国的政体是人民代表大会制。

(2)政府。政府一词源于希腊文的“kubernan”,意思是指导、驾驭,随着社会的发展,它又被赋予了领导、管理和统治的意思。英国启蒙思想家洛克将政府界定为“人们自愿通过协议联合组成一个共同体”。卢梭则认为,政府是“在臣民与主权者之间所建立的一个中间体,以使两者得以互相适合,它负责执行法律并维护社会的以及政治的自由”。

中国古代的典籍中也有政府的记载,《资治通鉴》唐玄宗天宝二年记载:“李林甫领吏部尚书,日在政府。”胡三省注为:“政府,谓政事堂。”因此,在中国古代,政府泛指官吏办公事的地方,引申为政治活动的中枢。我们今天理解的政府,是执行国家权力、进行政治统治与管理的社会事物的机关。

作为政治学研究的一个基本问题,这部分主要研究政府概念的含义、政府体制、当代资本主义国家的几种主要政府体制、分权学说的基本内容及其评价(立法机关、行政机关、司法机关)以及中国的政府机构。

(3)政党。在中国的古籍中,“党”一词有多种含义,总起来看,一是指居民基层单位,“五家为比,五比为闾,五闾为族,五族为党”(《周礼》);二是指至亲好友,如“睦于父母之党”(《礼记》);三是指有首领的群体,如“凤飞,群鸟相从以万数,故以为朋党字”(《说文解字》);四是由以上含义引申出来的政治上的官僚帮派的勾结,如“诸侯有罪,傅相不举奏,为阿党”(《汉书》)。

现代意义上的政党,起源于近代西方国家。19 世纪以来,随着英、法、美等国资产阶级革命的胜利,资产阶级民主制度被创设并有所发展,近代国家产生并趋向成熟。在此过程中,当社会中的民族内聚力开始足以容忍政治分裂，并容忍为权力而进行的有组织的竞争，并力图使其制度化时，政党便产生了。

在政治学的发展史上，对政党这一政治现象的本质做出科学说明的是马克思主义。在马克思主义看来，政党不是从来就有的，而是阶级和阶级斗争发展到一定历史阶段的产物。

本部分包括政党的概念和特征、资产阶级政党的作用、资本主义国家的政党制度（两党制度、多党制度、一党制度）、无产阶级政党的产生和特点、社会主义国家的新型政党制度、中国新型政党制度的由来。

与资产阶级思想家不同，马克思主义经典作家用历史唯物主义的观点对政党问题进行了透彻的研究，在政治学的发展史上首次科学地回答了什么是政党及其性质的问题。根据他们的分析，政党是在社会经济和政治发展到一定历史阶段时，由特定阶级、阶层或集团政治上最积极的一部分人按照一定原则结合而成，以实现其根本利益，主要是以取得政权和巩固政权为目的的一种政治组织。阶级性是政党的本质属性，政党的性质由它所代表的那个阶级所决定。任何政党都代表一定的阶级、阶层或集团的利益并为实现这种利益而奋斗。各种不同类型的政党都具有阶级性，包括资本主义国家政治体制内的各个政党概莫能外。

（4）阶级与阶层。阶级与阶层是政治学研究的一个重要部分。在中国古代社会，阶级是指社会上存在着的身份等级，中国古代的典籍中就有这样的记载，如《新书·阶级》记载："故古者圣王制为列等，内有公卿大夫士，外有公侯伯子男……等级分明。"《三国志·吴志·顾谭传》也记载："臣闻有国有家者，必明嫡庶之端，异尊卑之礼，使高下有差，阶级逾邈。"

在西方古代社会，社会等级制度也是普遍存在的，可以看到由各种社会地位构成的多级阶梯。马克思、恩格斯在《共产党宣言》中指出："在过去的各个历史时代，我们几乎到处都可以看到社会完全划分为各个不同等级，看到社会地位分成多种多样的层次。在古罗马，有贵族、骑士、奴隶，在中世纪，有封建主、臣仆、行会师傅、帮工、农奴，而且几乎在每一个阶级内部又有一些特殊的阶层。"在现代英文文献中，大多数理论家都采用同一个词汇："Class"，它既可以被翻译为"阶级”,也可以被翻译为“阶层”。

近年来,随着现代化建设步伐加快,我国的阶级与阶层状况发生了很大变化。深入研究阶级与阶层,对于理解政治活动的规律,理解当代中国的政治运行与发展至关重要。

什么是阶级?列宁给阶级下过这样一个完备的、经典性的科学定义:“所谓阶级,就是这样一些大的集团,这些集团在历史上一定社会生产体系中所处的地位不同。对生产资料的关系(这种关系大部分是在法律上明文规定了的)不同,在社会劳动组织中所起的作用不同,因而领得自己所支配的那份社会财富的方式和多寡也不同。所谓阶级,就是这样一些集团,由于它们在一定社会经济结构中所处的地位不同,其中一个集团能够占有另一个集团的劳动。”

列宁的上述定义概括了阶级的四个基本特征。①阶级是按照人们在历史上一定的社会生产体系中所处的不同地位来划分的。②人们在社会生产体系中所处的不同地位,根源于人们对生产资料的不同关系。③由于生产资料占有关系的不同,决定了各阶级在社会劳动组织中的作用也不同。统治阶级占有生产资料,它就占有别人的劳动,它在生产领域里就可以处于指挥的地位,就可以脱离劳动,把管理生产、甚至把国家事务控制在自己手里,并垄断脑力劳动。而失去了生产资料的劳动者,只能出卖自己的劳动力。④各个阶级取得他们所支配的社会财富的方式和多少不同,也是由生产资料的占有情况不同决定的。

阶层通常是指因财产状况、社会地位的不同或谋生方式的不同,在同一阶级内区分出的各种社会集团。阶层是随着阶级的产生、发展而出现的。不同阶级在不同发展阶段都会形成不同的社会阶层。阶层的划分是对阶级的进一步剖析。同一阶级的不同阶层具有共同的阶级属性。知识分子是有一定科学文化知识的脑力劳动者,是一个特殊的阶层,但它不是一个独立的阶级,而是分属于或依附于不同阶级的一个阶层。它的划分主要不是看其经济地位,而是看它为哪个阶级服务及其政治态度。

在现代社会中,阶级和阶层都是按照一定的标准区分的社会群体,根据不同的理论和不同的研究目的,也有不同的划分标准和方法。正如有的学者所指出的，在过去，阶层一般是指阶级内部不同等级的群体或处于不同等级之间的群体。而现在中国学者更多地使用"阶层"的概念，很大程度上是由于历史的原因，是为了有别于政治上"划阶级、定成分"的做法。

中国社会科学院重大研究课题之一——"当代中国社会阶层研究"，首次以职业分类为基础，以组织资源、经济资源、文化资源占有状况作为划分社会阶层的标准，将当今中国的群体划分为十大阶层。这十大阶层是：国家与社会管理阶层、经理阶层、私营企业主阶层、专业技术人员阶层、办事人员阶层、个体工商户阶层、商业服务人员阶层、产业工人阶层、农业劳动者阶层、城乡无业和失业以及半失业人员阶层。它们分属5种社会地位等级：上层、中上层、中中层、中下层、社会底层（详见表6－1）[①]

表6－1　中国五大社会等级、十大社会阶层

五大社会等级
社会上层：高层领导干部、大企业经理人员、高级专业人员及大私营企业主 中上层：中高层领导干部、大企业中层管理人员、中小企业经理人员、中等专业技术人员及中等企业主 中中层：初级专业技术人员、中小企业主、办事人员、个体工商户 中下层：个体劳动者、一般商业服务业人员、工人、农民 底层：生活处于贫困状态并缺乏就业保障的工人、农民和无业、失业、半失业者
十大社会阶层
国家与社会管理者阶层：拥有组织资源 经理人员阶层：拥有文化资源或组织资源私营企业主阶层：拥有经济资源 专业技术人员阶层：拥有文化资源 办事人员阶层：拥有少量文化资源或组织资源 个体工商户阶层：拥有少量经济资源 商业服务业员工阶层：拥有很少量的三种资源 产业工人阶层：拥有很少量的三种资源 农业劳动者阶层：拥有很少量的三种资源 城乡无业、失业、半失业者阶层：基本没有三种资源

① 李强："中国社会分层结构的新变化"，载《社会蓝皮书》，社会科学文献出版社，2000年版。

四、政治学的新发展

人类社会进入 20 世纪以来，特别是第二次世界大战之后，随着社会生活的日益复杂化和科学技术的发展，社会科学的研究出现各学科交叉的趋势，政治学学科出现了新的分支学科，如政治社会学、政治心理学、政治人类学、生态政治学、政治地理学、经济政治学、政治计量学和政治伦理学等。

（一）生态政治学

生态政治是工业化国家和正处在工业化进程中国家的一种社会政治现象。生态政治学是在生态学与政治学相互渗透、相互结合的基础上于20 世纪 60 年代形成和发展起来的新兴学科。随着全球性环境问题的出现，生态危机越来越受到世界各国的关注，这种关注从某个角度上讲已经远远超过了国家之间、地区之间、民族种族之间的矛盾和冲突，人们开始把生态环境问题提高到一个政治问题的高度来认识。

20 世纪 70 年代，在西方发达国家兴起了令世人瞩目的绿色政治运动浪潮，并建立了自己的政治组织——绿党，从而形成了生态政治理论。作为政治学的分支，生态政治学摆脱了传统政治学就政治论政治的模式，将政治置于复杂的自然生态环境和人造生态环境中考察，实现了政治与生态环境的互动。

生态政治学借助生态学的研究方法，用自然科学中的生态知识和社会科学中的政治知识来解决政治管理中一系列重大理论问题和实践问题。也正是这一特点，使生态政治学成为一门边缘性、交叉性学科。

生态政治学从环境（包括自然环境与社会环境、国内环境与国际环境）与政治的相互关系中探讨政治演变、政治发展的规律。生态政治学认为，一个国家的政治发展状况与这个国家所处的生态环境有关。生态环境可以促进政治的发展，也可以阻碍政治的发展。生态环境既然对政治有如此之大的影响，那么用生态学观点和方法研究政治就成为一种必然。生态政治学就是一门用生态学观点和方法研究政治问题的学科。

大量事实表明，政治研究离不开生态研究，因为政治系统是在一定的生态环境中从事政治管理的。政治系统要适应生态环境、接受生态环境对政治管理的有利或不利的影响。同样，对生态环境的研究也离不开政治研究，因为当代生态环境的一部分问题是由政治决策的失误或政治决策执行的不力所造成的。客观地讲，生态政治学在生态与政治的综合分析上，目前还没有重大进展。

生态政治学的产生一方面是基于政治学面对生态环境问题挑战而产生的一门分支科学；另一方面也可以看作是对因哲学与社会科学主要学科"绿化"（如生态伦理学、生态哲学、绿党等）而引起的理论环境变化做出的回应。哲学与社会科学的渐次"绿化"，反映着人类对生态环境问题本质认识的不断深化。为了改变生态危机下人类生存与发展的窘迫局面，人们试图从文化、经济、社会的角度来寻找药方，但结果是屡屡碰壁，于是寻求政治药方成为最终的选择。哲学和社会科学主要领域的"绿化"，成为政治学领域"绿化"的理论动力。

从20世纪60年代起，面对日益明显的生态危机，一场新的社会运动力量在全球崛起，与过去出现的社会运动相比，这场运动关注的是人类与地球共存和发展的可能性，并将解决生态环境问题的希望寄托于现实政治原则和政策的根本性改变；并且运动一开始就体现出超越国界、寻求全球共同努力的追求。随着环境运动的日趋普遍化、环保组织的日趋政党化、市民社会的日趋国际化以及环境议题的日趋法制化，一幅全球绿色政治浪潮兴起的图景便清晰地呈现在世人面前。这波政治浪潮无法以传统的政治原则加以引领和解释，由此也同时提出了新的理论要求。

西方各国都先后出现了推动绿色生态运动的政党，绿党运动已经成为现代社会政坛上愈来愈引起人们重视的运动，这个波及世界的另类文化运动，最先是一些对现代工业文明社会进行批判的思想家提出来的，随后又有一些社会主义者转变为生态运动的参与者。环保主义和国际绿色和平组织，其社会政治背景尽管很复杂，却反映了欧美各国在政治选择中出现了一种新的生态政治力量，它们以全新的文化观念和政治视野,进入到议会和政府的选举之中,并开始逐渐赢得席位,尤其是欧盟的环境部门,已经出现了绿党执掌的局面,北欧一些环境保护的政府机构和议会,也出现了绿党的身影。绿色生态政治的力量也向世界其他地方蔓延,它对于亚洲发展中国家的影响也日益明显起来,尽管亚洲各国还未能出现政治意义上的绿党,但在学院和民间以及政府研究部门,生态思想和文化观念已经成为一个潮流,它必将为未来的亚洲政党和国家带来新的变化。

(二)地缘政治学

地缘政治学(Geopolitics)又称地理政治学,是“关于国际政治现象制约于各种地理要素和人文要素共同作用结果的理论。19 世纪末和 20 世纪初形成。采用整体论的研究方法,把诸如疆域、气候、资源、地理位置、人口分布、文化属性、经济活动等现象综合起来,分析、解释和预测世界或地区范围的战略态势和国家的政治决策”①。

《不列颠百科全书》所述地缘政治学是“关于国际政治中地理位置对各国相互关系如何影响的分析研究”。一些西方学者把它与达尔文的进化论、亚当·斯密的国富论、马尔萨斯的人口论、潘恩的人权论以及马克思的资本论看成是改变世界的思想。

地缘政治学作为 19 世纪末期欧洲语境的产物,瑞典人鲁道夫·挈伦最早提出了这一概念。挈伦提出“地缘政治学”这一术语并非出于偶然,而是有其深刻的历史和社会根源。地缘政治学是用社会的地理透视来分析国际关系问题,探讨国家发展战略,研究国家民族与区域结盟的历史、起源及演化规律,它是地理学的核心内容之一,也是介于人文地理学、国际政治理论,乃至世界经济贸易研究之间的交叉理论。

由于地缘政治学产生于帝国主义重新瓜分世界的时代背景下,我国以前对这方面的研究较少涉足。近些年,随着世界经济政治联系日益紧密,地缘政治学作为一门科学受到了学术界日益增多的

---

① 中国现代国际关系研究所民族与宗教研究中心:《全球民族问题大聚焦》,时事出版社,2001 年版,第 24 ~ 25 页。

重视。

地缘政治学研究的内容主要有以下几点：

第一，地理—地缘要素。地缘政治学中关于地理、地缘要素的研究，包括国家区位价值、国家幅员形状、国家自然条件、国家综合国力、国家社会状况和国家地缘利益等问题。

第二，国家之间的地缘关系。地球上各种自然现象与世界人文事物的形成与发展，都或多或少、间接与直接受制于地理或地理环境之影响，都有着一定的地理缘故、地理缘起、地理缘由等因果联系。地理的因果关系和区位边际关系的总称即地缘。国家与国家之间的国际地缘关系，为国际关系的一个重要方面。它既指国家之间包括距离、方位在内的地理关系；又是从国家之间的政治、经济、军事、文化等方面的根本利益来思考，所形成的双方相互影响、相互作用的国家利益关系。

第三，地缘政治格局。从地缘政治角度来看，基本分为地缘战略区域和地缘政治区域。它是以主要国家或国家集团的地理区位、文化和思想联系、综合国力构成的实力对比、国际事务中战略利益差异划分的一种特殊的地理区域。地缘战略区域以世界性权力中心为基础；地缘政治区域以地区性权力中心为基础。

第四，全球性或区域性的地缘政治问题。地缘政治问题指国际关系中因地理、地缘因素而产生的政治问题，和由政治需要涉及的地理问题。从国际舞台的合作、对抗和竞争过程来看，地缘政治问题实质上是当代全球性或区域性的战略问题。

第五，世界主要大国的地缘战略。世界各国尤其是大国，为在国际社会中获得最大国家利益，都要依据自己的实力地位，制定维护国家生存、发展与安全的地缘政治战略，包括全球性的地缘战略和对某一个国家的地缘战略。

鲁道夫·挈伦在 1917 年发表的《生命形态之国家观》中，依据政治发展的五个主要方面，提出了五种政治理论体系：经济政治学、种族政治学、社会政治学、宪法政治学和地缘政治学，从而首创了“地缘政治学”这一术语，用来形容国家力量的地缘政治基础，并断言，地缘政治学是指引国家走上强国之路的最好的政治学。1904

年，麦金德的《历史的地理枢纽》一文问世，这篇后来被哈特向（Hartshorne）称为“现代地理学对人类政治的世界观念的最杰出的贡献”的论文，成为地缘政治学发展的一个里程碑。

（三）网络政治学

网络政治就是与网络有关的政治问题。西方学者把网络政治（Cyber Politics）与虚拟现实（Virtual Reality）联系在一起。美国学者马克·斯劳卡在其著作《大冲突：赛博空间和高科技对现实的威胁》一书中提出了“虚拟现实的政治”的概念，即认为网络政治“是指那些有可能永远地模糊真实和虚幻之间的界线的技术将给政治带来的影响”。网络民主（Cyber demoracy）的出现，网络经济学（Cyber economics）的产生和发展，也对网络政治提出了迫切的需求。在这种大背景下，研究网络社会政治现象和政治规律的网络政治学应运而生。

网络政治通常被认为是在互联网上客观存在的、与社会政治生活密切相关的关于政治意识、政治行为、政治参与和政治发展等内容的政治现象。对中国网络政治的发展，我们应该进行深入的研究，把握其发展趋势，兴利除弊，争取主动，这对于推进中国社会主义政治文明建设具有十分重要的意义。

第一，网络政治的研究对象首先是网络政治中的政治参与。政治参与是普通公民通过一定的方式去直接或间接地影响政治的决定或与政治活动相关的公共政治生活的政治行为。网络政治中的政治参与主要是指，政治参与主体通过网络直接或间接地影响政府决定和与政府活动相关的公共政治生活的活动。

第二，网络中的政治文化。网络政治中的政治文化具有显著的特征。其一是多元化特征。由于互联网的开放性，各种不同政治背景的政治文化可以毫无限制地在互联网中共存，从而呈现出多元化的特征；其二是交融化特征。在互联网上，多元的政治文化既相对独立，又相互交融、相互渗透，在不同程度上影响着不同国家的社会成员对各国家乃至其他国家政治制度、政治体制的认识。

第三，网络中的政治平等与民主。平等在政治上表现为：一是人人都有参政议政的平等权利；二是这种权力在人与人之间应该没有差别。网络对政治平等的促进作用是显而易见的。在法律的规范内，任何人都可以发表自己的政治主张。正如盖茨所认为的，信息高速公路的优点之一是“虚拟平等”远比现实世界中的平等容易实现。网络政治表现为平等性和民主性，在最大限度上保障了每个人的平等政治权力，必将促进现实生活中的民主政治建设。

网络政治作为即将兴起的政治模式，为国内政治和国际政治开拓了广阔的空间，它既能提升原有的政治模式，又会产生许多新的政治运行方式，需要人们去发现、尝试。同时，网络政治同任何新生事物一样，在早期运作中必将显示出严重的不成熟性，很可能在相当长的时期内导致政治的无序状态。因此，必须加强网络政治的研究，使其真正地促进现实中的政治发展。

当然，网络政治尚处在初创阶段，它的一些弊端也必须引起我们的重视，比如，它构成了对国家主权的强大挑战。首先，互联网把全世界连为一体，泯灭了国家与国家之间的界限，任何人在互联网上的政治行为都可以轻而易举地超越国界，影响其他国家的事务。其次，网络在民主参与、直接性、公开性等方面都达到了现代政治所能要求的最高程度，因此，网络政治给现实政治带来了严峻的挑战。

网络政治的特点首先表现为直接性。在网络政治中，任何人不需要再由别人来代表自己，他自己就可以直接发表自己的政治意见。其次，网络政治还表现为平等性。网络对政治平等的促进作用是显而易见的。再次，网络政治还表现为快捷性。政治事件的发生，各家的意见、官方的态度以及相关消息，这一系列与政治有关的活动和内容，在网络上是以光速来传播的，因此政治活动变得非常迅速。除此之外，网络政治还具有方便性、廉价性等特点。

本章小结

1. 政治是人类社会生活的一个基本领域，而政治学在某种程度上可以说就是研究人类政治生活领域的一些基本问题的科学。为了准确地理解政治学的基本含义，必须从什么是政治入手。

2. 政治中最本质的东西就是国家政权。国家政权是阶级社会上层建筑的核心部分，是政治上层建筑的主体。因此，政治学应该抓住政治中最本质、最主要、最根本的问题即国家政权问题作为主要研究对象。政治学是研究以国家为主体的各种政治关系、政治制度、政治思想及其发展规律的科学。

3. 中西政治思想史的内容既包括历史上关于处理各种政治关系的思想,又包括历史上治理国家的基本方略和思想主张。

4. 政治学的基本理论研究包括指导政治活动、建立政治制度的根本性原理,主要包括政治学原理、马克思主义经典著作研究、政治学研究方法、政治心理学、政治社会学和比较政治学;政治制度主要包括中外政治制度史、当代中国政治制度、资本主义国家政治制度、中国政府与政治、中国地方政府以及各国要研究各国自己的政治制度,即研究自己国家的机构、国家机构的组成、职权范围、各部门之间的关系、政府活动的原则、政党等。

5. 随着社会生活的日益复杂和科学技术的发展,社会科学的研究出现各学科交叉的趋势,政治学学科出现了新的分支学科,如生态政治学、地缘政治学、网络政治学、政治地理学、经济政治学和政治伦理学等。

思考题

1. 什么是政治? 什么是政治学?
2. 政治学的基本问题有哪些?
3. 为什么说政治学最根本的问题是国家政权问题?
4. 什么是阶级? 什么是阶层? 二者有什么区别和联系?
5. 谈谈中西政治思想发展的异同。
6. 谈谈政治学的新发展。

推荐书目

1. 王浦劬等:《政治学基础》,北京大学出版社,2006 年版。

2. 王惠岩主编:《政治学原理》,高等教育出版社,2006 年版。

3. 杨光斌主编:《政治学导论》,中国人民大学出版社,2000 年版。

4. 曹德本主编：《中国政治思想史》，高等教育出版社，1999年版。

5. 徐大同主编：《西方政治思想史》，天津教育出版社，2000年版。

第九章 经济学：经世济民之学

经济学家以及政治哲学家之思想，其力量之大，往往出乎常人的意料。事实上统治世界者，就只是这些思想而已。许多实干家自以为不受任何学理之影响，却往往当了某个已故经济学家之奴隶。

——J.M.凯恩斯

经济学毫无疑问是当今社会的热门学科之一,有人把它誉为社会科学王冠上的一颗明珠,这并没有丝毫夸张。经济全球化是我们面临的世界形势;市场经济和消费社会是我们每天奔波于其中的生存环境;各种各样的媒体以无孔不入的形式每时每刻都在向我们推销形形色色的商品;我们的世界基本上是被经济的力量所包围,无论是工作、闲暇还是生活。这是个经济至上的时代,是经济学大行其道的时代!

一、经济学:"沉闷的科学"

(一)经济学的科学性

在西方社会,经济学家被称为"迷惘的预言家",经济学则被称为"沉闷的科学"。这是西方经济学把高度数学化当作经济学科学性标准的尴尬结果。大量模型和数学公式的推导为的是实现经济学分析的准确性,但非常不幸的是,模型和数学公式本身只能实现有限变量之间确定的数量关系,模型和数学公式的运用都要求严格假定情况下的变量关系,而社会经济现象却是一个复杂而活跃的系统,各种经济变量之间存在复杂和随机的联系,并且这些变量的关系具有不可重复验证的特性,这就使建立在确定变量之上的模型只能形成对个别、具体经济关系的分析,并不能全面反映和揭示经济现象内所隐藏的问题。因此,经济学自身规范化和科学化的问题,在西方经济学中被引向了唯数学化和唯模型化的发展方向,如此似乎经济学就可以更加科学。迄今为止,这些努力都并没有增加经济学的科学性,相反却使经济学在自然科学和社会科学之间处于尴尬地位,在活生生的、蓬勃发展的社会经济现实中变成了"乏味无趣的科学",甚至被称作是"沉闷的科学"。

经济学作为对于人类社会经济现象及经济行为研究的科学,在本质上是人文社会科学而不是自然科学。因此,必须注意区分经济学和自然科学在科学性上的差异。首先是研究对象本质特征的差异,自然世界的客观性和经济世界的主观性是形成这种差异的根本原因。其次是研究对象行为特征的差异,自然世界物质对象的稳定性和经济对象的能动性形成了直接的对立。最后是不同国家具体国情以及发展阶段的差异。这就决定了经济学作为科学，只能是社会科学，而不可能是自然科学，否则就成了脱离具体社会实践的“沉闷的科学”。经济学理论是对一组经济现象的相互依存和规律性的一般描述，以及对其内在联系、发展趋势的科学说明。经济学的研究方法多种多样，包括观察经济现象、利用统计资料分析、总结历史经验、使用数学分析工具；但最重要的是能够透过纷繁复杂的经济现象把握其内在的经济联系，这必须依靠抽象思维能力。科学抽象法是研究经济学最好的方法。只有观察和研究活生生的经济现象，才能避免经济学变成“沉闷的科学”，因为活生生的社会实践是经济学理论丰富多彩的真实基础，经济学的科学性就在于经济学理论必须经得起社会实践的检验。任何形式性的追求并不必然增强经济学的科学性，倒有可能带来相反的结果。

（二）经济学：繁荣的科学

就现代社会繁荣的经济生活和复杂的经济现象而言，经济学不但是一门激动人心的科学，而且是一门繁荣的科学。社会经济生活深刻地影响着人们的行为准则和社会秩序，小到菜市场、地摊上的讨价还价，大到国际的进出口贸易谈判，股票买卖、通货膨胀、就业失业、经济增长、扩大内需、房价上涨、贸易保护和反倾销等，各种经济现象生动现实而又纷繁复杂，经常发生而又各不相同，经济理论也就不可能一成不变。可以说，经济生活越活跃，经济理论就越繁荣。从研究人们日常的经济行为到解释各种各样的经济现象，再到人口、资源、环境的难题，甚至生物技术、空间技术的发展、海洋的开发，都能产生相应的经济学理论。因此，从来没有一个学科像经济学这样拥有庞大的学科家族，衍生出五花八门的门类、派生或者交叉学科。

据不完全统计，近些年经济学领域各种各样的新学科达到了一百余种之多，而这显然是其他任何一个学科都难以企及的。这一被称为“经济学帝国主义”的经济学扩张现象正在发展之中，而且还只是刚刚拉开序幕。经济学帝国主义常被认为是经济学分析工具所导致的，实则不然，它是由经济学所研究的对象——以人为主体的覆盖、影响人类全部活动的社会经济现象——所决定的，经济学分析工具只不过为一些交叉学科的发展提供了研究上的便利。在现在这样一个经济力量占据社会生活主导的时代，不懂经济学就根本无法理解社会、无法理解自己所生存的社会环境。在社会科学领域，经济学成为一切经济学科的基础理论，成为一切社会科学研究者必备的理论素养，甚至一个好的自然科学家也只有懂得经济学才能解决研究活动中的资金来源、应用和管理等具体问题，不至于因资金困难而一筹莫展。

（三）经济学及其研究对象

什么是经济学呢？我们可以对经济学做广义和狭义的理解。广义的经济学是一切经济学科的总称，凡是以经济现象为研究对象，或把经济原理应用于具体研究领域，或运用经济学的方法研究相关问题的学说体系都可以叫经济学。狭义的经济学主要是指政治经济学和西方经济学，政治经济学是以社会经济现象及其内在规律作为研究对象的科学，它不但研究社会的生产方式、生产关系，也研究社会资源的配置和经济活动的效率。西方权威学者仅仅把经济学界定为对有限社会资源进行效用最大化配置的科学，也就是说把经济学仅仅界定为资源配置或者经济行为研究的科学。这并不是严谨的经济学定义，因为这使大量经济学研究的领域没有被包括在其中，例如，社会的生产组织问题、社会生产关系问题等。经济学的定义并不是一成不变的，即使在西方经济学的发展历史上，也经历了一个不断地变化过程。

把经济学研究对象界定在物质财富生产、交换和分配的狭隘领域，是庸俗经济学家萨伊所开创的资产阶级经济学传统。但自从马克思主义经济学获得发展以来，为了遏制马克思主义经济学的影响，长期占据资本主义社会经济学教学统治地位的资产阶级经济学家马歇尔 1890 年出版了《经济学原理》一书，为了满足其从人性自私的角度否定马克思主义经济学的目的，他把经济学界定为："经济学是一门研究财富的学问，同时也是一门研究人的学问。"[①]此后，随

① 马歇尔:《经济学原理》(上下卷)，商务印书馆 1981 年版，第 11 页。

着产权私有化、经济人等西方经济学基本内容成为形式化的基本假设前提后,经济学成为一门研究作为目的和具有不同用途的稀缺资源之间关系的人类行为的科学,这是1932年英国经济学家莱昂内尔·罗宾斯对经济学研究对象重新界定的结果。这种定义在我国也很流行,并且似乎很有道理。其实,它在理论上的依据只是西方经济学,是和马克思主义经济学格格不入的,直接排斥马克思主义经济学的定义。其结果是造成西方经济学的研究范围越来越窄,丧失了大量的研究领域,在西方经济学的发展中受到了普遍的批评。

总体而言,经济学的研究对象至少包括两个方面的内容:一方面,研究生产力,即社会资源的效率化配置;另一方面,研究生产关系,即社会制度的和谐发展。前者主要研究各种稀缺的社会资源如何得到有效的配置;后者主要研究各种社会福利如何通过合理的制度公平实现。

二、经济学:悠久的历史

经济学是一门历史悠久的学科。"经济"一词在中国古典文献中经常出现,有非常宏大美好的内涵即"经世济民"。中国远古典籍《周礼·天官·大宰》中"以经邦国"就包含"治理国家"的意思。在唐高祖李渊的一个文告中,就有"经邦济世"的提法,诗仙李白在《赠别舍人弟台卿之江南》诗云:"令弟经济士,谪居我何伤。"明清以来,经济即"经世济邦"更成为流行的说法。《红楼梦》中薛宝钗就曾经委婉地劝贾宝玉要"委身经济之道",也就是要把时间花在"经世济邦"的学问上而不要浪费在儿女情长上。因此,就经济学在中国和世界的发展及其作用来看,是真正当得起"经世济邦"这个名称含义的。

(一)经济学的学科起源

经济学在西方的历史是由色诺芬开创的。色诺芬生于约公元前355年,是苏格拉底的弟子。他所生活的年代是西方历史上的古希腊、雅典时期,大约稍迟于孔子所生活的年代。色诺芬写出了世界历史上最早的经济学专著《经济论》，是西方历史上最早使用“经济”一词的学者。色诺芬在《经济论》一书中对当时占据社会生产、生活方式主导地位的农业做出了最高的评价，认为农业是“最高尚最必需的事业”，这种对农业的认识和评价正是对当时农业在社会生产、生活中所处主导性地位的一个准确评价，是当时社会生产、生活方式的准确反映。这与我国同期的经济思想表现出高度的一致。中国古老的典籍《尚书·酒诰》有：“惟土物爱”，“妹土嗣尔股肱，纯其艺黍稷，奔走事厥考厥长，肇牵车牛，远服贾，用孝养厥父母。”这是周公对年轻的康叔所告诫的治国之道。用今天的话来讲，其主要意思就是要爱惜农产品，精耕细作，提高农业劳动技能，农闲时节，就驾车到远方做生意。这种以农为本、以商为辅的思想在当时十分可贵。但《经济论》区别于中国传统典籍的是，色诺芬开篇就提出了什么是财富、并展开对增进财富方式的探讨：“凡是有利的东西都是财富，而有害的东西就不是财富”，“财富是一个人能够从中得到利益的东西。”[①]中国传统经典中从来没有这样探讨过财富的问题，所谓“君子喻于义，小人喻于利”。财富思想的差别，正是西方经济思想走向现代经济学学科化发展的关键。色诺芬经济思想的意义就在于反映了西方经济学财富思想已经萌芽，而中国的古代经济文化思想从来就没有把问题这样深刻地提出并探讨，使我们不能不叹息：经济学不是中国的传统。《大戴礼·武王践祚》记有“慎之劳，劳则富”的古老论断，被认为是近代的“劳动创造财富”的观点的初步体现，但严格意义上来讲，这里的“富”是指富裕而非财富[②]。因此，尽管古代中国产生了管子的《国语》、司马迁的《货殖列传》这些伟大的经济著作，但始终没有产生实现中国经济思想由思想到学科化发展的代表性作品和人物。

（二）经济学的学科确立

在整个前资本主义社会，中国经济实践、经济思想的繁荣和成

---

① 色诺芬：《经济论　雅典的收入》，商务印书馆，1997 年版，第 3 页。

② 参阅张建君著：《社会主义劳动价值论》，甘肃人民出版社，2002 年版。

熟是建立在农业文明基础之上的，学科化发展严重滞后。但西方经济思想在经济学范畴，例如，经济、财富、货币、分工、交换和价值的研究中逐渐发育和演进，并经过重商主义和重农主义而成功地走向学科化发展道路。经济学或者政治经济学名称来源于一个叫孟克列钦（又译做蒙克莱田）的法国流亡贵族，1615 年发表了《献给国王和王太后的政治经济学》一书，正式提出并使用了“政治经济学”这个名词，从而成为经济学的通行名称；但他并不是经济学的创始人。英国医生威廉·配第（1623～1687）被马克思称为“政治经济学之父”，是经济学学科化发展的重要代表人物。虽然威廉·配第并没有建立一套完整的理论体系，但他关于经济学方法和商品价值来自劳动的研究仍奠定了经济学学科化发展的理论基础。经济学学科化发展的集大成者则是亚当·斯密和大卫·李嘉图，前者 1776 年出版的《国民财富的性质和原因的研究》（又称《国富论》），无论在马克思主义经济学还是在西方经济学中都被视作经济学学科化发展的奠基性作品。这部作品具备了经济学学科化发展的一切条件，即明确的研究范围、确定的研究对象、特定的研究范畴、独特的研究方法、公认的基本原理和完善的理论体系。这就是形成思想和学科差别的学科化发展的六大基本要求。从此经济学就在西方开始了其学科化的发展历程。

1803 年，萨伊出版了《政治经济学概论》作为政治经济学教科书；1848 年，约翰·穆勒出版了影响很大的《政治经济学原理》教科书；1890 年，马歇尔《经济学原理》的出版，使其成为 19 世纪末政治经济学在资本主义社会发展的集大成式的人物，政治经济学在资本主义社会的发展伴随名称的变化，而进入一个理论范式工具化和理论体系明确化的发展阶段。1948 年，萨缪尔森《经济学》的出版，代表了政治经济学在西方资本主义社会不但进入了成熟的均衡分析框架、规范的工具化分析手段以及更加细分的经济学门类高度发展的阶段，而且进入了以萨缪尔森《经济学》为蓝本的标准化教科书传播阶段。政治经济学伴随这本教科书体系的问世，开始了以经济学面目征服和统一政治经济学世界的现代历程。

（三）经济学的分化

1867年，伴随马克思《资本论》（副标题《政治经济学批判》）的出版，政治经济学开始出现分化。马克思主义经济学以资本主义社会经济制度作为研究对象，揭示了资本主义社会制度的局限性，指出人类社会制度必然伴随社会生产力的发展而走向社会主义社会制度。在此基础上形成的马克思主义经济学，和与此相对立的西方经济学从此分道扬镳，各自发展出了在研究范围、研究对象、研究范畴、研究方法、基本原理和理论体系上都有很大差异的经济学。伴随社会主义市场经济的发展，西方经济学和马克思主义经济学虽然在研究范围、研究对象、研究范畴、研究方法、基本原理和理论体系方面出现很大的相互借鉴甚至融合，更有人干脆把西方经济学称作现代经济学或者经济学；但马克思主义经济学和西方经济学在立场、观点、方法和根本结论上有着根本的差别。这种差别就是：把人类社会看作是从原始社会、奴隶社会、封建社会、资本主义社会到社会主义社会不断演进的历史，还是把资本主义社会制度看作超越历史的天然制度。正如马克思恰当指出的："经济学家们在论断中采用的方式是非常奇怪的。他们认为只有两种制度：一种是人为的，一种是天然的。封建制度是人为的，资产阶级制度是天然的。在这方面，经济学家很像那些把宗教也分为两类的神学家。一切异教都是人们臆造的，而他们自己的教则是神的启示。——于是，以前是有历史的，现在再也没有历史了。"①除了上述差别，我国现在所谓的政治经济学在西方被称为经济学，西方的经济学也就是我国的政治经济学。

马歇尔1890年出版的《经济学原理》之所以把政治经济学改为经济学，目的就在于反对马克思的《资本论》所带给资产阶级经济学家的理论冲击，马克思把资产阶级的政治经济学称为庸俗经济学，把资产阶级经济学家称为庸俗经济学家。所以，马歇尔辩称："在将政治经济学用作一门科学的名称时，越来越多的人偏爱用'经济科

---

① 马克思：《资本论》第1卷，人民出版社，1975年版，第98页。

学'和'经济学'来代替。"①此后,西方学者基本上沿袭了经济学这种叫法,以示和马克思主义政治经济学的区别。但在现代西方经济学权威教材萨缪尔森的《经济学》中,经济学或者政治经济学仍然是同一个含义,这表明即使在现代西方社会,经济学和政治经济学仍然是同一学科的不同叫法。

三、经济学的学科分类

经济学作为社会科学,在研究范围、研究对象、研究范畴、研究方法、基本原理和理论体系上都有着严格的界定,是非常严谨和规范的学科。但就学科体系而言,经济学又是名副其实五花八门的科学,仅仅以经济学直接命名的学科就有一百多种,这还不包括大量与经济学相联系的学科。因此,要对经济学的学科体系进行概要性的介绍,首先就要解决经济学的分类问题。经济学的分类在不同的时期、不同的流派中有不同的方法。我们所采取的是最简单的"对立二分法"分类原则,这有利于我们概要地把握现代经济学的基本学科体系。

(一)马克思主义经济学与西方经济学

马克思主义经济学与西方经济学是经济学学科体系最基本的分类。以对社会制度合理性和前提性假设的不同,我们把经济学分为马克思主义经济学和西方经济学。以资本主义经济制度为合理制度假设或基本前提假设的就是西方经济学,以社会主义经济制度为合理制度假设或基本前提假设的就是马克思主义经济学。它们都是经济学的基础理论课程。在二战后的西方经济学界,经常把整体主义和个体主义作为马克思主义经济学和西方经济学研究方法的对立,这是极其可笑的提法,这是对各自的理论特征做对比的结果而非研究方法上的对立。认为方法在马克思主义经济学和西方经济学之间虽然各有其特色但并无本质的差别,这种观点的始作俑者是以否定马克思主义经济学和社会主义制度为己任的资产阶级

① 马歇尔:《经济学原理》上卷,商务印书馆,1981年版。

经济学家米塞斯和哈耶克。非常值得警惕的是，哈耶克不但以自由主义的字眼吸引了部分学者的眼球，而且还捕获了大量的信徒，但这注定是一条没有前途的道路。

(二)理论经济学与应用经济学

理论经济学与应用经济学是我国经济学教育体系中经常使用的官方分类标准。根据研究领域的不同，我们把经济学分为理论经济学与应用经济学。以经济学原理和基本理论问题作为研究领域的是理论经济学，把经济学原理和基本理论运用于具体领域研究所形成的学科是应用经济学。前者是原理性、纯粹理论性的问题研究，后者是应用性、具体实践领域的问题研究。一般而言，我们把政治经济学、西方经济学、经济学说史、经济史学、世界经济学、国际经济学、发展经济学和比较经济学等经济学科都列为理论经济学。应用经济学则具有更庞大的学科体系，可以说经济学有多少应用领域，就有多少应用经济学科。例如，管理经济学、财政学、会计学、金融学、价格学、审计学、市场营销学、电子商务学、统计学、技术经济学、房地产经济学、土地经济学、海洋经济学、农业经济学、工业经济学、林业经济学、人口经济学、区域经济学、劳动经济学、消费经济学、生态经济学、数量经济学、灾害经济学、旅游经济学、酒店经济学、邮电经济学、城市经济学、军事经济学、文化经济学、投入产出经济学、体育经济学、企业经济学、福利经济学、家庭经济学和卫生经济学等。

(三)宏观经济学与微观经济学

宏观经济学与微观经济学是西方经济学最为基本的学科分类。根据研究对象的不同，以单个经济单位为研究对象、以个量分析为特征、以价格理论为主要内容的是微观经济学；以国民经济总量为研究对象、以总量分析为特征、以国民收入理论为主要内容的是宏观经济学。西方经济学之所以分为宏观经济学与微观经济学，有历史和理论的原因。历史的原因是西方经济学先有成熟的微观经济学，然后才形成了宏观经济学；理论的原因是西方经济学中的宏观经济学和微观经济学具有不同的理论逻辑和体系，难以形成逻辑一致、全面贯通的理论体系。微观经济学认为，自由竞争的市场经济是最有效率的，要求国家放任自由；但宏观经济学则主张国家在对于国民经济总量平衡原则的基础上进行积极的宏观调控。马克思主义经济学有微观和宏观贯通、逻辑一致的经济学体系，微观问题的分析得出了宏观的经济理论，微观经济问题又在宏观的经济框架中得到了解决。因此，马克思主义经济学并不存在宏观经济学与微观经济学的体系划分。迄今为止，西方经济学试图打通宏观经济学与微观经济学，使之融为一体的努力，都没有取得公认的成果；马克思主义经济学宏观经济学与微观经济学融为一体的框架，也面临因社会制度假设的不同而产生的市场经济实践的挑战。

（四）部门经济学与交叉经济学

部门经济学与交叉经济学不是很严格的分类，大多数经济学学科在部门经济学与交叉经济学之间很难明确区分。以所属学科的不同，把属于经济学大系统下、研究具体领域问题的学科叫部门经济学；把不能完全隶属于经济学大系统下、研究具体领域问题但又与经济学研究形成相互交叉或者渗透的学科叫交叉经济学。以经济学为主体进行判断，我们也可以称这些学科为边缘学科。按照传统的分类思想，部门经济学主要是指在经济领域生产、交换、消费、分配等各个环节及相关经济领域所形成的学科。例如，在物质生产领域，有工业经济学、农业经济学和林业经济学等；在流通领域，有贸易经济学、物流经济学、商业经济学和市场营销学等；在消费领域，有消费经济学、家庭经济学和灰色经济学等；在第三产业领域，有旅游经济学、第三产业经济学、酒店经济学和房地产经济学等；在分配领域，有福利经济学、社会保障经济学等。交叉经济学基本上表现为两种或者多种学科的相互渗透和交叉，形成了你中有我、我中有你的发展格局，其中非常典型的代表就是计量经济学、法经济学、经济社会学、经济伦理学、经济哲学、教育经济学、经济地理学和环境经济学等。

四、经济学的基本理论

经济学是一门与人们的生产、生活密切相关的学科，生产者行为、成本收益关系、价值价格理论和供给等都构成了对人们生产活动的解释，消费者行为、需求理论等则构成了对经济生活的解释。社会生产和生活内容的结合则形成了经济学所研究的所有经济现象，经济学就是要用理论来解释和指导人们的社会生产和生活行为，这就使经济学形成了内容庞杂而体系庞大的学科体系。

（一）商品与货币理论

商品与货币理论是经济学最基本的理论，也是构成认识社会经济现象的理论基础。商品是指用来交换的劳动产品，是使用价值和价值的对立统一体。商品的存在有两种基本的形态，就是有形商品和无形商品，前者包括种类繁多的物品，后者包括各种各样的服务。把商品定义为劳动产品是强调社会生产劳动是其形成的基本途径，是社会财富的基本源泉；把商品定义为使用价值和价值的对立统一体则强调了商品在交换中所包含着的物品属性，以及买者和卖者之间的经济关系。货币是用来进行商品交换的媒介，也就是一般等价物。货币是商品交换的结晶，也就是说是为便利商品交换而产生的。从原始社会末期就开始出现作为交换媒介的一些原始货币形式，例如，贝壳、铁器、牛、咸鱼，甚至石头。此后，在整个漫长的自然经济阶段，金、银、铜这些贵金属始终是铸币时代的主要货币形式，而世界上最早的纸币——交子——则出现于中国宋代。然而，纸币取代贵金属货币成为货币的主要形式，则是资本主义社会以来的事。纸币仅仅是一种价值符号，它所代表的价值与它本身无关，仅仅是以国家的规定和强制推行为根据。进入21世纪，货币的虚拟化、信用化、电子化形式得到了进一步的发展。伴随市场经济各种票据市场的发展和繁荣，货币所具有的价值尺度、流通手段、支付手段、贮藏手段和世界货币的职能正在被取代或者改变；而货币虚拟化、电子化的发展使财富指数化发展的趋势加强，更多更新的货币理论开始形成和发展。

（二）价值与价格理论

价值与价格理论是经济学的核心理论。如果说商品和货币是社会生产、生活中最重要的经济现象，那么价值和价格理论就是揭示这些经济现象的理论内核，是解释各种经济现象最纯粹的理论现象。价值理论的形成是经济学学科化发展的第一块理论基石,价值的源泉究竟是劳动还是效用成为经济学学科化发展进程中最重要的争论,主张劳动是价值源泉的经济学思想形成了以劳动价值论为基础理论的经济学体系;主张效用是价值源泉的经济学思想形成了以效用价值论为基础理论的经济学体系。认可资本主义社会制度的经济学理论基本上都是以效用价值论或者发展了的边际效用价值论为理论基础;认可社会主义制度的经济学理论基本上都是以劳动价值论为理论基础。尽管现在的西方经济学基本上忽略了对于财富、价值这些本源问题的探讨,但并不意味着他们的理论缺乏这种思想基础;当然,马克思主义经济学对于劳动价值论的坚持,也并不意味着他们的理论保守或者停留在马克思的时代。双方的论战在很大的程度上推动了经济学的繁荣和快速发展。相比价值理论,价格理论是任何经济学科和学派都以之为中心的基本原理。马克思主义经济学认为价格是价值的表现形式,价格要以价值为基础,反映价值的发展变化。这是对理论本源和经济现象之间关系的一个深刻揭示。西方经济学的整个微观经济学所讲述的就是价格理论,通过价格把市场的供求双方结合在一块,形成了社会资源配置的基本运行机制,没有外力的干预就可以实现完全有效的资源高效配置。这也是马克思主义经济学对于市场机制,特别是著名的价值规律作用的一般表述。这部分的理论作为市场经济的基础理论,在马克思主义经济学和西方经济学之间是完全一致的,唯一的差别是马克思主义经济学告诉了我们价格的本源而西方经济学则告诉了我们价格的现象。

(三)生产组织理论

生产组织理论是对社会生产活动中的组织形式进行专门研究的理论。生产在社会不同的发展阶段有什么不同的发展形式,这些发展形式和社会的生产技术之间存在什么样的关系,如何实现高效的社会生产组织结构;生产者在社会生产组织中的不同地位和作用,社会生产组织的目标及其行为方式等,都是生产组织理论所要探讨的问题。社会生产组织形式的发展是与社会的生产力发展和社会的技术发展程度密切相关的,从原始社会共同劳动的生产组织形式,到青铜器时代劳动者成为奴隶,到铁器时代以家庭为单位的生产组织形式,一直到资本主义机器化大工业生产方式所确立的工厂制度的生产组织形式,人类社会的生产组织形式伴随着社会生产力和技术水平的不断发展而发展。现在,公司制作为主要的生产组织形式给经济学家以崭新的研究空间和选题,成为经济学研究的一个崭新领域。与社会生产组织形式的发展相适应,生产者在社会生产组织中的地位和作用是社会生产关系的核心,生产者与不同的生产组织形式相联系,就有不同的地位和命运;生产者的地位和命运还决定于生产组织的目标追求。不同的生产技术和效率化要求所影响的只是生产者的劳动强度、熟练程度和文化素质,但生产目标和社会制度的不同,则决定生产者在生产组织中的不同地位和作用。西方经济学所界定的生产组织目标是利润最大化,资本家是企业的主人;而马克思主义经济学认为生产组织的目标首先是满足社会需要,生产者是企业的主人。

(四)消费者行为理论

对于消费者行为问题的研究首先是在成熟和富裕的市场经济国家发展起来的。社会经济活动有两大内容:一个是社会生产,另一个是社会生活。社会生活最为丰富的内容就是对社会生产的成果进行消费。消费者进行消费的实际水平取决于其现期和预期的收入水平,消费者的消费结构则取决于社会可能的生产结构。消费者行为模式的形成是在既定的经济体制和生产模式中发展起来的,因此,生产和消费之间存在着复杂的决定和被决定的关系。消费者主权是市场经济消费者至上时代的产物,消费者剩余、消费者预算约束线、消费预测等成为消费问题研究的重要内容。随着经济发展,信贷消费、抵押消费等新型的消费方式也得到了充分发展,消费问题已经独立成为一门学科即消费经济学。消费者行为理论中被经常运用并且形成广泛影响的有两个系数。一个是恩格尔系数或者恩格尔定理。恩格尔(E. Engel)是19世纪德国的统计学家,他根据长期经验对统计资料的分析得出结论:一个家庭收入越少,家庭收入或支出中用来购买食物的部分所占的比重就越大;一个国家越穷,每个国民的平均收入或平均支出中用来购买食物的费用所占的比例就越大;随着家庭收入的增加,家庭收入或家庭支出中用来购买食物的支出将会下降。另一个是反映收入分配公平状况的基尼系数。基尼系数的一般规律显示,基尼系数小于0.2为高度平均,大于0.6为高度不平均,基尼系数为0.4是国际上通行的警戒线。

(五)市场竞争理论

市场竞争理论是现代社会经济生活中非常重要的内容。无论是生产者行为还是消费者行为都离不开市场。对于市场,人类虽然有了深刻的认识,但它仍然是人类最难以控制的社会系统。商品经济或市场经济最核心的矛盾就是"从商品到货币是个惊险的跳跃"。这一矛盾解决的场所就是通过市场进行交换,因此,市场是流通领域本身的总表现。市场为商品流通的领域,是市场经济基本的运行机制。市场最核心的作用就是这种"打破产品交换的时间、空间和个人的限制"的能力,从而引起资源或商品打破时间上的间隔和不同生产者之间的差异在不同地区、不同国家甚至全球范围内配置的本质性作用,这正是市场在社会发展中表现出的一般趋势和突出作用。马克思主义经济学最早系统地揭示了市场失灵的问题,提出了计划经济和宏观调控的对策,并且最早指出了现代市场结构的四种形态,即完全竞争市场、寡头垄断市场、垄断竞争市场和完全垄断市场。但由于把这些问题完全归结为资本主义经济制度的问题,只是加以批判,而在长期的社会主义经济建设中只搞计划经济;因此,这些理论现在似乎成为西方经济学的内容。

(六)国民收入理论和宏观经济平衡理论

国民收入理论是经济学关于宏观经济问题的一般理论。把国民经济看作是一个整体而不是分散的经济个体是国民收入理论发展的思想基础。在马克思主义经济学中,社会再生产理论和社会总产值理论是国民收入理论的主要内容。GDP(国内生产总值)、GNP(国民生产总值)、NI(国民收入)等概念是衡量国民经济总体水平的重要指标。GDP更多地反映一个国家范围内各类企业以及自然人的社会价值创造能力;GNP更多地反映一个国家的国民的社会价值创造能力。在外资企业占比重大的国家,GDP并不能真实地反映这个国家国民的社会价值创造能力。与国民收入理论相关,一个国家对宏观经济中的总量关系，尤其是国家财政收支平衡和国际收支平衡有着最基本的政策调控。这些思想进一步形成了国民经济宏观平衡理论，主要包括国家财政收支平衡和国际收支平衡。在国家财政收支平衡上，基本的财政政策是赤字财政政策、收支平衡财政政策和盈余财政政策；不同国家的不同时期，有不同的财政政策选择，但基本上不外这三种。在国际收支平衡上，也基本上存在国际收支平衡、顺差和逆差三种状态。平衡是经济分析的理想状态，但平衡往往是不容易实现的目标。因此，国民收入理论所奠定的宏观经济分析，实际上要求国家对市场经济基础上的国民经济要有整体的把握和调控。

（七）经济增长与经济发展理论

经济增长主要是以国民经济个量指标作为追求目标，经济发展主要是以社会整体进步指标作为追求目标。建立在要素投入与相关产出基础上的经济增长模型研究，产生了许多有价值的经济学理论，比如，马克思的社会两大部类再生产理论、哈罗德—多玛经济增长模型、索罗经济增长模型等。现在，伴随知识经济的发展，罗默进一步提出了知识经济增长模型。这些研究都是很有价值的成果，对于探究人类经济增长之源起了很好的作用。尽管现在的经济学理论更加强调经济发展范畴，但事实上它们在经济学中具有同样重要的地位。现代经济学对于经济发展理论的强调，主要是立足于纠正片面追求GDP、GNP等经济个量所导致的社会成本加大问题，从社会的生命健康、医疗卫生、生活水平和衣食住行等角度全方位地对国民经济的发展目标进行界定。在此基础上，国民经济的可持续发展、循环经济等也成为发展经济学的重要内容。

（八）经济危机和经济周期理论

经济危机是经济周期的极端表现，经济危机的周期性发生，具有四个阶段，即危机、萧条、复苏和高涨。现代西方经济学喜欢使用经济衰退、经济萧条这样的词汇来替代经济危机的提法。在现代社会经济中，危机更多的是通过通货膨胀和通货紧缩这样的形式来表现，因为危害程度不同，我们可以分出不同的等级。在现代经济学中，经济危机更多的是通过经济周期理论来研究。西方经济学家根据经济周期时间的长短，把经济周期划分为长周期、中周期和短周期。长周期理论的代表人物有苏联经济学家N.康德拉季耶夫，认为资本主义社会有一种为期50～60年的长期经济波动，这种长周期又被称为康德拉季耶夫周期。其他长周期理论还有，熊彼特、库兹涅兹的长周期理论等。法国经济学家朱格拉提出了经济中平均9～10年的经济周期性波动理论，被称为中周期理论。这个周期和马克思对于资本主义社会经济周期的划分比较一致。英国经济学家基钦，提出了3～4年为周期的短周期理论，又被称为基钦周期理论。现代人类社会的经济发展一直在经济危机消失甚至经济周期消失的盲目乐观论调中寻求长期持续的经济发展，但事实上经济周期从来就不可能被消除，甚至往往是危机来临时人们才会重新警惕。经济学理论的长期发展，使人类熨平经济周期、消除经济危机的努力取得了很大的成绩，但经济危机和经济周期仍然是主要的人类社会经济现象。

五、经济学的新发展

经济学在"二战"后的发展可以说是一日千里、日新月异。无论是马克思主义经济学，还是西方经济学，在学科体系和理论内容的发展方面都呈现出空前的繁荣状态。

(一)经济学学科发展的新内容

"二战"后，伴随东欧、苏联以及中国社会主义国家的经济发展和改革实践，马克思主义经济学形成了大量的新内容。例如，形成了社会主义过渡经济学、市场社会主义、社会主义计划经济学、世界经济学、社会主义经济学等新的经济学理论。在后期的发展中，伴随社会主义国家经济体制的改革深入，尤其是市场经济体制改革的引入，进一步形成了生产力经济学、改革经济学、转轨经济学、特区经济学、社会主义市场经济学、中国经济学，以及学派化发展的马克思主义经济学等崭新的学科内容。这些经济学新学科突破了以往经济学教条的束缚，开辟了崭新的研究领域，在生产力问题、经济体制的改革与比较、市场经济的基本理论、经济学中国化和本土化的发展与中国经济理性体系化发展等方面做出了很大贡献。一个值得注意的问题是,在规范化研究和新的理论体系的创立方面,马克思主义经济学突破性的进展还需要时间和实践的考验。

西方经济学在"二战"后的发展也进入了黄金时期。西方经济学产生了一系列在国际经济学界受到学者广泛关注和介绍的经济学新理论,例如,以制度经济学、行为经济学、信息经济学、博弈经济学、实验经济学、演化经济学和混沌经济学为代表的经济学新理论。国内出现了大量的以之为理论前沿的经济学研究:制度经济学的主要理论是产权理论、交易成本理论和委托代理理论;行为经济学主要是以经济人的行为假设来研究人们的政治、经济和社会等一切行为;信息经济学以信息不对称和激励约束理论的研究著称;博弈经济学是以信息经济学为基础的对策理论研究;实验经济学以尝试展开对市场环境中经济行为在可控制环境和过程中的实证研究为主要内容,但真正意义上的实验经济学却是马克思主义经济学中的计划经济理论以及中国社会主义市场经济改革的理论实践,遗憾的是国内迄今为止在这些方面的研究被忽略了;演化经济学和混沌经济学都以自主演化和自组织理论为基础,是社会经济活动的演进论。

(二)经济学学科发展的新特点

经济学学科发展的新特点是难以全面概括的,但综括马克思主义经济学和西方经济学发展的一些新内容,我们可以将其突出的特点简要地概括为以下一些方面。

(1)加强了企业理论的研究。企业是现代社会生产的主要组织形式,与市场经济作为社会资源配置基础性手段相联系,企业的组织创新和治理结构也发生着根本性的变化,这些变化使企业经济学作为一门重要的学科得到了发展。对于公司制企业中委托代理理论、激励约束理论、企业法人治理理论、企业组织创新理论等问题的研究,拓宽了经济学对于企业作为社会基本生产组织形式的研究领域,同时也拓宽了经济学自身的研究范围,大量的企业理论成为经济学理论的重要创新。

(2)加强了发展理论的研究。伴随着世界经济在"二战"后发展出来的不平衡,尤其是工业化进程中农业经济、工业经济、知识经济,甚至数字经济等新型经济现象,无论发达国家还是发展中国家和落后国家,在发展道路选择中,都更加重视社会国民经济综合平衡的发展,而不是仅仅追求经济增长;这样就要求社会在经济、政治、文化和国民生活等整体福利指标上有全面的提升,而不仅仅是唯“增长论”。与增长极限论、零增长理论这些极端经济发展理论相比较,现代社会的经济发展理论更加强调可持续发展和循环经济的发展道路,并且形成了发展经济学和循环经济学的独立理论体系,这成为经济学理论中突出的特点。

(3)加强了金融理论的研究。金融理论伴随信用经济和虚拟经济的发展而快速发展,在金融衍生工具的应用和操作方面形成了大量非常富有创建性的经济学成果。比如,股票交易方面的理论、期货理论、期权理论以及基金理论、汇市理论等,这些成为经济学的热门理论和最富有创新活力的领域,也是成长最快的经济学理论。由于金融领域实践问题的具体性,对于复杂金融现象的认识必须有深入的社会实践背景,这就使金融理论的研究更加专业。

(4)加强了制度问题的研究。制度问题的研究是经济学的老本行。但制度研究在马克思主义经济学和西方经济学中是沿着不同的理论逻辑发展的。马克思主义经济学对于制度的研究是在社会生产关系的研究对象中进行概括,但西方经济学形成了老制度经济学和新制度经济学。制度研究最初是比较经济学的专门领域,但现在因为各方面的原因,特别是社会主义国家的市场经济改革实践,制度经济学的研究空前繁荣。但对于新制度经济学理论的学习和把握一定要注意分辨,不要盲从。有些理论尽管天花乱坠,但却有可能是伪科学。

(5)加强了方法问题的研究。经济学方法论的研究取得了长足的进步和发展,特别是西方经济学目前在这个领域的研究取得了比较多的成就,马克思主义经济学的方法论研究则相对比较滞后。但有必要指出,所谓的方法论个人主义与方法论整体主义之争,是个伪命题。把西方经济学当作方法论上的个人主义,把马克思主义经济学当作方法论上的整体主义只是一种片面和局部的概括,并不反映经济学研究方法的全貌,也不能反映不同经济学在方法上所取得的成就。有志于经济学研究的同学在这些问题上一定要有开阔的理论视野和全面的态度。

(6)加强了经济史的研究。经济史研究和经济资料的完善与研究技术手段的提高密切相关,经济学本质上是一门实践的科学、历史的科学。因此,通过经济史的研究能够对社会经济的现状和发展趋势形成更加明确的认识。

(三)经济学学科发展的新趋势

(1)经济学中国化、本土化的发展趋势加强。经济学的中国化、本土化是中国经济学独立发展的理性呼唤,也是对把西方经济学当作科学经济理论范式传播的一种抵制。经济学中国化、本土化的发展在中国所欠缺的不是经济思想,而是形式化的学科要求,例如,术语、原理和逻辑体系等。经济学中国化、本土化命题的提出,表明现有经济学并非本土的;现有经济学与本土的现实还有很大差距,不能很好地服务于本土的经济建设;要使现有的经济学更好地服务于本土的经济建设,必须通过与本土实际相结合,全面地改造现有的经济学;这种改造必然是通过保留其精神和原则而使其在形式和内容上更好地反映本土的现实。通过这种改造,使经济学成为反映本土文化及其理念、研究本土经济现实及其规律的思想理论体系。可以说,经济学中国化、本土化的发展,就是要在马克思主义经济学、西方经济学中国化和本土化发展的基础上,实现民族文化在经济理性思维和学科体系化发展上的突破,使经济思想的理性成果在中国的大地上成长出中国经济学来。值得指出的是,经济学中国化和本土化的发展,必须解决好以下几个问题:第一,什么是社会主义,如何建设和发展社会主义。这是中国经济学自立的制度基础。第二,生产力落后的发展中国家如何成功地迅速赶超发达国家,其中所蕴含的经济增长和经济发展的规律究竟是什么,这是中国经济学的核心问题。第三,计划经济和市场经济体制的优劣对比、政府职能的界定及市场经济体制在现实经济建构中的转型和完善问题。第四,如何协调处理中国社会各阶层的利益分化与社会和谐、收入分配差距拉大、反贫困以及共同富裕等问题。

(2)经济学数理化、模型化的发展趋势加强。在世界范围内,经济学数理化和模型化的发展趋势是"二战"后经济学发展的突出特点，但经济学数理化和模型化的发展被形式化则是近些年来才出现的新趋势。在中国则是近十年的事情，这一方面是我国经济学研究自身发展的结果，另一方面是海外留学人员大量引入西方经济学规范的产物。经济学数理化和模型化的显著的效果是加强了经济学研究的准确性和规范化，但突出的问题是经济学数理化、模型化的分析研究所具有的片面性和失误越来越明显。如果说这些问题有待通过经济学进一步的发展来解决，那么，经济学数理化和模型化发展趋势的一个最新动向和危险就是在数理化和模型化发展趋势中所反映出的形式化现象，即把单纯追求经济学数理化和模型化当作经济学研究的最主要内容而忽略了对具体经济现象的现实研究和分析，为数学而数学、为模型而模型，最终建构的模型与所研究的具体经济现象并不存在相关性。甚至使人搞不清楚，这种经济学研究的究竟是数学现象、物理学现象还是玄学现象。我们必须承认经济学数理化、模型化的发展是大势所趋，但现在有些学者片面或者别有用心地强调经济学数理化、模型化的发展就是要去思想化、去意识形态化，这显然是极端有问题的提法。如果经济学仅仅具有数理化、模型化的形式，而没有经济思想，无疑是没有任何价值的东西，更不可能是社会科学；如果没有意识形态的归属，就更不可能服务于特定社会制度下的经济现实，倒有可能是反现存社会制度的祸乱理论。

(3)经济学社会化、实践化的发展趋势加强。经济学的社会化、实践化发展趋势是与经济学数理化、模型化相对立的一种经济学发展趋势。其不仅仅是反对在经济学研究中大量使用数学和模型，而且主张突破经济学狭隘的研究领域，拓宽经济学的视野，把社会现象作为一个复杂系统来进行全方位地分析研究。这种发展趋势强调，经济学作为实践、经验和历史科学的特点，而不仅仅是“黑板经济学”，要求加强经济学对于社会问题的现实分析，强调经济学的研究要从社会具体的经济现象和现实出发。值得强调指出的是，经济学社会化、实践化的发展趋势，在西方经济学的发展趋势中也有广泛反映。例如，同样是诺贝尔经济学奖得主，著名的美国经济学家加里·贝克尔就在经济学的社会化发展方向上取得了丰硕的成果，他把经济学的研究拓展到了社会学、政治学、人口统计学、犯罪学和生物学等广泛领域，被称为是“经济学帝国主义”的代表性人物。这一趋势在马克思主义经济学中也得到了广泛关注。但必须指出，经济学的研究所揭示的社会经济运动的侧重不可能完全相同，其合理地反映和揭示现代社会经济运动规律的成分应该是我们能够共通和利用的地方。社会主义市场经济不但与西方在现实基础上有所差别，而且在意识形态、价值观念等方面也存在重大差异，这就使我国的经济学理论和实践都只能走中国特色的道路。尤其是在西方经济学的借鉴上，更需研究其现实的可行性。就经济学的社会化、实践化发展趋势而言，西方经济学更加强调社会化的发展趋势，马克思主义经济学更加强调实践化的发展趋势。

本章小结

1. 经济学是科学，但经济学是区别于自然科学的人文社会科学，是一门繁荣的科学，并不是沉闷的科学。广义的经济学是一切经济学科的总称，凡是以经济现象为研究对象、或把经济原理应用于具体领域研究、或运用经济学的方法研究相关问题的学说体系都可以叫经济学。狭义的经济学主要是指政治经济学和西方经济学；政治经济学就是以社会经济现象及其内在规律作为研究对象的科学，不但研究社会的生产方式、生产关系，也研究社会资源的配置和经济活动的效率。

2. 经济学是一门历史悠久的学科。“经济”一词在中国古典文献中经常出现，有非常宏大美好的内涵，即“经世济民”。本节考察了经济学的中国词源、经济学的学科起源、经济学的学科确立和经济学的学科分化。

3. 在不同的时期、不同的流派中，经济学的分类有不同的分类方法。我们所采取的是最简单的“对立二分法”的分类原则，按照不同的标准划分为以下类别：马克思主义经济学与西方经济学、理论经济学与应用经济学、宏观经济学与微观经济学、部门经济学与交叉经济学。

4. 经济学是一门与人们的生产、生活密切相关的学科。本节介绍了经济学的基本理论内容,包括商品与货币理论、价值与价格理论、生产组织理论、消费者行为理论、市场竞争理论、国民收入理论和宏观经济平衡理论、经济增长与经济发展理论以及经济危机和经济周期理论。

5. 经济学在二战后的发展史,可以用一日千里、日新月异来形容。无论是马克思主义经济学、还是西方经济学在学科体系和理论内容上均呈现出空前的繁荣状态。本节介绍了经济学学科发展的新内容、新特点和新趋势。

思考题

1. 什么是经济学?
2. 怎样认识经济学在西方和中国不同的发展历史?
3. 为什么说经济学是一门“五花八门”的科学?
4. 如何认识经济学的价值与价格理论?
5. 什么是经济学学科发展的新趋势?
6. 谈谈你对经济社会学的认识。

推荐书目

1. 罗伯特·耐尔·海尔布伦纳/莱斯特·瑟罗:《经济学的秘密》,海南出版社,2001 年版。

2. 张建君:《马克思主义经济学研究》,中国经济出版社,2005 年版。

3. 凯恩斯:《就业、利息和货币通论》,商务印书馆,1999 年版。

4. 保罗·A. 萨缪尔森、威廉·D. 诺德豪斯:《经济学》(第 19 版)(上下册),商务印书馆,2012 年版。

5. 亚当·斯密:《国富论》(上下),上海三联书店,2009 年版。

第十章 法学：正义与权力之学

如果一个国家的所有成员都忽视法律，这一事实本身就足以使这个国家解体和毁灭。

——斯宾诺莎

谈及法与法学，人们往往敬而远之。这至少有两个原因：一是法学不就是研究条条框框的规定，有啥意思？二是谁有事没事的爱跟法律打交道，不到万不得已，谁又愿打官司？其实，这是对法与法学的误解，法学所研究的不仅仅是法律的具体规定，它还研究法律之所以这么规定的原因。也就是说，法学不仅研究法是什么，它还关注法背后的为什么。

一、什么是法学

法学是一门古老而又常青的学科，它是形而上的、超世的和理性的，但又是形而下的、入世的和务实性的；它强调逻辑严谨，但又不死板僵硬；它用语冷静，但并不缺乏温情。本章希望能为青年大学生开启一扇走进法学神圣殿堂的大门。在了解和学习法学之前，有必要先明确什么是法，这无疑将有助于我们对法学的理解。

（一）什么是法

法作为一种特殊的社会现象，并不是从来就有的。它是社会生产力发展到一定阶段，伴随着私有制、阶级和国家的出现而产生的。正如恩格斯在《家庭、私有制和国家的起源》中所指出的那样："在社会发展某个很早的阶段，产生了这样一种需要，把每天重复着的生产、分配和交换产品的行为用一个共同规则概括起来，设法使个人服从生产和交换的一般条件。这个规则首先表现为习惯，后来便成了法律。随着法律的产生，就必然产生出以维护法律为职责的机关——公共权力，即国家。在社会进一步发展的过程中，法律便发展成或多或少广泛的立法。"①

法的产生经历了一个漫长的、渐进的、由量变到质变的过程，其最终形成是以下列现象为标志的。首先，认可、制定、实施和保障法律的特殊公共权力系统——国家的产生；其次，社会成员之间的权利、义务发生分离；最后，诉讼和审判程序的出现。

---

① 《马克思恩格斯选集》第2卷，人民出版社，1995年版，第538~539页。

回顾了法的产生过程，那么，什么是法呢？“人们寻求对法的定义就像是寻找圣杯（Holy Grail）一样，一直是人们梦寐以求的愿望”[①]。自古以来，思想家、哲学家和法学家们提出了种种见解，然而，出于对法或法律的理解与解释的不同，对法的定义也往往存在差异，以至于“无数人曾尝试从字面上给法下定义，但没有任何一种定义令人满意，也没有任何一种获得普遍承认”[②]。

综合历史上人们对法的定义，我们可以将其分为两类，一类是非马克思主义的，一类是马克思主义的。从总体上看，非马克思主义者对法所下的定义大致有三个方面，即法的本体、法的本源以及法的作用。首先，从法的本体下定义，着重以简化或抽象化的形式揭示法是什么。例如，中世纪思想家胡克认为，法是一种大致运作良好的指导性规则，“善良之法是正当理性的命令”[③]。其次，从法的本源下定义，着重说明法的基础或法自何出。例如，古罗马思想家西赛罗认为：“法律乃是自然中固有的最高理性，它允许做应该做的事情，禁止相反的行为。当这种理性确立于人的心智并得到实现，便是法律。”[④]卢梭亦言：“法是公意的宣告。”[⑤]最后，从法的作用下定义，着重说明法的工具性。例如，古罗马法学家赛尔苏斯说：“法是善良公正之术。”亚里士多德则言：“要使事物合于正义，须有毫无偏私的权衡，法恰恰是这样一个中道的权衡。”[⑥]

综上所述，尽管非马克思主义法学关于法的定义也包含着富有启迪性的见解，但它们的最大缺陷就是没有揭示出或故意掩盖了法的阶级本质，而如果缺少揭示法的这一层本质，其定义显然将是不

① 霍贝尔：《初民的法——法的动态比较研究》，周勇译，中国社会科学出版社，1993年版，第19页。

② 戴维·沃克：《牛津法律大辞典》，北京社会与科技发展研究所组织编译，光明日报出版社，1988年版，第517页。

③ 卡尔·J. 弗里德里希：《超验正义——宪政的宗教之难》，周勇、王丽芝译，三联书店，1997年版，第47～52页。

④ 西赛罗：《论共和国论法律》，王焕生译，中国政法大学出版社，1997年版，第189页。

⑤ 卢梭：《社会契约论》，商务印书馆，1982年版，第51页。

⑥ 亚里士多德：《政治学》，商务印书馆，1981年版，第169页。

完全的。相反,马克思主义创始人则从唯物史观出发,从不同侧面和角度对法的概念做了不少定义式的表述,科学地揭示了法的本质。

马克思和恩格斯在《德意志意识形态》一书中指出,法律是由统治阶级的共同利益所决定的共同意志的表现;在《共产党宣言》中谈到资产阶级法时则进一步指出,资产阶级法不过是被奉为法律的资产阶级的意志,而这种意志的内容是由资产阶级的物质生活条件决定的。马克思和恩格斯的这些表述,深刻地揭示了法的概念的核心内涵,指明了给法下科学定义的基本要素,也为研究法的本质和基本特征提供了科学的立场、观点和方法。

根据马克思主义关于法的一般理论,吸收国内外法学研究成果,我们可以将法定义为:法是体现国家意志的,以权利义务为主要内容的,通过国家强制力保障实施的社会行为规范的总和。

(二)什么是法学

法学同法一样,也不是从来就有的,其产生和发展也经历了一个漫长的过程。在作为国家意志体现的法没有出现之前,虽然有类似法的规范出现,但它毕竟还不能称之为法。没有法的存在,也就谈不上对法的研究,自然也就不存在法学产生的前提条件。当法产生之后,由于其具有规范性和强制性,被社会普遍认可并得到了广泛的运用。然而,由于法是人类活动自觉的结果,人们在制定法时不可能考虑得面面俱到,这就为对法的思考留下了巨大的空间,从而使对法的研究成为必然。

对法的基本问题的思考必然会形成一种思想,而法律思想的形成则是人们对社会关系更加趋于复杂化的法律思考的结果,是对社会生活中法律的理性审视。但是,正像任何有关法的活动并不都可以看作是法学研究一样,任何有关法的知识也并不都是法学。法学的生成以下列现象为标志:①立法的发达,要求对法律问题进行专门研究,法学家职业阶层因此而形成;②一整套法的概念、原则和规则的构成,法学方法的运用和自成体系的法学理论的创造;③传授法学知识和探讨法学理论的机构的存在;④学科分化的程度和满足法学学科独立的知识系统的建立。

在法学发展的不同阶段，不同阶级、不同学派的思想家、法学家给出了不同的答案。乌尔比安关于法学的定义是最早、最著名的定义之一。他认为，法学是有关人和神的知识，是判断正义与非正义的学问。从现在的观点来看，该定义显然是将法学与宗教学、伦理学混为一谈了，因而不够科学，但它却如实反映了当时法律规范与宗教戒律、道德规则融合为一体的实际状况。乌尔比安的法学定义对后世影响颇大，在西方近代史上，不少思想家、法学家都在该定义的基础上做出取舍，以寻求法学的新定义。最有代表性的就是以“正义”或“权利”作为法学的特定内涵给法学所下的定义。例如，格劳秀斯认为，法学者，从正义而生活之学科也。德国法学家莱布尼兹则认为，法学者，权利之学也。这些定义虽然并不完全科学，但它们仍然在法学史上具有十分重要的意义。在现代，西方法学家一般都认为，法学是以法为研究对象的学科，提出“法学是关于法律的制定、实施、研究及教育等领域的各种科学性活动的总体”，“法学是法律的学术或理论，是研究法律原理和现象的学科”等。这些西方现代法学定义指明了法学的职能和研究重心，具有一定的现实性和科学性。

新中国建立后，法学的定义引起了激烈的争论，但由于受苏联法学的影响，常将法学定义为一门既研究法律也研究国家的学科。20 世纪 80 年代后，把“国家”作为法学研究对象的定义基本上被否定了，虽然承认国家与法密不可分，但国家与法有各自的特性，二者不能画等号。因此，人们大多认为法学是研究法的一门科学，虽然定义方式有所不同，但基本都同意法学是研究法律现象及其规律的科学。结合中西方先进理论，我们可以将法学定义为：法学是以法这种特殊社会存在及其规律为研究对象的学问。

二、法学的流派及体系

我们已经了解到什么是法和什么是法学，为了进一步理解和掌握法学，有必要简要介绍一下法学的体系和法学发展历史上的主要流派。了解一个事物的最好方法就是了解它的过去，研究它的历史发展，观察其在不同历史发展阶段所呈现的不同发展状态以及人们围绕相关问题所形成的不同观点和看法，法学自然也不例外。法学的主要流派为我们提供了多元化思考的角度，使我们不只是就法论法，而是能更全面地思考“法”之所以为“法”的原因。法学体系为我们提供了一个从宏观上了解法学这一学科的途径，认识到法学究竟包括哪些部分，而这些部分又涉及哪些领域。

（一）法学的流派

法学流派是指对法学的某一理论及研究方法持相同观点并形成共同主张的法学学术群体及其理论倾向。在发展的不同阶段上，法学产生了众多流派。主要的、较有影响力的法学流派有：

(1)自然法学派。自然法学派起始于古希腊的斯多葛学派，经由古罗马的西赛罗系统阐述后，进一步发展为古典自然法学派和新自然法学派。斯多葛学派认为，自然法是自然规范的总和，它代表着理性，是普遍适用的，高于一切城邦法律。西赛罗其后又对自然法做了进一步的发挥和充分的阐释，率先在西方比较系统地提出了自然法学说。古典自然法学派产生于17～18世纪，主要代表人物有荷兰的格劳秀斯，英国的霍布斯，洛克，法国的孟德斯鸠、卢梭，德国的普芬道夫和意大利的贝卡利亚等。古典自然法学派的最根本特征就在于它的理性主义倾向，它汲取了古代自然法思想和中世纪自然法思想，尤其是亚里士多德和托马斯·阿奎那自然法学说中的理性主义因素，并排除其朴素直观的自然主义和蒙昧的神学主义因素，加速了法学同神学的分离过程。古典自然法学派虽然表现形式多样，但目的是同一的，即反对宗教神学，主张自然法代表人类的通性或本性，是最高的法律。

从19世纪中期到20世纪中期，受历史法学派和法律实证主义的冲击，自然法学派在西方大多数国家一直处于低潮。第二次世界大战后，出于对纳粹法律的反省，人们开始对法律的正义和道德等问题进行再一次理性思考，自然法学派也得以复兴。

纳粹德国在“二战”结束前制定了大量关于种族隔离、种族屠杀和种族灭绝的法律，这些法律明显是违反人性的，触犯了最根本的道德准则，不符合公平正义原则，但这些法律确实是经国家有权机关依照法定程序制定的。那么，这就出现了一个问题，这些“恶法”是法吗？有的观点认为，这些法律虽恶，但它们是体现国家意志的，经国家有权机关制定或认可的，并由国家强制力保障实施的，当然是法，即恶法亦法，否则，又如何解释奴隶社会的法律？它们将奴隶作为物品来对待，同样也是违反人性的，但又有谁能否认它们不是法？新自然法学派则认为，不应当用现在的价值观和道德观来衡量、判断先前的法律，奴隶社会的法律虽然以现在的观点看来是恶法，但它却是符合当时的价值观和道德观的，这就足以使其成为法，但纳粹法律却是不符合现在的道德观和价值观的，是对自由、平等、人权和民主等基本价值和根本道德准则的无情摧残。法的基本价值就在于保障自由、平等、正义和效率，以维护个人权利和社会秩序。纳粹法律完全抛弃了这些基本价值，明目张胆地将有预谋、有组织的大屠杀完全法律化，若这样的恶法都能算是法，这无疑是对现代法制的极大嘲讽。因此，强调道德准则的新自然法学派认为，恶法非法。

(2)历史法学派。与自然法学派的理性主义倾向不同，历史法学派倾向于法律的历史和传统，强调用历史的观点和历史的方法来研究法学。这一学派的最主要代表是德国的胡果、萨维尼和英国的梅因。历史法学派把法纳入到整个文化里面给予考察，认为法是民族文化的一部分，也是人民精神的表示。历史法学派认为，只存在适用于不同民族的不同法律，并不像启蒙运动所认为的那样存在一种适用于一切民族和一切时代的理性法。这是因为，一切法都是一个长期的、历史的和进化的结果，它是缓慢、渐进、持续和有机发展的结果，而不是刻意设计或专断意志的产物；每个民族都逐渐形成了一些传统和习惯，而通过对这些传统和习惯的不断运用，它们逐渐变成了法律规则；只有对这些传统和习惯进行认真的研究，人们才能发现法律的真正内容；法律就其本意而言乃是一个民族的共同信念和具有内在必然性的共同意识。

历史法学派留给我们最大的启示在法的移植和创制上。清末民初，一些有识之士认识到，西方列强辱我中华，盖非仅靠船坚炮利，乃制度使然也，于是自清末就制定宪法，引进宪政制度。然而，宪政虽好，但它终究是西方文明结出的花果，当时的中国并不存在其生长的土壤，它来到中国后自然就水土不服，要么被当作一个形象而概念空洞化，要么被传统规则和习惯异化，失去其原有内涵。在立法时也是一样，立法者必须尊重本民族长期形成的道德规则和习惯，而不应仅靠立法者的头脑想当然。例如，有些国家出于"公平公正"的考虑取消了遗产继承制度，认为遗产继承会导致个体起点的不公平，而取消遗产继承后个体起点公平，更有利于他们奋发向上、自主创业，但事实上这些国家在实施一段时间后就自动废除了这个看似"公平公正"实则荒谬透顶的法律。为什么？原因就在于取消遗产继承不但不会激励人们自主创业，反而会抑制人们的创造性，鼓励人们铺张浪费。因为人们知道他们的遗产不会被其子女继承，他们又何必创造那么多财富而为别人作嫁衣呢？即使创造了多余的财富，他们也会挥霍浪费掉，反正攒起来也是给别人攒，为何不及时行乐呢？这就要求我们在进行法律移植和创制时必须尊重我们自己的历史和传统，传统规则和道德习惯深深根植于民族文化和民族精神之中，在其源远流长的几千年中而为人们普遍遵守，自然有其存在的价值根基，绝非想当然的无稽之谈。

(3)实证法学派。实证法学派是实证主义在法学领域的具体体现，其主要代表是凯尔森的纯粹法学派和哈特的新分析实证法学派。实证法学派反对形而上学的思辨方式和寻求终极原理的做法，反对法理学家试图辨识和阐释超越现行法律制度之经验现实的法律观的任何企图。实证法学派试图将价值排除在法学研究的范围之外，并把法学的任务限定在分析和剖析实在法律制度的范围之内。实证法学派认为，法学的研究对象只是实在法，也只有实在法才是法律。法律是在社会发展的历史过程中由国家制定的，即法律仅仅是国家命令的东西，基于此，国家制定的任何东西都是法律。实证法学派注重法律的形式和结构，而不是它的道德内容和社会内容，认为法学所应关注的应是分析法律术语，探究法律命题内在的逻辑关系，考察具体的法律制度，而不考虑法律是否正义；认为正义就是合法性，即严格服从国家所制定的规则。

实证法学派仅就法律论法律，导致的一个明显的后果就是“恶法亦法”。尽管实证法学派存在这样的缺陷，但它注重对法律术语概念的分析，探究其内在的逻辑关系，这在法的实施中具有极为重要的意义。

例如，我国《刑法》第310条规定：“明知是犯罪的人而为其提供隐藏处所、财物，帮助其逃匿或者作假证明包庇的，处三年以下有期徒刑、拘役或者管制；情节严重的，处三年以上十年以下有期徒刑。犯前款罪，事前通谋的，以共同犯罪论处。”第312条规定：“明知是犯罪所得的赃物而予以窝藏、转移、收购或者代为销售的，处三年以下有期徒刑、拘役或者管制，并处或者单处罚金。”这两条分别对窝藏或包庇犯罪分子或犯罪所得的行为做出了惩罚规定，初看条文，甚为流畅，并无不妥之处，但仔细分析其所用术语就会发现其存在混乱之处。在我国，只有法院才有权判定何种行为构成“犯罪”以及什么人为“犯罪的人”，在法院做出判决之前，涉案人员一律称为“犯罪嫌疑人”，而绝不是“罪犯”或“犯罪的人”。照此理解，前述这两条的规定只能适用于法院在判决中已经认定为罪犯的人和认定为犯罪的行为。但若按此理解，必将缩小该条款的适用范围，使真正的窝藏或包庇行为得不到应有的惩罚，而有违于立法本意。比如，甲杀人后(法院尚未来得及将其逮捕而定罪)投奔于乙，乙为其提供隐藏之处并随后帮助甲成功逃往国外。法院若欲定乙之罪，乙则可抗辩为，其所知道的甲仅仅是个“犯罪嫌疑人”，并不是“犯罪的人”，其也无权以自己的意志来判定甲是否为“犯罪的人”，可能甲杀人是出于正当防卫而不构成犯罪，但其无权对此做出定性，因此，其所明知的并不是法院判定的“犯罪的人”，而只是“犯罪嫌疑人”，故其行为并未违反第310条的规定。我们从上述案例中可以看出，法律术语的严谨性和前后条款的逻辑性是多么重要，也可更好地认识到实证法学派的价值所在。

(4)社会法学派。社会法学派是将传统的法学研究方法与社会学的概念、观念、理论和方法结合起来研究法律现象，其主要代表人物有孔德、狄骥、庞德、卡多佐及霍姆斯等。社会法学派的主要观点是：①法学应当研究实在法及其原理对社会的影响；②应当注重法律的社会机能及其效果，并以此作为立法的参考；③对法律的发展史应当用社会学的方法加以考察，关注某一法律在某一时代产生的背景、意义及当时社会的反映；④法学解释应当以科学的自由探究精神发现法律的真髓，并切合社会的需要，而不必拘泥于文字内容；⑤法律的有效实施与法律目的的实现有着紧密的关系，因此，法学亦应注重研究法律的实施。

美国著名大法官霍姆斯有句名言："法律的生命始终不是逻辑，而是经验。"法律所体现的乃是一个民族经历诸多世纪的发展历史，而不应认为它仅是教科书中的规则和定理。只有熟悉法律的历史、社会和经济因素的法官和律师，才能够适当地履行其职责。

例如，法定婚龄在世界各国均有不同的规定，赤道附近的一些国家规定的婚龄仅为14周岁，其他国家有的规定为18周岁，而中国规定的男女法定婚龄分别为22周岁和20周岁，为什么会存在如此的不同呢？这不是历史法学派所能解释的，因为中国历史上也存在过较低的婚龄，为什么现在这么高呢？这只能用社会学的方法进行考察，赤道国家规定了较低的婚龄是因为在热带地区男女成熟比较早，十三四岁已经完全发育成熟，况且热带地区人的寿命相对较短，为了劳动力的再生产和社会人口的循环，规定较低的婚龄是自然而然的社会需求。这并不是说我国男女到20周岁才发育成熟，一般而言，十六七岁就完全发育成熟了，而规定为20周岁和22周岁则是因为我国人口问题，为了缓解人口压力，规定了较高的婚龄，也就相应推迟了生育周期。但有人又会问，既然为了推迟生育周期，为何不将法定婚龄规定为25甚或30周岁呢？这也需要用社会法学派的理论来解释，法律做出某一规定后还应考虑社会的反映和影响，社会成员会因为畏惧而遵守该规定呢，还是因为该规定进一步限制和压缩了社会成员的权利反而增加了其反抗心理呢？若某一规定不考虑其在现实社会情况下的意义，不顾及对社会成员的影响，其实施成本之高是可以想象的。30周岁的法定婚龄是否能得到社会成员的普遍遵守?况且,由于女性的最佳生育年龄在20~25周岁之间,若推迟至30周岁,是否会忽视社会对人口生育质量的需要?综合这些因素考虑,我国将婚龄定在20周岁和22周岁有其合理之处。此外,从最近的节庆假日燃放烟花爆竹的禁令和解禁中也可以看到社会法学派理论的身影。

(5)马克思主义法学。马克思主义法学的产生是法学发展史上的一次伟大革命,它以历史唯物主义为理论基础,科学地揭示了法的产生、本质、特点、功能、作用及其发展规律,从而使法学成为一门真正的学科。同其他法学相比,马克思主义法学至少在三个方面与之存在着重大区别。首先,二者的指导思想不同。以往法学以唯心史观为思想基础,认为法与经济无关,甚至认为经济是由法决定的。马克思主义法学以唯物史观为指导,认为法是一定阶级意志的体现,这种意志的内容是由一定物质生活条件决定的。其次,二者的经济基础不同。以往法学都是为剥削阶级、剥削制度辩护的法学,是镇压和欺骗劳动人民的思想工具。马克思主义法学则是工人阶级和广大劳动人民的权利和法律要求的体现,它公开声明自己是为无产阶级和广大劳动人民的根本利益服务的,它的内容中凝结了工人阶级反对剥削制度和进行社会主义革命与建设的丰富经验。最后,二者在一系列根本的理论观点上存在原则性不同。以往的法学总是在不同的形式上否定法的阶级性,认为法是“公共意志”的体现。马克思主义法学则认为,法是由在政治、经济上占统治地位的阶级制定的,它反映和服务于统治阶级的意志和利益。以往的法学认为,法是超阶级、永恒存在的,而马克思主义法学则认为,法是人类社会发展到一定阶段的产物,它随着私有制、阶级和国家的出现而出现,也随着国家的消亡而消亡。

(二)法学的体系

法学体系又称法学分科的体系,是指由法学内部的各个分支学科构成的一个有机联系、相互制约的统一整体或系统。从认识论的角度,一般可将法学体系划分为三类:理论法学、应用法学和边缘法学(交叉法学)。

(1)理论法学。理论法学是综合研究法的基本原理、概念、思想和规律的学科类别，理论法学的概念和范畴适用于一切部门法学，在法学体系中起统帅和指导作用，其他法学学科都必须以理论法学的基本原理、原则和规律为指导。理论法学主要包括法理学、法哲学和比较法学等。

第一，法理学主要是指法学中以理论形态存在的以法的共同原理、普遍原则、基本范畴、功能作用、发展规律、本质和精神、内外部关系及其价值取向等为研究对象的分支学科。

第二，法哲学是从哲学的高度对法的思考，是关于法的认识论和方法论的分支学科。作为法学与哲学相结合的产物，法哲学是从哲学的视角以哲学的思维方式来研究法律问题，是对法律进行的具有法律知识内容的哲学思考，或者说是根据哲学的观点和方法进行的法律分析。

第三，比较法学是指运用比较方法来研究法学，即对不同法系、不同国家或地区的法律规则、原则、制度和法的分类、渊源以及法律教育与法律职业等进行历史的和现实的、宏观的和微观的比较研究，以揭示其共同的规律和特点，剖析其存在的区别与差异，旨在理解与批判被比较的对象，了解当代世界法律的基本思路与方法的法学分支学科。

(2)应用法学。应用法学是法学体系中具有较强针对性和实用价值的法学分支学科的总称。应用法学直接以相关的现实法律问题为研究对象，并将其研究成果直接指导和服务于相关法律领域的实践活动。应用法学并不是没有理论，只是其理论主要是研究国际或国内的具体法律问题，而与理论法学研究对象的抽象性不同。应用法学主要包括宪法学、私法学、公法学、社会法学、程序法学、国际法学及相关的以研究法的运行过程而形成的立法学、法律解释学和司法学等学科。

第一，宪法学是以宪法原理、原则、规则和相关制度及其产生和发展的历史以及监督和保障宪法实施的方式、方法为研究对象，旨在探求宪法的本质、特性和规律的法学分支学科。

第二，公法学和私法学的划分是基于传统上公法和私法的划分。一般而言，凡涉及公共权力、公共关系、公共利益和上下服从关系、管理关系、强制法学的法即为公法;而凡属个人利益、个人权利、自由选择、平权关系的法即为私法。因此,公法学就是指以刑法、行政法等调整作为不平等主体的当事人之间的权威与服从关系的法律为研究对象的法学分支学科;而私法学则是指以民法、商法等专门调整作为平等主体的当事人之间的人身关系和财产关系的法律为研究对象的法学分支学科。

第三,社会法学是以经济法、劳动法和环境法等平衡而兼顾地调整作为平等主体的当事人之间的个人利益和作为社会生存条件的公共利益为核心的带有强烈社会利益倾向的法律为研究对象的法学分支学科。

第四,程序法学是以确保实体法的正当运行和实现为宗旨的民事诉讼法、刑事诉讼法、行政诉讼法和行政程序法等规定法的运行中主体的权利与义务以及法的运行程式、步骤和方法的法律为研究对象的法学分支学科。

这里还需要提及的是程序法与实体法的关系。实体法是规定法律关系实体内容的法律,即规定具体权利、义务、后果及其范围的法律。程序法是为实现实体法规定的权利义务而服务的。实体法是程序法存在的目的,而程序法则是实体法能否被正确适用的保障。这样看来,似乎程序法相对实体法而言只是处于从属地位,但应当明确的是,在实体法和程序法的适用中,必须坚持程序法优先的原则,这在各国理论和实践上都是公认的。这是因为,若没有程序法的正确适用,即使实体法规定得再完善、再详尽,也不可能得到正确的运用,达不到预期效果。程序法就是为实体法的正确适用而设定的,没有程序法的正确适用就不可能有实体法的正确适用,因而必须彻底贯彻程序法优先原则。美国著名黑人棒球手辛普森案就是程序法优先的最佳例证。对非法取得的证据及以此非法证据取得的证据均为非法证据,不得采用,就如同毒树之上所结的果实亦有毒,均不得食用一样。证据规则也显示了程序的法定性和必要性。你能想象你本人被无证私下扣押且你的住宅被无证私闯搜查的情况下,你能获得实体法上的公正吗?

第五,国际法学是研究国际交往中的原则、规则和规章、制度的法学,其研究对象包括国际公法、国际私法和国际经济法等。国际公法是指调整国家之间政治、外交等国际关系的规则、原则、规章和制度的总称,它多是关注国家在政治、条约、外交等公共性质方面的关系。国际私法则是调整涉外民商事法律关系的规范的总称,其主要解决的是在发生涉外民商事法律冲突时,应采用何法律来解决此冲突。国际经济法是指调整国家之间、国家与个人、法人和其他经济组织之间经济关系的规范的总称,它还可再分为国际贸易法、国际投资法、国际税法和国际金融法等。

(3)边缘法学。边缘法学是将法律与相关社会现象联系起来考察,综合运用法学与有关的学科知识和方法进行研究而形成的学科,包括法律思想史、法制史、法律社会学、法律心理学、法律行为学、法律信息学、法律经济学、法律政策学、司法鉴定学、犯罪心理学、法医学和侦查学等。由于该学科通常涉及两个或两个以上学科的知识和方法,故也常被称为交叉法学。将其称作边缘法学,并不是说该学科与其他法学学科相比,其他法学学科处于中心或核心地位,而其只处于边远或偏远的非核心地位,而是因为该学科所研究的问题是法学与其他社会科学或自然科学相交叉的边缘地带的问题。

三、法学的基本问题

了解了法和法学的定义及法学的流派与体系之后,就可以帮助我们进一步弄清法学究竟研究些什么问题以及它研究的基本问题又包括些什么内容等问题。我们知道,法学以法为研究对象,而法又有多种存在形式,因此,法学的首要研究问题就是法的本质问题,即隐藏在法的背后而又决定其表现形式的法的本质是什么的问题。法总是以一定的社会关系为调整对象的,但社会关系的内容和范围又是发展变化的,这样,法律关系和权利义务也构成了法学研究的基本问题。此外,法有维护秩序、自由、正义等众多基本价值,这些价值决定着法的目的和关怀所在,因而也是法学研究的重要内容。这些基本问题的研究与深化,对法学自身的丰富和发展起到了重要作用。

(一)法的本质

法的本质问题是法学领域内一个最为根本性的问题。历史上，许多思想家和法学家都曾试图回答这个问题，但由于他们各自在研究角度、分析方法以及指导思想上的差异，对法的本质的认识也是复杂而多样的。就方法论而言，历史上对法的本质的认识大体上可以分为两类，一类是把法的本质归结为某种精神力量，如“神的意志”、“上帝的意志”“民族精神”“社会公意”“正义”等；另一类是把法的本质视为单纯的规则体系，如“主权者的命令”“纯粹的规范”等。这些观点虽然在某个层面上确实包含着某些“真理的微粒”，闪现着智慧的光环，但从根本上讲，它们都是脱离了社会经济和阶级划分的事实来分析法的本质，故没有能够正确地揭示出法在阶级社会的真正本质。

马克思主义法学以辩证唯物主义和历史唯物主义为指导，真正科学地阐明了法的本质。马克思主义法学认为，法是统治阶级意志的体现，具有强烈的阶级性，阶级性是法学的本质属性。马克思和恩格斯在《德意志意识形态》和《共产党宣言》中深刻地剖析了法的本质，指出，首先，法是国家意志的体现；其次，法是上升为国家意志的统治阶级意志；最后，统治阶级的意志不是凭空产生的，而是根植于现实的经济关系，其意志的内容不是任意的，而是受制于现实的物质生活条件。

随着法学研究的进一步发展和深化，法学界对法的本质的论述也出现了越来越多的不同的声音。人们指出，尽管法确实是统治阶级意志的反映，但若过分强调法的阶级意志性，而忽略法的其他本质属性，则会产生诸多难以解释的问题。

例如，在当今中国，谁是统治阶级？谁又是被统治阶级？在“一国两制”条件下，两个体制下的法律反映的阶级意志肯定不同，何以能在一国共存？消费者权益法、社会保障法、人权立法又反映哪个阶级的意志？对国际法而言，阶级意志说就更难解释了。国际法是由众多国家而非一个国家制定的，因此它所体现的也绝不是哪一个国家或阶级的意志，而是合意或理性。坚持国际法为阶级意志必然导致逻辑矛盾。我国参加的国际公约的签订者在我国参加之前大多为资产阶级国家，按意志论可将这些公约定义为资产阶级意志；那么，我国加入后，是否意味着屈从资产阶级意志？况且，在现代社会，全人类共同利益超越了阶级利益，例如，生态环境维护与发展、全球反恐怖与防止各种灾难、共同打击劫机和劫持人质等，为此制定了诸如关于反对恐怖主义的公约、反对劫持航空器的公约、防止及惩办灭绝种族罪的公约，这些体现全人类总体利益的法律无论如何是不能归结为统治阶级意志的，只能是人类共同理性的产物或反映人类的共同理性。

根据马克思主义法律观，汲取各家观点，结合经济和社会发展趋势，我们可将法的本质归结为：法的本质是意志性和规律性的统一，是阶级性和社会性的统一。法由人而制定，其不可能不反映人的意志，但意志的内容不是任意的和任性的，要受物质生活条件的制约，尤其是受经济规律的制约。法是在对客观规律的认识和把握的基础上制定的，但也不应将法与客观规律等同起来。法尊重和反映规律，但并不是对客观规律完全照搬，法还包括人的主观意志性。马克思主义法学对法的阶级性已经做了深刻的说明，但过分强调法的阶级性而忽视法的社会性则有失偏颇。法的社会性是指法作为一种普遍社会调整工具所具有的一种属性。某些法的内容、形式、作用效果并不以阶级为界限，而具有社会普遍性，例如，交通法、航空法、环保法和水污染防治法等调整社会公共秩序、公共安全、人与环境等关系的法律规范，它们本身并不具有阶级性，只体现了法的社会性功能。

（二）法的价值

法的价值范畴自 20 世纪 80 年代从西方法学界引入中国，就一直成为我国法学研究的重要课题，有关内容也无时不处在争议之中。尽管法学界对“法的价值”的界定存在争议，但一般认为，法的价值是指法作为客体对作为主体的人的需求的满足状况，即法对人的意义。

法的价值体系包括法的目的价值体系、法的形式价值体系和法的评价标准体系三方面的内容。法的目的价值是指法在发挥其社会作用的过程中能够保护和增加的那些价值，例如，人身安全、财产安全、公民自由、社会公共福利、经济的可持续发展、善良风俗的维持以及环境的保护和改善等。法的形式价值是指法自身应当具有的值得追求的品质和属性，例如，权威性、普遍性、统一性、完备性、稳定性、明确性和可操作性等。法的评价标准是指法对各种事物进行价值判断时所遵循的准则，其主要解决以下两类问题：一是价值确认，即按一定的标准来确定什么样的要求、期待、行为或利益是正当的，是值得肯定和保护的，并根据每种价值的大小来确定其在价值体系中的位阶；二是价值平衡，即按一定的标准来寻求各种价值得以共存的条件，并在两种价值发生冲突、不可兼得时确定如何取舍。

法的目的价值具有多元性。一般认为，法的目的价值至少包括秩序、自由、效益和正义四方面的内容。秩序是法的基础性价值，是人类生存的条件，也是人类发展的要求。美国法学家博登海默指出："历史表明，凡是在人类建立了政治或社会组织单位的地方，他们都曾力图防止出现不可控制的混乱现象，也曾试图确立某种适于生存的秩序形式。这种要求确立社会生活有序模式的倾向，绝不是人类所作的一种任意专断的或违背自然的努力。"①作为法的基础性价值，秩序也是法的其他价值的内在要求。试想，若法律规定"故意杀人和抢劫者无罪，均为合法行为"，那么，自由、安全、效益、正义这些价值能得到保障吗？显然，若无秩序这一基础性价值，法的其他价值将受到威胁而缺乏保障，只能成为奢望和梦想。难怪西方法学家普遍认为，"与法永相伴随的基本价值，便是社会秩序。"②

"自由"一词在东西方无疑都是一个令人神往和憧憬的、极具挑逗力和煽动性的字眼。自由与法的关系从来都是十分紧密的，自由是法的重大价值体现。马克思就曾指出"法典是人民自由的圣经"，它深刻地揭示出法与自由的相辅相成与不可分割的关系。自由是

---

① 博登海默：《法理学：法律哲学与法律方法》，邓正来译，中国政法大学出版社，1999 年版，第 220 页。

② 斯坦等：《西方社会的法的价值》，中国人民公安大学出版社，1989 年版，第 38 页。

法的目的之一,这早已为古今中外的法学家所公认。古罗马法学家西塞罗指出,为了得到自由,我们才是法律的臣仆。法律应当是“自由的法”,是自由的准则、依据和保证;法律是为了确认和保障自由而制定,法律权利和义务也是为了实现自由而设定,法律实施的出发点和归宿都是为了自由。自由通过法的保障来实现。你说你有言论自由,但若别人打掉了你的牙,封上了你的口,你的言论自由又如何得以实现?法律此时便帮助你排除实现言论自由的障碍,使你的权利得以自由行使。法防止自由被侵犯,同时也防止自由被滥用,你挥舞拳头的自由仅到别人鼻子之前为止。

正义是一个古老而又常新的概念,常被注入新的动力,被赋予新的内涵。可以说,“正义有着一张普洛秀斯的脸,变幻无常,随时可呈现出不同形状并具有极不同的面貌”①。我们在经验上就能够很容易感觉到正义与否,例如,民工讨工资未果反遭痛打,这明显是不正义的。法律与正义的关系十分密切,但也表现得异常复杂。正义是法律追求的灵魂所在,是衡量法律良恶的一个关键标准;而法律又为正义从理想进入现实提供了介质,将正义日益融入法治社会,并通过法律来体现它。在民主法治国家,无论是在权力层面还是在社会层面,正义都发挥着强有力的评价作用,不正义的法律被拒绝承认为法就是典型的表现。

前些年,有些地方政府制定出台了在交通中“撞死白撞”的规范,立刻引起了社会各界的一片谴责。尽管行人违章,但其也不至于就应白白送死,法律只能按其违规行为处罚他。若“撞死白撞”规定得以实施,又将有多少行人沦为该规定的牺牲品,成为轮下冤魂,反正是“撞死白撞”,何不撞呢?这无疑是对人权的冷漠,是对法之正义的极大亵渎,这种非正义的规定当然非法。法律通过分配权利以确立正义,惩罚罪恶以伸张正义,补偿损失以恢复正义,使正义在现实中得以充分实现。

法还有其他一系列价值,如效益、平等、民主、人权、法治和安全

---

① 博登海默:《法理学:法律哲学与法律方法》,邓正来译,中国政法大学出版社,1999年版,第252页。

等，这些价值也同样具有重要意义。就法的安全价值而言，法不仅保护"静"的安全，同时也保护"动"的安全。例如，甲将其手表存放于乙处，乙在公共市场将该表出售于丙，丙当时并不知道乙非该表所有人，乃按照市场价格购买，甲后知晓，有权向丙要求返还手表吗？法从安全价值出发，规定甲无权要求丙返还手表，甲只能向乙要求赔偿损失。法虽然注重甲对手表所有权的保护（静的安全），但同时也强调对交易安全的保护（动的安全）。丙当时并不知情，且按照市场价格购买，若此时仍要其返还手表于甲，则无疑将严重抑制丙的市场交易行为，因为丙很难确定出卖的物品是否属于出卖人。况且，若丙随后又出售，而仍允许甲以所有权要求返还，则无疑将推翻此之前的所有交易行为，使交易安全彻底被颠覆，亦将引起市场秩序的紊乱。因此，法此时只有牺牲"静"的安全而保护"动"的安全了，但若丙知情或甲表被偷窃，则又另当别论了。

（三）法律关系

法律关系是法律在调整人们行为过程中形成的权利义务关系。法律关系是一个基本的法律概念，可以说，任何法律现象的存在都是为了处理某种法律关系；每一法律规则的目的都是为法律关系的存在创造形式条件；没有对法律关系的操作就不可能对法律问题做任何技术性分析；没有法律事实与法律关系的相互作用就不可能科学地理解任何法律决定。因此，认识和研究法律关系具有重要的理论和现实意义。

作为一种特殊的社会关系，法律关系的特殊性主要体现在以下三个方面：

第一，法律关系是根据法律规范而建立的一种社会关系。法律关系的产生必须以现存的法律规范为前提，在没有相应的法律规范之前，也就不可能形成相应的法律关系。

例如，原始社会中就出现了婚姻关系、家属关系和分配关系等，但既然当时尚无法律，自然也就谈不上法律关系的存在了。再如，在技术的发明与使用中形成的利益关系，直到专利法产生以后才成为法律关系。当然，法律规范没产生并不等于社会关系不存在，只是由于法律规范的不存在，该社会关系不能成为法律关系而已。况且,有些社会关系,如友谊关系、爱情关系和同学关系等,也不适合用法律来调整。《婚姻法》修改之时,就有人强烈主张应当规定夫妻双方的忠贞义务,并应严厉打击插足的第三者。我们认为,这种观点有信"法"入魔之嫌,法律已经从室外深入夫妻私生活之内,法律再厉害,也不应当规定丈夫爱不爱以及如何爱他的妻子吧?

法律不会教你如何爱一个人,也不会教你如何交朋友,也就是说,一个人如何生活,如何孝顺父母,此乃法之"法力"所不能及的,因为法毕竟只是规范人类行为的社会规范之一,宗教、道德、风俗和习惯在调整社会关系时均发挥着重要作用,法不应也不可能规范社会关系的每一个方面。

第二,法律关系是以法律上的权利义务为内容的社会关系。法律关系与不具有法律意义的社会关系的重要区别在于,在法律关系中,当事人之间按照法律规范而分别享有一定的权利或负有一定的义务,当事人双方或数方通过权利义务的纽带联系在一起。如果主体之间的联系不是法定权利义务或者权利义务不具有法律性质,那么他们之间的关系就不能称之为法律关系。

例如,甲、乙二人认识,甲讲要给乙介绍一女友,乙颇受感动,遂邀甲饱餐一顿,但甲一直未履行承诺,此时乙有权要求甲介绍女友吗?即甲负有给乙介绍女友的法定义务吗?此时,甲、乙二者之间的关系并不属于法律所调整的社会关系,甲对乙所负的义务只是道德上的义务,甲不履行其义务只是应受到道德上的谴责,而非法律上的制裁。

第三,法律关系是以国家强制力作为保障手段的社会关系。按照法律规范设定的法律关系体现了国家意志。如果法律关系中的权利义务受到破坏,就意味着国家意志所授予的权利受到侵犯和依国家意志所设定的义务被拒绝履行。国家通过对侵犯法定权利和不履行法定义务的行为予以制裁,从而保证法律关系主体之间的权利义务得以实现。

(四)权利与义务

有人戏言,若能说"投入—产出"这两个词的人都可以称为经济学家，那么能言“权利—义务”者必可为法学家。这在一定程度上揭示了法学的内涵，即法学实乃权利义务之学。人们从法律的角度创设权利、诠释权利，在法律的规范下实现权利，当权利被侵犯、剥夺或践踏时，依靠法律去维护和保障权利。可以说，离开权利义务就根本谈不上任何法的问题。因此，权利义务作为法学中的一对核心概念已经成为研究热点之一。

法是以权利义务为机制调整人的行为和社会关系的，权利义务贯穿于法律现象逻辑联系的各个环节、法的一切部门和法律运行的全部过程。权利义务是法律规范的核心内容，一个规范之所以为法律规范，就在于它授予人们一定权利，告知人们什么主张和行为是合法的、正当的、会受到法律保护的；或给人们设定某种义务，指示人们何种行为是应为的、必为的或禁为的。一切部门法中都包含权利义务的规定，不存在不包含权利义务规定的部门法，如宪法中公民的基本权利和义务、行政法中行政机关的权利和义务、民法中平等主体的权利和义务等。

权利义务作为法的灵魂和主线，贯穿于法律运行的始终。法的运行主要包括立法、执法、守法和司法四个环节。任何国家的立法都是对权利义务进行重新分配，并使之规范化和制度化的过程。有人将权利义务形象地比喻成一个蛋糕，经济学家考虑的是如何将其做大，而法学家则考虑如何将其分配得更公正合理。执法是权利义务的落实过程，而守法则是正确行使权力和诚信履行义务的过程。司法是对权利进行救济和保护，以恢复被搁置、被破坏的权利义务关系，常被喻为是法律救济的最后一道“防线”。

权利义务作为法学的核心概念，其内容十分丰富，含义也非常广泛。一般而言，权利是指法律关系主体依法律规定而做出某种行为的可能性，义务则是指法律关系主体承担某种行为的必要性。权利和义务在逻辑上存在对应关系，一个人的权利至少需要一个以上对他负有义务的他人存在。例如，债权人所享有的债权相对应的就是债务人对其所负的债务，二者是完全对应的。有时个人的权利具有对世性，其义务主体并不是相对的，而是社会中其他所有人。比如，个人享有生命权，其义务主体并不是相对的，而是广泛的，包括一切个人、法人、国家及其他经济组织在内的主体均负有不危及其生命安全的义务。

四、法学的新发展

法律在各个层次上都会受到自然科学的直接影响，自然科学的每一次革命都会在法律上留下痕迹。例如，电脑网络的普遍应用，全新生命科技的发展等都开创了新的行为领域，均要求新的法律规范进行调整。社会科学对法律的影响也是一样，比如，社会学、经济学和心理学对法学的渗透进而形成了法社会学、法经济学与法心理学。况且，伴随着经济全球化的趋势，法学获得了前所未有的新发展。以下简要介绍法学新发展的几个方面。

（一）计算机与网络法学

20 世纪最重大的发明是计算机，而最有影响力的技术是因特网。没人能够料到，计算机竟以指数级的速度普及应用；也没人会想到，因特网能掀起惊涛骇浪般的信息革命。这场革命推动了经济、社会的发展，席卷了世界的每一个角落，也给法学开辟了崭新的研究领域。

因特网使法所追求的自由、平等和民主等价值得以最充分的实现，但也带来了一些现实问题。例如，政府是否有权监视网上聊天？是否应当像保护公民的通信自由那样保护公民的网上聊天自由？如何对待网上的色情语音聊天或色情视屏聊天呢？再如，尽管网络游戏中的货币资产在现实中是可以用现金买卖的，但它是否构成法律上所认可的财产？在网上偷窃该虚拟资产能构成盗窃罪吗？该虚拟资产又能否作为夫妻共同财产或遗产而被分割或继承？又如，如何对通过因特网提供国际贸易服务的人征税？若在电子商务中发生纠纷，哪个法院有管辖权呢？

此外，因特网上的行为是通过一定的技术实现的，而这种技术又是多种多样、不断发展的。对于那些与行为有效性息息相关或起到准则作用的技术，如电子签名技术、域名分配技术等，法律是否应该为其设立严格的标准？若是，又应当如何设立？众所周知，历史上立法多是滞后性立法，但由于因特网发展太快，计算机与网络法学就应当根据科技手段的进步和因特网新开发的功能及其带来的社会效能和问题，研究探索适度超前立法，将因特网的先进技术对社会的作用纳入良好的规范之中。

（二）生命科技法学

自1978年人类第一个“试管婴儿”在英国诞生以来，一场有关人类生命与繁殖的科学技术革命开始了。这些新的生命科学技术包括，影响人的出生的有人工生殖、产前诊断与性别鉴定、克隆等技术；控制人死亡的有人工流产、脑死亡认定、残障婴儿处理及安乐死等；改善人生存质量的技术有器官移植、基因改良和遗传疾病预测等。这些生命科学技术把对人的生命健康的保护推到一个新的高度，但同时也带来了困惑与混乱，对法学造成了重大冲击。

（1）人工生殖。人工生殖技术的出现，对于部分患不孕症或其他遗传疾病而无法自行生育子女的人来讲是人道的医学行为，然而这一技术却带来了众多法学问题。比如，精子或卵子能否有偿捐赠？精子或卵子是否允许商业买卖？精子或卵子是否为“物”？谁又对其享有所有权？子女的身份如何确定？是以精子或卵子的来源还是怀胎分娩的场所？由于子女身份的确定直接影响到继承，因此，若父母和子女的身份界定发生混乱，整个婚姻家庭制度都将受到冲击。

（2）克隆。自第一只名为“多莉”的克隆羊诞生以来，这项技术引起的争议就从未停止过。人类世界与动物世界存在本质的不同，人的克隆或无性生殖将带来更为严重的法律问题。常言道，人死不能复生，但克隆却具有“夺天之功”，可以复制死者，但问题是，法律是否承认被克隆人就是死者，死者的一切法律关系和社会关系能否为该克隆人所享有？一旦克隆人以人的生命形态诞生，那么法律是否承认其为人，是否赋予其同样的法律地位？这一切都是极为棘手但又亟待解决的法学问题。

（3）器官移植。人体器官移植技术的产生和成熟给人类带来了巨大的福利，但人体器官的摘取、收集和分配等也产生了诸多法律问题。死者生前所做的意思表示无疑具有决定性，但当没有这种意思表示时,死者近亲属是否有权做这样的表示?问题的关键是死者尸体的法律性质,即是否为“物”?若为“物”,其所有人又是谁?该“物”可被用作除祭祀以外的其他用途吗?还有就是脑死亡的问题,脑死亡将死亡时间提前,显然有利于器官移植,但一旦采用脑死亡标准,现行医学上的死亡认定和法律上的相应规定都将发生重大变更。

(4)基因。基因是一种有限的资源,人类总共只有十万多种基因,而基因工程制药、基因诊断和基因治疗都依赖于这十万多种基因,显然,基因就意味着财富。基因作为一种自然形成物,不仅是个人的,而且国家对其基因资源也应拥有经济主权。我国是一个多民族国家,人口众多,拥有丰富的基因资源,而这些均是研究人类基因多样性、人类进化以及与人类疾病相关基因的宝贵资料。然而近年来,由于我国关于基因资源的法律规范的缺位,被外国机构打着“赞助健康”的幌子,一下子就骗走了上万份血清样本,造成我国珍贵基因资源的严重流失。此外,我国对基因技术的保证存在法律空缺,基因仅被认为是一种科学发现,而非专利技术,致使大量基因研究成果被搁置,无法保证基因技术的国际竞争力。

(三)外层空间法学

1957 年,苏联发射了第一颗人造地球卫星,开创了人类历史的太空时代。1961 年,苏联宇航员首次遨游太空;1969 年,美国宇航员登月;1982 年,航天飞机试制成功;2003 年和 2005 年中国载人飞船神五、神六成功发射,人类探索利用外层空间的活动已经全面展开。外层空间科技的发展也产生了一系列新的法律问题。首先是对传统领空主权观念的颠覆。在传统法学观念中,国家领空的高度不受限制,罗马法就主张“谁有土地,就有土地的无限上空”。然而,这种观点随着外层空间的探索而破产,苏联发射第一颗人造卫星从未征求任何国家同意,且在发射后也未遭到任何国家抗议,各国在实践中均以行动表示了否认外层空间属于它们主权管辖的范围,从而形成了国家对外空不享有主权的国际习惯法,并为 1967 年的《外层空间条约》所确认。前段时间,有家美国公司在北京拍卖月球的土地,被北京市工商局查封,认为其乃商业欺诈行为,因为该公司不可能拥有月球土地的所有权。这就涉及外层空间(包括月球和其他天体)法律地位的问题。1967 年的《外层空间条约》和 1979 年的《月球协定》对外层空间(包括月球和其他天体)的法律地位做了明确规定。首先,外层空间不得占为己有。禁止任何国家、政府、私人和私人企业以任何形式包括通过主权要求、使用或占领方法以及其他任何措施占有外层空间,包括月球和其他天体及其自然资源。其次,外层空间自由。所有国家均可在平等的基础上,根据国际法自由探索和利用外层空间,自由进入天体的一切领域,各国在外层空间有进行科学考察的自由。最后,探索和利用外层空间应当为所有国家谋福利和利益,应当是全人类的开放范围。尽管存在一定外层空间法律规范,但远不完善,诸如地球同步卫星、遥感技术和卫星电视广播等都存在法律规范的缺位。

(四)可持续发展法学

可持续发展法学受益于可持续发展理论的提出与推广。可持续发展是一种要求自然、经济和社会协调发展的社会发展理论和战略,最初由生态学家提出。1987 年,国际环境与发展委员会首次在文件中使用了可持续发展的概念,并将其定义为“在不牺牲未来几代人需求的情况下,满足我们这代人需要”的发展。在 1992 年巴西里约热内卢的联合国环境和发展大会上,可持续发展已经成为各国的共识。会议确立可持续发展作为人类社会发展的新战略,把可持续发展由理论和概念推向行动。更为重要的是,这次大会以一系列公约的形式,把可持续发展问题用国际法规范的手段加以规定,从而使法律开始更广泛、更敏捷地进入可持续发展领域。根据可持续发展战略,有的国家已经或正在修改其宪法,有的国家则正在考虑制定可持续发展的专门法律,规定公民和国家在实施可持续发展战略方面的权利和义务,如纳米比亚就通过了一条宪法修正案,要求在所有经济活动中都要遵循可持续发展原则;爱沙尼亚则于 1995 年制定了专门的《可持续发展法》,可见,各国的可持续发展法律体系和法律部门正在快速形成。

对于可持续发展法的定义和特征,目前尚未形成一个比较一致的意见。一般认为,可持续发展法是符合可持续发展战略的要求,适用于可持续发展时期的法律制度;它不仅调节当代人之间的各种关系,也规范当代人和后代人之间以及人与生态环境之间的各种活动关系;它以可持续发展思想为指导,以法律生态化的理念对整个传统法律制度进行全方位的扬弃和整合,并按照可持续发展战略的要求,进行可持续发展法的制度创新。可持续发展法体现人与自然相和谐的生态性特征,按照生态可持续性、经济可持续性、社会可持续性的基本原则规范人类的一切活动,从而实现人类和自然共存共荣的目的。可持续发展关注人类社会世世代代的永续发展,认为人类有义务给后人留下一个足以维持其正常发展和将人类的这种活动不断延续下去的自然环境。它要求给未来的人类以与今天的人类同等的享有环境资源的权利,实现当代人和后代人之间在资源利用上的代际共享。可持续发展法关心人类社会永续发展的利益,重视科学预测,强调和突出预防原则。可持续发展法的关键是不仅仅就环境谈环境、就资源谈资源,而是把人口、资源、经济、文化、社会和环境等多方面进行综合考虑,并在此基础上形成融合了各部门法并涵盖国内法和国际法的综合性的法律体系。

随着自然科学的进一步发展,社会科学的繁荣昌盛,法学所面对的研究领域将更加开阔,其所涉及的内容也将更加广泛。未来社会关系的日趋复杂化以及法学研究方法的多元化必将导致法律调整范围的不断深化和扩大。自然科学与法学、其他社会科学与法学的结合处将会产生更多的新兴边缘法学,而新兴边缘法学的出现,又将为法学开辟新的研究领域,进一步促进法学的繁荣发展。

本章小结

1. 法与法学并不是从来就有的,而是随着社会的发展产生的,但它们如同空气和水一样,向来都是我们生活中不可或缺的元素。法是体现国家意志的,以权利义务为主要内容的,通过国家强制力保障实施的社会行为规范的总和,而法学则是以法这种特殊社会存在及其规律为研究对象的学问。

2. 在法学发展的不同阶段,产生了众多法学流派,如自然法学派、实证法学派等,这些法学流派为法学的繁荣发展做出了重要贡献。法学体系是指由法学内部的各个分支学科构成的一个有机联系、相互制约的统一整体或系统，一般分为理论法学、应用法学和边缘法学（交叉法学）三类。

3. 如同哲学有思维与存在的基本问题一样，法学也有其自己的众多基本问题，如法的本质、法的价值、法律关系和权利义务等，这些基本问题的研究与深化，对法学自身的丰富起到了重要作用。

4. 法应是活法，而法学也应当是活的法学。伴随着经济全球化、自然科学的创新及社会科学的繁荣，法学也获得了重大发展，产生了新的法学学科，如计算机与网络法学、生命科技法学、外层空间法学及可持续发展法学等。

思考题

1. 什么是法？什么是法学？

2. 自然法学派与实证法学派有哪些区别？

3. 历史法学派与社会法学派各自的主张如何？二者又有何联系与区别？

4. 法的本质是什么？应如何看待“法的本质是阶级意志”这一观点？

5. 法有哪些基本价值？

6. 为什么说“权利义务”是法学的核心概念？二者关系如何？

7. 结合法学新发展，谈一下你对法学未来发展的看法。

推荐书目

1. 贺卫方著：《法学是什么》，北京大学出版社，2003 年版。

2. 刘星著：《法律是什么》，中国政法大学出版社，1998 年版。

3. 孟德斯鸠著，张雁深译：《论法的精神》（上、下），商务印书馆，2012 年版。

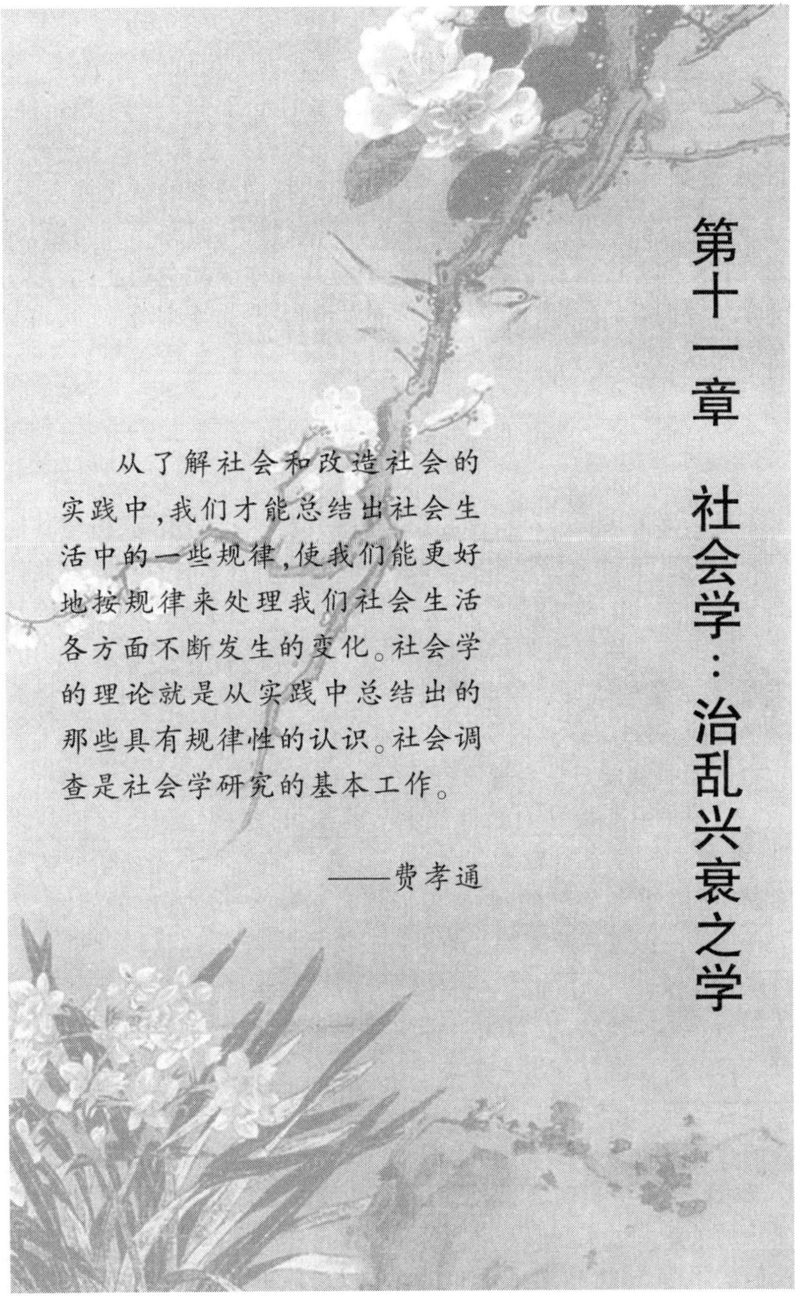

第十一章 社会学：治乱兴衰之学

从了解社会和改造社会的实践中，我们才能总结出社会生活中的一些规律，使我们能更好地按规律来处理我们社会生活各方面不断发生的变化。社会学的理论就是从实践中总结出的那些具有规律性的认识。社会调查是社会学研究的基本工作。

——费孝通

社会学从19世纪中叶诞生后，很快就成为人类知识的重要来源。今天，在人文社会科学里，社会学已成为一门重要的学科。在充满变革的当今世界，人类面临越来越多的矛盾、风险和不确定性，社会学的任务和作用也显得尤为突出，如德国哲学家卡尔·曼海姆所言：在当今世界上能够将这个时代表达得最透彻的就是社会学。这一章主要介绍社会学是一门什么样的学科，它研究什么问题，其研究视角和方法有什么特点，社会学有什么样的社会功能，学习社会学对我们有何帮助，以及社会学的发展历史、主要理论、现状和前景等问题。

一、社会学是什么？

从名称上来看，“社会学”无疑是研究“社会”的学问，但与其他研究“社会”的社会科学相比，社会学的研究有什么特点呢？究竟什么是社会学，这一问题是自社会学诞生以来社会学家们力图明确回答而又不容易回答清楚的问题。我们主要从社会学与社会常识的关系、社会学的研究对象和学科性质、社会学的研究视角和解释策略等方面，对社会学这门学科加以概要介绍。

（一）社会学与社会常识

常识是用来指导人们日常生活的知识，这些知识丰富但却凌乱、没有系统性，往往较为含糊。一般说来，自然科学家所研究的大多是我们的常识以外的领域，要回答自然科学家所提出的问题，常要使用为一般人所难以理解的语言或符号。

相比较而言，作为社会科学之一的社会学，所研究的主题是为人们所熟悉的社会，而每个人都生活在社会之中，都会对社会有感受，有观察，也会总结出一些关于社会的经验知识。可以说，每一个人都或多或少的是一位业余的社会学家。因为社会学家在考察人类的行为及相互作用之前，它们已经是常识性知识考察的对象，社会学家在分析它们时，不得不用常识使用的名称和语言。社会学与常识的关系太过亲密，以至于不可能像自然科学那样“对常识保持高傲的平静”，社会学话语也非常开放，没有清楚或有效的边界把守。

社会学与常识在讨论共有的话题时，所运用的方法与手段有以下方面的差异。

首先，与常识不同，社会学努力遵守严格的科学规则，寻找证据来证实论题，避免虚假歪曲的思想。

其次，社会学与常识所赖以做出判断的材料来源的范围大小不同。常识素材的来源只限于人们的日常经验生活世界，其经验必然带有片面性和局限性。社会学家的研究视角则要比个人生活世界提供的视角更为宽广。

再次，社会学与个人化的世界观不同。社会学是从整体结构进行社会调查和研究的，而不是从单个的行为者或单个的行为出发进行研究。

最后，常识容易使人对事物见惯不惊、熟视无睹，而社会学往往对于人们已经习惯了的事物充当陌生人的角色，进行提问和审查，使熟悉的事物陌生化。虽然这种研究方式可能会使人困惑或不愉快，但这会使人们对其生活有更多的自我意识和领悟。社会学就这样既与常识保持密切的交流，又在克服常识的局限性，竭力去冲破常识的封闭性，使人们更具反思性和批判意识。

社会学告诉我们，生活并不总是像它看起来的那样。事物总是与我们的第一印象不同，要更为复杂，听起来像是人们所公认的那些论断及其理由，很可能是不真实的。因此，要想真正认识事物，就要透过表面现象寻找作为原因的社会因素。

（二）社会学的研究对象和学科性质

大体上看，对社会学的定义主要有两类：一类是侧重以社会及社会现象为研究对象，这种观点在西方社会学传统中的主要代表人物是孔德、斯宾塞和迪尔凯姆等人，形成了社会学中的实证主义路线；另一类侧重以作为社会主体的个人及其社会行动为研究对象，这种观点在西方社会学传统中的主要代表为韦伯等人，在中国以孙本文为代表，形成社会学中的反实证主义路线。这两种观点影响至深，后世的许多定义多为这两种观点的变形或混成。

对社会学下定义，离不开对社会学的学科层次的认识。社会学大体由三个层次组成：第一，社会学基本问题层次，即学科的"元问题"层次，也即作为社会学与哲学联结点的社会哲学层次；第二，社会学对象问题层次，即学科的"本问题"中的总问题层次，也即作为综合性具体科学的社会学层次；第三，社会学范畴问题层次，即学科的"本问题"中的分问题层次，也即作为社会学历史地形成的概念内容的层次。三个层次的关系是一般、特殊和个别的关系。与之相应，以往对社会学的定义可以分为三类：从第一层次给社会学下定义，如"社会学是研究个人与社会的关系的"；从第二层次给社会学下定义，如"社会学是关于社会良性运行和协调发展的条件和机制的综合性具体科学"；从第三层次给社会学下定义，这方面的定义最多，如认为社会学是研究如下问题的科学：社会现象、社会形式、社会组织、人类文化、社会进步、社会关系、社会过程、社会现象间的关系、社会行为、社会互动、群体结构、社会生活、社会中的人、社会行为与制度文化的相互关系等。

可以说，社会学是"关于社会良性运行和协调发展的条件和机制的综合性具体社会科学"。在这个定义中，所谓社会的良性运行和协调发展，是指特定社会的经济、政治和思想文化三大系统之间以及各系统内不同部分、不同层次之间的相互促进，而社会障碍、失调等因素被控制在最小的限度和最小的范围之内；所谓"条件"，指社会良性运行和协调发展所需的主要的内外部条件；所谓"机制"，指社会良性运行和协调发展的带规律性的模式；所谓"具体科学"，表明社会学不是哲学科学；所谓"综合性的"，表明社会学不是那种以社会的某一个子系统为自己对象的单科性学科。这一定义也表明，社会学是一门研究社会治乱兴衰的学科。严复在《群学肄言》的序言中，也把社会学看作一门研究社会治和乱、兴和衰的原因，揭示社会所以达到治的方法或规律的学问。

（三）社会学的研究视角及其特点

社会学不仅仅是一种知识，更是一种观察社会、研究问题的视角。受过社会学训练的人与没受过社会学训练的人，看待问题的方式是不一样的。社会学的视角帮助我们去理解影响一个问题的多方面的社会因素，帮助我们去理解整个体系是如何运转、如何连为一体的。

学会从社会学的角度去思考问题,也就意味着用更加广阔的视野去观察和理解社会现象,意味着对想象力的培养,从而具有一种"社会学的想象力"。具有"社会学想象力"的人,在看到一个个体事件的时候不是仅仅把它看作个体事件,而是把它放在一定的社会背景、社会情境中。例如,英国社会学家吉登斯在谈到社会学的想象力时,曾经举了一个喝咖啡的例子,对喝咖啡这一日常生活中的普通行为,社会学家作了如下分析:

首先,咖啡并不只是一种让人提神的东西。在日常社会生活中咖啡还具有象征价值,与喝咖啡相关的仪式其含义远比"喝"咖啡这一行为更为重要。人们常常是与其他人一起喝咖啡,喝咖啡与社会交往就成为社会学的研究对象。其次,咖啡是一种含有咖啡因的饮品,而咖啡因是一种毒品,对大脑有刺激性作用,许多人喝咖啡是为了提神。大多数人并不把嗜好喝咖啡的人看成是吸毒的人。但如果你只是要咖啡因(也就是吸毒),则不为社会所容许。不过,也有的社会容许消费大麻甚至可卡因,却反对消费咖啡。为什么会这样?这是社会学家有兴趣探讨的问题。再次,一般人不会想到,一旦某个人喝了一杯咖啡就等于卷入了遍及整个世界的一系列复杂的社会与经济关系中。咖啡原产地大多数是贫穷国家,而消费地大多数是一些富裕国家。咖啡的生产、加工、运输和销售,为许多人提供了就业机会,也为国家之间的交往提供了机会。研究这种全球化的贸易,也是社会学的一项重要任务。又次,咖啡也变成了一种政治。咖啡变得"品牌化"了,喝什么样的咖啡变成了消费者对生活方式的选择,譬如纯天然的咖啡,无咖啡因的咖啡等;喝咖啡可到特色咖啡厅,也可到"星巴克"连锁店。对于这样的现象,社会学家也有兴趣,譬如是什么影响人们的消费方式等;最后,喝一杯咖啡的行为隐含了某种社会和经济发展史。与人们熟悉的茶、白糖一样,咖啡成为一般消费品,也只是18世纪晚期以后的事。虽然咖啡产于中东,西方人对咖啡的消费也只是在殖民扩张时期才开始的,但咖啡却很快成为西方人的大众消费品。那么西方人到底怎样看待咖啡?

过去与今天的看法有什么不同？咖啡与世界贸易的发展有何关系？这也是社会学家感兴趣的问题。

从上面的例子中，我们可以看出社会学研究视角的特点。与其他学科相比，社会学的研究视角具有整体性、综合性、实证性和现实性等特点。

整体性。社会学在研究社会的过程中，始终把社会看作一个有机整体，从整体的有机性出发去研究社会的结构和功能。社会学反对就事论事或者以偏概全，即使是研究某种社会现象或者社会问题，也时时处处注意从整体出发，联系整体研究部分，着眼于整体综合而立足于局部分析。也只有把社会作为一个有机的整体，才能科学地认识社会的各个组成部分和各种特殊社会现象之间的关系。

综合性。社会学以社会整体及其各部分之间的联系为研究对象，决定了它的研究具有综合性特点。社会是极其复杂的，因此，研究任何一种社会现象与社会问题时，都不能孤立地进行，而是要在与其他现象和问题的联系中去把握。从社会学的基本问题看，个人与社会的关系的双向运动过程构成了社会运行的基本状态，也决定了社会学研究必须集主观—客观、静态—动态、微观—宏观考察于一身，具有多维综合的特点。与其他学科相比，社会学兼有多种学科的特点、涉及广泛的范围，社会生活各个领域、各个方面、各个层次上的各种人际互动关系，与社会生活各个领域、方面都以不同方式发生联系。因此，社会学要借助各门社会科学的知识内容，但又不像它们那样，只从一个特定的角度研究社会系统的某个领域、方面。相对于其他各门社会科学的研究领域和知识内容而言，社会学研究具有综合性。综合性具体表现在两个方面：一是研究视角的综合性；二是研究方法的综合性。

实证性。“实证”这一概念是社会学的创始人孔德首先提出来的，它的本意是“确实的”，指知识来源于具体的经验研究。社会学虽然同其他学科一样离不开理论分析，但它的知识主要是依靠对“社会事实”进行具体的经验研究所获得的。社会学研究的这种实证性特点克服了传统社会科学方法的只注重定性分析而缺乏精确化,并且容易陷入纯粹思辨的缺陷。除了注重定性研究,注重定量研究是社会学的学科特征,实证研究已经成为社会学学科的一个重要传统。

现实性。与历史学、人类学不同,社会学是面向现实社会的,与我们社会生活密切相关的社会现象,都是社会学研究的对象,社会学本身也成为人们了解社会的工具和途径。社会学也由于其研究对象的现实性而成了社会科学中实用性最强、应用范围最广的一门学科。社会学研究的课题也往往是人们感到迫切需要解决的问题,而且,离开对现实社会的研究,社会学就很难取得迅速的发展。

二、社会学的功能

社会学作为一门学科,它对社会和个人具有什么样的功能?学习社会学有什么意义?分析这些问题,一方面有助于培养我们对社会学的学习兴趣,另一方面也有助于我们进一步领悟社会学及其视角。

总体上来说,社会学主要具有认识功能和实践意义。从认识功能来看,社会学可以为人们提供科学的社会知识,告诉人们社会现象是什么(描述功能)、为什么会这样(解释功能)、将来会发生什么样的变化(预测功能),社会学不仅提供现成的社会知识,而且通过提供社会学的视角、社会学的方法,帮助人们获得新的社会知识。从实践意义来看,社会学可以使人们借助社会学知识维护和改善现存社会结构、社会制度,改革不利于社会发展的社会体制;社会学可以通过为制定正确的社会政策提供依据来干预社会变迁和发展,从而促进社会的良性运行和协调发展。

(一)社会学的社会功能

社会学的研究可以分为基础研究与应用研究。基础研究一般是纯学术的社会学研究,关注的是知识本身,不考察知识的使用与应用;应用研究则为解决实际问题提供答案,是有决策取向的。

社会学家通过研究和教学,间接地影响着社会,使学生学习和掌握社会学的知识和视角,使他们较好地解决他们所处社会中的问题。此外,社会学也有直接的社会应用,许多社会学者在应用部门工作,如政府机构、传媒、广告、技术部门、非营利组织、私立研究机构等。

社会学的应用研究主要包括以下类型:评估研究、政策取向的社会调查、社会预测、社会监测与描述、政策咨询、社会批评和诊所社会学等。

(1)评估研究。这是一种常见的应用研究,是对已经实施的项目、方案之效果作评价。评估的内容包括项目是否成功,是否达到预期目标,如何改进等。例如,对于扶贫项目的实施效果的评估研究等。

(2)社会预测。虽然社会现象十分复杂,但社会学研究也可以在一定范围内做出预测。广为人知的一个例证就是预测选举结果。各种民意测验就是一种社会预测调查。

(3)社会监测与描述。例如,可以在全国范围内选取样本,对某些问题做历年持续调查,将早期的研究和新近的研究互相对比以后,就可以形成一些数据和社会指标,这些指标可以表明社会和国家发展的趋势,利用不同时期监测所获得的数据,可以用作形成和指导公共政策的基础。

(4)政策咨询。社会学在政府决策中的作用不只限于大规模政策取向的社会研究。政府决策者也会直接找社会学家咨询,请他们提供有关社会事务的专业知识,为其提供政策咨询和参考。

(5)社会批评。社会学家不一定等待别人来咨询他们关于社会政策的观点,社会学家可以发表对于社会生活和社会现象的分析和社会批评,从而对社会产生影响,甚至迫使政策改革。

(6)诊所社会学。越来越多的社会学家不满意于社会学孤立与抽象的特点,他们开辟了一个新的应用领域——诊所社会学。与在诊所诊断人们精神和感情问题的心理学家和临床诊断病人身体的医生一样,社会学家也在设计一种直接帮助人们解决其问题的方法,积极参与社会事务,改善社会状况。其客户有个人、家庭以及大型的社会组织等。社会学家帮助客户实现他们自己所陈述的目标,而不是通过介入带来制度的或社会的变迁。

(二)社会学对个人的作用

对于不打算成为社会学家的人来说，社会学对他们也有重要助益。

第一，社会学有助于培养我们文化差异的意识，促进人际交往和社会关系的和谐。

社会学可以使我们更加全面地去理解我们周围的人们，理解他们的文化和生活方式，理解他们的渴望和梦想、烦恼和不幸。同时，社会学可以改善我们对与他人互动方式的认识；用社会学思考还有利于促进人们之间的团结，这种团结建立在相互理解、相互尊重的基础之上。

第二，社会学还可以帮助我们了解社会和自我调适。我们现在所处的时代正处于变革时期，社会的发展日新月异。在变革中，我们往往会陷入重重迷雾而迷失方向。社会学视角可以作为一种主要工具，帮助解释与理解我们的生活。因此，在变动不居的现代社会，每个人都需要具备一定的“社会学的想象力”。这是一种心智品质，这种品质可以帮助人们利用信息增进理性，使人们看清自己所处的世界，看清更为广阔的历史舞台，使人们认清和把握时代潮流中个人、社会与历史三者之间的关系。这种心智品质，对不同类型的个人的内在生命和外在的职业生涯都是有意义的，人们借此可以调适自己，使自己与社会变革同步，减轻对社会、对人生的困惑和焦虑。作为社会中的一员，我们的行为不仅是我们的意志所造成的，也是受社会约束的。而社会学思维可以扩展我们自由的范围，一旦学习并掌握了这门技艺，“个体会变得不那么容易控制，面对外界的压制和管束，有更强的适应能力，更有可能抗拒号称不可抗拒的力量的操纵”①。社会学的知识与方法让我们在考察人际事务时能注意到各种不同的角度，也告诉我们在分析事务时不仅要考虑自己的立场，也要考虑他人的立场，而且还要注意社会规范的运作与约束。社会学的想象力也是一种感受能力，同时也是一种反思能力，人们

① 齐尔格特·鲍曼：《通过社会学去思考》，社会科学文献出版社，2002年版，第17页。

可以借此反思社会并且干预社会的变迁。

第三,社会学有助于个人日常生活中的决策。社会世界的客观知识、社会学方法和社会学的视角,可以帮助我们更理性地探索我们在日常生活中所面对的决策。运用社会学的发现以及社会学的技术,我们更有可能做出对个人幸福生活有利的决策。

第四,社会学还可以为个人选择职业和工作提供参考。大多数人学习社会学,并不想成为职业社会学家,但社会学的知识可以为我们提供职业和人生规划的基本准备。受过社会学训练的人,在他所获得的各种有用技能中,能在任何一种工作中用得上的是客观地观察社会情势的能力。社会学可以为我们提供塑造我们生活的那些社会力量的信息。如果我们从社会学的视角研究社会,将会发现,我们自己的生活也是多多少少可以预见的,在寻找和实现个人目标时,社会学知识给我们提供了更多的自由。

三、社会学的基本问题和研究的主要内容

任何一门学科都有其研究的基本问题,社会学的基本问题是个人与社会的关系问题,这一问题也是社会学发展的根本线索。社会学的研究领域极为广泛,但其主要内容或主题,都直接或间接地和社会与个人的关系问题有关。

(一)社会学的基本问题

社会学的基本问题是个人与社会的关系问题,这一问题不仅贯穿于社会学的各个层次和各个方面,而且社会的实际发展也是与这一问题紧密相关的。

从理论上说,个人与社会的关系问题是每个社会学家都在自觉或不自觉地思考和解决的问题。第一,人们在定义社会学的对象时,无论是强调社会,还是强调个人,都离不开二者的关系问题;第二,区别社会学的学派,如唯实论和唯名论、实证论和反实证论、整体论和个体论等,都是根据这个问题来划分的;第三,确定社会学的属性,如宏观社会学和微观社会学,也是以这一问题为准绳的;第

四,社会学的主要研究内容和主题,都直接、间接地包含着或体现着社会与个人的关系问题。可以说,个人与社会的关系问题是社会学发展的根本线索。

从现实看,个人与社会的关系问题贯穿于实际社会生活的各个层次、各个方面,也是每个社会成员都需要自觉或不自觉地回答的问题。一个社会要正常运行,就要在个人利益与社会利益、个人自由与社会秩序、个性发展与社会需求等方面保持适度的平衡。过分强调个人或突出个性,就会引起社会无序;过分强调社会,又会造成社会缺乏活力和创造性。只有个人与社会的关系达到一定的平衡,社会才能达到良性运行与协调发展,个人也才能真正获得幸福。

(二)社会学研究的主要内容

社会学的研究领域极为广泛和庞杂,可以说是包罗万象,凡人们社会生活中的各种社会现象,都会有社会学者去研究。例如,文化与社会、人的社会化、社会角色、社会互动、社会群体、家庭、婚姻、性与社会性别、社会组织、社会分层与社会流动、社会制度、社区、城市化、社会变迁与社会现代化、社会问题、社会控制、社会政策、社会保障与社会工作等,都属于社会学研究的范畴。下面简单地列举一二。

(1)关于"社会"、社会现象及其性质的研究。

第一,"社会唯实论"与"社会唯名论"。社会学者对什么是"社会"有许多解释,主要表现为"唯实论"与"唯名论"之争。这种区分主要是从社会和个人的关系方面对社会加以考察,它们来源于中世纪欧洲经验哲学的正统派唯实论和非正统派唯名论。争论的实质问题在于社会是否是一个真实存在的东西。

"社会唯实论"认为,社会不仅仅是个人之集合,它是一个客观存在的实体,如齐美尔、迪尔凯姆等都持此观点;"社会唯名论"认为,社会是代表具有同样特征的许多人的名称,是空名而非实体,真实存在的只是个人,这一派以美国学者 F. H. 吉丁斯、法国学者 G. 塔德等社会学家为代表。

这两派的观点虽然都包含了某些合理因素,但从整体上看,这两种理论都是错误的。在方法论上,它们都各执一端,犯了形而上学的错误。社会唯名论用个人的存在排斥社会的存在;社会唯实论用社会排斥个人的存在。事实上,社会的本质既不在整体之中,也不在个人之中,而只能在人与人的关系、个体与整体的关系中去寻找。真正科学揭示社会本质的是马克思主义。马克思主义对社会的基本观点是:首先,社会不是单个个人的堆积或简单的相加,它是人们之间的相互联系或关系,是人们相互交往的产物,是全部社会关系的总和;其次,人们的交往首先是在生产、分配、交换、消费中发生的经济交往,因此,人们之间的最基本的、决定其他一切社会关系的是生产关系,生产关系是社会的基础和本质,它是不以人们的意志为转移的客观物质关系;最后,劳动是理解全部社会发展史的钥匙。对于劳动,马克思曾从社会学的意义上做了说明。他认为,劳动是社会向自然吸取物质资料,创造社会财富,满足人们生存和发展需要的唯一途径。作为一种永恒的自然条件,劳动是社会生产力的特殊表现形式,它创造了人,也创造了社会。

第二,社会现象与"自我实现的预言"。迪尔凯姆认为,社会学研究的社会事实或社会现象是客观存在的。社会事实以外在的形式"强制"和作用于人们,塑造了人们的意识。这种强制既指人们无法摆脱其熏陶和影响,又指对于某些社会规则拒不遵从将受到惩罚。社会现实环境不仅影响着我们追求的目标,而且最终真的影响我们走向了这个目标。社会高于个人,社会事实无法用生理学、个体心理学以及其他研究个体的方法来解释,而必须用社会学的方法、观点解释。不过,这并不意味着处于社会中的个人将完全受社会的约束而无所作为。由于社会是由人组成的,人是有能动性的主体,因此社会现象存在一种"自我实现的预言"机制。

有这样一个古希腊神话故事:古塞浦路斯国王皮格马利翁善于雕刻,他用象牙精心雕刻了一位美丽的少女,为了使她超凡脱俗、神韵兼备,他几乎倾注了自己全部的心血,结果他爱上了自己的雕塑,并真诚地期望自己的爱能被接受。这种真挚的爱情和真切的期望感动了爱神阿芙狄罗忒,爱神给了雕像生命,她成了雕刻师的情侣。

这只是一个神话传说,但在现实生活中,由于期望而使"雕像"变成"美少女"的例子也不鲜见。社会心理学家将这种现象称为"皮格马利翁效应”。在社会心理学上有一个著名的实验叫罗森塔尔实验。美国心理学家罗森塔尔等人做了一个实验，他在班级里随意列出一些学生，对他们的老师说这几个学生智商很高，有发展潜力。过了一段时间，那些被选出的学生果然是班上的佼佼者，他们的学习成绩真的比其他学生进步快，而且求知欲旺盛，情绪活泼开朗，与老师感情深厚。心理学家告诉老师说，其实他们对那些学生一点也不了解，这让老师们很是意外。

为什么会产生这种结果呢？原来，是“期望”这一神奇的魔力在发挥作用。老师们受罗森塔尔教授的“指点”后，对那些学生产生了积极的期望，像对待聪明孩子那样对待他们；而这几个学生也感受到了这种期望，也认为自己是聪明的，从而提高了自信心，提高了对自己的要求标准，最终他们真的成了优秀学生。教师的期望或明或暗地通过态度、表情、体验与行为方式传递给学生，学生也按照教师期望的方式来塑造自己的行为，这样，预言似乎就自动地实现了。这种效应也被称为“罗森塔尔效应”。

实际上，这种效应对人的生活态度产生着极深的影响，起着一种激励作用，也成了现代社会的一种生存智慧。这种效应是一种普遍的社会现象，社会学家托马斯用“情境定义”来概括这种现象，即如果人们在认识中把某种情境定义成是真实的，那么它就会像真的一样起作用，它也被称为“托马斯定理”。社会学家默顿则用“自我实现的预言”来描述和研究这种社会现象。

这一定理表明，人们不只对情境的客观方面有反应，更重要的是人们对情境所具有的意义也有反应，所以，一旦我们赋予情境某种意义，我们随后的行为以及这一行为的结果将受这种意义的影响，这也是人类活动的一个特征。而对于人类未涉足的自然界，则不具有这种特征。例如，无论你是怎么虔诚地期望或者坚信太阳是围绕地球转动的，而现实永远也不会因你的期望而发生变化。

个人“自我实现的预言”的例子，如人们所熟知的考试焦虑症。例如，一个有焦虑症的学生如果相信自己要考砸时，他就会将更多的时间用于忧虑担心，而不是用于学习，结果其考试很糟也就没有什么奇怪的了，最初荒谬的期望变成一种非常肯定的结果。积极的期望促使人向好的方向发展,消极的期望则使人向坏的方向发展。

再如,人们一般会从经验中认为"美丽只是表面的",但是众多的研究发现,无论男性女性,外表漂亮的人比不漂亮的人具有更高的自我评价,更幸福,更少神经过敏,更能承受压力。不仅如此,漂亮的人对于他人更具影响力,薪金更高,在法庭上更易得到宽容,更易被学生视为高水平的老师,更易被看作朋友、同事和情人。

其实这也是一种自我实现的预期:由于外表漂亮的人被认为应该有更多的贡献,他们就真的朝着人们的这种预期去做了。可悲的是,那些不漂亮的人也朝着相反的预期去发展了。我们对待有吸引力的人和无吸引力的人的态度,塑造了他们对待自己的态度,其结果是他们就真的变成这样的人了。

默顿认为,这种现象不但发生在个体身上,也会发生在社会或公众身上。社会或公众型的自我实现预言,指的是个体间或集体间互动所导致的预言成为现实,例如,敌对国家的领导人如果相信他们之间的战争是不可避免的,那么,在这一信念的促动下,他们会逐渐变得不和,并且总是为对方的"进攻"行动和自己一方的"防御"行动担心,结果大家可想而知,双方努力进行军备竞赛,有关战争的预言最终会变成实际的战争。

(2)社会阶级、阶层与社会不平等。

第一,社会分层。社会学所说的社会分层是指依据具有一定社会意义的属性,将社会成员划分为高低序列的不同等级和阶层的过程和现象。社会分层类似于地质学中的"地层"概念,体现着社会不平等,也是社会不平等的主要原因。在资本主义社会以前,社会不平等现象是以"等级"的形式存在的。到了19世纪,人们广泛使用"阶级"和"阶层"的概念来描述社会中人们的地位等级,这反映了时代的变化。

"阶级"与"阶层"是社会分层理论中的两个基本范畴,它们一般是指社会垂直分化产生的各个社会地位层次以及处于这些地位层次上的人群。阶层与阶级既有联系又有区别,二者的联系是:阶层、阶级反映的都是社会资源和社会机会在不同社会群体中的配置;二者的区别在于阶层是按"社会资源和社会机会"来区分的,阶级则是一种按特殊的社会资源——生产资料来分层的结果。

第二,社会分层发生的原因。为什么几乎所有的社会都有分层和不平等?对这一问题的回答,社会学上有三种理论解释:功能主义的解释、冲突论的解释和进化论的解释。

功能主义的解释。功能主义认为,社会分层是必然的和不可避免的;社会需要造成了分层制度,分层的出现是由于需要让难得的天才充当应该让他们去扮演的角色;任务和报酬是公平分配的;分层是共同的社会价值标准的一种表现;分层也促使社会最理想地发挥其功能。

功能论者认为,任何社会中都有一些工作比另外一些工作要重要,这些职位要正常运转,就必须要由最有资格的人来承担职位。但是对于许多社会现象,功能主义难以做出解释。例如,中小学教师、警察等职业无疑很重要,也应当由能力较强的人来从事,但是如果他们的工资很低,结果这些职业对能力较强的人缺乏吸引力,最终后果是社会由此而遭受损失;相反,那些体育、演艺等行业的明星,其社会角色不见得对社会有多重要,但是他们往往获得很高的报酬。另外,对于那种靠先赋性或继承性而不是靠个人努力而获得社会地位的现象,功能主义的解释也显得苍白无力。

冲突理论的解释。以马克思经典理论为基础的冲突理论认为,分层不是必然的或不可避免的;是有权势者的利益造成了分层制度;分层的出现是由于群体的征服、竞争和冲突,任务和报酬是不公平分配的;分层是有权势的集团的价值标准的一种表现;分层妨碍社会最理想地发挥其功能。

冲突论者不承认职业报酬的不平等对激励人们努力工作和有效地发挥社会功能是必不可少的。他们认为,是权力因素保持着社会分层和不平等,一切社会设置,包括宗教、教育和政治秩序一般来说都维护着统治阶级的权力,维持着社会现状,而不是鼓励变迁和减少不平等。结构性的社会不平等是强者与弱者之间不平等斗争的结果。社会分层和分化所造成的不平等往往是结构性的或群体性的,某些弱势群体社会资源获得权被剥夺,但是,这种剥夺往往被弱势群体的个别成员通过自身的奋斗而取得一定的资源这一现象所遮蔽了。

进化论的解释。美国社会学家 G. E. 伦斯基等理论家，对冲突论和功能论者之间的论战进行了综合，认为应该将二者结合起来对分层做更准确的分析；另外，也有必要以历史的眼光来看待分层，因为分层的特点是随着时间变化的，有些分层可能是必然的和不可避免的，但许多却不是；是社会的生存方针造成了分层制度，有些任务和报酬是公平分配的，但许多却不是公平分配的。分层的出现，一方面是由于有必要鼓励难得的天才，另一方面是由于竞争和冲突；分层的基础是在价值标准上有某些一致之处，但它主要表现为有权势者的价值标准；有些分层促使社会最理想地发挥其功能，但许多是妨碍了它发挥功能。进化观点也认为，既然社会分层是由社会创造出来的，那么从原则上说，社会分层也必定可以由社会来加以调节和改变。

第三，社会分层与社会不平等。1912 年 4 月 15 日，当时世界最大的客轮泰坦尼克号在其首航中，撞击冰山，3 小时后沉入大西洋，因为救生船有限，很多人遇难。由于船上乘客遵守“优先救助妇女和儿童”的社会规范，乘客中 69% 的妇女和儿童活了下来，而男乘客只有 17% 得以生还。但是一项社会学的分析表明，按照性别和社会阶级（按舱位等级）计算，三等舱的乘客只有 26% 生还，二等舱生还率是 44%，头等舱则是 60%。单从女性生还的情况看，头等舱的女性中有 97% 生还，二等舱和三等舱的女性生还率分别为 84% 和 55%。

泰坦尼克号上乘客不同命运的例子，生动地展示了社会阶级和生活机会之间的联系。在社会分层的情况下，各类人有着不同的生活机会。

大多数社会都对其成员加以区分，这种区分导致社会不平等的产生。社会不平等往往被构筑于社会结构之中，因而造成了社会分层。当然，合理的社会分层结构对社会的发展和进步是有积极意义的。如果社会分化和分层不是简单的两极分化，社会分层的结构中人们的利益是多元的，这样就易于避免发生利益纠纷，从而保持稳定和发展；同时，有适当的分层和差距，才能促进效率的提高。但是，如果阶层差距过大，造成两极分化，而且分层机制和原因具有不公平性，就会影响社会稳定与和谐，也会制约社会的进一步发展。

四、社会学发展简史及主要理论流派

社会学作为一门独立的学科诞生于19世纪中叶，它的出现并非历史的偶然，而是具体时空条件的综合产物。具体而言，社会学的产生有其社会基础和思想源泉：首先，工业革命为社会学的诞生提供了深厚的社会基础；其次，法国大革命造成社会的动荡不安，成为催生社会学产生的一股重要政治力量；最后，启蒙运动为社会学的诞生确立了基本的思想源泉和知识动力。随着科学影响力的渐长，对社会整体的思考也开始出现，社会学在这样的历史条件下应运而生。可以说，社会学是社会转型的产物，正是因为社会转型时期的重大问题和主题，才促成了社会学的诞生，激发着社会学的想象力，引导社会学家的创造力，社会学也才变得如此引人入胜。

（一）社会学的历史发展

社会学发展史分为两条主线，一是西方社会学发展史，另一条是马克思主义社会学发展史。

（1）西方社会学发展史。西方社会学创立于19世纪上半叶，主要代表人物是孔德和斯宾塞。“社会学”这一术语是法国实证主义哲学家、社会学家孔德（Augste Comte 1798～1857）在其《实证哲学教程》第4卷（1838年）中提出的，他也因此被认为是社会学的创始人，人称社会学之父。在当时的历史条件下，孔德深受法国悠久的启蒙传统以及法国大革命的震撼，致力于对社会进行科学的研究。孔德认为，人类的思想发展先后经历了三个不同的理论阶段：神学阶段（虚构阶段）、形而上学阶段（抽象阶段）和科学阶段（实证阶段）。与之相对应的社会发展三阶段是：“军事时期”、“过渡时期”和“工业时期”。他认为，当时的社会已经进入了工业时期，即科学实证阶段，它是社会发展的最高阶段。孔德把社会学界定为研究社会秩序和社会进步的科学（社会学也相应地分为“社会静力学”和“社会动力学”两部分）。他认为，整个社会和自然界一样，是建立在协调一致的基础之上的,这就是社会秩序。而社会变迁中的旧的社会秩序被新的社会秩序所取代,这就是社会进步。

社会学初创时期,产生了许多社会学大师和经典社会学理论,如斯宾塞、迪尔凯姆、韦伯、托克维尔、腾尼斯和齐美尔等。他们的社会理论都富有原创性,为以后社会学的发展奠定了深厚的理论基础,特别是马克思、迪尔凯姆和韦伯,成为社会学发展进程中的三大经典作家,形成了社会学的三大传统:马克思的唯物史观社会学、迪尔凯姆的实证主义社会学和韦伯的理解社会学。

英国社会学的创始人赫伯特·斯宾塞提出了社会有机体论,认为社会就像物种那样,由简单向复杂进化,那些能更好地适应其环境的社会比不能适应环境的社会更易于生存与发展。马克思则把社会看成是不断冲突与变迁的社会,与斯宾塞的社会服从于"自然"规律的观点相对立,马克思相信社会主要是由经济力量决定的,人类历史是经济上的各阶级不可避免的相互冲突的过程。正如资本主义取代封建主义一样,社会主义也将通过阶级斗争取代资本主义。

法国社会学家埃米尔·迪尔凯姆的重要贡献则在于他确定了社会学的研究主题与方法,指出了社会学与哲学、经济学、心理学和社会改革的区别。在《社会学方法的规则》(1894 年)和《自杀论》(1897 年)中,迪尔凯姆提出,社会学的研究对象是"社会事实",而且要用其他社会事实来解释社会事实,而不是用生理的、心理的特征来解释。与孔德、斯宾塞相同,迪尔凯姆将社会视为一个整体,他的核心兴趣之一就是"社会是如何整合在一起的",并努力寻找社会团结的源泉,他相信社会是因其成员享有共同的信仰价值观而连为一体的。

马克斯·韦伯对现代社会学的发展具有最重要的影响。他从广泛的角度研究社会组织、社会制度等问题,最著名的是对于科层制和资本主义的研究,他对于社会分层、政治社会学和宗教社会学也有重要贡献,他的多数思想都与马克思的思想形成鲜明对照。韦伯认为,社会科学家在研究问题和得出结论时,应该坚持"价值中立"。社会学也必须包括对"社会行动"的研究,即研究人们相互之间行为取向的方式,但研究人际互动不应该只依赖于定量方法,还必须运用理解(Verstehen)的方法。

初创时期的社会学主要在欧洲,到了19世纪末20世纪初,欧洲的社会学思想传入美国并经历了本土化过程,得到了极大的发展。在将欧洲社会学思想引入美国和本土化的过程中,很多社会学家都做出了巨大贡献。美国早期社会学发展的主要代表人物有A.斯莫尔、W.萨姆纳、莱斯特·沃德等。他们一开始就承担起解决城市社会问题的使命,虽然他们大多数都来自农村,但是强烈的宗教意识和道德原则使他们致力于推进城市改革。美国社会学这种注重解决现实社会问题研究的取向,与欧洲早期社会学注重思辨的取向相区别。

美国社会学本土化过程中的主要代表人物是:库利、米德、托马斯、帕克及其研究群体(即"芝加哥学派")。在本土化的过程中,这些社会学家都注重将理论和经验结合起来研究现实社会问题,如托马斯和兹纳涅茨基的《身处欧美的波兰农民》一书,是社会学理论和经验研究相结合的产物,代表了美国社会学研究方向的转变。"二战"后,美国社会学注重社会调查、解决社会问题的热情逐渐消退,兴趣转向建立社会理论。美国社会学家帕森斯综合了一些经典社会学家的不同学说(主要是韦伯和迪尔凯姆的学说),形成了所谓的"行动的一般理论"这样一个宏大的思想理论体系,被称为"结构功能主义"。在这个总体理论中,帕森斯寻求发展一个可以用来分析所有类型社会现象的理论框架,从分析社会的主要制度到分析个人的行动。

帕森斯时代后期,在美国和一些西欧国家出现了一些重要的社会学理论流派,这些理论流派大多在对帕森斯结构功能主义进行批判的过程中发展自己的理论体系。这些理论主要有:社会冲突论,代表人物有美国社会学家刘易斯·科塞、德国社会学家达伦多夫;社会交换论,主要代表人物是乔治·霍曼斯、彼得·布劳等;符号互动论,以布鲁默和戈夫曼为代表;还有社会发展理论,主要研究第三世界的现代化,代表人物有斯梅尔塞、艾森斯塔德、列维、英克尔斯、佛朗克和沃勒斯坦等。

进入20世纪80年代,针对社会学诸种学派林立的局面,社会学各主要理论传统的代表人物都认识到分裂局面对社会学发展的不良后果。一些权威性的社会学家在重返古典理论的基础上力图对当代的多元化理论进行综合和创新。

这一时期的主要代表人物和理论有:英国社会学家吉登斯的结构化理论;德国思想家哈贝马斯的交往行动理论;法国社会学家布迪厄的实践理论;美国社会学家亚历山大的"新功能主义";柯林斯的新冲突理论;以科尔曼为代表的理性选择理论;等等。

德国社会学家尤尔根·哈贝马斯从早期对知识论的反思批判到后期建立交往行动理论,进而分析批判资本主义社会现实,探求人类未来的理想境地,奠定了他批判社会学体系的基础。但是,他的这种努力是企图在马克思和韦伯之间找到一条新的出路,带有理解主义的成分,因此哈贝马斯仍然没有摆脱批判性的维护色彩。

法国社会学家皮埃尔·布迪厄的社会学思想,其目标是试图消解主、客观二元对立。"场域"和"习性"是布迪厄理论中的最基本理论。该理论认为,场域是由客观限定的位置间客观关系的网络,场域中存在着资本,多个相互联系的场域构成了社会空间。随着社会的分化,场域也呈相对自主化,不同的场域有着不同的自主性的度。习性是通过客观结构和人的历史的结合而创造的形式化了的一组意向,它在潜意识的层面上发挥作用,习性是个体在实践中形成的,又作用于人的实践过程。布迪厄认为,一方面场域构造了习性,另一方面习性又赋予场域以主观的意义和价值。由此消解主客观二元对立的问题。

英国社会学家安东尼·吉登斯通过对社会学理论传统的反思,树立了超越传统理论的二元分裂局面的理论目标。他提出社会学所探求的社会结构,只有经过结构化过程才能得到说明。结构化过程具有双重性,一方面社会结构规定着人们的社会活动,另一方面人们的社会活动也产生和再生出新的社会结构。他指出,行动与结构不再是相互排斥的对立物,而是同一事物的两个方面:双方均统一在社会实践中。结构化理论是关于社会实践的本质与过程的理论,主要诠释在社会实践的生产和再生产过程中行动、结构、系统及制度的本质及相互关系。

总的看来，这一时期社会学重大发展不是表现为具体研究领域的突破，而是出现了综合趋势：或者是从某个理论传统出发，通过吸收、引进其他理论的合理成分，弥补原理论的不足，重构该理论传统；或者先确立新的研究角度，对各种不同传统理论要素进行系统化综合创新，形成新的理论传统。

（2）马克思主义社会学发展史。在孔德创立西方社会学的同时，马克思主义的社会学也产生了。虽然马克思与孔德是同时代的人并且也没有把自己视为社会学家，但马克思主义学说的深刻性和丰富性远远超过了孔德，即使在欧美社会学界，马克思也被公认为社会学的主要思想奠基人。和孔德一样，马克思也研究了欧洲资本主义社会的种种弊端、矛盾及其发展规律，但马克思主义学说与孔德的社会学的发展取向是很不同的。马克思批评孔德学说的保守性，主张对现实社会的分析和批判。因此，马克思开创了批判社会学的传统，这一传统对社会学发展的影响是巨大的。马克思主义社会学是以马克思主义唯物史观的创立为标志的，历史唯物主义是马克思主义社会学的理论基础，它的方法论是唯物辩证法。

马克思主义社会学主要有两大思想观点：第一，社会冲突和社会革命是不可避免的。他认为，历史的关键是阶级冲突——拥有生产资料者和不拥有生产资料者之间的激烈斗争。这场斗争只能以推翻占统治地位的剥削者，建立自由、人道的无阶级社会而告终。第二，特别强调社会的经济基础。尽管许多社会学家对马克思的其他很多思想意见不一，但在这一点上基本持赞同态度。

马克思主义社会学说有两种形态，第一种是革命的批判性形态，它以揭露资本主义社会致命的弊病为主要任务，以推翻资本主义为主要目标。这种形态是各国马克思主义者在本国社会主义革命胜利之前所采取的社会学形态。列宁和毛泽东都结合本国的社会主义革命的实际情况，继承和发扬了马克思主义社会学的革命的批判性形态，这是马克思主义社会学本土化的成功尝试。第二种是维护的建设性形态，是以维护、改善社会主义社会为目标，以社会主义和共产主义社会的良性运行和协调发展的条件和机制为对象的社会学。这种形态是各国马克思主义者在本国革命胜利、建立起社会主义制度之后所要建立的社会学形态。就我国而言，1949 年新中国成立之后，本应致力于建设这种社会学形态，但由于认识不足及种种失误，使这一任务整整推迟了 30 年。

（二）社会学在中国的发展

社会学在中国的传播与发展经历了艰难曲折的历程，是一个从无到有、从外来引入到中国化的历史过程。19 世纪末，西方社会学通过多种渠道传入中国。首先是通过翻译的渠道。1897 年，严复把斯宾塞的《社会学研究》一书的前两章翻译成《砭愚篇》和《倡学篇》在《国闻报》上发表；1903 年将该书全文翻译为《群学肄言》出版，标志着中国社会学的历史开端。另一条主要传播渠道是教会学校。作为帝国主义文化侵略工具的教会学校，为了解中国社会现状，在中国开设社会学课程，培养他们需要的人才，并组织社会调查。中国留学生成为当时社会学传入中国的第三条渠道。从 20 世纪初期开始，留学美、欧、日的学生日益增加，有许多人学习社会学专业或课程，许多人回国后从事社会学的教学与研究工作，如陶孟和、李景汉、陈达、吴文藻和孙本文等社会学家，他们为社会学在中国的传播与发展做出了巨大贡献。

五四运动前后，马克思主义社会学传入中国。李大钊、蔡和森、李达和瞿秋白等人，一方面著文抨击中国半殖民地半封建社会的弊病与危机，宣传马克思主义社会学，主张建立新秩序；另一方面深入工人、农民、青年、妇女中间进行调查研究，探求解决社会问题的途径。中国的马克思主义学者认为，在半殖民地半封建的中国，改良是行不通的，只有进行社会革命，建立社会主义制度，才能实现社会的合理运行和协调发展。

20 世纪 20 年代之后，社会学在中国得到了很大的发展，社会学教育取得很大的发展，为社会学界培养出许多骨干人才，社会学教材建设与研究成果也有很大的成就，成立了各类社会学团体并创办刊物，开展了许多社会调查与社会实践活动，尤其是社会实践活动，成为当时社会学成长与发展的主题之一，最著名的如晏阳初的平民教育运动,梁漱溟的乡村建设运动等。

1949年新中国成立之后,开始了社会主义建设运动,不少社会学者自愿成立调查小组,调查城市各种行业,有的加入土地改革运动,并在运动中调查农民生活和农业生产状况。然而,由于当时的种种错误认识(如认为社会学是资产阶级学科,我们有马克思的历史唯物主义,就不必有社会学了),使社会学在新中国经历了波折。1952年,全国高等院校专业调整时,原有的社会学系、社会学课程相继被取消,同社会学联系较密切的社会心理学、社会人类学、社会工作与人口学等,都相继被取消。1979年3月,由全国哲学社会科学规划会议筹备处主持召开了"社会学座谈会",会议为社会学恢复了名誉,并成立了"中国社会学会",标志着中国社会学正式恢复重建。邓小平在1979年3月30日《坚持四项基本原则》的重要讲话中指出:"政治学、法学、社会学以及世界政治的研究,我们过去多年忽视了,现在也需要赶快补课"。此后,社会学的学科建设、人才培养等方面逐步发展起来。

现在,中国社会转型的广度和深度都有了很大的拓展,社会问题也大量凸显,急切需要社会学的研究来加以解释和解决。社会学在我国社会生活中发挥的作用越来越大,社会学的知识与不少研究成果对国家与社会管理产生了重要影响。例如,小城镇研究、人口问题研究、青少年犯罪研究、下岗失业问题研究和社会保障研究等成果,成为中央或地方政府实施社会控制的重要决策参考,对中国社会转型与社会发展发挥了重要作用。还有许多成果与人民的日常生活密切相关,许多重要媒介开辟了社会问题与社会调查专栏、访谈和对话节目,使社会学深入到人们的生活之中,并发挥着积极的作用。社会学在中国已经由以前单纯的学术语言转变成政策语言,逐渐发展成为一门"显学"。

(三)社会学的流派及主要理论

由于社会现象的复杂性,社会学家们观察社会的角度、立场和所采用的研究方法以及解释策略等方面都具有多样性,因此也形成了不同的社会学流派和丰富多彩的社会学理论。社会学理论的这种多样性表明,社会学并不是一门封闭性的学科。研究视角和理论的多样性可以使社会学学科更重要、更具活力和更具冒险性,也有助于探索人类经验之深层意义。而且,各种社会学理论视角所显示的差异性并不是起源于矛盾或对抗,每一种视角都考察了同一社会现实的相关方面,都会相互加以补充。

(1)社会学的流派。社会学大体可分为三大流派:实证主义社会学、人文(解释)主义社会学和批判社会学。在关于社会学研究中的"价值判断"问题上,社会学的三大流派具有截然不同的倾向:实证主义者追求绝对的"价值中立",主张做事实判断而不是价值判断;人文主义者强调"理解",认为"价值中立"几乎是不可能做到的,但可以尽量避免;而马克思开创的批判理论则带有强烈的价值判断色彩。

第一,实证主义社会学。实证主义社会学的主要代表是孔德、迪尔凯姆和帕森斯等。实证主义强调社会现象的客观性,认为社会现象是客观的事实,不能还原为个人的事实,强调对宏观的社会结构、社会制度和文化规范进行研究,在社会结构层次和文化层次探讨社会的本质属性。实证的社会理论把社会学的使命理解为探究统治社会世界的客观"法则"或因果关系,他们希望严格依据科学方法论进行的足够数量的经验研究,最终能够发现这些法则。在西方,实证主义逐渐成为社会理论的主流。

迪尔凯姆的《自杀论》(1898 年)是实证主义社会学的研究典范,是自然科学的因果分析在社会科学中的运用,其研究步骤是:第一步——界定概念、确定问题和提出假设;第二步——收集资料、对各种解释进行验证(如社会因素、个人心理生理因素和气候的自然条件等);第三步——运用假设检验法选择符合调查资料的解释;最后上升到理论概念——社会整合,一种共性解释,即社会整合度低的群体的自杀率高于社会整合度高的群体。

第二,人文(解释)主义社会学。人文主义社会学,或称解释社会学,强调社会现象的主观性,认为一些宏观的社会现象,如"国家"、"制度"和"阶级"等都不是有形的实体,它们是由人的主观定义建构的,因此社会现象是不可能与个人的动机、态度和行为相分离的,强调在微观层次研究人们是如何建立社会、如何在社会中行动的,这也是个体主义方法论的主要论点;社会学家所处理的不只是客观的社会事实,还有主观的意识活动。美国社会学家米德等人的符号互动论还进一步指出,人们对社会和社会事实的定义是通过人际互动过程建立起来的,人们的社会行为和互动方式都受这种共同的社会定义的指导。人文主义社会学力图在人们赋予社会行为的意义的水平上理解社会行为,主张把自然科学与文化—意识科学加以分离,反对以自然科学为模型的社会学观念,认为社会学不该模仿社会物理学,而应该寻求阐明人们在日常生活中赋予其行为的意义。

人文主义社会学与韦伯的关系比较复杂,就提倡"价值中立"而言,韦伯可归入实证主义社会学,但是就其所主张的在意义层面上理解社会行为而言,他又是人文主义社会学的创始人。韦伯的《新教伦理与资本主义精神》是社会定义范式的典范,针对经济决定论和历史决定论,韦伯设想精神因素和价值观念对社会历史现象有很大的影响。他认为,17 和 18 世纪,新教观念与资本主义关系密切,他用历史文献的方法,从文本中阐释意义,反映新教观念和资本主义精神。他所用的方法是:投入理解、理想类型法和历史比较法。韦伯的研究表明:历史发展不是必然的,是偶然与必然相结合的;各种因素相互联系、相互影响,有些是共性的关系,有些因素是独特的,不能用决定论解释。研究者不仅要观察、测量对象,还应理解对象的内在动因。

第三,批判主义社会学。虽然实证主义社会学在美国的社会学界一直占据多数,但是 20 世纪 60 年代以后,批判主义社会学的力量不断壮大,人数上也快速增长。这与当时的社会运动有紧密的关系。越南战争、新社会运动、公民权利运动和女权主义运动等使年青一代的社会学家不断政治化,他们相信社会学应当在社会变迁中发挥作用。20 世纪 80 年代前后,在欧洲的社会与文化理论中也出现了一些重要的知识运动与社会运动,如后现代主义与女权主义理论,尤其对实证主义社会学的学科性提出了挑战。例如,以德里达为代表的解构主义挑战了实证主义关于语词具有单一的意义与所指,因而可以用来传达科学的意义的信念;后现代主义主张反讽式地、游戏地使用语言,语言不能清楚地再现世界,其遮蔽、混淆意义的程度不亚于澄清、阐明意义的程度；女权主义对于实证主义社会学的挑战则表现在他们认为语言是性别化的，认为实证主义是反映与再生产男性统治力量的男性规划，而实证的社会理论总是把科学的性别问题当作虚假问题不予考虑。

总体上来说，社会学家总是尽可能地运用科学的方法进行研究，在提出问题、得出结论时努力做到客观性——不受感情、偏好的影响。当然，在社会学研究中真正做到价值中立是不太可能的，因此，绝大多数社会学家已趋于达成这样一种认识，即仅靠自然科学的方法是不足以认识人类社会的经验的。有很多社会学的工作反映了人文科学，特别是哲学的视角。这样一种交叉的视角，科学与人文的融合，使得社会学成为一个令人兴奋和憧憬的研究领域。

社会学家费孝通也指出，应该扩展社会学的传统界限，认为社会学具有“科学”和“人文”的双重性格。他认为，中国社会学研究应该关注以下论题：文化中人与自然关系的不同论述对于社会学概念形成的参考意义；精神世界在社会形成中的作用；文化的历史传承与社会构成的过程；“意会”对于文化理解的重要性等。这一研究思路，有助于防止社会学研究走上单纯实证研究的迷途，对于中国社会学的发展和地位的提升，将起到重要的指导作用。

(2)社会学主要理论。社会学家在许多问题上所坚持的立场、提出的问题和假设、采用的方法等方面都具有多样性，因此也形成了丰富多彩的社会学理论。下面介绍几种影响较大的社会学理论。

第一，功能主义理论。功能主义也称“结构功能主义”，强调社会的每一个部分都对总体发生作用，由此维持了社会稳定。社会就像人类的肌体或任何活的有机体，好比身体的各个部分(如四肢、心脏和大脑)一样，社会的构成部分(如家庭、商业机构和政府)以系统的方式结合在一起，对社会整体发挥着好的作用，每一部分也帮助维持着社会的平衡状态，这也是系统平稳运转所必需的。早期社会学理论家孔德、斯宾塞和迪尔凯姆的著作中都有功能主义的方法论。

帕森斯是结构功能主义的集大成者，他认为，任何一个生命系统都应具有四种功能：适应功能，即系统必须适应环境并从环境中取得资源，使之得以生存和发展；目标实现功能，即系统必须确立自己的目标及目标的轻重缓急，并确定达到目标的手段；整合功能，即系统必须协调内部各部分之间的关系，以维持一定的和谐；模式维持功能，即系统必须使各部分具有动力和动机，并按一定的规范和秩序参与系统内部的动态过程，以维护和复制原有模式。在社会系统中，这四种功能分别由经济组织、政治制度、法制制度和家庭与教育制度来执行。帕森斯强调，一个系统的运行状态是否稳定，不仅取决于它是否具有满足一般功能需求的子系统，而且还取决于这些系统之间是否存在着跨越边界的对流式交换关系。对于一个社会系统来说，维持其内部各个子系统之间边界关系的最低限度的平衡是至关重要的。若能维持它们之间的平衡，就可以达到社会运行的良性状态，就能发挥社会系统的正功能；若失去了这种平衡，社会就会出现冲突，出现病态，使社会运行处于失调状态。

默顿修正了结构功能主义的弱点，提出新的功能分析范式，提出了显功能与潜功能、正功能与反功能以及功能选择等新的概念和观察角度，引导人们对现实社会结构的客观后果、社会变革的原因进行功能认识，做出功能评价，大大拓宽了功能分析的领域。

由于结构功能主义十分注重研究社会运行和社会发展中平衡、协调的机制，被认为是一种维护型社会学，被认为它只考虑如何改良现存体制而没有考虑从根本上改造和变革社会体制。功能主义由于不能合理地解释社会冲突的现实，因此招致冲突论等方面的批判。后来功能主义者对其理论作了修正和拓展，如以 J. 亚历山大等为代表的新功能主义社会学家，结合马克思主义理论重构帕森斯的结构功能主义，他们特别关注“微观”与“宏观”之间的联系，即个人以及人际间的日常生活与大型社会结构之间的联系。

第二，冲突论。冲突论源于马克思，以刘易斯·科塞、达伦多夫等为代表，重点研究社会冲突的起因、形式、制约因素及影响，是作为对结构功能主义理论的反思和对立物提出的。如果说结构功能主义强调的是社会的稳定和整合，代表社会学的保守派，那么社会冲突论则是强调社会冲突对于社会巩固和发展的积极作用，代表社会学的激进派。

冲突论强调人们因稀缺的资源、权力和声望而发生冲突和斗争，这是永恒的社会现象，也是社会变迁的主要源泉。冲突论的基本假设是：构成社会的各部分远不是作为整体的一部分而平稳地运行的，实际上，它们是互相冲突的。社会经常处在极易被破坏的平衡之中，秩序只是社会各部分之间不断进行的冲突的一种结果，秩序也并不一定就是事物的自然状态，而且社会秩序不是源于各部分之间的自然合作，而是源于社会的一些部分对于另一些部分的统治。

第三，互动论。与功能主义和冲突论关注社会宏观方面不同，社会学中互动论的视角则更关注于社会的微观方面，关注社会互动和作为社会存在的个人方面，它研究人们在日常社会生活中是如何交往的，并且如何使这种交往产生实质性的意义。互动论视角适合于研究个人和小群体而不是大规模的社会结构。乔治·米德是互动论的奠基人。

互动论者近距离观察人类行为，探索人们的动机、目的和他们理解世界的方式。与功能主义学派、冲突论学派宏观社会学家不同，互动论者倾向于认为人们具有更多的行动自由。互动论者并不将社会看成是一种控制力量，他们强调，人们总是处在创造、改变他们的生活世界的过程之中。

第四，交换理论。社会交换理论是当代美国社会学理论的主要流派之一，产生于20世纪50年代末期，70年代趋于衰落。社会交换论重点研究人际关系中的交换现象，通过交换概念发现社会资源分布的不平等和由此产生的权力地位的分化，并从各个权力层次之间的对立和冲突中找到社会系统发展、变迁的动力。其研究加强了社会学与社会运行之间的相互联系。

乔治·霍曼斯是该理论的创始人。他认为，利己主义、趋利避害是人类行为的基本原则，因此，人与人之间具有比较普遍的功利关系，他们彼此之间的互动根本上是一种交换过程，这种交换并不都是有偿的，包括情感、报酬、资源和公正性等。交换论的另一位代表人物彼得·布劳认为，社会交换是一种有限的活动，是个人在交往中为了获取回报而又真正得到回报的自愿性活动，这种交换关系存在于关系密切的团体或社区中,建立在相互信任的基础上。布劳把交换形式区分为经济交换与社会交换、内在奖赏和外在奖赏,并用交换过程解释权力与不平等等社会现象。

(四)当代社会学的发展趋势和前景

对于社会学发展的趋势和前景,可以做以下一些分析。

第一,从社会学理论上看,虽然经典社会学仍对现代社会学家有启发,但社会学将逐步摆脱19世纪和20世纪初期社会思想的影响。正如吉登斯所分析的,社会学的未来发展,会认识到现代性比任何一种预设的观点都要复杂得多。19世纪和20世纪初期社会学的发展,主要受资本主义和工业主义的影响,现在除了以上两个方面,影响现代性的因素已经有所增加:一是国家行政权力的扩张,尤其是信息资源的利用是现代社会的主要特征之一;二是作为现代性深层表现的军事力量与战争的影响,传统社会在现代性影响下的瓦解不是资本主义或工业主义的结果,甚至也不是现代国家行政资源集中的结果,而是协调使用军事力量和制造战争的各种现代手段的结果;三是从现代性的文化维度来看,以前建立的文化分析模式在根本上是有缺陷的。

第二,社会学研究和分析的主要对象将被深刻反思。社会学家所研究的"社会",无论是一般意义上的"社会交往"或"社会互动",还是一个对特定社会体系的精确界定,都特指现代民族国家社会,侧重的是对不同社会内部构成的定义,社会学的研究视角和概念体系都是以此为基础建立起来的。但是,现代社会的一个基本趋势是全球化,这就要求社会学比以前任何时候都更重视对世界体系的研究;现代社会的另一个趋势是民族国家内部的地方化倾向。而且,各种跨越国界的组织方式和联结与这些地方化交织在一起。所有这一切,无疑要求社会学改变思考社会的方式。

第三,社会学理论在继续保持多样化的同时,将出现新的理论综合。由于现代社会现实是多样化的,理论也应该是多样化的、综合的。换言之,一个允许各种观点和生活方式共存的社会,其社会学以及其他社会科学在本质上也必将是多样化的。不过,各理论流派各自为据、互相封闭的时代已经过去,尽管对社会生活解释的主要方面仍然可能存在着争执，但即使是“封闭”的观点，也会带有某种对多样化观点的容忍，理论综合的趋向日益明显。

第四，社会学家关注对社会转型过程的研究。在传统的发展社会学中，主要有两个学术传统：一个是以发达国家的现代化为研究对象的现代化理论；一个是以拉丁美洲、非洲和东亚模式为研究对象的发展理论。这两个学术传统，构成了发展社会学的主要论题，同时也限制了发展社会学的视野。中国、苏联和东欧等社会主义国家的转型过程和实践为发展社会学提出了一系列新的议题，包括如何看待不同国家和地区的发展道路，如何看待发展和转型过程中国家与社会的关系，如何看待发展过程中社会不平等的问题等，对这些议题的研究，可以扩展发展社会学的视野，有助于建构新的发展社会学理论。社会转型和发展中的重大问题，将是社会学发展的一个新的灵感的来源和动力的源泉。

第五，社会学将进一步强化对社会政策或改革实践的研究。从世界各国社会学发展的历史可以知道，每到社会动荡和无序时期，社会学的影响力、吸引力便上升。社会学诞生于法国大革命和工业革命所引发的社会困惑与动乱之中。当旧的社会秩序已被打碎，新的还没有建立起来，社会学受到青睐是因为它可以提供新的认识与新的观念，社会学因此而复兴和大显身手。

但是，只要人们相信市场可以使资源得到在经济上最为理性和在道德上最为理想的分配，社会研究和社会学思想在社会政策中发挥的作用就会被大大地削弱，建立在市场万能观点之上的经济学便会大行其道。

从中国的情况来看，1978 年以来经济主义的扩张，片面注重经济发展，使我们付出了巨大的环境成本和社会代价，但这也为社会学提供了一个大好的发展机遇。改革开放的前 20 年，可以说是经济学家的“春天”，但 20 年以后，面临这么多的社会问题，依靠原有的体制、手段，无力解决这些问题，需要社会学家的参与。以“增促社会发展，减缩社会代价”为深层理念（郑杭生语）的社会学，有助于解决目前中国经济和社会发展的不平衡问题，有助于把社会代价减少到最低限度、缩小到最小范围，增加和促进社会的协调发展、可持续发展以及社会成员个人的全面发展。社会学不只满足于解析社会发展和社会建设，还将日益对社会政策和社会实践发挥参与、推动和导向的作用。

五、社会学研究方法

任何科学都有自己独特的研究方法，作为研究社会运行和发展规律的社会学当然也不例外。由于社会学研究对象——人以及由人组成的社会的复杂性，研究方法对于社会学来说尤其具有重要意义。社会学研究方法是由不同层次的方法组成的一套方法体系，即最高层次的方法论、中间层次的研究方式和低层次的具体技术或具体方法。

（一）方法论

方法论是社会学方法体系的最高层次，它是指导人们进行社会研究的理论基础和指导思想，其中包括作为研究基础的各种假说、理论以及用以分析和解释资料的原则等。社会学自诞生以来，所形成的主要方法论流派有实证主义方法论和反实证主义方法论（人文主义方法论）。

长期以来，实证主义方法论一直占据着社会学研究方法论的主流地位。实证主义方法论认为，社会学研究应该向自然科学研究看齐，应该对社会世界中的现象及其相互联系进行类似于自然科学那样的探讨。要通过非常具体、非常客观的观察，通过经验概括得出结论。同时，这种研究过程还应该是可以重复的。在研究方式上，定量研究是实证主义方法论的最典型特征。

而人文主义方法论则认为，研究社会现象和人们的社会行为时，需要充分考虑到人的特殊性，考虑到社会现象与自然现象之间的差别，要发挥研究者在研究过程中的主观性。也就是马克斯·韦伯所说的“投入理解”，或者是赖特·米尔斯所说的“人对人的理解”。理解派的方法似乎最适合于对复杂现象作探索性研究，特别是在这些现象不太为人所知的时候。在研究方式上，定性研究是人文主义方法论的典型特征。由于这种定性研究方式来自与定量研究方式不同的哲学传统和理论假定，因而在实践中常常被人们所忽视。

（二）研究方式

研究方式是指可以独立完成某项特定的社会学研究任务的具体形式。主要包括四种类型，即：调查研究、实验研究、实地研究和文献研究。其中每一种方式都具备某些基本的元素或特定的语言，构成一项具体社会学研究区别于其他社会学研究的明显特征。同时，每一种方式可以独立地走完一项具体社会学研究的全部过程。比如，调查研究的基本要素包括抽样、问卷、统计分析和相关关系等；实验研究的构成要素包括操纵与控制、实验组、控制组、前测、后测、实验刺激和因果关系等；实地研究包括参与观察、研究者的角色、投入理解、扎根理论等；而文献研究则包括内容分析、编码与解码、二次分析和现有统计分析等。

从大的方面看，这四种研究方式反映了两种方法论倾向：以实验研究、调查研究和文献研究为代表的定量研究方式，比较集中地体现了实证主义方法论的倾向；而以实地研究为代表的定性研究方式，则集中地体现了人文主义方法论的倾向。

（三）具体的技术与方法

具体方法和技术是指在具体研究过程中所使用的收集资料、分析资料的特定手段、技术以及操作规程。资料收集和分析是社会学研究过程中的两项重要任务。与四种不同的研究方式相对应，研究者可以采用多种不同的资料收集方法和分析方法。比如自填问卷的方法、结构访问与无结构访问的方法、局外观察与参与观察的方法、随机抽样的方法、概念操作化的方法、问卷资料的编码方法、数据的统计分析方法以及量表制作技术、变量测量技术、实验控制技术和计算机应用技术等。它们处于社会学研究方法体系的最具体的层面，具有专门性、技术性和操作性的特点。

<table>
<tr><td rowspan="13">社会研究方法体系</td><td rowspan="2">方法论</td><td>实证主义方法论</td></tr>
<tr><td>反实证主义方法论</td></tr>
<tr><td rowspan="4">研究方式</td><td>调查研究</td></tr>
<tr><td>实验研究</td></tr>
<tr><td>实地研究</td></tr>
<tr><td>文献研究</td></tr>
<tr><td rowspan="7">具体技术</td><td>问卷法</td></tr>
<tr><td>访问法</td></tr>
<tr><td>观察法</td></tr>
<tr><td>量表法</td></tr>
<tr><td>测量方法</td></tr>
<tr><td>统计分析方法</td></tr>
<tr><td>计算机应用技术</td></tr>
</table>

本章小结

1. 社会学是研究关于社会良性运行和协调发展的条件和机制的综合性具体社会科学。社会学的基本问题是个人与社会的关系问题,这一问题不仅贯穿于社会学的各个层次和各个方面,而且社会的实际发展也是与这一问题紧密相关的。

2. 社会学既与常识保持密切的交流,又克服了常识的局限性,竭力去冲破常识的封闭性,使人们更具反思性和批判意识。

3. 社会学不仅仅是一种知识,更是一种观察社会、研究问题的视角。社会学研究视角具有整体性、综合性、实证性和现实性等特点。

4. 社会学可分为三种不同的研究范式:实证范式、社会定义范式和社会行为范式,这种划分主要是表明社会学家看待社会现象的不同方式或不同的观察角度。从流派看,社会学分为三大流派:实证主义社会学、人文主义社会学和批判社会学。

5. 社会学是社会转型的产物,正是因为社会转型时期的重大问题和主题,才促成了社会学的诞生,激发着社会学的想象力,引导着社会学家的创造力。

6. 社会学在发展过程中形成了复杂而又丰富多彩的理论，影响较大的社会学理论有功能主义理论、冲突理论、互动理论、交换理论、进化理论、结构理论、批判理论以及社会发展理论等。

7. 社会学研究方法是由不同层次的方法组成的一套方法体系，即最高层次的方法论、中间层次的研究方式和低层次的具体技术或具体方法。

思考题

1. 社会学的研究对象是什么？社会学的视角有什么特点？

2. 为什么说个人与社会的关系问题是社会学的基本问题？

3. 试分析社会学的主要范式及其特点。

4. 试就社会学诞生的社会背景分析社会学在当前中国社会转型过程中的作用。

5. 试分析社会分层发生的原因。

推荐书目

1. 郑杭生主编：《社会学概论新修》（第 3 版），中国人民大学出版社，2003 年版。

2. 英克尔斯：《社会学是什么？》，中国社会科学出版社，1981 年版。

3. 戴维·波谱诺：《社会学》（第 11 版），中国人民大学出版社，2007 年版。

4. 安东尼·吉登斯：《社会学》（第 5 版），北京大学出版社，2009 年版。

第十二章 管理学：科学与艺术的统一

过去的100年见证了管理形成的戏剧性过程。管理成为一种职业。管理从一种不可言传的、非正式的、临时的活动，发展成为一种可以从所有可能的角度进行规范分析和评论的活动。管理摆脱了阴影的笼罩，成为社会经济和个人生活的一种重要推动力量。它的触觉伸得更远。现在，似乎已经没有什么东西——没有什么组织和活动——可以超越管理的范围和抱负。

——斯图尔特·克雷纳

什么是管理？从字面含义来看，“管”即控制、领导，“理”即组织、用人与协调。从系统论的角度看，管理就是将各种互不相关的资源组合在一起，以达到一个总目标的过程。虽然早在人类社会产生之际，就已经有了人类的管理实践，但是，将管理当作一种能适用于所有类型组织的独立职能并加以研究，则是现代工业社会出现以来才发生的事。19 世纪末 20 世纪初，西方科学管理理论的兴起，标志着现代管理理论的最初起源。而这种理论的一个显著标志，便是对管理的科学性的推崇和强调。同时，像许多实践活动一样，管理工作涉及做事的方法、技术和技巧。由于管理知识和技术这二者相互联系、不可分割，因而管理科学与管理艺术不是相互排斥，而是相互补充的。换言之，管理既应当被看作是一门科学，也应当被当成是一门艺术。

一、现代管理的理论演绎

虽然现代意义上的管理学的产生只有 100 年之久，却取得了长足的发展，出现了所谓“管理学丛林”甚至“新丛林”。在人类的科学和文化史上，还从未有过什么学科像管理学一样发生如此迅猛的发展。面对着由那些公认的或自诩的管理专家们提出来的数量庞大并且常常相互抵触的理论，人们对当前诸多“如何管理”类型的书籍产生怀疑，是自然而然的。即便如此，每一种理论都很自然地反映出它那个时代的经济和社会现实。因而，为了能够充分地领悟到各种管理思想的相互联系及其作用，我们有必要将它们置于一个广阔的历史发展的视野中，进行一番系统考察和深入反思。

（一）科学管理时期

现代管理理论的产生，是以科学管理理论的兴起为标志的。美国人弗雷得里克·温斯洛·泰罗是这场科学管理运动的主要代表，被称为“科学管理之父”。科学管理的精髓可概括为：

（1）专业分工思想。一方面合理地进行劳动分工，以施展员工的特长，使其充分发挥出自己的最佳能力；另一方面是管理职能的分工，即把管理职能从生产活动中分离出来，由专职人员担任，同时进行职责分工。

(2)最优化思想。即在标准的生产条件下，寻求一种最优的工作方法，以达到最优的生产效率。

(3)标准化思想。把上述最优操作方法和作业条件标准化并加以推行。

(4)“经济人”思想。泰罗制定的许多管理措施，都是以“经济人”作为出发点的。这种“经济人”假设来自于亚当·斯密的经济学，即认为人的行为动机是为了追求个人的经济利益。

应该承认，这种精确化的科学管理能够有效克服旧的管理体制效率低下的缺陷，但是，这种科学管理不仅取消了工人对其工作任务的计划、组织与控制的自决权，而且在它那里，工人已不再是一个有血有肉、有思想、有头脑的人，而是一个高速运转、重复进行一些简单操作的机械部件，这些部件构成了一架有条不紊地高效运转的机器。这种非人道主义的做法，在实践中虽然招致了工人的普遍不满，但却为后来的一些行政管理理论家如亨利·法约尔，德国社会学家马克斯·韦伯等人所采纳。他们不约而同地吸收了泰勒思想中的职权与职责的划分、计划从作业中的分离、控制标准的使用、对工人奖励标准的制定以及任务专门化等内容，从而最终奠定了古典管理学的基本框架。

法约尔与其追随者所创立的一般管理理论认为，管理是个综合性的职能，它可以划分为管理者进行工作的各个环节：计划、组织、指挥、协调与控制。并强调，这些原则和过程不仅适用于企业，而且适用于其他任何组织。

韦伯在管理理论上的最大贡献是他对官僚组织的分析。这里的官僚一词是指在组织结构设计中根据所处的地位来合理和合法行使职权的人。韦伯认为，由这种合理性原则而形成的“官僚结构”形式，是企业、政府和军队等组织中的最有效的形式；通过在明确划分的等级关系中的专业化，人们可以把工作组织得很好，以便能最有效地达到组织的目标、提高工作效率；组织就是由合法的管理权威进行计划和控制的机械性系统；人主要是由经济方面的刺激来激励的；工作任务的专业分工以及进行详细的指导和控制都是十分必要的；为了保证协调以达到组织目标，对组织成员必须进行严格的监督;管理者是主要的负责综合的力量,而正式的等级结构则是取得协调的机制等。

由法约尔等人所创建的一般管理理论,通常被称为传统或一般性的方法,后来发展成为以哈罗德·孔茨为代表的管理过程学派。该学派通过与管理职能相联系的办法,把有关管理的知识汇集起来,力图把用于管理实践的概念、原则、理论和方法糅合到一起,以形成一种管理学科。这样,古典管理理论就逐渐形成了诸如金字塔结构、统一指挥、控制跨度和职业专业化等概念,以及适用于所有组织的一般"管理原则"。

(二)行为科学时期

泰罗等人的管理理论所塑造的是一种机械的管理模型,它们都把人视为被动的工具,制造出的是一种"没有人的组织"。于是,人们开始为寻找一种新的、更符合人的特点的管理而努力。梅奥等人的人际关系理论就是这种努力的一个结果。该理论认为:

(1)不应把工人视为单纯的只是为了追求高工资的"经济人",而应视为一种"社会人"。也就是说,一个人是否全心全意地为一个团体服务,在很大程度上取决于他对自己的工作、自己的同事和上级的感觉如何。应该看到,除经济利益之外,还有社会的、感情的因素也在影响着他们的行为。

(2)不应只重视企业的正式组织,还必须重视企业的非正式组织。正式组织只反映组织成员之间的职能(或职务)关系,却没有表现出他们之间相互接触、相互作用的社会关系,而这种社会关系却时时都在影响着他们的行为和企业的生产效率。

(3)工人的士气或情绪是决定生产效率的一个重要因素。研究显示,人们在人际关系方面的需要得到满足的程度越高,生产效率也就越高。

(4)企业管理人员不仅要具有组织生产的能力,而且必须具有处理人事的能力。

人际关系理论的提出,为管理学的发展开辟了一个崭新的领域。科学管理以金钱为唯一诱因,以效率逻辑为行为准则,强调合理的劳动分工和对组织的有效控制;而人际关系理论则主张管理必须重视人的心理上的满足，以感情逻辑为行为准则，强调对人际行为的激励与协调。由此，人们便把泰罗时期叫作“考虑工作的”时代，而将梅奥主义流行的时期叫作“考虑工人的”时代。

在人际关系理论的促动下，越来越多的社会学家、心理学家和人类学家在运用哲学、心理学、伦理学等理论和方法研究管理问题，逐渐形成了行为主义的研究方式（或称为人类关系、领导学或行为科学方法）。其基本特点是，通过人际关系来研究管理。例如，戴维斯将人际关系定义为“用令其在经济、心理和社会价值方面感到满意的方式，激励人们有效而协同地共同工作，从而使不同的人在工作环境中结合成为一个整体”。这标志着人际关系现代观念的开始。

如果说传统管理只重视结构和工作任务，行为科学家则重视人的因素和人在具体组织中的行为方式。然而，正如古典管理学家过分强调技术与结构一样，人际关系学家过分强调了人的社会心理方面。他们一般都在一个封闭系统中看待人际关系问题，而没有考虑到经济、政治和其他环境的力量。当然，也有例外。例如，切斯特·巴纳德为了从根本上说明管理过程，提出了一种协作理论。其依据是，个人需要通过协作来克服他自己及其环境在生物、物理和社会等方面的局限性。于是，巴纳德把组织定义为两个或两个以上的人有意识协调的活动或效力的系统，并将其视为整个协作系统的一部分，把管理视为不同的团体作用并协调其间的具有相互关系的文化系统，从而进一步拓展了行为科学的研究。

（三）现代“管理学丛林”

尽管存在着从科学管理法向人际关系法的转变，但这种转变在管理哲学方面并没有发生根本的变化。因为“关于指挥与控制的传统观念”的哲学基础依然是 X 理论所代表的人性假设：由于厌恶工作是人类的本性，因而对大多数人必须动用惩罚措施进行强迫、控制、指挥与威胁，以鞭策他们努力去实现组织的目标；人一般愿意受人指挥，希望逃避责任，相对而言没什么进取心，把安全感看得重于一切等。只是到了 20 世纪 50 年代，X 理论才开始被麦格雷格的 Y 理论所取代：一般人并非天生不喜欢工作；外界控制与惩罚的威胁并非领导向组织目标努力的唯一手段；人能够自我指挥、自我控制；自我满足与自我实现的需要能够产生献身于组织目标的努力；逃避责任、丧失进取心、强调安全感，通常是后天经验的结果，并非人天生的本性。

第二次世界大战后，管理学取得了进一步的发展。赫伯特·西蒙等人在吸收了行为科学、系统论、运筹学和计算机科学等学科内容的基础上，发展出了一种新的管理学流派——决策理论学派。这一学派认为，管理的核心是决策，由于决策贯穿于管理的全过程，因而管理就是决策。西蒙指出："为了了解决策的含义，就得将决策一词从广义上予以理解，这样，它和管理一词几近同义。"通过对古典经济学"经济人"假说的批判，西蒙提出了著名的"有限理性原则"。在西蒙看来，"经济人"的假说是不正确的，因为：①人的知识有限，不可能对复杂多变的现实情况和未来的发展有完全了解；②人的计算能力有限，不足以对须臾万变的情况进行最优处理和跟踪；即便能够得出问题最优解的所有变量和方程组，但其数量如此庞大，以致连速度最快的计算机也无能为力；③人的时间和注意力有限，不可能同时圆满对待和处理诸多复杂的情况；④人的想象力和设计能力有限，不可能把所有备选方案都一一列出，并从中择优；⑤人的价值取向和多元化目标并不总是始终一致，往往互相矛盾，并没有统一的度量标准；⑥现实决策环境是高度不确定和极为复杂的。

为此，西蒙指出，人的理性应该是介于完全理性和非理性之间的一种有限理性。在西蒙看来，某个决策问题从理论上也许有最优解，但是，事物在不断地变化，客观的最优解也在变化，而人们追踪这种变化的能力却常常显得不够，即使像线性规划这种高度抽象的运算模型，也只是在一组约束条件下对客观世界的近似和简化，它的解也只能是相对于最优的满意解。既如此，那么在"满意标准"指导下的选择，就不必运用不可能被实际执行的优化程序。

一个值得注意的现象是，虽然管理理论发生了如此变化，但是泰勒所创立的科学管理原则在20世纪以来依然飞速发展。其主要表现就是数理学派或者说管理科学学派的兴起。这种理论的基本立意是，管理是一个"数学模型和程序系统"。它所关心的主要是作为一个经济—技术系统的组织,主要侧重于用经济学、工程学、数学和统计学方面的知识来建立管理行为与组织行为的标准模型,强调运用系统分析和定量方法,以有助于最优地达到某些目标等。受此风潮的影响,财务数字和等级制结构被视为管理组织的一个手段,组织被视为一部应当尽可能高效率运行的机器。

另一个引人注目的现象是经验主义学派的兴起。经验主义学派认为,管理是"经验的研究",因而他们侧重于实际应用而不是纯粹理论的研究,以案例分析或"比较方法"作为传授和描述管理学总体的方法。这一学派以大企业的管理经验为主要研究对象,以向大企业的经理提供管理企业的成功经验和科学方法为目标对管理展开研究。他们的基本管理思想是:管理学就是研究管理的经验,通过研究管理中的成功和失败,就能理解管理中存在的问题,就能自然学会有效的管理。可以划归为这一学派的人很多,其中有管理学家、经济学家、社会学家、统计学家、心理学家、大企业的董事长、总经理及相关管理咨询人员等。

以上只是对现代西方管理理论的一个简略回顾。实际上,管理理论存在着一种非常复杂的状况。按照孔茨于 1961 年进行的归纳,流行的管理学理论主要有六大流派:管理过程学派、人类行为学派(又被称为人类关系、领导学或行为科学方法)、经验主义学派、社会系统学派、决策理论学派和数理学派(管理科学派)。这种混乱纷呈的局面,被孔茨称作"管理学丛林"。实质上,它们大多都是传统管理理论的延伸和发展:管理过程学派的理论来源是法约尔的一般管理理论;社会系统学派一般被看成是行为科学管理理论的一个分支;数理学派不过是对泰罗的科学管理思想的完善,提高了管理理论的定量化成分,增强了科学性;经验学派虽然也创立了一些新的管理原理,但主要是在验证以往的管理原理,只要经验学派还是在从其研究中探求普遍性的结论,他们就是在干同管理过程学派一样的工作;至于决策理论学派,则在一定程度上包含或修正了古典管理理论和行为科学管理理论的某些要点,因而具有综合和完善的特征。

以上所述管理学丛林中的各种理论,与其说是相互竞争的,不如说是相互补充的。因为每种理论及其方法在管理学研究领域中都占有各自不同的位置，而且是相互交叉的。例如，行为学派强调人与人之间的关系，社会制度理论家把注意力集中在社会各个方面的相互作用，而决策学派则把管理看成是成套的决策等。孔茨曾乐观地认为，随着管理学家们对实际管理工作情况的不断了解，各学派中采纳以至发展经营管理学派的基本思想和概念的人将越来越多。借用孔茨的话说："我们仍然处在管理理论的丛林时代。"

（四）变动中的当代管理界

当今时代，以信息技术为先导的新技术革命引发了人类社会前所未有的经济、组织、环境和文化等诸多方面的深刻变革。数以万计的人，无论在家中或在办公室，都在使用通用及开放的标准进行网络交流。对于企业战略家来说，这种人际连接的剧增是这场信息革命所带来的最新的、也最重要的变化。更重要的是，信息作为将所有行业在结构上连在一起的黏合剂，已构成了竞争优势的重要基础。与这种信息技术的发展相伴随的，是日益扩大的全球化和市场一体化，以及产品生命周期的缩短和产品品种的多样化，这使得公司的商务活动已经远远超出了泰勒科学管理方法的范围，并由此而引发了深刻的组织及其管理模式的变革。

从企业内部来看，信息扩散速度的加快，工作紧张程度的加剧，协作关系的日益密切，使企业管理突破了企业传统决策模式的界限，并使得工厂、工人和工作的本质发生了改变，即工人不像以前那样固定在某一地方，受到严密的监视，而是能够被安置在任何地方，能够在任何时间从事他们的工作。行动迟缓、等级制、职能式的结构正为快速行动、跨职能、面向业务流程的管理团队所取代，"命令与控制"式的思维正让位于给一线员工授权的做法，并形成以跨职能业务流程为基础的面向顾客的工作单元。

从企业外部环境来看，企业与环境的界限越来越模糊，企业的核心生产活动由原来的"小而全"转变成现在的合同转包形式，公司之间缔结战略联盟，并形成由分销商、供应商、社团组织和生态环境等互相交织和不可分割的严密的生产网络体系，从而使得"你从事什么行业？"这样一类问题正变得越来越难回答。此外，在当今的全球化经营实践中，由于一个公司可能只拥有相关价值链上的一小部分，因而企业与其所处的经济社会生态环境的相互协调和共同进化已日益成为企业成功的决定因素。

面对如此变革的环境，西方战略计划模型受到了越来越多的批评和指责：战略思考过于机械并且缺乏创造性，战略计划模型只会产出墨守成规、大众化的战略，根本就无法赢得任何可持续的竞争优势。正是在对自身的反省中，西方人士发现，日本和西方企业在管理中所遵循的思维方式颇为不同。许多西方企业的管理者倾向于从狭隘的职能角度看待问题，并且应用过于简单化的管理方案来迎合短期预算与赢利目标。而日本企业的管理者看待组织和员工的角度更加全面和综合，具有循环性和长期性的时间观念，更加强调追求市场份额而不是股东和管理者的短期回报；西方企业的管理者通过获取短期利润来确保长期生存，而日本企业则通过营造基于市场优势的长期未来而获得赢利等。于是，“日本式管理技巧”及其独特的东方思维便日益受到当今西方企业界的推崇和重视。

并且，在过去的十几年中，我们看到，理性主义被修正为有限理性主义；最大化被修正为最优化或是满意解；理性决策被修正为尽可能的理性，或者运用后理性主义；线性思维被修正为圆形思维或循环思维；线性设计被修正为开放系统；静态均衡被修正为动态均衡；科学方法被修正为“文学与艺术”；逻辑被修正为逻辑和直觉；数量化被修正为在可能的地方进行量化；刚性被修正为柔性；多元化程度越低越好；规模越小越好；竞争必被协作取代；正式的权威必须减少；时间周期必须缩短；消灭监督者；以个人利益为中心；薪酬的客观标准；政策的制定与决策过程相分离；通过电子数据处理来进行重组；消灭内部垄断；收益与风险相匹配；加强个人权利；公司内部的教育，诸如此类，不胜枚举。对于管理学领域所发生的一切，到底有没有一种除了“丛林之说”以外更好的解释？这种混乱是否表现了传统管理理论的某种固有欠缺？而形式上越来越复杂的管理研究是否正在不断地远离其面向现实问题的根本目的？这些问题如今成了当代管理学研究中迫切需要解决的重大问题。

二、组织设计与组织行为

组织作为一个有机演化系统，指的是一种结构性和整体性的活动。组织之所以呈现出一定的结构性，是由于企业面临的问题、管理的对象是复杂的，是分层次的，是需要进行分工的。所谓组织结构，就是企业组织中各种劳动分工与协调方式的总和，它规定着组织内各个组织单位的任务、职责、权力和相互关系，是实现企业中各种目标的手段。而所谓组织设计，就是为实现组织目标而发展关系并创建结构的过程。

（一）机械组织与有机组织

传统的企业组织模式通常是一种金字塔形的集权控制的组织模式。这种组织的基本特点是，具有一个严格规定的组织结构，任务是明确的，每个职能角色的方法、职责和权力都是自相规定的，管理系统内部的相互作用多为垂直的上下级之间的关系等。在这种组织中，信息传递以纵向为主，横向为辅；纵向传递的中间环节较多，横向传递的限制又较严；强调工作的程序化和规范化，组织的刚性较强，高层领导一般要求和提倡办事要“面面俱到”和“门门通关”，且有一套规章制度加以保障，使得企业很难迅速做出决策，往往因内部沟通时间过长而丧失良好的市场机会，导致组织运行低效。

在日益扩大的全球化时代，规则变更和技术革新加快，知识劳动力快速壮大，不断变化着的社会环境使得传统的由上至下的科层制、集中控制的组织结构越来越与时代不相适应。于是，组织也开始试探着放松它们的关节，通过重新整合组织要素，提高组织的适应性，开始向更为“灵活和敏捷的组织形式”的方向发展，从而逐渐形成了一种新型的有机管理模式。

在组织结构上，虽然存在着从“传统”向“现代”发生转型的趋势，但实际上，当今并存着两种性质的组织形式——机械式组织和有机式组织。一般而言，机械式组织在稳定的环境中运作最为有效；有机式组织则与动态的、不确定的环境最相匹配。当环境相对稳定和确定,目标明确而持久,技术相对统一而稳定,生产率是主要目标,决策可以程序化、协调和控制过程倾向于采用严密等级结构系统的情况下,应采取机械式组织形式为宜。而当环境相对不稳定和不确定,目标多样化并不断变化,技术复杂和易变,有许多非常规活动(在这些活动中创造性和革新性很重要),适用探索式决策过程,协调与控制常出现相互调整,系统等级层次较少,具有较大的灵活性时,应采取有机式组织形式为宜。

从这个意义上讲,无论是团队组织、网络组织,还是官僚式的等级结构,都同样能够发挥重要的作用。关键在于要明确哪一个最适合特定的情况。对于稳定的经营活动,组织知道应该如何去做,传统的等级制结构可能是最有效率的。然而,当经营环境变化迅速,人们需要学习新技能来适应这一变化时,团队和网络结构可能会更加合适。由于企业所处环境的不断变化,未来的组织也许最终必定是一个适应性机体,其形式及外貌会随环境及组织变化的需要而随时变化。因此,企业应将灵活性视为自身文化的一部分和组织价值的构成要素。

(二)“集权”与“分权”的辩证

在组织系统内部,人们通常认为分权是好的,集权是坏的。分权被视为是自治、自决,甚至自我实现的同义语,是较开明的管理;集权则被看成是官僚机构或权威主义的同义语,是独裁专制的管理。其实这种看法未必正确。简单的集权做法是将决策职能集中到最高级,只把决定下来的方案交由下属执行,这使管理者工作量倍增,而下层人员的管理活动则属多余,控制的效率也往往难如人意。这种集权控制的弊端主要表现为:决策集中在最高层次;信息联系垂直纵向;系统内各要素呈现刚性特征,缺乏灵活应变能力;信息反馈缓慢;对决策失误缺少内在的制衡机制和力量,极易造成损失;对系统统得过多、过死而使系统失去活力,各要素子系统的主动性和创造性受到压抑;等等。

其实,无论选择集权还是分权,都不能脱离控制过程本身。对系统整体的控制必须是集权的,这是由于个人的认识、能力、知识、经验以及信息来源等方面的有限性,多数情况下下属不如上级那样能够做出更适合于系统整体的决策。同样,正由于个人认识能力是有限的(领导亦不例外),对于那些复杂的涉及多方面因素的问题,个人永远不可能同时了解和分析其各个方面,因而分权也是必要的。为适应外界环境条件的变化,及时地调整系统行为,就必须有适当的分权。当然,如果分权过多,权力的授予就会变成权力的永久性让与,从而使上级无法控制也无法收回让出的权力,那将会导致系统的瓦解。由此看来,绝对的集权与绝对的分权都是不对的,它们都应该有一定的限度。在集权管理和分权管理之间取得最佳的平衡,肯定会比完全集权和完全分权都更为有效。

(三)组织重组与流程再造

在当今复杂多变的商务环境中,人们都希望自己的组织具有适应能力、富于企业家精神、勇于创新、能够开放、面对变革。当我们不断地被告知,实现这一目标的途径是像 ABB 那样撤销公司总部、像 3M 那样建立项目管理团队、拥有宝洁公司那样以团队为基础的工厂、像本田那样建立跨职能的网络组织时,组织重组这一灵丹妙药的诱惑变得让人几乎无法抵抗。

面对市场上出现的问题或变革,管理人员很容易就会拿起组织重组的武器。我们经常听到的告诫是:“今天如果你不重组组织,那么你就会在明天死去。”在现实中,有一些组织从集权结构转变为分权结构,然后又重新转变回来。还有一些组织轻率地下放责任或者是建立起两维或三维的矩阵式组织,然后,要么莽撞地成立了项目管理团队,要么在吃过苦头以后又重新回到以前那种安稳、老式的等级制结构。还有一些组织更加直截了当地直奔关键问题,掀起了一波又一波削减层次、结构重组、缩小规模和规模适当化的浪潮。

与此同时,在当今知识经济时代,随着创造财富的原动力从物质资本转变为知识资本,越来越多的人认识到,一个独特的组织能力要比一个有利的市场位置更能成为持久的竞争优势,应当把组织看作是一系列面向顾客的流程的集合而不是内部导向的职能的集合,等等。于是,业务流程再造与组织重组一道,成为当今组织变革活动中的热门话题。

所谓业务流程再造(Business Process Reengineering,BPR),就是

从顾客的需求出发，对企业流程进行根本性的思考和分析，通过对其构成要素的重新组合，产生出更为有价值的结果，从而获得企业绩效的巨大改善。其基本内涵是：①企业再造必须从根本上重新思考业已形成的基本信念，如分工思想、等级制度、规模经营、标准化生产和官僚体制等。这就需要跳出传统的框框，打破原有的思维定式，进行创造性思维。②企业再造不是对既定的现存事物进行肤浅的改革或调整修补，而是要抛弃所有的陈规陋习，以及忽视一切规定的结构与过程，进行脱胎换骨的彻底改造。③企业再造不是以渐进的提高和边际进步为目标，而是要取得突变的“戏剧性飞跃”，如降低成本、节约时间和提高质量等。④企业再造要从流程着手。即集成从订单到交货或提供服务的一连串作业活动，使其建立在“超职能”基础上，跨越不同职能与部门界限，以求管理和作业流程的重建。

BPR 逆转了泰罗主义或科学管理方法的基本原则，其最具有价值的地方在于，应当把组织看作是一系列面向顾客的流程的集合而不是内部导向的职能的集合。它要求企业着眼于改进流程而不是职能活动，以及应当消除任何不能给顾客或最终用户带来价值的活动。作为一种方法，BPR 能够把组织的注意力从内部职能活动转移到跨职能部门的、面向顾客的业务流程上去，从而大大扩展以前各自独立的各种任务的水平空间，使工作显得更富于变化、更有效。

不过，近年来的许多研究显示，BPR 具有高失败率。BPR 遵循的一个潜在的信条是“拆分并克服”。然而，组织作为一个整体，每一个部分都有可能影响系统整体的行为或特性。当把各部分拆开时，任何系统的重要特性都会丢失。因此，对于组织政策以及政策的连贯性尤其是流程的再造，需要一种整合的方式。同时，要想取得企业再造的成功，还必须关注企业再造的同步工程，这就是说，在企业重新整合业务流程时，必须重新塑造企业价值观、重新设计工作方式和重新建立考评体系。

（四）从“物本管理”到“人本管理”

要理解组织系统的运行，必须先了解组织中个体行为的一些特性。只有如此,才可以考虑如何使组织中的个体行为具体实现组织的意图。事实证明,只有将人类与生俱来的天性因势利导,作为永不枯竭的激励来源,才能够获得持续卓越的基础。泰罗认为,“头等的工人”是值得信赖而又稳健的人,从体力、社会能力及其他个人品行方面引导企业走向成功。法约尔认为,管理技能可以在学校中传授。而明斯伯格的工业心理学则试图通过测验和实验研究,为人事管理确定一个科学基础,以人尽其才。逐渐地,人被看作是企业的一项有价值的资产。今天流行的“人力资源管理”的术语,便是对这种更具战略性的人事管理观点的集体体现。

不过,在科学管理时代,研究的重点是如何最大限度地发挥物质技术设备的潜力而不是人的能力,因而是一种典型的“物本管理”。虽然泰罗也曾意识到研究与发掘人的潜能对提高劳动生产率的重要性,并极力寻求并推行高效的科学操作方法及一整套科学管理制度,以促进和提高企业员工的积极性,但在管理实践中,却始终以“经济人”假设为出发点,认为员工所关心的只是经济收入和就业安全。

于是,到了行为科学时代,梅奥通过霍桑实验,首次提出“社会人”假设。认为人除了追求经济利益之外,还有心理和社会的需求,即追求人与人之间的友情、尊重、理解和关心等。这一理论还认为,人们工作的主要动机是社会需求,企业中非正式组织的社会影响比正式组织的经济诱因对人有更大的影响力,人们期望领导者能承认并满足他们的社会需求。因此,企业管理必须重视人的因素,服从于人的需求和特点,把满足人的需求、协调人际关系、激发人的工作热情、发挥人的潜能作为管理的根本点。

马斯洛的需求层次理论把人的需求按照由低到高的顺序划分为生理需求、安全需求、社会需求、尊重需求和自我实现需求等五个层次,从而成为当时乃至现在都极有影响的理论。马斯洛提出了从“外在”激励因素(金钱、恐惧和纪律)到“内在”激励因素(好好表现的愿望、发展自己能力的愿望和想要成为社会组织一员的愿望)的转变。这种需要就是自我实现。这种人本心理学

> 认为,一个人能成为什么,就必须成为什么。除非人们能够取得某种程度的自我实现,否则他本人和他为之工作的组织都难以充分发挥潜能。只有当每种较低的需求得到了满足以后,下一较高层次的需求才开始对我们变得重要起来。
>
> 赫兹伯格将具有激励作用的因素分为“保健因素”和“激励因素”两种。保健因素往往是外部因素,例如,薪水、就业保障、人际关系和工作条件等。这些因素虽然并不能激励我们,但是如果达不到某个最低水平的话,就会让我们感到不满意。激励因素通常是些内部因素,如成就感、被认可和获得个人发展等。他认为,如果我们真的想让员工做出贡献,那么就必须尽可能减少保健因素得不到满足而带来的不满,将管理的重点放在激励因素上——这是带来高绩效的真正源泉。

20 世纪 70 年代出现的权变理论,提出了“复杂人”的假设,认为人是复杂的,由于人有不同的特性,因而产生了不同的需求;人的需求还会因人、时间、角色或情景而异;同样的行为可能来源于不同的动机,同样的动机也可能有多种满足方式;在现实生活中,并不存在一成不变的固定管理模式。只要人有未被满足的需求,就可以被激励。这种人本管理是以企业员工全面、自在的发展为出发点。这种个性化发展准则,要求企业在员工的岗位安排、教育培训、工作环境和资源配置等方面,不仅以企业的功利性目标为依据,而且还要考虑职工的本意、特长、潜能及其发展目标。因而,在企业员工追求个性化发展和自我管理的同时,组织本身的发展也应与人本管理方式相适应,即组织体系、架构以及运作功能都要逐步凸显人本主义理念,建立学习机制,从而极大地激发人的潜能。换言之,这种个人与企业共同成长的准则,要求企业的发展不能脱离员工个人的发展,不能单方面要求员工修正自己的行为模式、价值观念来适应企业,而是要求企业的行为模式、价值观念等也要适应员工个性的发展,并最终建立一个以员工的个性化全面发展为基础的人本管理组织。

三、战略与决策

20世纪60年代,以阿尔弗雷德·D.钱德勒和艾格·安索夫以及阿尔弗雷德·斯隆的著作为标志,企业战略作为一门综合学科开始出现。钱德勒在1962年出版的《战略与结构》中将战略定义为:战略是决定一个企业基本和长期的目标和目的,并为实现那些目标采取一系列的行动和资源配置。而安索夫1965年出版的《公司战略》,将战略直接与军事实践和经济学联系起来。受这些理论的影响,如今大部分战略教科书通常都会这样定义战略:战略就是企业为了收益而制定的与组织使命和目标一致的最高管理层的计划,或方向、指南、通向未来的前进路线、由此及彼的途径、长期行动的一致性等。德鲁克甚至更宽泛地认为,战略就是"企业理念",即一个组织做事的基本方式。此外,还有一种较为流行的观点:战略就是策略,即为了击败反对者或竞争者而采用的特定的计谋等。总之,战略虽然没有一个简明的定义,但关于战略的本质,在一般领域内却有着一致性:战略影响着组织的整体利益,战略要解决的问题就是解决组织的"盲目性",就是使一个组织的所有个体能够团结在对一个一致目标的有效追求中。

(一)战略计划的消长

战略计划作为对企业未来投入和产出进行有效管理控制的最主要手段,经历了一个兴起、热潮、回落和重振的波折起伏的历史进程。钱德勒认为,"企业战略"是影响和决定企业的长期目标与选择企业达到既定目标所遵循的路线的核心,并为实现这些目标对企业已有资源进行最优化配置;企业的战略策划应当适应环境变化,满足市场需求。

在钱德勒企业战略概念的基础上,产生了渐进分析和整体设计两大学术派别。整体设计派的主要思想是:战略的形成应是一个完全由意识控制的思维整合过程;优秀的战略要因时、因地不断地适应变化,而不该成为一成不变的僵木头。而渐进分析则是在整体设计派的基础上进一步将战略细分,它的代表人物是安索夫教授,他的《公司战略策划》一书出版后,整个欧洲和北美大陆的企业战略策划者开始将战略分为企业总体战略和经营战略。渐进分析派支持将企业每个阶段的任务细分,将战略策划过程置于一个铁腕的控制之下,逐级分析,逐层负责,使总体战略由一个个连锁的环节战略(即经营战略)来实现。

自20世纪60年代以来,各种公司计划技术同时出现,绝大多数战略规划模式将SWOT模式精心分解成清晰的步骤,采用大量的论据清单和分析技术来论述每一个步骤。每一个步骤开始时,要对目标确定给予特别的重视。每一个步骤结束时,对预算和经营计划的评估要给予特别的重视,并尽可能地发展系统阐述或量化组织目标的过程(通常以数字形式作为目标)。一旦目标被确定,接下来的两个步骤就是对组织外部和内部的情况进行评估和审查。

就这样,这种古典观点充满信心地描述了一种理性的、各自独立并遵循固定顺序的战略制定的普遍方法。在管理决策理论中,它被作为形成方案、分析(根据诸如匹配度、可行性和可接受性等标准),以及最优化选择过程中的一种线性的逻辑过程。相应的,在古典战略思维中,战略应当是正式的、具体的,其目标是非常明确地追求利润的最大化,以便通过细致的目标、预算、程序和各种经营计划来得到贯彻。常规做法是把战略进行分解,由此产生一套完整的等级体系。该等级体系处于不同的层次并具有不同时期的观念。长期全面的"战略"计划处于最上层,接下来是中期"战略"计划,它又为下一年度提供了短期经营计划。与战略计划体系平行存在的是目标体系、预算体系、亚战略体系和行动安排体系。最后,这个包括目标、预算、战略和程序在内的整个工作被组合成一个经营计划体系。这个细致的经营计划体系有时被称作"总规划"。

在这种战略制定模型中,企业高层管理人员与他们的战略或企业计划人员,通过分析经营环境及企业与环境的匹配,识别机遇,深入细致地完成战略计划方案,最后自上向下传达实施,这样的企业战略计划信息能够向下交流。但是,在真实市场条件下,战略应用的有关信息很少能够沿着等级结构向上反馈。在顾客需求不断变化,新的市场机会随时出现的经营环境中,这种自上而下的战略计划模式就难免具有行动迟缓、远离市场、缺乏灵活性的弊端。在实践中,战略制定者们实际上不会永无休止地追求最优的解决方案,而仅会满足于已经建立的惯例和对组织的直观推断。由于过于偏重战略程式化,战略制定因此受到更加严密的控制。战略控制就是保证组织按他们计划好的战略路线前进,或者是将战略控制看作审查和接受提议战略的手段。于是,管理控制系统被定义成"正式的、以信息为基础的例行工作",而战略规划通常也相应地被简化为业绩控制的"数字游戏"。实际上,这些"数字游戏"与战略几乎根本没有关系,而且依靠十分正式的命令来执行模式,在极端的情况下,几乎是死板的计划。

毫无疑问,如果我们认为环境在本质上是不稳定的,那么我们就会认识到我们的行业会经常在某种程度上承受一系列无法预测到的冲击。从这种意义上讲,经理们制定出一个极为详尽、自上向下的5年战略是毫无意义的。很可能出现的情况是,在我们还未执行我们的伟大战略的时候,我们就已经偏离了预定轨道。而且,那些将不得不去识别和应对这些不可预测的冲击的人并非仅仅只是经理人员,更多的是那些最贴近顾客、技术发展和市场的员工。如果这些员工被一个非常详尽的战略计划束缚住了手脚,那么他们就无法有效地及时做出反应。因此,战略的发展模式必须摆脱以往的模式,从制定非常详尽的计划转向一种更有弹性的方法。数十年来应用战略计划的经验已经告诉我们,战略制定过程应当具有更强的灵活性和弹性。

(二)理性与直觉的辩证

可以说,现代经济学研究为当今的管理学提供了很多基本概念和技巧。如迈克尔·波特的产业结构分析,奥利弗·威廉姆森关于企业组织中的交易成本概念,尤其是古典经济学中"理性经济人"的著名假设。

理性经济人假设将战略视为某个企业家个体的作品,而且这一个体能够以充分的理性采取行动,以实现其经济利益的最大化。这一假设的最初原型就是亚当·斯密在其《国富论》中所讲的:"每个个体都在努力发现可以使自己所控制的任何形式的资本给自己带来最大利益的使用机会。”根据斯密的观点,我们对于这种自我利益的追求要受到“审慎”原则的控制。“审慎”的含义包括了“理智”(预见后果和洞悉优势的能力)和“自我指挥”(随时能够为了获得长期的更大利益而放弃短期机会的心态)两重原则。这些原则构成了现代长期战略计划工作的核心指导思想,即战略的形成应当是一个受控的、有意识的思考过程。这构成了古典战略的一个“基本假定”。

按照这种决策的理性视角,管理层要按照所有人的利益发号施令,以决定共同的利益究竟是什么,以及如何最好地实现它。这里存在着的一个关键假设是,管理者能够理解他们的行动与“组织”的目标之间的关系,从而能够理性地选择并实施战略,实现这个确定无疑的目标。然而,没有证据表明,管理者能够充分了解他们的行动和组织目标之间的关系。战略开发无疑要涉及理性分析和制度、经验及情绪。没有分析,战略形成过程就可能是一种混乱的过程,缺乏比较的标准和评估方法的选择——尤其是在高级管理层次。在成熟、稳定和相对可预测的环境下,计划意味着可能把握未来的一线机会。这种决策的理性视角,将战略决策当作一个庞大的可观察的理性过程的决定性的成分,所制定的决策是以一种确定性的方式约束组织去执行的。然而,在大多数情况下,环境的变化过于迅速,难以预测和掌控,不容易通过提前的预期来抢占先机,决策所涉及的过程可能是复杂的、重复性的和多层次的。这使得机械性的战略计划常常缺乏创造性和灵活适应性。由于计划太过于以稳定性为导向,太过于要求将任何事情都置于掌控之下,从而任何混乱都会引起恐慌和动荡。

实际上,具有理性的、将决策合理化的能力是一种必要条件,但不是充分条件。管理者不大可能完全以一种理性的、最优化的思维来进行决策。按照西蒙的观点,世界很大、很复杂,而人的大脑及其信息处理能力非常有限,因此决策制定变成了不十分理性的无效努力,理性经济人仅仅是一种虚构。在现实中,人们表现出的只是“有限理性”,这意味着,我们没有能力一次就考虑到超出特定数量之外的更多因素;我们也不大可能对相关信息进行无休止的调查和研究;我们因为满足于自己对数据的解释而会导致误差的出现;我们会倾向于接受首先展现出来的第一个满意的选择方案,而不是坚持寻找最好的方案,等等。因此,从某种意义上讲,最终选定的行动方案,绝不会尽善尽美地实现目标,而只可能是在当时条件下可以利用的最好办法。

大量研究表明,在日常经营实践中,经理们常常不喜欢基于理性分析进行决策,而是主要依赖于对需要决策的情境的直觉性判断。也就是说,在很多情况下,商业决策者必须具有更强的直觉能力。经验证明,在诊断某种情境时,那种完全使用电脑的专家常常会被击败,而只有对于那些比较简单、可以定义、易于量化的任务,电脑(终极的目标、硬性的分析)才可能充当"决策制定者"。一般说来,在下面一些情况下要依赖直觉:当不确定性程度很高时;当几乎没有先例时;当变数不能被科学地预测时;当事实不能表明解决方案是否合适之时;当时间有限时;当几种选择都似乎可行时;当失败的成本可能是非常大时,等等。

当然,直觉不是魔术,它远不只是"美妙的猜测"。它是基于人们在无意识中储存的大量的隐性知识储备。好的决策来自直觉和基于经验的理解,以及及时而充足地运用相关的事实和考虑的完备知识。专家不同于新手的主要之处在于,他们知道在完成一个任务中所能运用的知识和如何使这一知识结构化。事实上,在进行好的决策时,理性和直觉似乎是齐头并进的。一个具体的决策过程往往涉及分析和直觉的综合使用。高层经理需要数字、数据和分析性的洞察力,但通向成功决策的道路几乎总是涉及需要有勇气的直觉的跨越。感觉和直觉有助于对支离破碎的东西的分析,允许决策者从深层的分析中回来,看一看决策将如何与所处理对象的总体设计相吻合。因此,在实际决策过程中,应注意避免那种单纯地依靠越来越先进的电脑模式和数据库技术的做法,同时也要避免那种单一地依靠主观判断的方法。

(三)战略权变与战略柔性

在现实世界中,人们的经济行为根植于一种社会关系的网络中,这个网络包含着他们的家庭,国家,人们的职业和教育背景,甚至还包括他们的宗教和种族。这些社会网络既影响着行动的手段，也影响着行动的结果，它们为成员们界定了什么是合理的、适当的行为。对于决策者而言，他们不会仅仅被隔离在纯粹的经济交易中，而是根植于浓密的相互交织的社会体系中。这决定了战略制定是一个非常复杂的过程，它不仅涉及人类认识最复杂、最细微的内容，也涉及人类认识的潜意识，而且还涉及社会发展方面的内容。由于战略与具体情况有关，因而从这种意义上讲，战略就是在外部机遇和自身能力之间保持基本平衡。没有一种最优的方法，关键是战略要与市场、组织和社会环境相匹配。

战略形成的这种权变观点，可以从如下四个方面来加以说明：环境的机会——组织可能做些什么；能力与资源——组织实际能做什么；管理者的利益与愿望——组织想做些什么；对社会的责任——组织应该做些什么。如果把一个要求具体、可计量目标的过程强加给多变而不确定的环境，可能会导致过分简单化，虚假的安全感和过分的死板性；而当有可能制定一个自觉的、具有具体可计量目标的战略而不去制定它，也同样是不适当的。计划过程的目的就是制定一个具有可操作性的灵活战略。

一种常见的现象是，高层经理们在昂贵的咨询服务的协助下，可能已经在制定细致得让人头晕的新战略上花费了好几个月时间，但是竞争条件已经发生了变化，当伟大的新战略制造出来时，基本上已经过时了。在现实中，很多组织对当前的日常活动，过分强调量化、控制和规范化，它可能运行得很有效率，利润也比较高，但却可能忽视建设未来。战略规划原本应该是公司长期的前瞻性的思考，但它却经常是反应式与短期性的，因为现实经常被简化为经理人员们实际能够应付的东西。

与战略的权变观相联系的一个问题是战略柔性。在当今时代，由于产品更加复杂，知识更加密集，因而是持续的适应性创新，而不是远不可及的不灵活的计划将会赢得今天的成功。战略计划作为对变化的预测和把握，它帮助管理者展望未来，预见变化，以减少组织和管理的不确定性。但是，计划本身不能消除变化，无论如何殚精竭虑，变化总会发生。因此，计划也应该是一种持续进行的应变行为。换言之，在复杂动态的竞争环境下，组织战略应当更具有灵活性，具有更强的适应性与应变性，即具有更强的柔性。

柔性战略不是组织发展的权宜之计，而是面对复杂、多变环境下的一种理性选择。柔性战略的关键问题并非是未来将会发生什么，而是在管理者目前的思想和行动中，必须包含一些什么样的未来，管理者必须考虑什么样的时间幅度以及如何运用这些情报在目前作一个合理的决策。柔性战略可以预防风险的发生，但它难以消除风险和制止风险本身的发生，因此，我们必须意识到，任何企图通过提出柔性战略希望消除风险发生的想法注定是徒劳无益的。

四、竞争优势与价值创造

自20世纪80年代波特发表《竞争优势》以来，企业的竞争优势越来越受到人们的关注。关于竞争优势的分析，如果说最初的理论形态就是所谓的市场导向观和资源基础论的话，现在的观点则更多地强调决定竞争优势的关键要素是“能力”和“知识”，并更多地强调竞争优势的获得是一个动态的过程。尤其在知识经济形态下，凭借信息和知识，在员工中实现优势互补和知识共享，并对市场中出现的新的机会做出敏感反应，以扩大竞争优势，提高运作效率，正日渐成为区别组织成功与否和获得持续竞争优势的关键因素。

（一）市场导向观和资源基础论

关于竞争优势的分析，存在着两种基本的观点——资源基础论和市场导向观。在以资源为基础的模式下，战略是着眼于公司内部的资源。而在以市场为导向的模式下，公司本身是一个黑箱，战略优势取决于公司在不同要素和产品市场中的定位。市场导向观的代表人物波特认为，构成企业环境的最关键部分就是企业投入竞争的一个或几个行业。由于行业结构极大地影响着竞争规则的确立以及可供企业选择的竞争战略，因而应经常监控和调整公司在本行业中的战略定位，以保持持续、长期的竞争优势。

波特认为，一个企业只能拥有两种基本的竞争优势，即低成本和产品差异化。这二者与某一特殊的业务范围（即市场细分后的目标市场的范围)相结合,可以得出三个通用战略:成本优势、产品差异和集中化经营。在波特看来,企业必须在那些可以赢得竞争优势的战略中"选择"适合于自己的战略:①成本优势战略。这项战略的目标是使企业成为行业中的低成本制造商,可以通过积累经验、投资购买大规模生产设备、运用规模经济以及认真监控全部营业费用等方法来实现。②产品差异化。这项战略包括开发独特的产品和服务,依靠品牌忠诚或顾客忠诚,企业可以提供较高的产品质量、较好的产品性能或开发独特的功能。③集中化经营。这一战略是企业要服务于一个范围较小的细分市场,如特定的顾客群、经营特定的产品系列、占领特定的地区市场等。

而"企业资源基础论"的观点则认为,企业是一个资源集合体,与企业外部条件相比,企业内部条件对于企业占据市场竞争优势具有决定性作用,企业所拥有的资源和能力,决定了一个组织功能活动的有效性如何。根据这一逻辑,如果一个组织为其经营和战略贮备了最好、最适当的资源,它就被认为是很成功的。

与波特"从外到里"的定位学派观点相反,这种"资源为本"观是一种"从里到外"的观点。在这种观点中,战略变成了一种耐心的向内的知觉过程,而不是古典的产业结构分析所强调的那种对存在于公司外部的不固定机会的追求。对于持有"资源基础"战略观点的理论家们而言,市场的不完善,限制了古典理论家们主张的机会最大化战略,因为并不是所有公司赖以进行竞争的资源都是根据战略机会与威胁的移动矩阵,在市场上购买或销售的。

资源基础理论强调了一个公司包括隐含的技能、合作模式和无形资产在内的资源是如何花费很长时间演化的。这些资源不能被轻易地交易、改变或者模仿。因此,一个公司的竞争优势在于它的资源中有哪些是独特的、隐含性的资源。换言之,只有当依靠那些稀缺的、不能模仿的资源群且竞争者无法找到替代物时,市场优势才能得以保持。

(二)核心能力观和动态能力理论

进一步讲,有形资源和无形资源存在的价值就在于它们各自背后的能力。在科技日新月异、产品生命周期不断缩短和企业经营国际化的今天,竞争的成功不再是转眼即逝的产品开发或市场战略的结果,而是企业所拥有的不断开发新产品和开拓新市场的特殊能力的体现。于是,企业资源基础论的倡导者通过引入"能力"概念来弥补"资源"在解释竞争优势来源方面的不足。从本质上讲,企业是一个能力集合体。能力不只是资源集合或资源束,更反映着人与人之间、人与其他资源之间相互协调的复杂模式。

这种"能力观"和"资源观"具有相通之处,它们都是从企业内部因素中寻找竞争优势的源泉。但两者之间也存在着不同,"资源观"强调导致竞争优势的因素包括有形资产,而"能力观"则集中于无形的知识和能力,因而更加强调组织性的因素。企业能力理论的提出,不仅是对传统企业理论、产业组织理论的"结构—行为—绩效"分析框架的替代,而且也是对流行于20世纪80年代的波特竞争战略分析模式的替代。在这种理论视野中,产生持续超凡业绩的源泉,存在于公司内部探索和更新独特资源的能力,而不是存在于外部即简单地将公司定位在正确的市场上。简言之,战略中真正重要的是对于特殊的内部能力的长期构建和巩固。

而新近出现的观点则强调,战略涉及如何建构核心能力,而不是追逐每一个机会。这种"核心能力观"注重企业价值链中的个别关键优势,但是问题在于,仅仅立足于单个因素的竞争优势常常具有暂时性,持续的竞争优势经常需要多种资源优势。很多公司的主管人员在制定切实可行的战略时,往往都以公司战略的各个因素如资源、机构或业务为焦点,而缺少将各因素整合起来的一个整体的洞察力。同时,研究表明,在高度竞争的环境下,核心能力可能会成为一种核心刚性。因为企业所构成的优先组合体会严重约束企业的战略选择。这表现在:企业建立起高度专业化资源的同时,就建立起了核心刚性,也压抑了企业的注意范围以及吸收新信息的能力,只能收集那些合理的、同以前的学识一致的新观念,从而降低了企业的灵活性。

为此,提斯等学者提出了动力能力理论,认为,为了与动态的企业实践相适应,企业应该永远处于一种建立动态能力的状态。该理论认为,企业的资源可以分为四个层次:①企业购买的生产要素和获得的公共知识（如产品生产标准）。②企业的专有资产。③企业的能力，即将企业的生产要素和专有资产有机地整合起来的组织惯例和管理活动。④企业的动力能力。

按照这种动态能力观，战略分析的基本元素不再是笼统的“资源”，而是有利于形成和维持动力能力的组织过程、专有资产状况和获得这些资源和能力的路径。组织过程从静态讲是整合和协调，反映一个企业重复某种任务的能力；从动态讲是学习和新资源或能力的开发；从转换的角度讲是重组资源，即根据环境的变化重新在企业内分配和使用内、外部资源。企业的专有资产包括专有技术资产、财务资产、声望资产、结构资产、制度资产、市场资产和组织边界等，这些是组成企业能力的基础。

总之，随着时间的推移，企业必须通过一个持续的组织学习过程维持企业权能的特色，企业的各种技巧和知识必须围绕企业的核心活动整合和协调起来，构筑一种动态竞争优势。因而，任何行业中的任何一家公司，都不能死守着一个简单的优势来源观念不放。最出色的竞争者，也是最成功的竞争者，懂得如何因势而变，并始终引领潮流。为获得持续的成功，企业组织需要在成熟市场中不断地寻找新的机会。公司战略不仅要致力于实现今天的成功，还要致力于实现未来的成功。如此，企业才能长盛不衰。

（三）价值创造

企业作为一个以盈利为目标的组织，其出发点和归宿都是赢利，企业一旦成立，就会面临竞争，并始终处于生存和倒闭、发展和萎缩的矛盾之中。企业必须获利才可能生存下去。然而，在人类的商业活动中，由于经济利益绝非首要且唯一的原动力，因而，我们对绩效的理解不能只囿于对经济效益的理解。

美国兰德公司的专家们花了 20 多年的时间，跟踪了 500 家世界大公司，结果发现，其中百年不衰的企业有一个共同的特点，就是它们不再以追求利润为唯一目标，它们还有超越利润的社会目标。德鲁克指出：“企业存在于社区之中，企业不仅是一种生计，还是一种生命。”彼得·圣吉在《第五项修炼》中也反复强调学习型组织的真谛是“活出生命的意义”。这种生命型组织不以追求经济指标为根本宗旨,而始终是为“生命意义”而发展,其生存的能力和发展的潜力将伴随机体的健康成长而不断延续。

既然企业是一种生命,且要活出生命的意义,就要追求生命的价值。这里所说的价值是就整体价值而言,即企业在其生产经营过程中,不但要考虑自身的利益,而且也要考虑众多利益相关者,如股东、顾客、雇员、政府和社会。只要企业能不断地创造整体价值,就能够生存和发展。因此,评价企业不能以会计利润为准,而应以创造价值为准。

在当今易变的竞争环境中,战略不再仅仅是价值链中一系列固定活动的安排,战略分析的中心也不再是公司本身,甚至不再是整个行业,而是整个价值创造系统。在这个系统中,不同的经济角色共同合作来创造价值。在此,战略的关键任务是,重新安排新的价值链中各角色的作用和相互之间的关系,以动员新的联合体和各个角色去创造价值,在公司的能力和顾客之间创造一种不断改进的和谐。一个总的结论就是,如果可持续是一个朝向社会和商业不断前进的理想,那么我们的奋斗之路就是通过价值创造,即创造与社会、环境和经济之维度一道,获得与可持续理想一致的结果。

本章小结

1. 管理就是将各种互不相关的资源组合,以达到一个总目标的过程。将管理当作一种能适用于所有类型组织的独立职能并加以研究,是在现代工业社会出现以来才发生的事。19 世纪末 20 世纪初,西方科学管理理论的兴起标志着现代管理的最初起源。管理学的理论形态经历了科学管理时期和行为科学时期,此后又转变为现代“管理学丛林”。

2. 管理中的组织呈现出一定的结构性。所谓组织结构,就是企业组织中各种劳动分工与协调方式的总和,它规定着组织内各个组织单位的任务、职责、权力和相互关系,是实现企业中各种目标的手段。组织设计,就是为实现组织目标而发展关系并创建结构的过程。

3. 管理中的战略影响着组织的整体利益，战略要解决的问题就是解决组织的“盲目性”，就是使一个组织的所有个体能够团结在对一个一致目标的有效追求中。战略计划的消长、理性与直觉的辩证以及战略权变与战略柔性都是管理中的战略应当注意的关键点。

4. 竞争优势与价值创造从市场导向观和资源基础论开始，到现在则更多地强调决定竞争优势关键要素是“能力”和“知识”，强调竞争优势的获得是一个动态的过程。在知识经济形态下，凭借信息和知识，在员工中实现优势互补和知识共享，并对市场中出现的新的机会做出敏感反应，以扩大竞争优势，提高运作效率，这正日渐成为区别组织成功与否和获得持续竞争优势的关键因素。

思考题

1. 简述西方科学管理理论和行为管理研究的主要特点。
2. 简述“现代西方管理学丛林”的基本状况。
3. 简述当代管理学研究的新特点、新趋势。
4. 试析机械组织和有机组织的基本特点和适应状况。
5. 试论集权和分权的辩证关系。
6. 试论当今管理实践从物本管理到人本管理的转变。
7. 试论理性决策与直觉决策的辩证关系。
8. 简析当代关于竞争优势的几种理论形态。

推荐书目

1. 丹尼尔·A. 雷恩：《管理思想的演变》，中国社会科学出版社，2000 年版。

2. 哈罗德·孔茨，海因茨·韦里克：《管理学》，经济科学出版社，1998 年版。

3. 彼得·圣吉：《第五项修炼：学习型组织的艺术与实务》，上海三联书店，2001 年版。

4. 周三多:《管理学——原理与方法》,复旦大学出版社,2005年版。

5. 托马斯·彼得斯,罗伯特·沃特曼:《追求卓越》,中央编译出版社,2000年版。

第十三章　人文社会科学研究方法

人们普遍认为，多数人的创造能力很早就开始衰退。对于一个科学家来说，姑且假定他迟早会懂得怎样最好地进行研究工作，但如果完全靠自己摸索，到他学会这种方法时，他最富有创造力的年华或许已经逝去。因此，如果在实践中有可能通过研究方法的指导来缩短科学工作者不出成果的学习阶段，那么，不仅可以节省训练的时间性，而且科学家做出的成果也会比一个用较慢方法培养出的科学家所能做出的多。

——威廉·贝弗里奇

“在科学上没有平坦的大道，只有不畏劳苦沿着陡峭山路攀登的人，才有希望达到光辉的顶点”①，这是我们所熟知的马克思的名言。不过，我们必须注意的是，马克思在这里所说的是有希望达到光辉的顶点，并不是必然达到光辉的顶点。不畏劳苦、刻苦努力是科学家取得成功的必要条件，但不是充分条件。科学家要想取得成功，除了要有不怕艰难困苦的无畏精神外，善于思考、讲究方法，也是十分重要的因素之一。

一、学习科学研究方法的意义

“方法”一词在中国古代是规矩、规则的意思。《墨子·天志》篇把“规”度量圆形之法称作圆法，把以“矩”度量方形之法称作方法，“无以规矩，不成方圆”就是从这里来的。在西方，“方法”一词源于希腊文，由“沿着”和“道路”两个词组成，意思是沿着正确的道路前进。我们今天所说的方法，是从实践上和理论上把握现实从而达到某种目的的具体手段、方式和途径的总称。开展科学研究活动，探索人类社会的运动、变化和发展规律，必然要讲究方法。科学方法是指在科学研究中所运用的各种方法的总称。

科学方法有助于延伸人的感官，使人获得更多信息，对科学研究起着重要作用。科学家们都十分注重科学研究的方法，此所谓“工欲善其事，必先利其器”。

从一定意义上讲，学习方法比学习知识更重要。我们通过了解前人或他人获取知识的方法，就可以了解到知识的来源，不仅能知其然，而且能知其所以然，从而加深对知识的理解。通过学习科学研究方法，我们还会认识到，科学发现不是凭空而来的，科学探索也绝不是瞎摸乱撞碰运气，正确的方法是引致科学突破的有效途径。这就是说，正确的方法能够破除我们对科学创造的神秘感，能够鼓舞起我们攀登科学高峰的勇气，能够树立起我们战胜困难的必胜信念。人类已知的知识毕竟是有限的，获得知识的方法是使知识不断

① 马克思、恩格斯：《马克思恩格斯文集》第5卷，人民出版社，2009年版，第24页。

“增殖”的有效手段。我们掌握了科学研究方法，就能站在前人的肩膀上，使我们的认识不断深化，知识不断更新和增长。在科学技术不断发展的今天，越来越多的有识之士都充分地认识到，当代大学生应该是既具有知识又懂得科学研究方法的人。因此，大学生不仅要学习和掌握知识，而且必须接受科学研究方法的基本训练，掌握科学研究的基本方法。

科学研究方法本身也是在不断发展的。随着时代的变迁、科学的进步、认识主体的实践活动能力和水平的不断提高以及实践对象的不断变化，作为联系认识主体和客体的中介和桥梁的方法，必然也要变革和更新，这一点已被历史所证实。例如，17 世纪乃至 18 世纪正处于近代科学发展的初期阶段，限于当时的科学发展水平，人们为了把对自然界的认识建立在对自然界的精细研究的基础上，就必须广泛搜集和积累经验材料，分门别类地进行研究，于是科学研究主要采用分析和解剖的方法。到了 18 世纪末和 19 世纪，科学进入全面发展时期，各门学科从不同的方面证明了整个自然界是一个不断变化、相互联系的有机整体，宇宙间各种事物有其自身演化和发展的历史，因此，要求人们运用历史的、发展的、联系的和对立统一的观点分析事物，以唯物辩证的思维方法和研究方法揭示世界的性质和规律，于是科学研究方法也有了新的发展，如假说方法、综合方法就成为重要的研究方法。20 世纪以来，科学技术发展异常迅猛，日益显示出加速化、高度综合与高度分化等特点，同以往任何时代相比，人类所面对的实践对象无论在深度上还是在广度上都发生了重大变化，一系列新的研究领域相继出现，由传统的不同研究对象相互贯穿而形成的横断领域，以及相互渗透的交叉领域也成了认识的新客体，这些研究对象具有极大的复杂性、整体性和综合性。同时，当代社会的任何一项重大实践项目，不仅涉及大量的科学技术问题，而且还与经济的、生态的、心理的以及其他社会问题相关联。面对客体的这些变化特征，要求产生具有整体化、复杂化特征的科学研究方法，即从系统性、整体性出发考虑问题，把握实践任务的系统联系与整体联系，于是系统科学方法（包括信息方法、反馈方法、功能模拟方法和系统分析方法等基本方法）便应运而生。

20世纪70年代兴起的耗散结构理论、协同学和超循环理论(统称为自组织理论),分别从宏观、微观以及生物学的不同角度和层次揭示了系统如何形成结构和完成进化的机制,于是人们又提出了许多新的科学研究方法,如描述系统质变的方法、统一决定论与非决定论的方法、统一可逆与不可逆的方法以及探索宏观与微观统一的方法等。20世纪80年代以来,随着以非线性复杂系统为研究对象的分形理论和混沌学的兴起,在科学界刮起了一股"非线性科学风暴",为我们认识世界提供了新的方法论:分形理论与系统论互补,全面揭示了部分与整体之间的辩证关系,找到了从部分过渡到整体的桥梁,为人们从部分认识整体、从简单把握复杂提供了有力的工具;混沌理论指出了简单的决定论系统可以产生复杂性,世界及其规律尽管是复杂的,但却隐含着某种简单公式,正是这一公式的无穷次重复,才造就了大千世界的无限复杂性。这为人们抓住复杂性背后的规律,探索无序中的有序、混沌中的和谐指明了方向。

总之,人类认识的过程是没有止境的,科学研究方法的发展也是没有止境的。把握时代的脉搏,跟踪科学的进步,学习现代科学研究方法,实现思维方式的转变,正是当今时代的一个重大课题——实现人的现代化——的一个重要方面。

二、人文社会科学研究方法与自然科学研究方法的差异

为了破译生命之谜,国际人类基因组计划于1990年启动。2000年6月,科学家公布了人类基因组"工作框架图",2001年2月又公布了人类基因组图谱,初步分析结果之一是人类基因组共有3万至3.5万个基因,远远小于原来10万个基因的估计。可以预见,随着生命科学的发展,这个领域将会有许多新发现。基于无数这样的事实,当代有影响的自然科学家指出,科学知识具有某种暂定性、假定性。所以,即使是一直被公认为是"硬科学"的自然科学,其成果也只能说是阶段性的、有待发展的;同样,人文社会科学的成果总是在一定时空条件下形成的,它所包含的真理也具有相对性。因此,我

们不仅要承认人文社会科学与自然科学的差异,更应该承认人文社会科学研究方法与自然科学研究方法的差异。

人文社会科学的研究对象是有意识的人、人群和社会集团,而自然科学的研究对象是自然界,研究对象的不同决定了二者研究方法的不同。简单说来,自然科学一般采用实证的方法,而人文社会科学往往还要借助于理解、领悟、阐释和评价等方法,追求在研究成果中体现事实与价值、数量与质量、真理性与合理性的辩证统一。具体而言,人文社会科学研究方法与自然科学研究方法的差异主要表现在以下几个方面。

(一)研究主体参与性的差异

方法是主体把握客体的主观手段,它通过作为认识主体的人的活动表现出来。人类社会的历史过程是由人参与其中的,是人的有意识、有目的的实践活动的结果,而人是一个非常复杂而特殊的实践主体:既是社会的产物,又是社会的创造者;既是社会活动的主体,又是社会活动的客体;既受自然规律的支配,又具有一定的主动性、能动性;既是研究者,又是被研究者。同时,人类社会本身又是一个极其宏大、复杂的系统,这个系统中所包含的要素、参量和变量甚多。这样,人们关于人类及其社会的认识就比关于自然的认识要复杂得多,人文社会现象及其规律无不打上主体能动性的印记,这就会影响人文社会科学研究中信息资料的客观性、理论研究的准确性,因此,人文社会科学研究要考虑人的能动性和参与性。比较而论,自然科学研究则要简单得多、客观得多。在自然界中起作用的,纯粹是没有人和人的意识活动参与的自发力量,这就使自然科学研究少了许多主观成分,其受人的因素的影响和制约要小得多,甚至没有。因此,自然科学研究一般不考虑人的能动性和参与性。

对于自然科学研究来说,在一定条件下,对同一具体事物的认识,真理只有一个,就看谁先发现它,而根本不在乎发现者的身份、地位和权威如何;而在人文社会科学研究中,由于强烈的主体参与性、能动性的存在,在一定条件下,对同一事物的真理性认识,很可能是"公说公有理,婆说婆有理",甚至决定于研究者的身份高低、权威大小,这就决定了人文社会科学研究方法较之自然科学研究方法带有强烈的主体性。

(二)研究方法根本属性的差异

自然科学研究方法的根本属性是定量分析方法或曰定量研究方法,而人文社会科学研究方法的根本属性是定性分析方法或曰定性研究方法。

所谓定量研究方法,是指确定研究对象数量方面的研究方法。定量研究方法确定对象的规模、速度、范围和程度等数量关系,主要解决"是多大""有多少"等问题,常用于判定事物发展的深度与广度、影响大小、扩展趋势等数量关系,考察事物的量的规定性。所谓定性研究方法,是指确定研究对象性质方面的研究方法。定性研究方法确定对象的性质或类型,主要解决"是什么""是不是"的问题,常用于判定事物的性质、考察事物质的规定性以达到对事物性质的认识,如对思想认识问题、立场问题和世界观问题做出判定。

自然科学研究方法一般侧重于定量研究,采取数量化、形式化和程序化等方法求得理论的清晰性、精确性和预见性。定量研究使自然科学充分展示了自身的精细、准确、清晰的优点,其结论也更令人信服。比如,数学方法作为自然科学研究方法的基本方法,是关于事物数量关系和空间形式的科学方法,离开了这个方法,自然科学每一门具体学科的科学研究就寸步难行。然而,定量研究方法也有本身的局限性,如过分注重事物的量的方面而忽视事物的质的方面,其结论往往带有更多的或然性,概括性不强,影响了对事物全面的、普遍的了解。因此,自然科学研究方法在侧重于定量研究的基础上,如今也开始使用一些定性研究方法,以弥补定量研究的不足。

人文社会科学要提出观点、创立理论,必须对对象进行定性研究。因此,人文社会科学研究方法总体上属于定性研究,尤其是伦理、价值等方面的研究更是如此。定性研究的长处是对事实材料的概括速度较快,思维过程比较灵活多变,容易简化。但是,定性研究也有其局限性:一是定性研究总是以有限的经验事实为依据进行理论概括的,而这种概括并不能保证对未被考察的其他事实也必然成立;二是定性研究往往是从感性直观的事实材料出发直接进行理论概括的,必然带有感性直观的局限性。因此,人文社会科学研究不可能像自然科学研究那样进行精确、准确的预见,而只能做出概率性的判断和统计性的预测。如今,在电子计算机迅速发展和广泛应用的基础上,人文社会科学研究也开始采用电子计算机进行定量分析、计算,从而使人文社会科学研究方法更加完善,也使人文社会科学研究更加科学。

(三)实验方法的差异

自然科学是对自然的一种实验,因此,人们普遍认为自然科学是"实验科学",并依赖归纳这一逻辑工具获得关于自然事物的普遍因果联系的知识。实验方法、概念方法和逻辑方法构成了自然科学研究方法的三大支柱。实验方法有利于简化和纯化有关因素,对复杂的自然现象进行粗估分析,创造一些自然状态下不易得到或得不到的环境和条件,成功地捕获一些稍纵即逝的环境机制,使研究对象在一定时候多次重复出现,使模型和模拟方法的使用具有极大的灵活性。在自然科学中,实验方法大多数是可以重复进行的。实验方法曾经帮助自然科学发展成为各门独立的学科,又为自然科学尔后的迅速发展提供了不可或缺的方法论工具。相比之下,在人文社会科学研究中,实验方法很少使用并且很难重复进行,甚至根本不可能重复进行。尽管人文社会科学的现代化要求实验方法的渗透和介入,但是运用的覆盖面并不广,成功的实例还不太多。特别是与实验方法紧密相连的实验人口、设备和试剂等,在人文社会科学研究领域的使用率并不高。虽然现代人文社会科学研究和社会管理已经使用电子计算机、录像和录音等设备,但距离整体运用实验手段和实验方法还有相当的距离。

(四)社会意识形态性的差异

一般认为,自然科学是非社会意识形态的,因而其研究方法也不具意识形态性;而人文社会科学一般说来都是社会意识形态,其研究方法也便具有社会意识形态性。人文社会科学与人的关系非常紧密,人的阶级性、思想观念、思维方式和行为方式,人的理性、文化素养、价值观、经验、心理气质以至性格、情感等,都对人文社会科学研究有十分明显的影响。例如,在社会调查、访问中,当研究对象被问到越轨行为、反常表现或使他觉得降低身份如低收入之类的问题时,常会因为上述因素而使社会调查、访问的信息结论的概括性、科学性受到很大影响。有时,人文社会科学研究者出于伦理或政治上的考虑,不得不放弃一些研究项目或研究方法。这些都和自然科学的研究方法有很大不同。

三、人文社会科学研究方法与自然科学研究方法的一致性

人文社会科学研究方法与自然科学研究方法不仅有区别而且有联系,因为既然作为科学认识对象的客观世界是统一的,那么作为人们认识客观世界规律性方法的人文社会科学研究方法与自然科学研究方法也必然是有联系的。

一方面,从认识论上说,理性认识基于感性认识,没有感性认识便没有理性认识,任何理性认识都是对它所依据材料的反映、概括和解释。无论是人文社会科学研究还是自然科学研究,研究者都必须从广泛搜集材料开始,通过实践环节而拥有丰富、真实的感性材料,然后运用必要的科学方法对之进行分析、加工,实现从个别到一般的抽象即从感性认识上升到理性认识,提出自己的观点或理论。因此,我们看到,在认识论的一般原则上,人文社会科学研究方法和自然科学研究方法都重视以下两个环节:一是从材料中得出的经验事实是否正确,是否完备全面,是否能反映出事物的联系和全貌;二是从感性认识向理性认识飞跃时,理论概括是否科学,是否正确,怎样保证这一飞跃的过程正确顺利地完成。这两个环节是相互联系的,只要其中之一发生重大差误,那么据此提出的理论就必然是靠不住的。无论是人文社会科学研究还是自然科学研究,方法上的关键在于我们能否找到一条有效的途径来排除这些偏差和失误,使人的认识逐步接近真理。可见,从科学研究的一般过程看,人文社会科学研究方法与自然科学研究方法是统一的。

另一方面,人文社会科学研究方法与自然科学研究方法相互渗透、移植和借鉴。现代科学技术革命创造了一套全新的自然科学原理和方法,这不仅为自然科学研究提供了新的理论工具,而且为人

文社会科学研究提供了新的方法，这就要求人文社会科学研究方法和自然科学研究方法要相互学习和吸收。

人文社会科学研究方法与自然科学研究方法的相互渗透、移植和借鉴，是由二者的发展趋势决定的。自然科学在18世纪就形成了独立的学科体系，而人文社会科学只是在马克思主义诞生以后才奠定了科学的基础。比较而言，作为科学形态的自然科学有着更久远的历史，在研究方法方面也更为成熟，创造了一系列定量分析方法，在定量研究方面处于领先地位，因为自然科学研究方法的一个显著特点就是精确性，富有定量研究的内容。

现代人文社会科学研究方法和自然科学研究方法的相互移植，主要的和普遍的趋势是，自然科学研究的一般方法向人文社会科学研究方法的移植。从科学史上看，自然科学的独立发展时间要比人文社会科学稍长，其科学研究方法的水平、效能及成熟、完善度也远比人文社会科学研究方法要高。因此，自然科学研究方法自20世纪初开始便被广泛、大量地移植和应用于人文社会科学研究，并取得了较大成就，像自然科学研究中常用的数学与逻辑方法、观察和实验方法、模拟和类比方法以及新三论方法等，就属此类。

我们看到，采取一些自然科学研究方法，可以促进人文社会科学的定性研究和定量研究的结合，使人文社会科学研究更精确和更有预见性。例如，1978年以来，中国科技工作者在人口发展研究中应用控制论、系统工程和计算机技术，对中国人口发展过程进行了广泛深入的定量研究，取得了重大进展，研究成果为政府制定人口政策和规划提供了重要的科学依据，这是两种方法相互渗透的客观要求。其实，马克思在160多年前就曾指出："自然科学往后将包括关于人的科学，正像关于人的科学包括自然科学一样，这将是一门科学。"[①]目前，现代科学从更高、更深的层次上揭示了物质世界的统一性，人文社会科学和自然科学的相互交汇，为人文社会科学研究方法和自然科学研究方法的相互移植、借鉴提供了根本条件。数学方法、比较方法、模糊方法的发展和推广，信息论方法、控制论方法、

① 《马克思恩格斯文集》第1卷，人民出版社，2009年版，第194页。

大系统方法和跨学科方法的问世及演进，扩大了人文社会科学研究方法和自然科学研究方法的结合面，使其相互移植和借鉴有了更大可能。

在当代，人文社会科学研究科学化是不可逆转的趋势之一。也正是借助于自然科学研究方法，人文社会科学研究更加科学化了。以前，人们从不怀疑自然科学是科学，也不怀疑自然科学研究方法是科学研究方法，但有些人对人文社会科学是科学、人文社会科学研究方法是科学研究方法持一定的保留态度。产生这种现象的重要原因是，从近代开始，从总体上看，自然科学研究方法比人文社会科学研究方法发展得早和快，形成的方法种类多，自然科学家在人数和知名度方面超过了人文社会科学家，而且近代自然科学的许多成果通过技术转化为直接生产力，产生了广泛的社会影响。因此，人文社会科学要成为科学，就必须科学化。马克思主义认为，人文社会科学之所以是科学，就是因为其创始人从一开始就明确了人文社会科学研究的科学化目标，即要像自然科学那样把社会发展看作是“一种自然历史过程”，要寻找社会发展的客观规律。从方法论上讲，科学化的人文社会科学研究必须经受科学检验，而作为人文社会科学的马克思主义理论完全符合这样的要求。

从辩证法的角度看，人文社会科学研究方法与自然科学研究方法的移植和渗透是双向的、互动的。20 世纪中叶以来，一些较成熟的和通用的人文社会科学研究方法，如价值分析方法、伦理规范方法、目的假设方法、历史主义方法、直观外推方法和模糊思维方法等，也开始被引入和运用于一些自然科学研究，同时还产生了一些全新的学科，如技术经济学、生态伦理学、医学伦理学、科技伦理学和模糊数学等。

当然，人文社会科学与自然科学毕竟有许多原则区别，其研究方法的移植，必须以双方具有具体的统一性、适用性和互动性为前提，并且还要根据本领域、本学科的具体情况进行合理选择和再创造，否则，机械照搬不但达不到预期的目的，而且还会得出错误的和荒谬的结果。可以相信，人文社会科学研究方法和自然科学研究方法的相互移植和借鉴，必将进一步促进科技社会一体化的发展进程。

总之,现代科学研究领域正在向深度和广度两个方向发展,科学研究的难度也越来越大。一方面,无论人文社会科学还是自然科学,在方法论上都应不断完善和改进,以适应不断变化的内部学科环境,深化各自的方法特色,使科学研究向纵深发展;另一方面,人文社会科学研究方法与自然科学研究方法应在相互移植和渗透中得到丰富和发展。当代科学研究的规模越来越大,一些重大科研项目关系国计民生,举足轻重,为了避免不必要的浪费和损失,要事先进行严密论证,制订出合理的研究计划,特别是要慎重选择恰当的科学研究方法,注重人文社会科学与自然科学在方法上的取长补短,在相互移植的基础上相互促进,使科学研究更好地造福国家和人民。

四、人文社会科学一般研究方法与具体研究方法

人们的任何活动都是在一定的方法指导下进行的,科学研究方法是人们进行科学研究活动的程序、方式、手段、工具和规则的总称。人文社会科学的研究方法很多,但根本的是马克思主义的唯物主义辩证法。马克思主义是迄今世界上革命性、科学性最强的世界观、方法论,是人们认识世界、改造世界和完善自身的强大思想武器,人文社会科学研究只有坚持以马克思主义为指导,坚持用马克思主义的方法论来研究问题,才能达到更高的层次,才能创出更好的人文社会科学研究成果。

(一)人文社会科学一般研究方法

虽然说人文社会科学的研究方法很多,但根本的研究方法是唯物主义辩证法。唯物主义辩证法作为人类在生产实践、处理社会关系实践和科学实验基础上产生的人类智慧的伟大成果之一,是从物质世界、人类社会和人类思维的发展中概括出来的完整、深刻而无片面性弊病的关于发展的学说。人文社会科学研究首先必须运用唯物主义辩证法,才能掌握人及其社会发展的一般规律,得出科学

的结论。

唯物主义辩证法认为,整个自然界、人类社会以及人的精神世界的发展,都源于其内部的自我运动而引起的矛盾的变化和发展,是一个新事物不断代替旧事物的永无止境的发展过程。在这个过程中,变化、发展的根本动力不在事物外部,而在每一事物内部的对立面之间的矛盾和斗争。正因为一切事物内部都必不可免地包含着相互排斥、相互对立的因素,所以,科学探索和理论研究工作就要自觉地掌握、运用矛盾法则,揭示对立面的关系,从而促进事物的发展。

唯物主义辩证法认为,事物作为一个统一体,是由其内部的矛盾斗争的推动而变化发展的,同时又必然受到外部各种因素的制约和影响。外因是变化的条件,内因是变化的根据,内外因交互作用使事物在相互影响中不断发展,在某一特定情况和条件下某种因素只是外部的条件,但从更广泛的范围来说,外因又成为内因。

唯物主义辩证法认为,一切事物的变化和发展,既是一个从低级到高级的发展过程,又是一个螺旋式上升、不断循环的运动过程,每一次循环,绝不是简单地停留在前一循环上,而是一种新事物对旧事物的扬弃过程,即,每一次循环既同前一个循环相联系,同时又是向前发展的、具有新质的不断变化过程。

当代社会,随着实践的发展和人们对自然、社会及思维的认识的不断深入,在许多具体科学领域中,控制论、系统论和信息论等科学方法在一定范围内有着重要意义。从形式上看,这些方法同唯物主义辩证法确实存在不少差异,因而在有些人看来它们是同唯物辩证法相对立的;还有一些人则认为,唯物主义辩证法已经是一种传统的、过时的方法,应该用控制论、系统论和信息论等科学方法代替它。显然,这两种看法都是错误的。因为信息论、控制论和系统论作为新技术革命的重要成果,确实为许多新科学的建立和发展提供了重要方法,对于许多具体科学都有重要的启示和指导意义:系统方法对人们注重从整体性和综合性上掌握事物和现象有一定作用;信息的相互作用对于当代科学从信息的相互影响上把握事物具有重要意义;信息论、控制论和系统论中的有序性原理、反馈原理和整体性原理等，对于人文社会科学的许多学科具有重要指导作用。但是，这些由新技术革命所产生的新方法，从总体上说并不是同马克思主义的唯物辩证法相对立的，恰恰相反，应当说它们都是唯物主义辩证法之的某些具体方面的深化、丰富和补充。因此，我们认为，信息论、系统论和控制论的许多原理，对丰富和补充唯物主义辩证法有着重要意义和特殊作用，对人文社会科学领域许多具体学科在方法论上的指导作用也是不可忽视的。但是，任何具体的人文社会科学研究方法，终究都是唯物主义辩证法指导下的研究方法，是唯物主义辩证法在人文社会科学研究领域的具体应用。总之，唯物主义辩证法既是揭示客观事物发展规律的科学方法，也是揭示人类思维发展规律的科学方法，因而是人文社会科学研究一般的和根本的方法。

（二）人文社会科学具体研究方法

人文社会科学是以人和人类社会为研究对象的科学。一般来说，各门人文社会科学都属于上层建筑的意识形态范畴。由于人文社会科学涉及诸多领域，各门具体学科又各有特点，所以，其研究方法除了应用唯物主义辩证法外，其具体的研究方法也是多种多样的。这里介绍人文社会科学主要的具体研究方法。

（1）归纳和演绎方法。人类认识的前进运动，首先是在实践的基础上获得感性认识，然后又从感性认识上升到理性认识，再从理性认识回到实践，这个认识过程是从个别到一般和从一般到个别的循环往复中实现的。归纳和演绎是两个相反的思维过程：前者是从个别到一般的思维运动，后者是从一般到个别的思维运动。作为逻辑思维的基本方法，归纳和演绎被广泛地应用于人文社会科学研究中。

归纳，是从个别或特殊的事实中概括出一般性知识的思维方法。从个别中获取一般的知识，虽然不能仅靠归纳法取得，但却不能没有归纳法。在人文社会科学中，一些原理的提出离不开归纳法，例如，列宁关于物质范畴的制定就与对各种物质运动形态的共性进行归纳相联系；人们在生产实践中接触到大量种豆得豆、种瓜得瓜的个别经验事实，经过分析研究，得出“一切生物都能将性状传递给子代"的一般性结论。科学发展的历史表明,自然科学中的定律、公式,大部分都是运用归纳法总结出来的;科学假说的提出,许多重大的科学发现,也都借助于归纳法。哥德巴赫猜想就是运用归纳法提出来的:1742 年,哥德巴赫根据奇数 77 = 53 + 17 + 7,461 = 449 +7 +5 = 257 + 199 + 5 等实例,看出每次相加的三个数都是素数,由此提出猜想:所有大于 5 的奇数都可以分解为三个素数之和;后来,欧拉又补充提出:4 以后每个偶数都可以分解为两个素数之和。前一个命题可以从后一个命题中得到证明,这两个命题合称哥德巴赫猜想。

演绎,是从一般性的知识、原则出发,引出个别、特殊性结论的思维方法。从一般知识到特殊知识,虽然不能仅靠演绎法获得,但却不能没有演绎法。因为,如果不以某种一般性的知识、原则去分析特殊或个别的事实,就不可能认识有关事物的特征和属性。例如,人们要对某一个新发现的彗星运行轨道做出断定,虽然主要是依靠对它的运行情况做具体考察,但同时也离不开"所有彗星都是沿着椭圆轨道运行"的一般规律的指导,人们正是从一般规律出发,对新发现的彗星运行轨道的观测材料进行分析,才得出"这颗彗星也是沿椭圆轨道运行"的判断。海王星的发现,就是先通过演绎法推算出了它的运行轨道,然后才实际观测到的。

(2)分析和综合的方法。分析和综合是一种同归纳和演绎相似但又比归纳和演绎更加深刻的思维方法。

分析,是一种在思维中把认识对象的整体分解为各个部分并进一步认识的思维方法。任何对象都是多样性的统一,为了具体地认识对象,就必须把对象分解为各个部分、方面或要素,研究这些部分、方面或要素的性质及其在整体中的地位和作用,从而找出构成该对象的基础和本质的东西。例如,要认识一种特定的社会形态的本质,就要把它分为经济、政治、军事、文化和道德等方面并分别加以考察的分析方法。按照分析方法认识事物,首先要分析事物所包含的诸种矛盾,既要分析矛盾的普遍性,又要分析矛盾的特殊性;既要分析主要矛盾和非主要矛盾,又要分析矛盾的主要方面和次要方面,等等。在对各种矛盾及矛盾诸方面做出周密、深刻分析的基础上，才能进一步找出它们的相互联结和相互作用，以求得从矛盾的总体上认识和把握事物。分析方法本质上体现了具体问题具体分析的辩证法的灵魂。

综合，是在分析的基础上把认识对象的各个部分、方面和因素再联系起来，从而将它们有机地结合成一个有内在联系的整体的思维方法。客观事物是个别和一般、现象和本质、多样性和统一性等结合在一起的活生生的整体，经过分析而获得的对由整体分解成的各个部分的认识是不全面、不完整的，为了在思维中再现具体对象，整体性地把握事物，就必须在分析的基础上做综合的工作。例如，对洲际导弹逐步加以分析，我们就可以知道：洲际导弹分为弹头和弹体两部分；弹头部分既可以安装人造卫星，也可以安装核弹头或常规弹头；弹体可以分为两部分：一部分是电脑控制的制导系统，另一部分是使用液体燃料或固体燃料的发动机；发动机通常由二级或三级火箭组成，等等。通过以上分析，我们对洲际导弹的各部分及其功能有了一定的认识，但是还需要在思维中把它们综合起来，了解各个部分的联系及其工作过程，形成对洲际导弹的整体性认识。通过综合，我们可以对洲际导弹形成一个较为全面而完整的认识：洲际导弹点火—垂直上升—进入外层空间—第一节火箭脱落—根据地面控制中心的指令电脑不断矫正飞行轨道—第二节火箭脱落—经过成千上万公里的射程进入空间轨道，或者又重新进入大气层命中地面目标。

总之，分析和综合是两个相反的思维过程。通过分析，从认识现象到认识本质，是分析方法的本质；通过综合，认识对象的要素，从认识本质到认识对象的整体，是综合方法的本质。

(3)抽象和具体方法。从逻辑思维上说，理性认识的形成和深化，表现为两个思维过程：首先是从感性的具体过渡到理性的抽象，然后又从理性的抽象上升到理性的具体。与此相适应，就有抽象和具体两种思维方法。

抽象，是通过分析把客观事物某些方面的属性抽取出来进行深入的研究，舍弃其个别的、偶然的和非本质的东西，掌握其共同的、必然的和本质的东西。抽象的结果是形成概念，概念作为抽象的规定,是从某个侧面揭示出事物的本质规定性。例如,通过对许多单个人的考察,抽取出"人"都能从事劳动和制造生产工具的属性。这个思维过程就是抽象,其结果便形成了反映关于"人"的本质的概念。

具体,是指在理性思维中把事物作为统一的整体完整地再现出来的认识过程,所以也叫作"理性的具体"。例如,细胞是由细胞膜、细胞质和细胞壁等方面构成的综合统一体,从这个意义上说,细胞就是一个具体。在整个认识过程中,具体有两种含义,即感性的具体和理性的具体,它们分别标志着人们对具体事物认识的不同水平或阶段。感性的具体是认识的初级阶段,是人们通过感官所获得的关于事物现象和外部联系的综合认识,由于它是对事物的生动具体的但却笼统的认识,因而又叫作直观的具体或完整的表象;理性的具体又称思维的具体,是认识的高级阶段,思维的具体是人们通过对事物多方面的分析所获得的关于事物的诸多本质、方面、属性和关系等有机统一的认识,是客观事物在思维中的完整再现。具体的特点在于它是多样性的统一,也就是说,具体是一个内容丰富的活生生的矛盾统一体。

(4)"历史的"与"逻辑的"方法。历史是指客观现实以及人们对客观现实的认识的历史发展过程。逻辑是指以概念、范畴、科学理论等思维形式对上述两方面的历史发展过程的反映和概括,即历史在理论思维中的再现。

"历史的东西",其内容具有生动、多样、丰富的特点,既有现象也有本质,既有个别也有一般,既有偶然也有必然,各种事物的发展史和不同的认识发展史都有各自不同的具体情况和特点;就其过程来说,是迂回曲折的,有时间顺序、一去不复返的特点,总的方向是前进发展的,但发展又是渐变和飞跃、顺向和逆转、前进和倒退的统一。总之,历史的东西是多样性的,是螺旋式发展的。

"逻辑的东西"作为"历史的东西"在逻辑思维中的再现,一方面,它具有抽象性和概括性的特点,撇开了"历史的东西"中的现象、个别性和偶然性,反映了历史发展的本质和规律性;另一方面,它又具有稳定性和必然性的特点,揭示了历史发展的总趋势和基本线索，而不是重复历史发展的自然形态。例如，达尔文的进化论并不描述物种进化的详细情节，而是揭示生物物种进化的一般进程和规律。

"逻辑的"和"历史的"的关系，本质上是哲学基本问题即思维和存在的关系。唯心主义哲学家常把"逻辑的东西"和"历史的东西"对立起来和割裂开来。例如，在康德看来，"逻辑的东西"不过是一种先验的思维形式，是完全脱离客观历史内容的；黑格尔虽然批判了康德的错误观点，正确地指出了逻辑形式是有内容的，"逻辑的东西"与"历史的东西"是一致的，但是他从客观唯心主义立场出发，又错误地认为"逻辑的东西"是第一性的，是"历史的东西"的创造者，"历史的东西"不过是"逻辑的东西"的外化。现代实证主义者则把"逻辑的东西"完全当作一种脱离历史、脱离现实、脱离实践和脱离客观真理的纯形式主义的东西。马克思主义哲学坚持逻辑的与历史的相一致的原则，认为"历史的东西"是"逻辑的东西"的基础，"逻辑的东西"是"历史的东西"的逻辑概括和反映，从而在唯物主义基础上把二者辩证统一起来。

把"逻辑的"与"历史的"相一致的原则应用到具体的研究和叙述中去，就体现为逻辑的方法和历史的方法的统一。所谓历史的方法，是指按照研究对象的历史发展的自然进程揭示研究对象历史发展规律的方法。"历史的方法"的主要特点是，以对象的历史联系为依据对对象的历史发展过程做具体的考察，分析重大历史事件和历史人物的活动，把握历史现象的矛盾运动和因果链条，揭示历史发展的规律性。运用这种方法的优点在于，我们不但可以确切地了解和把握事物发展的实在线索，而且可以全面了解事物发展过程中的具体事实和各种细节。运用历史的方法，在许多情况下可以发现某种规律性东西。比如，早期的人们观察了太阳每天的运行情况（早上从东方升起，晚上在西方落下，早晚位置低，中午升得最高），于是人们就掌握了太阳每天东升西落、在天空中划一弧线的规律。

所谓逻辑的方法，是指从纯粹的抽象形式上分析对象发展的客观规律，以理论形态再现对象的历史发展的方法。由于事物的发展是由其内在矛盾引起的，所以这种方法是一种通过对事物内部矛盾的分析从而把握事物发展过程中的自始至终矛盾运动的方法。“逻辑的”方法的主要特点是，它并不刻板地处处追随历史的先后顺序，而是以对象的结构联系为依据，撇开历史过程中的偶然因素和曲折过程，抓住事物发展过程的基本线索和内在矛盾运动，把事物发展过程的本质、主流、规律等用一系列概念、范畴揭示和表现出来，在揭示对象内在逻辑的基础上再现对象的发展过程。一般说来，理论研究主要采用的是逻辑的研究方法，例如，马克思的《资本论》、列宁的《帝国主义论》和毛泽东的《矛盾论》等。

当然，运用“逻辑的”方法与“历史的”方法研究问题，并不是一会儿采用历史的方法，一会儿又采用逻辑的方法。历史的方法和逻辑的方法是相统一的，在人文社会科学的具体研究中，往往采用“历史的”与“逻辑的”相统一的方法。例如，马克思对资本主义经济结构的研究，所采用的就是“历史的”与“逻辑的”相统一的方法：他并不是沿着客观进程详述资本主义发展的全部历史，而是从基本、常见的商品入手做逻辑分析，抓住商品的价值和使用价值的内在基本矛盾，逐个环节地做逻辑的展开，从而揭示了资本主义社会不可克服的一切矛盾，并通过对这些矛盾的分析得出了资本主义必然要灭亡的结论；而这个逻辑体系外部表现出来的，则是资本主义发展的历史事实。

(5)经济分析方法。生产力是生产关系和各门人文社会科学的最终决定因素，生产关系和各门人文社会科学则是一定的生产力借以发展的形式。因此，只有用马克思主义的经济分析方法，才能把人文社会科学各领域的认识和研究置于与经济基础的相互作用关系中去思考，既肯定经济基础的决定性作用，又肯定各门人文社会科学对经济基础的能动的反作用。

马克思和恩格斯把社会有机体划分为生产力、生产关系和上层建筑三个相互联系又相互区别的层次，把整个社会比作一座极为复杂和庞大的建筑物，既有经济基础，又有上层建筑，其中，生产力是深层的、根本的决定因素，生产力决定生产关系，生产关系的总和构成经济基础，经济基础决定上层建筑。马克思和恩格斯借助这个比喻所表达的社会结构理论，解开了令古往今来无数哲学家、法学家和历史学家困惑的社会结构之谜。人文社会科学属于上层建筑并置于经济基础之上,我们认识社会和人就应该从社会的经济基础中寻找根源,说明社会和人的本质,这样就可以排除各种从精神世界或主观因素中探寻根源的错误倾向。

(6)阶级分析方法。在阶级社会,各门人文社会科学都有阶级性,都是隶属于统治阶级并为统治阶级服务的,因此,阶级分析方法是人文社会科学研究的基本方法之一。阶级分析方法直接反映了马克思和恩格斯对他们所处时代的社会基础的认识,他们在《共产党宣言》中指出:“我们的时代,资产阶级时代,却有一个特点:它使阶级对立简单化了。整个社会日益分裂为两大敌对的阵营,分裂为两大相互直接对立的阶级:资产阶级和无产阶级。”①正是由于把“阶级”范畴作为研究阶级社会的发展规律和历史事件的基本理论工具,所以,马克思主义才能够科学揭示社会发展的一般规律:“(1)阶级的存在仅仅同生产发展的一定历史阶段相联系;(2)阶级斗争必然要导致无产阶级专政;(3)这个专政不过是达到消灭一切阶级和进入无阶级社会的过渡。”②

阶级分析方法之所以是人文社会科学研究的基本方法,是因为在阶级社会里,人们要理解和发现社会发展背后的经济动因,只有通过阶级和阶级斗争才能准确地把握。由于历史上的许多思想家只是看到了社会历史中的个人而没有把这些个人归属于一定的阶级,因而也就既认识不到这些个人在历史上的真正地位和作用,也分不清纷繁复杂的社会关系的性质。只有马克思和恩格斯才发现了个人经济利益以及由此决定的政治利益、政治地位和政治倾向的差别均归属于不同阶级的事实,指明了阶级是经济基础与上层建筑的中间环节,是贯穿经济基础和上层建筑的支柱。正是阶级分析方法使人文社会科学研究从人性、理性等笼罩在个人关系之上的理论迷雾中走了出来,并且把社会关系极大地简化了,从而使人们获得了一种科学的方法论。

---

① 马克思、恩格斯:《马克思恩格斯文集》第1卷,人民出版社,2009年版,第32页。

② 马克思、恩格斯:《马克思恩格斯文集》第10卷,人民出版社,2009年版,第106页。

(7)历史分析方法。经济分析和阶级分析都是具体历史条件下的理论分析方法,而历史分析方法则是经济分析方法和阶级分析方法的必要补充;而且,经济因素和阶级因素并不是决定人文社会科学的唯一因素,民族的文化传统、国家的国际环境和国内的政治体制、科学技术的发展状况等因素,对人文社会科学也有不同程度的影响。因此,历史分析方法又是独立于经济分析方法和阶级分析方法之外的一种理论方法。马克思和恩格斯在毕生的科学研究中一直十分强调,分析任何社会问题都必须把它置于具体的历史环境中给予考察。

(8)价值分析方法。价值分析方法是人文社会科学研究中经常运用的方法之一,也是推动人文社会科学变革,使其不断向尽善尽美发展的科学研究方法。

一般说来,人文社会科学研究归根到底离不开三种基本判断:某一事物"是怎样的",被称为事实判断;某一事物"应当是怎样的",被称为价值判断;某一事物"如何才能这样",被称为技术判断。事实判断只回答事物的客观存在,并不涉及对事物的评价;价值判断要回答的是事物的理想化状态,这种判断蕴含着判断者的价值追求;技术判断回答的是如何使事物从不理想到理想的方法问题,是进入实际操作领域的判断。在这三种判断中,价值判断的意义最大,因为它把现实与怎样对现实做出改变连接起来,是改造现实、推动社会进步的判断。

运用价值分析方法研究人文社会科学问题,就是既要对人文社会科学"是怎样的"做出说明,又要对人文社会科学"应当是怎样的"做出说明,还要对"如何使人文社会科学向更好方向发展"做出说明。

(9)结构与功能方法。结构与功能方法是人文社会科学研究常用的方法。作为一个相互联系的有机整体,人类社会内部各组成部分都有自己的结构与功能。所谓结构,是指事物的各种要素的内在联系与组织方式;所谓功能,是指有特定结构的事物在内部与外部的联系和关系中表现出来的特性、作用和能力。结构与功能是互相制约的:一方面,事物的固有结构影响、规定着其功能的性质与水平，限制着其功能的范围和大小，有什么样的结构就有什么样的功能；另一方面，结构的改变也必然引起功能的改变，结构的有序化也会促进功能的有序化。例如，一个企业内部的不同管理结构和劳动组织方式，会产生不同的劳动生产效率，这种结构越是有序、合理和协调，生产状况也就越是有序，功能也就发挥得越好；反之，如果结构是无序的，那么生产也就一定是混乱无序的。另一方面，功能也制约、影响结构的变化。例如，企业技术更新能力的减弱，会降低企业的市场竞争力，甚至导致企业失败、破产。

（10）数学方法等自然科学研究方法。随着科学的分化和综合，自然科学和人文社会科学也出现了相互结合的趋势和潮流，不仅存在着从自然科学奔向人文社会科学的潮流，同时也存在着从人文社会科学奔向自然科学的潮流，两者已经汇合成一股势不可挡的强大趋势。这不仅表现在自然科学与人文社会科学的范畴、原理、方法的相互渗透上，而且表现在自然科学与人文社会科学之间涌现出一系列新的综合学科上。已经出现的环境科学、能源科学、材料科学、海洋科学、生态科学、空间科学、思维科学和行为科学等，都是体现高度综合性的学科。它们以自然界和人类社会中的一定客体为对象，利用多种学科的范畴、理论和方法，从不同侧面研究某些复杂的课题或现象。例如，环境科学是以研究如何保护和改善人类环境质量为目的的综合性学科，因为环境本身是一个极为复杂的客体，研究环境不仅涉及物理学、化学、生物学、地质学和医学等自然科学知识以及各种工程技术方法，同时还涉及哲学、经济学、社会学、法学、管理学、人口学和教育学等许多人文社会科学知识。这种科学以及科学研究深度分化、高度综合与科学一体化的趋势，也极大地影响了人文社会科学研究方法，不仅使人文社会科学研究方法与自然科学研究方法呈现出逐渐融合的趋势，而且各种人文社会科学研究方法也逐渐呈现出交叉和综合的态势，表现为数学方法等自然科学研究方法在人文社会科学研究中的运用越来越广泛：数学方法被大量应用于经济学；统计学被运用于经济学、社会学、政治学；系统论和信息论等新兴学科的方法也被大量运用于人文社会科学诸领域，使人文社会科学研究由定性研究走向定量研究，从而使人文社会科学获得更加完备的科学形态，也使人们对人文社会现象的认识更加精确。

数学模型方法早已引起社会科学家的极大兴趣。社会科学家希望通过对社会有关实际问题的资料分析，找出一些社会现象在资料上的关系，建立合适的数学模型，然后求解并对这种数学解做出理论上的解释与评价，其中，应用最多的是经济学（如经济学中的投入—产出模型、最优化模型、经济预测模型等），在社会学、心理学和政治学中也有相当的应用。同样，数学模型方法在人文科学中也可以在一定程度上进行应用，例如，在史学研究中，由于史料记载的缺漏、不连贯和真伪混杂难辨，给运用一般的数学方法带来了很大困难，于是，史学研究者引入灰色系统方法，利用分布在历史不同时点上的白色资料，建立起时间连续的动态模型。

以上介绍了几种主要的人文社会科学研究方法。随着时代的发展和科学的进步，人们对人文社会科学将越来越重视，人文社会科学研究方法也将越来越多，而人们在科学方法指导下对人文社会现象的认识必将更加全面而深刻。

本章小结

1. 方法是从实践上和理论上把握现实从而达到某种目的的具体手段、方式和途径的总称。科学方法是指在科学研究中所运用的各种方法的总称。大学生不仅要学习和掌握科学知识，而且必须接受科学研究方法的基本训练。

2. 人文社会科学研究方法与自然科学研究方法有很大差异，这种差异表现在研究主体的参与性、研究方法的社会意识形态性及实验方法等方面。自然科学一般采用实证方法，而人文社会科学往往还要借助于理解、领悟、阐释和评价的方法，追求在研究成果中体现事实与价值、数量与质量、真理性与合理性的辩证统一。

3. 人文社会科学研究方法很多，但是一般的、根本的研究方法是唯物主义辩证法。此外，人文社会科学研究还用到归纳和演绎的方法、分析和综合的方法、抽象和具体的方法、历史的与逻辑的方法、经济分析方法和阶级分析方法等具体的研究方法。

思考题

1. 什么是科学方法?

2. 人文社会科学研究方法与自然科学研究方法有何区别?

3. 人文社会科学常用研究方法有哪些?

4. 联系实际谈谈你对人文社会科学研究方法的认识。

推荐书目

1. [德]马克斯·韦伯:《社会科学方法论》,中央编译出版社,2005 年版。

2. 张巨青:《科学研究的艺术——科学方法导论》,湖北人民出版社,1988 年版。

3. 欧阳康、张明仓:《社会科学研究方法》,高等教育出版社,2001 年版。

第十四章　当代人文社会科学发展趋势

自然科学往后将包括关于人的科学，正像关于人的科学包括自然科学一样：这将是一门科学。

——马克思

“我不知道,在别人看来我是什么样的人;但在我自己看来,我不过就像是一个在海滨玩耍的小孩,为不时发现比寻常更为光滑的卵石或比寻常更为美丽的一片贝壳而沾沾自喜,而对于展现在我面前浩瀚的真理的海洋,却全然没有发现”。伟人牛顿的谦虚中包含着对浩瀚知识海洋的慨叹。人类生存的历史乃人类认识不断发展的历史,也是科学不断发展的历史。回顾人类的发展历程,自然科学与人文社会科学交相辉映,共同照亮了人类前进的文明之路,推动人类社会由混沌到文明、由弱小到强大。

在20世纪,人类经历了太多的事情:两次世界大战给人类带来了巨大而深重的灾难,同时也唤起了一大批民族的觉醒和国家的独立;虽然世界范围内的大战结束了,但地区冲突和局部战争仍然此伏彼起;虽然经济建设取得了很大成就,但过度开发、生态环境的破坏却使人类付出了相当大的代价,当然,也使人类痛切地认识到可持续发展的极端重要性;冷战的结束,使人们对和平与发展两大主题寄予了更大希望;信息时代特别是网络时代的到来、交通和通信技术的发展以及经济全球化的大趋势,缩短了人类的距离,促进了人类的交流和合作,与此同时,经济全球化的发展既模糊了文化的多样性,也使多种文明的相互依赖性增加;在取得辉煌发展成就的同时,人类又面临着严峻的人口问题、就业问题、贫困问题、能源问题、灾害问题、犯罪问题、民族与地区冲突等一系列全球性问题。所有这一切,无不给20世纪的人文社会科学研究和发展历程打上了或深或浅的烙印。为了解决人类面临的许多重大和紧迫问题,各国、各学科的学者们采取了比以往任何时候都多的协同努力和合作,来应对人类所面临的问题。

20世纪是人类历史发生大变革的世纪,现代科学技术以前所未有的速度改变了世界的面貌,它不仅使人类社会在生产力、生产关系、政治制度、思想意识和价值观念等方面发生巨大变化,而且深刻地影响着人们的生活,让人们的生活乐谱上跳动起科技的音符:

——寿命变“长”了。1900年,全世界人均寿命仅为45岁,今天,这一数字已提高到66岁,而联合国人口署则把老年人的年龄界限定在“85岁以上”。人类寿命的大幅度延长,得益于20世纪医学的迅猛发展和生活水平的显著提高。婴儿出生不久就要接种卡介苗,而正是从1921年起进行人体试种的疫苗消除了结核病的阴影。青霉素、乙肝疫苗、心脏起搏器、避孕药、器官移植、人造器官、显微外科、心电检测、超声波诊断、核磁共振诊断和断层扫描成像……这些今天看来很平常的发明和技术,都是20世纪的重大医学成就。中国科学家在上海试验的转基因牛、羊,使人类看到了"动物药厂"的曙光;试管婴儿、克隆羊的问世,使人类生命之火越燃越旺;在人类获得基因组的全部序列后,人类遗传密码的破译将进入全新的信息提取阶段,重大疾病基因将被发现,一些危害生命的疾病将有希望治愈。

——世界变"小"了。科技的发展使人类突破时空的约束,地球成了人类的"村落"。从公路到铁路,从水运到空运,运输工具的进步彻底变革了人们的出行方式。1903年,莱特兄弟用木头、电线、布料制作的飞机实现了首次飞行,飞行时间虽然只有短短12秒,却是一次划时代的事件。今天,日新月异的飞机制造技术,已经可以使人们在24小时之内到达地球的任何一个角落。

——信息技术从微电子向高集成度、低功耗、低成本方向发展,计算机向超高速、小型化、并行处理和智能化方向发展,通信技术向光纤化、数字化、综合化和网络化方向发展。信息技术的发展,将从根本上改变人类从事商务活动、交流、娱乐、学习甚至工作的基本方式。

21世纪不仅是一个时空概念,其更为深刻的内涵是标志着人类社会迎来了一个迅猛发展的新时代。信息经济、网络经济、假日经济、克隆技术、纳米技术、转基因技术和基因档案等一系列重大科技革命和全新理念,充分体现了这一新时代的突出特征。当今世界,各国综合国力竞争日趋激烈;综合国力的竞争,主要是科学技术的竞争,而科学技术的竞争说到底是人才的竞争,特别是高层次科技人才的竞争。有了高层次的科技人才,才能占领未来科技发展的制高点,为经济社会的发展和综合国力的增强注入强大动力。

21世纪的中国能否在激烈的国际竞争中抓住机遇,加快现代化建设步伐,早日实现"两个一百年"宏伟目标,关键在于能否培养出德才兼备的高素质优秀人才,在于我们培养的人才能否肩负起历史赋予的重任。这里所说的人才,当然包括人文社会科学人才在内。作为一名21世纪的大学生,必须站在学科前沿,时刻关注当代科技与社会发展的新动向,特别是要关注人文社会科学发展的新趋势。

人文社会科学研究通过对社会历史的回顾与反思、对现实社会的批判与构建、对未来社会的展望与规范,提升着人类社会的自我认识能力,使人类文明发展行进在正确的方向和轨道上。综观20世纪人文社会科学发展状况,可以对21世纪人文社会科学发展的主要趋势做一些展望。

一、高度分化与高度综合协同发展,新兴学科不断涌现

人文社会科学是现代意识形态的重要泉源,是社会有机体的神经中枢。人文社会科学在理论上的紊乱,必然导致思想上的混乱和实践上的失序。因此,任何时候都要重视理论建设,任何时候都不能忽视人文社会科学,正如著名科学家钱伟长曾经指出的那样,要想把自然科学搞上去,首先要把社会科学搞上去。

在1960~1977年,美国的科研经费总额只增长了2倍,而同期的美、英、法、日等国政府用于开展人文社会科学研究和发展的费用却增加了13倍多,人文社会科学研究队伍也扩大了4倍多[①]。对人文社会科学的重视还可以从一些国家的高等学校文理科结构的构成上反映出来:1974年,英、德、法三国的文科在高校中所占比例分别是66.3%,65.2%,54.5%;人文社会科学家在各个领域中起着越来越大的作用,在参与国家决策和政策制定的软科学智囊机构中,人文社会科学家的人数一般占60%左右;在工业部门就职的人文社会科学工作者约占人文社会科学工作者总数的50%左右;还有众多的人文社会科学人才在为人们的社会生活提供服务。

① 中共中央书记处研究室理论组:《中国现代化建设的指南》,湖南人民出版社,1984年版,第539页。

随着时代的发展,人文社会科学在世界范围内受到普遍重视,得到了前所未有的发展,各主要学科的科学体系逐步形成,并且确立了各自的研究对象和研究方法。哲学、经济学、社会学、人类学、语言学和历史学等一批传统学科,无论是研究成果,还是研究队伍建设,都取得了令人瞩目的成就,而一些较新的学科(如管理科学和环境科学等)也取得了很大进展。与此同时,人文社会科学研究的广度和深度也在不断拓展,研究视野越来越宽,各个层面上的学科数量也越来越多。

从科学起源与发展的纵向角度审视人文社会科学,我们发现,正是人类社会的统一性决定了人文社会科学的整体性和综合性。人类对客观世界的认识始终存在两种取向,一是力图反映世界整体,一是更深入地认识物质运动的不同形式与特征,由此便形成了人类两种不同的思维方式,即综合思维和分析思维。人类的认识是在综合思维和分析思维的矛盾统一中向前发展的。人文社会科学的发展充分体现了由整体到分化再由分化到综合的否定之否定过程。

在古代,科学呈现整体的特点,人文社会科学的发展也表现出整体性的特征,它与自然科学一起被包容在作为“知识总汇”的哲学当中,既无门类之分,更无学科之别,知识呈现为一个简单而庞杂的混合体。这一特点清楚地体现在被马克思称为“古代最伟大的思想家”的亚里士多德关于哲学的理解中:哲学是科学之科学,是一切知识的总汇。近代以来,随着科学研究的不断深入,人文社会科学呈现出分化的特点,并已达到了相当精细的程度,且越分越细。仅以经济学为例,至今已分化为宏观经济学、微观经济学、工业经济学、农业经济学、城市经济学、农村经济学、地理经济学、区域经济学和数量经济学等近百个学科。这说明,人文社会科学的发展已经深入到社会生活的各个侧面和个细节,使人们对研究对象的认识更加深透。

然而,各学科之间的分化也造成了学科之间壁垒森严,一定程度上削弱了科学的整体性研究。于是,现代人文社会科学又出现了综合的特点。随着“信息社会”初露端倪,经济全球化的趋势与日俱增,当代科学的发展在高度分化的基础上又出现了高度综合的趋势,人文社会科学各学科之间相互渗透、彼此交叉,产生了大量的边缘学科、交叉学科、横断学科和新兴学科,如经济学与人口学结合形成人口经济学,与法学结合形成经济法律学,与管理学结合形成管理经济学,等等。另外,还出现了大量的综合学科,如管理科学、领导科学和行为科学等。

可见,从古至今,人文社会科学发展呈现出一个否定之否定的辩证过程:整体—分化—综合。人文社会科学各学科在高度分化的基础上向高度综合的发展,反映了人类对客观世界联系的多样性和复杂性的认识在不断深入。当然,当代人文社会科学的综合化,无论就其程度还是就其性质而言,都与古代的朴素整体有所不同。它不是对过去那种朴素整体的简单回复,而是在新的基础和更高层次上的辩证复归,是人文社会科学发展进程中的一次螺旋式上升和质的飞跃,是一个辩证统一的过程。从学科发展的角度看,人文社会科学的高度分化与高度综合的协同发展,主要体现在各类分支学科、交叉学科、横断学科和边缘学科的大量涌现上,而这一趋势在21世纪将有更突出的表现。

随着科学技术的发展和科研水平的提高,科学与科学研究均出现了既分化又综合的趋势,科学一体化潮流不可逆转。一方面,科学和科学研究呈现不断分化的趋势。人们对科学的认识由粗略到细致、由肤浅到深入,产生了许多分支学科,在同一学科中也产生了许多不同的研究层次。另一方面,科学和科学研究又呈现出不断综合的趋势。两门或两门以上的学科通过相互影响、相互渗透而形成一门具有新的规范的新兴学科。这种综合不是各专门学科知识的简单、机械累积和叠加,而是多种学科知识结合的结果,是新的科学规范的创生和交叉:有相邻学科之间的交叉,也有边缘学科之间的交叉;有同一层次学科之间的交叉,也有数门学科之间的交叉;有传统学科之间的交叉,也有传统学科与交叉学科之间的交叉;有人文社会科学内部各学科之间的交叉,也有人文社会科学与自然科学之间的交叉。其结果是包括边缘学科、横断学科和综合学科在内的各种交叉学科的不断涌现。

与科学及科学研究既分化又综合的趋势相联系，人文社会科学的发展也将呈现既深度分化又高度综合的趋势。一方面，人文社会科学及其研究不断分化。第二次世界大战以来，人文社会科学得到长足发展，新的研究领域不断开拓，新兴学科、边缘学科、交叉学科层出不穷，已形成一个拥有数以千计的分支学科的庞大学科群，从而使人文社会科学的发展呈现出不断分化的特征，表现为学科划分越来越细、分支学科越来越多（例如，经济学已分化为百余个学科，社会学已分化为60多门学科）。这说明人文社会科学的发展已经深入社会生活的各个细节、各个侧面，进入了更为深入细致、分门别类的研究阶段。另一方面，人文社会科学在深度分化的基础上又呈现出高度综合化、整体化的趋势。首先，人文社会科学与自然科学相互交叉和渗透，创立、涌现出一批综合性学科（包括交叉学科、边缘学科、比较学科等）。随着综合性研究课题的选择和综合性研究方法的采用、人文社会科学各学科之间，以及人文社会科学与自然科学之间的相互渗透，诸多新兴综合学科、边缘交叉学科也应运而生。在综合发展过程中，人文社会科学学科数量不断增加，不仅使专业日益深化，而且使各门人文社会科学的传统界限逐渐消失。其次，人文社会科学内部各学科的互相渗透，促使大量综合性课题的研究采用跨学科的研究方法。当代人类面临着诸多重大而又迫切的社会问题，这些问题无一不是综合性的研究课题，而人文社会科学要研究重大综合性课题，单靠某一学科的专家学者、采用单一研究方法已很难奏效，只有靠具有不同知识结构的多学科专家学者的协作、采用跨学科的研究方法才能完成。

20世纪中后期，人文社会科学的综合化趋势似乎更加明显。人类知识的许多领域往往交织在一起，只把注意力集中在个人的研究领域而忽视相邻或相关领域的研究进展，很难取得大的突破，于是，跨学科的研究便成为当代人文社会科学研究的重要趋势。这种现象的产生，既有社会需求的因素，也与现代人文社会科学各学科自身的发展规律有关。仅以人类学为例，一旦将其研究范围和研究方向延伸开来，比如，扩大至研究后工业社会的政治现象或经济现象，那么，人类学就不仅与社会学的研究领域交叉，甚至也与政治学和经济学的研究领域交叉。事实上,人文社会科学发展到今天,这种趋势不仅没有减弱,反而越来越明显。当然,综合化趋势是在各学科不断分化和高度专门化的基础上形成的,一些边缘性学科和新兴学科已经或正在出现,即使是某些有悠久历史的传统学科,也衍生出许多新的分支学科。

20 世纪下半叶,由于一些国家和地区长期以来只重视发展生产而忽视了可持续发展,所以产生了一系列“发展困境”问题,如环境问题、生态问题、资源问题、人口问题、社会保障问题、贫困问题和城市化问题等。这些摆在我们面前的问题十分严重,甚至直接影响到人类的生存和发展,已经引起各国政府和有识之士的关注和忧虑。无疑,这些问题的解决,需要政府、自然科学家、人文社会科学家、企业家和社会各界的共同努力,因为众多社会、经济、政治和文化方面的问题,无论就其起因,还是就其结果而言,正日益成为跨国甚至全球性的问题,只有通过国际的多边合作才可以解决。例如,对全球化这个世界性热点问题的研究,参与者就包含了全球范围内的各行各业的专家学者。

未来,人文社会科学的专业化、专门化和分化趋势将继续发展,而综合化、跨学科化的趋势也将日益强劲,走向更大、更广泛的综合。

二、基础性研究和应用性研究紧密结合,应用性研究比重加大

人文社会科学在20 世纪的主要工作是弥合知识文化与专业文化的分离,并消除建构主义者和理想主义者的争论,同时把这种争论从内在冲突变为创造热情和力量源泉。可以这样说,理论性与应用性的相互妥协是20 世纪人文社会科学发展的重要特点之一,而其未来发展趋势将是基础性研究和应用性研究紧密结合、应用性研究比重加大。

作为认识和改造社会的知识体系,人文社会科学只有把对现实问题的研究作为重点,才具有生命力。鉴于大量紧迫的社会问题亟

待研究,促使人文社会科学家把理论探索和实际问题研究结合起来。为此,当代人文社会科学由偏重理论研究逐步转向以研究解决社会生活中出现的各种实际问题为主,应用性研究空前加强,从而对社会生活发挥日益重要的影响。在这方面,尤以经济学、法学和社会学等学科最为活跃。之所以出现这样的转变,是因为公众对包括自然科学和人文社会科学在内的整个科学的理解和承认,不仅来自这些科学宣称要使人们更深入地认识世界,还由于它们本身具有社会实用性。换言之,是因为它们能够对决策和解决社会问题、更好地造福于民众做出贡献。科学和技术对世界的革命性影响是人所共知的,而人文社会科学也以自己的方式发挥着自然科学所不具备的作用:它不仅能促进社会变革,还研究和解释科学知识在社会管理和决策中发生作用的条件和过程。

人文社会科学是起源于社会实践并用于研究解决社会生活中各种实际问题的科学,包括基础研究、应用研究和决策咨询三个层次。应用性是社会发展对人文社会科学提出的迫切要求。近半个世纪以来,人文社会科学基础学科与应用学科的分化日益明显,很多学科都在向应用的方向发展,应用性研究比重明显增加。随着现代科技、经济和社会的发展,科学技术已成为第一生产力,人文社会科学同自然科学一样,也越来越直接或间接转变为生产力:人文社会科学不断揭示出知识和精神生产的特点和规律,日益增加和扩大人的智力,提高劳动者的素质,开发劳动者的创造积极性;不断揭示出人们生产活动和社会组织的规律,日益成为科学管理不可缺少的工具,在参与社会管理、解决社会问题等方面越来越显示出其重要作用。诸如人口问题、教育问题、就业问题、经济问题、家庭问题、犯罪问题、生态环境问题和城市臃肿、交通紊乱等所谓"全球问题",以及社会主义国家在体制改革过程中出现的一系列新情况、新问题,所有这些都要求人文社会科学给予及时而正确的回答,都迫切需要人文社会科学对它们进行系统研究并提出各种可供选择的解决方案。同时,人文社会科学在解决国家重大内政、外交、军事政策方面也起着重要的咨询作用。

所有这些,都标志着人文社会科学社会职能的重大变化,也意味着其作用越来越重要，它已经从单纯的社会意识的职能发展到具有生产、管理、咨询和监督等各种职能，从而发挥着为科学决策、现代化建设服务的作用。相应地，人文社会科学的发展也呈现出基础性研究和应用性研究紧密结合、应用性研究比重加大的趋势。既然社会实践的需要是人文社会科学发展的客观基础，也是人文社会科学发展的动力源泉，那么，从根本上说，人文社会科学研究的重点也就永远是应用性研究，这种特点在21世纪同样不可能例外。

当然，应用性研究也不能脱离基础理论研究。应用性研究如果没有正确的理论指导，就会失去正确方向，犯经验主义错误，会出现短视病，更不可能发展到更高水平。因为，社会的有机化程度和人们的社会实践的复杂性程度越高，人们的社会交往越广泛而频繁，就越要求各种决策更具有科学性，仅靠经验来决策，必然导致惨重的失败，而这也就越在本质上要求提高人文社会科学的地位，要求人文社会科学在越来越高的层次上为决策提供科学的理论依据和智力支持。所以，基础性研究和应用性研究的结合，已经成为人文社会科学日益突出的发展趋势，尤其是应用性研究的地位日益重要，这种趋势表现为：一是国家科研政策引导人文社会科学向应用性研究倾斜，二是传统科学向应用方向分化的趋势日益明显，三是综合研究的发展使应用研究的视野更加广阔。

三、市场化趋势明显加强，研究模式愈益多元化

人文社会科学研究市场化的趋势在欧美诸国、俄罗斯及中东欧国家都很明显。在美国，人文社会科学研究受市场驱动的成分相当大，主要研究力量集中在高校，其次是一些大公司。拨款渠道也是多元化的，既有政府拨款，也有各种基金会和大公司、财团的拨款，这种多元化的拨款及资助方式，往带有明显的市场特征，左右着课题立项和研究方向。例如，美国私立大学的阵营十分庞大，它们的教学和研究活动往往集中在花钱较少的人文社会科学领域，造成这种状况的原因很多，但其中一个重要原因是私立大学往往无力承担

自然科学和工程科学研究所需实验设备的高额费用。因此,这些学校的市场化特点非常明显,它们通常能对社会及市场需求做出快速反应,如快速应对工商企业对管理科学毕业生的大量需求。有时,出于商业目的,它们又试图去迎合未来大学生的愿望,以吸引他们中的更多人入学。

在苏联解体、东欧剧变前的苏联和中东欧国家,人文社会科学研究几乎完全是政府主导型的。但苏联解体和中东欧政治形势的剧变直接波及俄罗斯和中东欧的人文社会科学研究,明显的特点是教育和研究的商业化、市场化以及研究机构的非体制化,研究重点从学科基础研究迅速转向应用性研究。市场需要左右一切,民意测验、市场分析等很快变成了热门领域。人文社会科学中应用性比较弱的学科像哲学、历史学等受到冷落,而应用性强的学科如经济学和法学等则受到青睐,并且影响了大学生和研究生的专业选择,其结果是人文社会科学研究者之间的合作受到削弱,正常的研究受到影响,无序竞争加剧,优秀人才流失到外企或外国拥有的机构。

一般说来,人文社会科学研究要对研究对象做出直接或间接的价值判断,因而多采用定性研究的方法。然而,20 世纪以来,人文社会科学研究开始广泛采用定量化的研究方法,呈现出研究模式多元化趋势。

定量化研究早已广泛应用于自然科学和技术科学研究。采用定量化研究方法,能使人们更细致、更准确地描述客观现象及其规律,有效地提高科学研究的预见性。自然科学研究方法特别是数学方法向人文社会科学的广泛渗透,是当代人文社会科学的发展潮流和趋势。它使人文社会科学从单纯分析性和描述性的科学变为既有分析性又有实证性的科学,用测量、计量和数学模型的方法描述社会现象、调查行为,从而使人文社会科学研究取得了长足发展。

人文社会科学研究模式的多元化,是现代人文社会科学的一次革命性变革,对现代人文社会科学,特别是对其研究方法和手段的革新产生了深刻影响,使传统的以定性研究为主的人文社会科学向定量化方向迈进了一大步。定量化方法在人文社会科学研究中的广泛运用,提高了人文社会科学研究资料的精确性,加强了对社会过程的随机性定量描述,尤其是电子计算机在人文社会科学研究领域的广泛应用,不仅极大地推进了人文社会科学的科学化进程,而且为当代人类所关注的人文精神奠定了现实的科学基础,从另一个侧面加强了人文精神与科学精神的互渗与融合。

四、全局性研究与局部性研究紧密结合,整体性研究态势增强

人类社会的统一性,决定了人文社会科学的整体性。整体与部分、全局与局部是一对客观矛盾,人类社会也是在这一矛盾的推动下不断前进和发展的。人类社会是一个整体世界,随着市场经济的发展、经济全球化的迅速演进和信息高速公路的开通,这种整体性表现得越来越明显。人文社会科学也必须按照社会发展的趋势加强全局性研究,而离开了全局性研究,其他的局部性研究都将成为价值很小甚至毫无价值的东西。当然,我们现在面对的世界,还远不是大同世界,还是一个国家林立的世界,在日趋激烈的国际竞争中,每个国家都面临着生死存亡的严峻挑战,为了求得生存和发展,都把发展自己的经济实力和综合国力作为最重要的战略任务。同时,即使从全人类的整体发展考虑,在目前的条件下,只有首先发展自己,才能促进整体发展。无疑,在这种情况下,人文社会科学的一个重要发展方向,便是全局性研究与局部性研究紧密结合,并突出局部性研究,即在注重研究全局的前提下,把重点放在研究局部上,并且使二者紧密地结合起来。

五、科学精神与人文精神高度融合,更加关注人的解放和发展

回顾人类社会的发展历程,人类由混沌到文明,由弱小到健硕,正是科学精神与人文精神相互交融,共同照亮了人类前进的道路。所谓科学精神,就是坚持科学观念以及敢于坚持这种观念的

勇气。科学精神包括探索精神、实证精神、原理精神、创新精神和独立精神等,体现着一个民族或一个人的气质、性格和心理。人文精神是指尊重人、关心人和爱护人的精神,代表着人类发展的方向。人文精神的出现推动了科学思想的产生,而科学的发展进一步推动了人文精神的发展。科学精神像一盏明灯,照亮了整个人类社会;人文思想像一颗明星,指引着人类社会的前进方向。科学给人以力量,人文给人以方向,两者比翼双飞,缺一不可。

在现代人文社会科学的发展过程中,一直存在着科学主义和人文主义两种倾向。这两种倾向都曾对人文社会科学的发展起过积极作用,但也都有与生俱来的弊病,因而在人文社会科学发展过程中起过程度不同的消极作用。马克思主义吸收了两种倾向的合理因素,摒弃了其消极成分,把科学精神和人文精神有机结合起来,从而使人文社会科学真正以科学的姿态出现在人们面前。

在马克思主义看来,人类社会与自然界有共性,表现在二者都是客观存在,其运动是有规律的,其发展是一个"自然历史过程";同时,人类社会又与自然界有着显著的不同,表现为,它不是一种一般的客观存在,而是不同于自然存在的"人与人的关系",其运动不是一般的有规律的运动,而是由人的自觉意识和自觉活动所构成的有规律的运动,其发展也不是一般的"自然历史过程",而是有目的的人通过自由自觉的活动追求理想的创造性实践过程。因此,我们既不能像科学主义那样崇尚科学性而排斥人文性,也不能像人文主义那样崇尚人文性而排斥科学性,而是应当把二者有机地结合起来:不仅应当在人文社会科学研究中坚持科学性和人文性的统一,而且应当在全社会提倡科学精神和人文精神的统一,使二者深入人心,成为人们尤其是决策者们的一种崇高精神境界。

从社会认识论的角度看,人类对人自身以及人类社会的认识,本质上是人类的自我认识,其目的是增强人类主体处理自身与外部世界关系的自觉性、自主性和有效性。长期以来,人类对人及其社会的认识落后于对自然的认识,从总体上妨碍了人类作为主体的自觉创造与自由实现。当代人文社会科学的专门化发展,标志着人类对人及其社会的认识在历史上第一次达到了科学的水平,反映了当代人类主体性的高度自觉。人类社会既是一种基于生产力发展的、客观的、有规律的"自然历史过程",又是人们追求和实现自己目的的、自主的、能动的创造过程,也是人们不断探索求知、批判建构的自我认识过程。客观性、规律性与能动性、目的性、自觉性、创造性的有机统一和内在结合,恰恰是人类社会作为高级的物质运动形式区别于其他任何运动形式的最本质规定。在这里,社会总体的客观运动过程是在人们的自主创造过程中得以展开和实现的,而人对社会生活的认识和自我认识则贯穿在这个过程的各个方面、各个层次和各个环节,并作为社会运动的信息方面和调节机制而实现着社会生活由客观的自发运动形式向人们的自觉活动模式的转换,促使个体行为规律向社会总体运动规律的靠拢和接近。正是由于有这种自我意识,人类社会才成为一种自我监测、自我调节、自我评价、自我激励和自我完善的自组织系统,社会有机体才能以它所独有的以社会意识为基本内容和基本特征的自觉意识而区别于自然界。

经过 100 多年的发展,科学精神与人文精神的高度融合终于成为人文社会科学总体演进的大趋势,并且必将在 21 世纪进一步发扬光大,而随着人文社会科学在 21 世纪的不断发展,人文社会科学在推进人的解放和发展方面也将起到越来越大的作用:人文社会科学将进一步以科学理论和方法论为指南,综合当代人文社会科学最新成果,深化人类的自我认识,促进人类的彻底解放和全面发展。

六、人文社会科学与自然科学紧密联盟,东西方文化互补日趋活跃

科学主义与人文主义交融,是当代人文社会科学发展的主导性价值取向。21 世纪人文社会科学与自然科学的联盟将更加紧密,东西方文化互补也将日趋活跃。

科学主义也可以叫作唯科学主义或科学崇拜;人文主义认为人和人的价值具有首要的意义,当然是值得肯定的,但如果把人文主

义推到极端,也会走上反科学、反理性的道路。人们所持的科学主义或人文主义态度,以及科学主义与人文主义的冲突或交融状况,深刻地影响着人文社会科学的发展进程。当前,人文主义和科学主义出现了相互融合的趋势,主要表现为有学者倡导在自然科学领域的科学研究中注入人文精神,而不少人文主义者也对科学采取了新姿态,传统的人文主义开始重新接纳科学,同时努力将人文主义精神渗透到自然科学研究领域。这样,人文社会科学与自然科学的联盟将更加紧密。人类社会的进步和科学技术的发展,以及由此出现的许多新情况、新问题,对人文社会科学的发展起到了极大推动作用,也使人文社会科学与自然科学相互影响、相互渗透的趋势日益明显,一些富有创见性的思想正是出现在人文社会科学与自然科学相互渗透和相互联系的交汇点上。

在当代社会,人文社会科学与自然科学,如车之两轮、鸟之两翼,缺一不可,如习近平指出的那样:"哲学社会科学是人们认识世界、改造世界的重要工具,是推动历史发展和社会进步的重要力量,其发展水平反映了一个民族的思维能力、精神品格、文明素质,体现了一个国家的综合国力和国际竞争力。一个国家的发展水平,既取决于自然科学发展水平,也取决于哲学社会科学发展水平。一个没有发达的自然科学的国家不可能走在世界前列,一个没有繁荣的哲学社会科学的国家也不可能走在世界前列。坚持和发展中国特色社会主义,需要不断在实践和理论上进行探索、用发展着的理论指导发展着的实践。在这个过程中,哲学社会科学具有不可替代的重要地位,哲学社会科学工作者具有不可替代的重要作用。"①也如江泽民所指出的那样:"在认识和改造世界的过程中,哲学社会科学与自然科学同样重要;培养高水平的哲学社会科学家,与培养高水平的自然科学家同样重要;提高全民族的哲学社会科学素质,与提高全民族的自然科学素质同样重要;任用好哲学社会科学人才并充分发挥他们的作用,与任用好自然科学人才并发挥他们的作用同样

① 习近平:《在哲学社会科学工作座谈会上的讲话》,《人民日报》,2016 年 5 月 19 日。

重要。"①

事实也是如此。在当代许多重大课题的研究中,人文社会科学与自然科学、人文社会科学家与自然科学家的作用是互补的,缺一不可。一方面,一个大型课题的研究,不仅需要吸收人文社会科学内不同学科的学者参加,而且还需要吸收相关的自然科学家参加;许多的混合型研究领域和专业也已出现在一些学科的新领域中。另一方面,人文社会科学与自然科学在人类社会中的作用和关系是互补的、相辅相成的。很难想象,没有人文社会科学的相关发展,自然科学能够单独取得全面的发展,因为没有全民族文化素质的整体提高,就不能解决人类发展进程中发生的各种复杂和重大的社会问题,不仅自然科学的发展不可能持久,而且经济社会的发展也会受到严重制约。可以这样说,在信息技术飞速发展的现代社会,学科交叉是一种普遍现象,人文社会科学与自然科学"你中有我、我中有你"的情况随处可见。

随着世界各国交往的日益频繁,东西方文化的不断碰撞和交互激荡也不可避免,使得东西方两大文化体系的差异越来越成为世人特别关注的问题。东方文化神秘而浪漫,西方文化理智而严谨。改革开放以来,东西方文化的交流逐步活跃,互补趋向明显加强,国外人文社会科学的许多新学科、新理论、新学派、新观点和新方法,为中国人文社会科学发展提供了新材料。从东方文化互补的前景看,中国传统文化越来越受到西方的青睐,东方文化对西方文化的作用力有逐步增强的趋势,随着东西方文化交流事业的发展,发掘和开发东方文化尤其是中国传统文化,正成为一项世界性的伟大文化工程。与此同时,西方文化对东方文化的渗透力也将有增无减,西方先进文化和没落文化仍将鱼龙混杂地大量涌入,未来将出现东西方文化相互激荡、碰撞和交融的复杂局面。我们应当看到,如何看待东西方文化的关系问题,既是促进当代人文社会科学发展的需要,又是人文社会科学研究的重要内容。事实上,东方文化的感性与西方文化的理性正如一枚硬币的两面,谁也不可

① 江泽民:《江泽民文选》第3卷,人民出版社,2006年版,第495页。

能脱离另一方而独立存在，它们始终互为依存并相互补充。尤其是在全球化背景下，世界各国的相互依赖必将日益紧密，东方文化需要补足西方文化严谨而理性的精神，同样，西方文化也需要东方文化神秘而浪漫精神的滋养。只有找到东西方文化完美的契合点，才能最大限度地形成和谐平衡的共存共荣关系。可以预见，未来东西方文化的互补既是两者之间的全面互补，又是全世界范围内的整体互补。在东西方文化的交流和互补过程中，东方文化的地位将逐步提高，对西方文化的影响力将逐渐增强，而西方文化对东方文化的影响也将在更广阔的范围内和更大的程度上得到体现。

本章小结

(1)20 世纪，人文社会科学得到了前所未有的发展，主要学科的科学体系逐步形成。

(2)21 世纪，知识经济行将替代传统工业经济，信息科技的飞速发展已使人类步入信息化时代，世界政治向多极化方向发展，不同的社会制度将在激烈撞击、交流中错综复杂地演进。与之相应，人文社会科学也将呈现新的发展趋势：高度分化与高度综合协同发展，新兴学科不断涌现；基础性研究和应用性研究紧密结合，应用性研究比重加大；市场化趋势明显加强，研究模式多元化；全局性研究与局部性研究紧密结合，整体性研究态势增强；科学精神与人文精神高度融合，更加关注人的解放和发展；人文社会科学与自然科学紧密联盟，东西方文化互补日趋活跃

思考题

1. 人文社会科学的未来发展趋势是什么？

2. 结合东西方文化交流，试述中国文化在未来人文社会科学发展中的作用。

推荐书目

1. 俞吾金:《寻找新的价值坐标——世纪之交的哲学文化反思》,复旦大学出版社,1995 年版。

2. 阿尔温·托夫勒:《未来的冲击》,贵州人民出版社,1985 年版。

3. 丹尼尔·贝利:《当代西方社会科学》,社会科学文献出版社,1988 年版。

4. 马克斯·韦伯:《社会科学方法论》,中央编译出版社,2005 年版。